学んだことが自分とつながり、

自分を変えていくものになったとき、

はじめて私たちは学ぶことの意味や価値を実感する。

そういった経験の繰り返しこそが、

生涯にわたって学び続ける「自立した学習者」を

育てていくのではないだろうか。

「ものがたり」の学びが
　　生涯にわたり学び続ける生徒を育てる

　語り合い、探究する学びの経験が、子どもたちを少しずつ「自立した学習者」の木に成長させていく。「ものがたりの授業」（共通学習Ⅰ・Ⅱ）、共創型探究学習ＣＡＮ・シャトル、「特別の教科　道徳」および特別活動、それぞれのカリキュラムで育った木は、成長する中で互いにからみ合い、よりたくましい木になっていく。

　木は成長にともない、葉（教科の見方・考え方や探究スキル）をつけ、葉を通して生成された養分（学び）をもとに、さまざまな色の花（「語り」）を咲かせる。花はやがて結実し、実（「自己に引きつけた語り」）をむすぶ。みのった実には、その実にしかない味や形があるように、その個にしかない学びの意味や価値の実感が生まれる。

　このような営みを繰り返す中で、大木として育った木は、変化の激しい自然環境の中でも自らの力でたくさんの多様な実をつけていく。

「ものがたりの授業」づくり（p11〜）

　「ものがたり」の考え方を取り入れた授業のこと。
他者との語り合いの中で、学んだことを過去の経験と関係づけ、
学ぶことの意味や価値を実感し、未来につながる自己のよりよい生き方を見いだしていく。

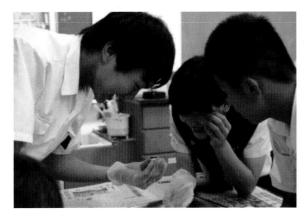

共創型探究学習ＣＡＮの取り組み（p27〜）

　本校では、平成30年より文部
科学省の研究開発学校指定を受
け、これまでの総合学習ＣＡＮ
の実践をベースに「共創型探究
学習ＣＡＮ」を創設した場合の
教育課程や系統的な支援の研究
開発に取り組んでいる。

共創型探究学習シャトルの取り組み（p32〜）

　教科の学習や共創型探究学
習ＣＡＮでの探究において活用
することができる探究スキルを
身につけることを目的としたシ
ャトルの学習を行っている。

「特別の教科　道徳」における取り組み（p35〜）

「特別の教科　道徳」においても、語り合い、探究する学びの過程を踏まえ、「自己に引きつけた語り」を促す取り組みを行っている。

「語り合いの時間」の取り組み（p39〜）

語り合い、探究する集団づくりとして、「こども哲学」における哲学対話の手法を参考に、答えのない問いに対し、参加者全員で問い、考え、語り、聴き合う「語り合いの時間」を行っている。

特別活動における取り組み（p41〜）

生徒の立候補によって組織されたプロジェクトのメンバーが中心になって語り合い、探究する中で、学園運動会、送別芸能祭をはじめとするさまざまな学校行事が生徒主体で企画・運営されている。

令和2年度 教育研究発表会

＊研究主題＊

「わたし」が 変わる 「ものがたり」の 学び

― 語り合い、探究する中で、
　「自己に引きつけた語り」を
　生み出すカリキュラムの提案 ―

令和 2 年 6 月 12 日（金）
9 時 00 分 ～ 16 時 35 分

香川大学教育学部附属坂出中学校

＊後　援＊

香川県教育委員会 坂出市教育委員会 宇多津町教育委員会
綾川町教育委員会 香川県中学校長会 坂出市中学校長会
綾歌郡中学校長会 香川県中学校教育研究会 坂出・綾歌中学校教育研究会

目　　次

まえがき

　今年も雨の季節となりました。まもなく太陽のまぶしい夏の季節を迎えます。皆様方におかれましては、お忙しい中、本校の教育研究発表会にご参加頂き、心より御礼申し上げます。

　本校では、長年にわたり、「ものがたり」をキーワードとして、「学ぶこと」と「生きること」をつなぐ試みに教員一同取り組んできました。「ものがたり」とは、最近、社会学や教育学において注目されている、当事者の語りを通して、よりその人に合った問題の解決法を見いだそうとする Narrative approach の核をなすものです。「ものがたり」は、人が語るという行為そのものと語られたものの双方から構成されます。本校では、この「ものがたり」がもつ力を授業に活かすことを通じて、生涯学ぶことをつづけようとする強い意志をもった生徒を育成することをめざし、さまざまな取り組みを行ってきました。具体的には、個の文脈から新たな「ものがたり」が生まれてくる単元の構成と問いについて検討するとともに、生徒自身が人の話を建設的・批判的に聴き、かつ問うことができるよう、教師が生徒との関わり方を追求するという流れで教育実践を進めて参りました。本年度は、これまでの試みをさらに深め、「自己に引きつけた語り」を生みだすカリキュラムを構築することがテーマです。このテーマに迫るために、単元構成や問い、振り返り、教師のかかわり方などを検討してきました。まだまだ至らぬ点があるかと存じますが、ご参加の皆様方からご指導・ご助言を賜り、さらに分析、実践を深めて参りたいと考えております。どうぞ、忌憚のないご意見をお聞かせ願えれば幸いです。

　本日、ご講演を頂きます、上智大学総合人間科学部の奈須正裕先生には、ご多忙な中、快く講演依頼をお受け頂きありがとうございました。この場を借りて御礼申し上げます。「新学習指導要領が実現したもの、積み残したもの」に関してお話し頂けますことは、本校の今後の教育研究の前進に向け、重要な指針となります。

　最後になりましたが、本教育研究発表会の開催にあたり、多大なご支援を賜りました、香川県教育委員会、坂出市教育委員会、宇多津町教育委員会、綾川町教育委員会、香川県中学校長会、坂出市中学校長会、綾歌郡中学校長会、香川県中学校教育研究会、坂出・綾歌中学校教育研究会、ならびに関係各位に厚く御礼申し上げます。

令和 2 年 6 月 12 日

香川大学教育学部附属坂出中学校

校長　平　篤志

公開授業Ⅰ・Ⅱ・Ⅲ および 教科研究協議会

国 語

〈研究テーマ〉
言語による認識の力をつけ、豊かな言語文化を育む国語教室の創造
―自己理解を促し、言葉の価値を実感する国語科授業のあり方―

■公開授業Ⅱ　　　　　　　　　　授業者：木村　香織

3年「万葉・古今・新古今」

新元号の出典で注目を集めた万葉集。和歌を通して、時代を超えても変わらない人間の本質的な部分に気づき、古典に親しみをもつことをねらいとします。短い言葉に凝縮された心情や美を読み取ることで、言葉を捉え直し、言葉の価値を実感する授業をめざします。

■公開授業Ⅲ　　　　　　　　　　授業者：田村　恭子

2年「『オツベルと象』をどう読むか（『オツベルと象』宮沢賢治）」

オツベルは悪者なのか、このふたりの結末はなぜ第5曜まで語られなかったのか、また最終行の意味とは…。語り手に注目して読むことで「ものがたり」が生まれ、作品の世界が広がっていくことを実感する、そんな授業にしていきたいと思います。

■研究協議会　　　　〈指導者〉

香川県教育委員会事務局義務教育課　　香川大学教育学部
　主任指導主事　　　　　　　　　　　　　教授
　藤崎　裕子　　　　　　　　　佐藤　明宏

〈司会者〉　　　　　　　　〈記録者〉
香川大学教育学部附属高松中学校　　香川大学教育学部附属高松中学校
　教諭　　　　　　　　　　　　　教諭
　額田　淳子　　　　　　　　　一田　幸子

社 会

〈研究テーマ〉
これからの社会のあり方を自ら考える民主社会の形成者の育成をめざした社会科学習のあり方
―「探究的な学びの過程」を通して「今・ここ」を相対化し「社会的自己」を捉え直す―

■公開授業Ⅱ　　　　　　　　　　授業者：大和田　俊

2年「日米和親条約の物語」

ペリーの開国要求に対する幕府の対応について語り合い、19世紀の世界史における日米和親条約の意義を考えていきます。さらに、日米和親条約締結の歴史から大国に対するこれからの日本外交のあり方を捉え直すことで歴史を学ぶ意味や価値を見いだしていきます。

■公開授業Ⅲ　　　　　　　　　　授業者：大西　正芳

1年「アメリカの農業の物語」

世界最大の穀倉地帯として知られるアメリカ。「なぜアメリカはここまで大量に生産できるのか？」生徒とともに探究し、アメリカの農業を捉え直していきます。そして語り合う中で、身の回りの景観に対する新たな見方や考え方に気づいていきます。

■研究協議会　　　　〈指導者〉

香川県教育委員会事務局義務教育課　　文教大学教育学部
　主任指導主事　　　　　　　　　　　　　教授
　三野　健　　　　　　　　　　伊藤　裕康

〈司会者〉　　　　　　　　〈記録者〉
香川大学教育学部附属高松中学校　　香川大学教育学部附属高松中学校
　教諭　　　　　　　　　　　　　教諭
　池田　良　　　　　　　　　　小野　智史

保健体育

〈研究テーマ〉
運動・スポーツの面白さに浸り、豊かなスポーツライフの実現へつなぐ保健体育学習
―運動・スポーツの本質を問い続ける共同体づくりを通して―

■公開授業Ⅱ　　　　　　　　　　授業者：石川　敦子

1年「球技　シッティングバレーボール」

誰もができる素晴らしいスポーツ！シッティングバレーボールを通して、運動・スポーツの面白さやこれまでの見方・考え方がより深いものになり、豊かなスポーツライフへとつなぎます。

■公開授業Ⅲ　　　　　　　　　　授業者：徳永　貴仁

3年「文化としてのスポーツ～ブラインドサッカーを通じて～」

スポーツにはどんな魅力や価値があるのか。東京オリパラ開催の今年、ブラインドサッカーを通じてスポーツの魅力や価値について再認識する必要があるのではないか。スポーツへの関わり方を知り、体験することで自分の中のスポーツ観がガラリと変わります！

■研究協議会　　　　〈指導者〉

香川県教育委員会事務局保健体育課　　香川大学教育学部
　主任指導主事　　　　　　　　　　　　　准教授
　三宅　健司　　　　　　　　　米村　耕平

〈司会者〉　　　　　　　　〈記録者〉
香川大学教育学部附属高松中学校　　香川大学教育学部附属高松中学校
　教諭　　　　　　　　　　　　　教諭
　増田　一仁　　　　　　　　　山下　明莉

技術・家庭

〈研究テーマ〉
「生活に始まり、生活に返る」実践力を育む技術・家庭科教育
―生活を語り合い、実践することで生まれる「ものがたり」を通して―

■公開授業Ⅱ　　　　　　　　　　授業者：大西　昌代

1年「ものを消費する　～衣生活を考える～」

「自分のことだけ考えて衣服を選ぶ？」消費者としてその選択は正しいのか。世の中には安く、たくさんの衣服があふれています。ものを選択し、それを消費することは、投票行為です。今の生活の「当たり前」を見直し、自己の消費行動について語り合います。

■公開授業Ⅲ　　　　　　　　　　授業者：渡邉　広規

1年「　接合　」

「材料を接合する」この行為には一体どのような要素が含まれているのか。接合に対する自分の考えを仲間と語り合う中で、生徒は時代を越えた接合の強さと美しさに出会います。そして接合に対する考え方が変わり、生活の見え方が変わり、実践が変わります。

■研究協議会　　　　〈指導者〉

坂出市教育委員会　　高松市立下笠居小学校　香川大学教育学部　香川大学教育学部
　指導主事　　　　　校長　　　　　　　教授　　　　　　　教授
　國木　良輝　　久保田　恭子　　宮﨑　英一　　妹尾　理子

〈司会者〉　　　　　　　　〈記録者〉
香川大学教育学部附属高松中学校　　香川大学教育学部附属高松中学校
　教諭　　　　　　　　　　　　　教諭
　有友　誠　　　　　　　　　　福家　亜希子

学校保健

〈提案テーマ〉
人間性豊かで心身ともにたくましい子供の育成をめざして
―「他者と関わる力」を育む養護教諭の関わり―

■提案者：日本　亜矢

ソーシャルワーカーと連携し、ソーシャルスキルトレーニングを実施し「他者と関わる力」を育む、養護教諭の関わりの工夫について提案します。

■講演　　　スクールソーシャルワーカー：藤澤　茜先生
グループワークを活用した生徒支援
～養護教諭とソーシャルワーカーの視点を活かしたSSTから教育相談活動への展開～

■研究協議会　　　　〈指導者〉

香川県教育委員会事務局保健体育課　　香川大学教育学部
　指導主事　　　　　　　　　　　　　准教授
　橘　和代　　　　　　　　　　宮前　淳子

〈司会者〉　　　　　　　　〈記録者〉
香川大学教育学部附属特別支援学校　　香川大学教育学部附属高松中学校
　養護教諭　　　　　　　　　　　養護教諭
　冨川　妙日子　　　　　　　　山本　早貴

時　程

	8:30	9:00	9:30	10:00	10:15
	受付	全体会	全体提案	移動・休憩	公開授業Ⅰ
					CANの発表

13:10
公開授業Ⅲ
学校

数 学

〈研究テーマ〉

「数学的な見方・考え方」が豊かな生徒の育成
―数学的な活動を意識した授業から生まれる「ものがたり」を通して―

■公開授業Ⅰ　　　　　　　　　　　　　　　授業者：渡辺　宏司

3年「相似な図形」

　生徒は、図形の論証の際、様々な補助線を活用して証明を行う。補助線で、図形の見方が変わる。補助線で、証明の考え方が変わる。生徒が、三角形の角の二等分線の比を証明する中で、補助線の意味や価値を実感し、「自己に引きつけた語り」を生み出します。

■公開授業Ⅲ　　　　　　　　　　　　　　　授業者：吉田　真人

2年「箱ひげ図」

　「箱ひげ図からどのようなことが言えるのか」「本当にそれは正しいのだろうか」と、生徒たちは批判的に考察しながら統計的な問題解決に取り組みます。お互いの考えを語り合っていく中で、データの比較に対する新たな見方やそのおもしろさに気づいていきます。

■研究協議会

〈指導者〉	
香川県教育委員会事務局義務教育課 主任指導主事 小 山　圭	香川大学教育学部 准 教 授 松 島　充

〈司会者〉	〈記録者〉
香川大学教育学部附属高松中学校 教 諭 太 田　隆 志	香川大学教育学部附属高松中学校 教 諭 山 下　裕 平

理 科

〈研究テーマ〉

自然事象から問いを見いだし、自ら探究できる生徒の育成
―科学する共同体の中でつむがれる「ものがたり」を通して―

■公開授業Ⅱ　　　　　　　　　　　　　　　授業者：島根　雅史

3年「カビの不思議」

　食べ物やお風呂場にいつの間にか生えているカビを見て汚いものと思っている生徒たち。でも本当にそうなの？そもそもカビはなぜ生えるの？カビの不思議を解き明かしていくなかで、カビと自分との関係に気づき、自然を新たな目で捉え直します。

■公開授業Ⅲ　　　　　　　　　　　　　　　授業者：山下　慎平

1年「不思議な力『摩擦力』」

　摩擦力って・・・物体の運動の邪魔をして、動きを止めている力？別になくてもいいんじゃないの？と考えている生徒たち。そんな摩擦力の探究を通して、力の世界の広がりを実感し、今生きている世界の見方が変わる、そんな授業をめざします。

■研究協議会

〈指導者〉	
香川県教育委員会事務局義務教育課 主任指導主事 若 林　教 裕	香川大学教育学部 教 授 笠　潤 平

〈司会者〉	〈記録者〉
香川大学教育学部附属高松中学校 教 諭 赤 木　隆 宏	香川大学教育学部附属高松中学校 教 諭 萱 野　大 樹

外 国 語

〈研究テーマ〉

コミュニケーションへの意欲を高める英語授業の創造
―主体的な言語活動から生まれる「ものがたり」を通して―

■公開授業Ⅱ　　　　　　　　　　　　　　　授業者：眞鍋　容子

3年「Think about cultural differences」

　私たちはなぜ英語を学ぶのか。異なる言語を学ぶことで異なる文化を知り、多様な価値観に出会うことができます。ことわざや慣用句を通して、生徒が異文化間コミュニケーションの意味や価値を実感する授業をめざします。

■公開授業Ⅲ　　　　　　　　　　　　　　　授業者：黒田　健太

2年「Why Japanese people!?－英語再発見―」

　私たちが教科書を通して学ぶ英語表現。相手や状況によっては私たちが意図していないニュアンスで伝わってしまうことがあります。ALTとのやり取りを通して英語表現に対する新たな気づきを促すとともに、コミュニケーションへの意欲を高めていきます。

■研究協議会

〈指導者〉	
西部教育事務所 主任指導主事 松 本　大 輔	香川大学教育学部 准 教 授 中 住　幸 治

〈司会者〉	〈記録者〉
宇多津町立宇多津中学校 主幹教諭 明 田　典 浩	香川大学教育学部附属坂出小学校 教 諭 米 谷　直 樹

音 楽

〈研究テーマ〉

音や音楽の意味を見いだし、音楽とのかかわりを深める学習のあり方
―音楽観の捉え直しや変容からつむがれる「ものがたり」を通して―

■公開授業Ⅲ　　　　　　　　　　　　　　　授業者：堀田　真央

3年「音楽が伝えるもの～オペラ『アイーダ』を通して～」

　「堅苦しい」となぜ思うのか。オペラに対する「当たり前」を見直し、作曲者は音楽で何を伝えようとしたのか考えていきます。オペラだけでなく、音や音楽そのものについて考える授業をめざします。

■研究協議会

〈指導者〉	
綾川町立綾上中学校 校 長 十 川　裕 史	香川大学教育学部 教 授 岡 田　知 也

〈司会者〉	〈記録者〉
香川大学教育学部附属高松中学校 教 諭 小 澤　聡	香川大学教育学部附属坂出小学校 教 諭 高 塚　仁 志

美 術

〈研究テーマ〉

創造活動の喜びを見いだす美術の学び
―仲間と深め合う創造活動を通して新たな見方・感じ方を獲得する授業の提案―

■公開授業Ⅲ　　　　　　　　　　　　　　　授業者：渡邊　洋往

3年「世界を変えるデザイン」

　デザインがあれば生活は豊かになるけどなくても困らないもの？自分たちの生活環境から問題を発見し、原因を掘り下げ、問題解決のアプローチをしていくことで、自分を取り巻く世界を変える創造活動の力を発見します。

■研究協議会

〈指導者〉	
観音寺市立豊浜小学校 校 長 河 内　直 人	香川大学教育学部 准 教 授 吉 川　暢 子

〈司会者〉	〈記録者〉
香川大学教育学部附属高松中学校 教 諭 中 川　佳 洋	香川大学教育学部附属坂出小学校 教 諭 造 田　朋 子

11:05	11:20		12:10
移動・休憩	公開授業Ⅱ		昼食・休憩

10:55

14:00	14:10		15:10	15:25		16:35
移動・休憩	教科研究協議会			移動・休憩	講 演 新学習指導要領が 実現したもの、積み残したもの （上智大学教授 奈須正裕先生）	

保健研究協議会

本校研究の基盤となっている主な理論

社会構成主義

　現実の社会現象や、社会に存在する事実や実態、意味とは、すべて人々の頭の中でつくり上げられたものであり、それを離れては存在しないとする社会学の立場。学習とは、外から来る知識の受容と蓄積ではなく、学習者自らの中に知識を精緻化し（再）構築する過程であるとする。

　社会構成主義の学習観は、次の３点を前提にしている。

① 　学習とは、学習者自身が知識を構成していく過程である。

② 　知識は状況に依存している。そして、おかれている状況の中で知識を活用することに意味がある。

③ 　学習は共同体の中での相互作用を通じて行われる。

　このような前提により、学習者は受け身的な存在ではなく、積極的に意味を見つけ出すために主体的に世界とかかわる存在になる。一方、教師は学習者を支援する役割を担うが、学習者にとっては多くのリソースの一つと見なされる。

正統的周辺参加論

　学習というものを「実践の共同体への周辺的参加から十全的参加(full participation)へ向けて、成員としてアイデンティティを形成する過程」としてとらえる。

　学習者が獲得するのは環境についての認知的構造ではなく、環境の中での振る舞い方（状況的学習）であり、実践コミュニティに新参者として周辺的に参加し、次第にコミュニティ内で重要な役割や仕事を担っていくプロセスそのものが学習であるとする。

ナラティヴ・アプローチ

　ナラティヴ（語り、物語）という概念を手がかりにして何らかの現象に迫る方法。

　「語り」も「物語」も単なる出来事だけでできあがっているのではなく、その時の「思い」や「感情」なども語られるが、「思い」や「感情」だけでは「物語」は成立せず、出来事があってはじめてその時の「思い」や「感情」が意味をもつ。複数の出来事の連鎖、すなわち、複数の出来事を時間軸上に並べてその順序関係を示すことが、ナラティヴの基本的な特徴である。学習論としては、「我々はそれぞれの経験に沿って自らが生成した物語に意味がある」ことを前提とする。

認知的個性（CI）

　さまざまな認知的な能力やスタイルなどの個人差を包括的にとらえ直す個性の新たな概念。学習において、個人のもつ障害や才能も含めて多様な認知発達的特徴・個人差を、「認知的個性」（CI：Cognitive Individuality）という包括的な概念でとらえ直すことで、児童生徒の認知的個性を識別して、学習を個性化する方策を探ろうとする。

総　論

＊研究主題＊

「わたし」が変わる「ものがたり」の学び

－ 語り合い、探究する中で、「自己に引きつけた語り」を生み出すカリキュラムの提案 －

　本校では、「自立した学習者の育成」をめざし、生涯にわたって学び続ける意欲やその基盤となる力の育成を中心に実践研究を継続してきた。平成 26 年度大会からは、ナラティヴ・アプローチとしての「語り」の研究を継続しつつ、個々の学習者の学びの文脈に沿う学習指導法を「自己物語」の視点から追究する「ものがたり」の授業を提案した。平成 28 年度大会では、学習者の個の文脈を意識した単元構成と問いを設定し、互いにクリティカルに聴き合い、問い合う中で新たな「ものがたり」を語り直す「個が響き合う共同体」を提案した。前回大会では、「深い学びを生み出すための問いのあり方」、「聴き手を育てる教師のかかわり方」を通して構築される「主体×主体の関係」が、「ものがたり」の授業における深い学びを生み出すことを提案した。

　今期は、前回までの研究を継承しつつ、カリキュラム全体を通して「自己に引きつけた語り」を生み出す実践を行っていくことで、生徒の学ぶ意味や価値の実感につなげ、生涯にわたって学び続ける生徒を育成することをめざしている。

≪研究のキーワード≫

「ものがたりの授業」
　「ものがたり」の考え方を取り入れた授業のこと。他者との語り合いの中で、学んだことを過去の経験と関係づけ、学ぶことの意味や価値を実感し、未来につながる自己のよりよい生き方を見いだしていく。

「ものがたり」
　「語る」行為と「語られたもの」の両方を含む概念。特に、教育活動の中で、生徒が「語る」ことを通して学びの意味や価値を実感し、自己を形成していくことを重視する点で、2013 年より本校独自に「ものがたり」とひらがなで表記している。

「語る」行為
　素朴概念や既習事項、自己の経験にもとづいて、時間軸の中で 2 つ以上の出来事の関連を筋立て、自分なりに意味づけたり価値づけたりする主体的な行為。その筋立て方や意味づけ、価値づけのされ方に、一人ひとりの個人性が表れる。

「自己に引きつけた語り」
　「語る」行為の中でも、特に出来事（題材）と自己との関連を見つめ、時間軸の中でそれを筋立て、その出来事の自分にとっての意味づけや価値づけをする主体的な行為。

国語
社会
数学
理科
音楽
美術
保健体育
技術・家庭
外国語
学校保健
共創型探究

Ⅰ　研究主題について

1　学びとは何か

> 学びとは、自分自身が変わること

　そもそも人は何のために学ぶのか。どんな時に人は学ぶことの意味や価値を実感するのか。

　第4次産業革命、及び、それに伴う「Society 5.0」の到来が提唱されているようにIoT（Internet of Things）や人工知能（AI）に代表される科学技術の急速な発展は、近い将来、私たちの生活を大きく変えると予測されている。そのような近未来の話ではなくとも、今や、知りたい情報は手持ちのスマートフォンで検索すれば、ただちに知ることができるし、受験に必要な知識は、学校だけでなくインターネット上でも教えてくれる。そのような現代の状況を驚く人は、もはや一人もいないだろう。

　そういった知識や情報をめぐる社会の大きな転換期にあって、学ぶことの本来の意味や価値が問い直されている。今後ますます少子化が進む日本の学校教育において、受験圧力による外発的な動機づけによって学習意欲を喚起することは、ますます困難になっていくだろう。「そもそも学びとは何か。」「何のために学ぶのか。」「なぜ学校という場所で学ぶのか。」といった本質的な問いに、学校教育が応えなくてはならない時代を迎えているのである。

　では、学びとは何か。それに対し、林竹二（1990）は次のように述べている。「学ぶということは、覚えこむこととは全くちがうことだ。（中略）学んだことの証しは、ただ一つで、何かがかわることである。[1]」。本来、学びとは、自分をとりまく世界の見え方や感じ方を広げたり、深めたりするものであり、それによって自分自身が変わるものである。そうであるならば、どれだけ知識を教え込んでも、最終的にその人を

1　林竹二『学ぶということ』国土社、1990、95頁

2　例えば、丸暗記して覚えこんだ知識は、その人の見え方や感じ方を変えることにはつながりにくい。そのような知識の獲得を、学びと呼べるだろうか。

3　TIMSS2015調査結果では、到達度は引き続き上位を維持した一方、算数・数学、理科に対する意識について「楽しい」と答えた子どもの割合は、国際平均を下回っている項目が多い。また、「日常生活に役立つ」という生徒の割合は調査国中、ほぼ最下位であった。

4　2015年5月28日読売新聞朝刊「日本のニート『高学歴』」

5　斉藤喜博『授業』国土社、2006、92頁

6　斉藤喜博『授業』国土社、2006、193頁

7　こういった経験をしたことがある子どもは、「学ぶことで、これからも成長できる。」「自分を変えることができる」と思うことができる。そのことは、自分自身に対して希望が持て、自分の将来を前向きに考えることにもつながる。

8　自己実現をめざして生涯にわたって学び続ける学習者のこと。（本校『研究紀要』2014、31頁）

変えるものにならなければ、それは本来の学びとは言えないということでもある[2]。ＰＩＳＡ、ＴＩＭＳＳをはじめとした学力調査の結果[3]や報道[4]を見ても、日本の子どもたちが学んだことの意味や価値を実感しているとは必ずしもいえない現状がうかがえる。

　学んだことによる新たな知識の獲得だけでなく、それが自分とつながり、自分自身を変えていくものにならなければ、人は学ぶことの意味や価値を実感できない。

　斎藤喜博（1963）は次のように述べる。「教育の本質は進歩であり、自分を変えていくことである。より高い精神、より新しい世界への渇望にもえ、自分を内省し、他を発見し、そのことによって、つぎつぎと新しい世界へ驚きながらはいっていく。そういう子どもをつくっていくことが教育だと思う[5]」。さらに、学校としての機能については、「そういう授業のなかでだけ、教師や子どもは強じんな論理をつくり出し、追求力を持つようになり、自分を変革できるしなやかな精神とか豊かな感受力とかを持つようになり、相互交流ができるようになる。学校は、そういう授業や行事や芸術教育をすることによってだけ学校としての機能を発揮することになる[6]」と述べている。

　異なる他者と出会い、相互に交流しながら学ぶこと。それは、「わたし」を変えていくものでなければいけない。それはいつの時代でも変わらない、まさに学校の教育現場でしかできない不易なのである。学んだことが自分とつながり、自分を変えていくものになったとき、はじめて私たちは学ぶことの意味や価値を実感する。そして、学ぶことの本来の楽しさ、学ぶことによって自分が変わっていくおもしろさを経験する[7]。そういった経験の繰り返しこそが、生涯にわたって学び続ける「自立した学習者[8]」を育てていくのではないだろうか。

2 「わたし」が変わるのが「ものがたり」の学び

　子どもたちが変わる学びにするために、私たちが重視しているのが、「物語[9]（物語り[10]）」の考え方である。

　「物語（物語り）」とは、出来事と出来事を結びつけ、自分にとって納得する形に筋立てて語る行為（及び、語られたもの）であり、それによって、現実世界や自分自身を理解していく様式である[11]。

　具体例をあげる。例えば、母親から厳しく家事を躾けられたという経験（**図１・２中 出来事Ｇ**）をもつ少女がいたとする。少女は友人の母親の優しい姿や同年代の友人が自由に遊んでいる姿を見て、次のように思っていた。「なぜ私だけ厳しく育てられるのか。」「母親は私のことを嫌いなのではないか。」（**図１**）

図１　母親から嫌われていると語る筋立て

　しかしある時、父親から、母親は不治の病であること、もう長くは生きられないことを告げられる。すると、少女の中で、母親から厳しく躾けられたという出来事は、自分が居なくなった後も娘が困らないようにするための母親の深い愛情であったという捉え方になり、「自分は母から愛されていたんだ。」と思うようになる。（**図２**）

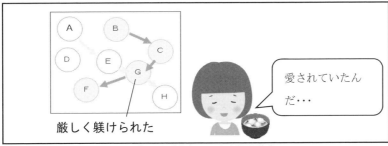

図２　母親から愛されていたと語る筋立て

　このように、同じ出来事であっても、出来事と出来事の結びつけ方

9　やまだようこは、物語を「二つ以上の出来事を結びつけて筋立てる行為である」としている。

10　伊藤（2011）は、やまだと野家の物語論を踏まえて、「物語」と「物語り」を包摂するものとして「物語り」と表記している。

11　榎本（2002）は、「物語」について、「僕たちは、自分の生きる物語、つまり自己物語の文脈に沿って、ものごとを解釈し、自分の身のまわりの出来事や自分自身の経験を意味づけ、自らのとるべき行動を決定していく。」と述べる。また、やまだ（2000）は著書の中で、「物語」を「（私たちが）経験に意味を付与する様式」、「出来事を意味づけ納得する心のしくみ」と言い換えている。

（筋立て）が変わることで現実世界や自分自身を理解する「物語（物語り）」は変わる。そして、異なる「物語（物語り）」をもつ他者と語り合う中で自分では気づかなかった筋立てに気づき、「物語（物語り）」を書き換えていくことが、新たな自分に変わっていくことにつながるのである。

　教育活動で言えば、教材との出会いや異なる他者と語り合い学んだことによって学習者の「物語（物語り）」が書き換わった時、その学びはその人を変えていくものになるということである。このような考え方で「物語（物語り）」を教育実践にいかしていく取り組みが、本校における「ものがたり[12]」の学びである。

　これまでの研究においても、このような「ものがたり」の考え方をカリキュラムの中核とし、「ものがたりの授業」を実践していくことを通して、生徒の学ぶことの意味や価値の実感につなげ、生涯にわたって学び続ける学習者を育成することをねらいとしてきた[13]。

12　特に、教育活動の中で、生徒が「語る」ことを通して学びの意味や価値を実感し、自己を形成していくことを重視する点で、2013年より本校独自に「ものがたり」とひらがなで表記している。

13　育成すべき資質・能力（生きて働く「知識・技能」、未知の状況にも対応できる「思考力・判断力・表現力等」、学びを人生や社会に生かそうとする「学びに向かう力・人間性等」）についても、引き続き分析している。詳細については、各教科の実践事例を参照のこと。

3 「学び」と「わたし」をつなげる「自己に引きつけた語り」

> **「自己に引きつけた語り」**
>
> 「語る」行為の中でも、特に出来事（題材）と自己との関連を見つめ、時間軸の中でそれを筋立て、その出来事の自分にとっての意味づけや価値づけをする主体的な行為。

　これまで本校研究では、様々なアプローチから手立てを講じ「ものがたりの授業」づくりを提案してきた。一方で、授業で扱った題材に対する「ものがたり」の変容は見られるものの、それが学んだことの意味や価値の実感につながったか、学んだことの意味や価値が実感されている「語り」とはどのような「語り」なのかについては、さらなる研究が必要ではないかという課題[14]があがった。

　そこで、題材に対する「ものがたり」とは別に、題材と自己との関連を意識した「ものがたり」を「自己に引きつけた語り」として、上記のように定義した。今期は、題材に対する「ものがたり」の変容を、自己との関連の中で見つめ直し、自分にとっての意味づけや価値づけを語り直すことで、学んだことの意味や価値の実感につなげることを「ものがたりの授業」づくりの柱とした[15]。

　このような「自己に引きつけた語り」を、教科の授業だけでなく本校のカリキュラム全体で生み出していくことを通して、生徒は学んだことが自分を変えていく経験を積み重ねていく。そして、そのような経験を繰り返していく中で、生徒は学ぶことの意味や価値を実感し、生涯にわたって学び続ける学習者に育っていくと考えた。

14　題材に対する「ものがたり」の変容は知性的な学びであり、感性的な学び（「世界の見え方が変わった！感動した！」「今まで感じていなかった自分を感じるようになった！」など）には至らないケースもある。いわゆる一般的な良い授業も題材に対する「ものがたり」の変容にとどまっている場合がある。

15　教科の学びが、生徒自身の生き方につながることの価値について、奈須（2017）は次のように述べている。「教科の学びとして純然たる教科内容がしっかり習得されていると同時に、その学びがただちに自分自身を見つめること、生き方の探究にもなっている。（中略）実はこれこそが本来の教科学習ではないか、子供たちはこういった教科学習をこそ切実に求めているのではないか」

4 「自己に引きつけた語り」を生むために

> 語り合い、探究する生徒主体の学びの過程が
> 「自己に引きつけた語り」につながる

「自己に引きつけた語り」を生み出すためには、何が必要か。それは、学びの過程が生徒主体のものになることである。例えば、学びの過程が教師主導になるとどうなるか。ともすれば、そこで学んだ内容は教師から与えられたものになるため、実感をともなった深い理解は得られず、自分にとっての意味や価値を見いだす「自己に引きつけた語り」は生まれにくい。「自己に引きつけた語り」を生み出すためには、自ら課題に向き合い、思考を巡らせ、自己や他者に問い、挑戦や失敗を繰り返しながら、学んだことを自分のものにしていく生徒主体の学びにしていくことが大切であると考えている。

そういった生徒主体の学びにするために、今期、本校で重視しているのが、語り合い、探究する学びの過程である。

生徒は「語る」ことによって、自分の中に知識を構成していく[16]。そして、その知識を構成する筋立てに個人性が生まれる。語り手によって構成された知識を、異なる筋立ての他者と問い合い、語り合うことで、互いに再構成していくのである[17]。つまり、語り合うことで生徒は学びを深め、自分のものとしていくことができるのである。

また、語り合うことは、探究する学びの過程として行われることが重要である。なぜなら、語り合うこと自体が目的化してしまうと、生徒同士の考えや意見のすり合い（吟味する、最適解を導く、合意形成する、など）が行われにくく、学びが深まらないからである。

語り合い、探究する学びの過程として本校で重視しているのは次の3点である。

16　社会構成主義の学習観にもとづく。社会構成主義では、現実の社会現象や、社会に存在する事実や実態、意味とは、すべて人々の頭の中で作り上げられたものであり、それを離れては存在しないとする。そして、学習とは、外から来る知識の受容と蓄積ではなく、学習者自らの中に知識を精緻化し（再）構築する過程であるとする。

17　「ものがたり」は、語り手と聴き手の共同行為によって生まれ、語り合うことによって絶えず再構成される。（本校『研究紀要』2014、2016、2018より）

┌ ----- 語り合い、探究する学びの過程として重視していること ----- ┐

① 学習課題（中心の問い）が生徒のものになること

② 課題追究の方法が生徒のものになること

③ 根拠にもとづいて語り合い、問い合えること

└ --- ┘

　以上のような、語り合い、探究する学びの過程を踏むことによって、学びは生徒主体のものになる。そして、学びが受け身のものではなく、自ら主体的に獲得したものになってこそ、学んだことと自己との関連がより強く結びつき、「自己に引きつけた語り」につながっていくと考えている。

Ⅱ 今期の研究の視点

1 研究の目的と研究構想図

　本研究は、「ものがたり」を踏まえ、語り合い、探究する学びの過程を通して「自己に引きつけた語り」を生み出すことができるカリキュラム開発と教師の手立てを追究することを目的としている。

　図3は、今期の研究構想図である。本校の4層カリキュラム[18]や「特別の教科　道徳」、特別活動において実践される語り合い、探究する学びの経験が、子どもたちを少しずつ「自立した学習者」に成長させていく。それぞれのカリキュラムでの学びの経験は、互いに影響し合い、からみ合うことで、よりたくましい学習者（木）に育っていく。学習者は成長する中で、教科の見方・考え方や探究スキル（葉）を身につけ、それを通して学んだことをさまざまな表現で「語る」（花）。学んだことについての「語り」が自分にとって意味づけ価値づけされたとき、「自己に引きつけた語り」（実）となって結実する。みのった実には、その実にしかない味や形があるように、「自己に引きつけた語り」には、その個にしかない学びの意味や価値の実感が生まれている。

　このような営みを繰り返す中で、生涯にわたって学び続ける「自立した学習者」（大木）に育った子どもたちは、変化の激しい社会（自然環境）の中でも自らの力でたくさんの多様な学びの実をつけていく。

図3　研究構想図

18　本校では、学びのモデルとして、「学び方」の習得、活用、探究の観点を基軸に4層のカリキュラムを編成している。

共創型探究学習ＣＡＮ・・・正統的周辺参加論に基づき、1〜3年生が異学年で集まってクラスターを組み、探究することで、自らの可能性を広げていく生徒主体の開かれた学習。平成30年より文部科学省の研究開発学校指定を受け、これまでの総合学習ＣＡＮの実践をベースに「共創型探究学習ＣＡＮ」を実施している。

共創型探究学習シャトル・・・探究スキルの習得の場で、共通学習における活用と共創型探究学習ＣＡＮにおける探究とをつなぐ学習。

共通学習Ⅰ・・・教科の基礎・基本の習得に重点を置いた学習。

共通学習Ⅱ・・・教科の基礎・基本を活用する問題解決的な学習。

2　研究の内容

以下の（1）～（4）の本校カリキュラム全体において、語り合い、探究する学びの過程を通して、「自己に引きつけた語り」を生み出すことをめざした。

（1）「ものがたりの授業」づくり

（2）共創型探究学習ＣＡＮの取り組み

（3）共創型探究学習シャトルの取り組み

（4）「特別の教科　道徳」および特別活動における取り組み

以下、具体的に述べていく。

（1）「ものがたりの授業」づくり

「ものがたりの授業」づくりでは、次の3点に重点を置いて実践研究を進めた。

①　題材に対する「ものがたり」の変容の明確化

②　語り合い、探究する学びの過程

③　「自己に引きつけた語り」を促すための手立て

以下、それぞれについて、具体的に述べる。

①　題材に対する「ものがたり」の変容の明確化

> 生徒の「当たり前」[19]を捉え、その変容を構想する

そもそも授業とは本来、子どもの「当たり前」を変容させていくことをねらいとして実践するものではないだろうか。奈須（2017）は、「教科の系統とは、日常の生活経験だけでは到達しがたい科学的認識の深まり[20]」であると述べる。ということは、日常の生活経験にもとづく認識（「当たり前」）を科学的認識にもとづいて深め、変容させていくことが、教科の学びとしてめざすべき姿なのではないだろうか。

その際に、まず重要となるのが、生徒の「当たり前」を捉えることで

19　生徒の「当たり前」とは、生徒がこれまで経験したり、学んだりしたことをもとに形成された、題材に対してもっている考えのこと。題材に対して「興味・関心をもてていない」とか「知らない」「考えたことがない」といった状況は、生徒の現状ではあるが、生徒の「当たり前」は形成されていないと考える。

20　奈須正裕『「資質・能力」と学びのメカニズム』東洋館出版社、2017、126頁

ある。しかし、生徒の「当たり前」を捉えることは簡単ではない。なぜなら、生徒とはもっている知識や技能、経験、考えなどが異なっており、教師は生徒の文脈をなかなか把握できないからである。

そこで、時間はかかるが、授業前のアンケートや毎時間の授業の振り返りの記述、授業中の生徒の発言や質問、授業後の生徒への聞き取りなどを通して、生徒はどう考えたのか、どこに興味・関心や疑問をもち、どこでつまずいているのかを見取り、その実態から生徒の思考を把握していく。それを地道に繰り返していくことで、はじめて、「子どもたちはそう捉えていたのか。」といった生徒の「当たり前」にたどりつく。

以下は、社会科（歴史的分野）、技術・家庭科（家庭分野）の生徒の振り返りの記録である。例えば、以下のような振り返りの記述内容から、生徒の疑問や「当たり前」を捉え、授業に活かしている。

【社会科】歴ログ（毎時間の授業での気づきや自己の考えを記すノート）の内容から

課題（問い）：もし唐から倭国に援軍要請があった場合、倭国独立維持のためには、断るか？受け入れるか？

＜断る派＞　　　　　　　　　　　　　　　　　　＜受け入れる派＞

> 倭国独立には、唐に都督府を置かれ支配されないことが根拠となっていることが伺える。

> 倭国独立には、唐から律令を学ぶ必要があることが根拠となっていることが伺える。

＜断る派＞
資料17.18の同盟国、新羅にも都督府を置き支配しようとしたから
受け入れても独立（自立し支配されない）にはつながってない

独立しようとしても都督府が、るかもしれないので、何もできなくなると思う

資料17から分かるように、新羅に都督府をおいて、うらぎっている。

新羅みたいに都督府をおかれ、中国に支配されるかもしれない

＜受け入れる派＞
学びの地図を見ると、倭国は独立を維持するために
唐の進んだ文化を取り入れる必要がある

律令を手に入れるためには唐と組んでするしかない

律令国家を築く上で唐との関係は必要

律令も学べるし唐がも認め流ると思ったから

> 振り返りの記述内容から、それぞれの立場は「唐に都督府を置かれると倭国独立維持にはつながらないこと」や「唐との交流がないと、律令が手に入らないこと」を「当たり前」としていることが捉えられた。

-12-

課題（問い）：今年は何年？

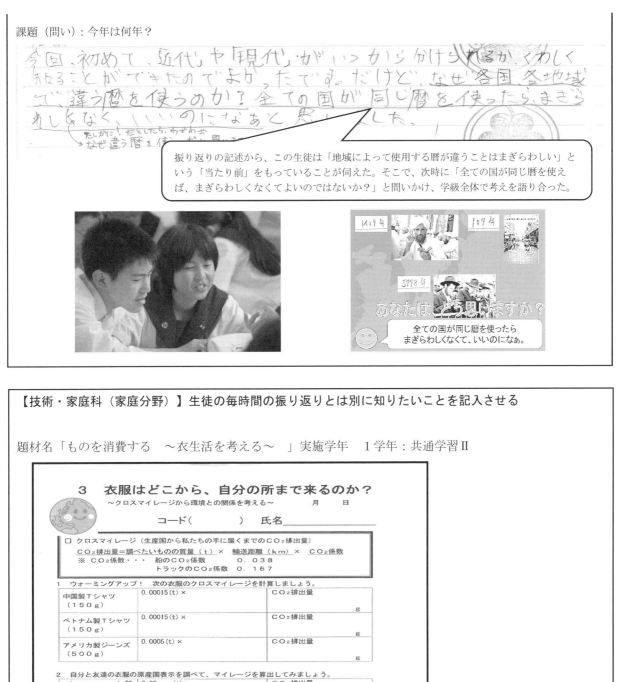

振り返りの記述から、この生徒は「地域によって使用する暦が違うことはまぎらわしい」という「当たり前」をもっていることが伺えた。そこで、次時に「全ての国が同じ暦を使えば、まぎらわしくなくてよいのではないか？」と問いかけ、学級全体で考えを語り合った。

あなたはどう思いますか？

全ての国が同じ暦を使ったら
まぎらわしくなくて、いいのになあ。

【技術・家庭科（家庭分野）】生徒の毎時間の振り返りとは別に知りたいことを記入させる

題材名「ものを消費する　～衣生活を考える～　」実施学年　1学年：共通学習Ⅱ

3　衣服はどこから、自分の所まで来るのか？
～クロスマイレージから環境との関係を考える～　　　月　　日

コード（　　　　　）　氏名_____

□ クロスマイレージ（生産国から私たちの手に届くまでのCO_2排出量）

CO_2排出量＝調べたいものの質量（t）× 輸送距離（km）× CO_2係数

※ CO_2係数・・・　船のCO_2係数　　0．038
　　　　　　　　　トラックのCO_2係数　0．167

1　ウォーミングアップ！　次の衣服のクロスマイレージを計算しましょう。

中国製Tシャツ（150g）	0．00015（t）×	CO_2排出量 g
ベトナム製Tシャツ（150g）	0．00015（t）×	CO_2排出量 g
アメリカ製ジーンズ（500g）	0．0005（t）×	CO_2排出量 g

2　自分と友達の衣服の原産国表示を調べて、マイレージを算出してみましょう。

（　　　　）製	0．00　（t）×	CO_2排出量 g
		CO_2排出量 g
		CO_2排出量 g
		CO_2排出量 g

3　新たな気づき

4　もっと知りたいこと

5　語りの語句

毎時間の振り返りとは別に、もっと知りたいことの記入欄を作り、以下のように個の文脈を分析している。

【授業で使用したワークシート例】

		学習前 ものを購入、消費するのは誰のためになる？	①値段が違う原因は？（対話からの気づき）	②衣服は、自分にどんな情報を知らせているか？（さらに知りたいこと）	③衣服はどこから来るのか？ ④衣服の値段と原産国の関係は？（さらに知りたいこと）
30	（生徒氏名）	自分	原産国	手入れの仕方	ファストファッションと売れ残りの衣服
31	（生徒氏名）	自分	素材（機能）、デザイン	品質表示の価値	なぜこんなに日本に輸入される？
32	（生徒氏名）	自分	素材、メーカー	取り扱い絵表示の意味	環境と価格の関係
33	（生徒氏名）	自分	原産国	衣服の繊維	日本製のシェアはどのくらい？
34	（生徒氏名）	自分	素材、メーカー、デザイン	服のリサイクル	ファストファッションはなぜこんなに安い？
35	（生徒氏名）	自分	原産国、素材、ブランド	原産国	大量消費された衣服のその後

学習前の生徒は消費が社会や世界とつながるという考えをもっていないことがわかる。

原産国や価格、大量生産と消費などファストファッションに思考が向きつつある。

毎時間の生徒の文脈を分析し、次時の授業へとつなげる。生徒が知りたいことを把握し、思考の流れをつかむ手立てとした。そして、それを基に探究のための学習課題を設定した。

これまで本校では、「ものがたりの授業」づくりにおいて、個の文脈を把握することの重要性を提案してきた[21]。今期は、生徒の学習前の個の文脈を把握した上で、授業者がそれをどう変容させたいのかを明確化することを重視した。「当たり前」は、個の文脈にもとづいて形成された題材に対する考えであり、生徒のもつ素朴概念やそれまでの既習事項、自己の生活経験などをもとに構成され、「ものがたり」として表出される。その「ものがたり」として表出される生徒の「当たり前」が教科の学びを通して書き換わってこそ、意味や価値の実感につながる「自己に引きつけた語り」が生み出される。

そこで授業を構想する段階で、図4のような、構想図を教師が作成し、題材に対する「ものがたり」の変容を明確化するための手立てとした。

[21] 「多様な個の文脈を取り上げ、すり合わせる場を設けることで、一人一人の考える力が活用されることになる。したがって、終末には…自分なりの筋道だった考えに到達し、実感を伴う深い理解が生まれる。…まさに、個の文脈に着目することは、生徒がどのように学んでいくか一人一人の学びの過程を把握することになるので、質の高い知識を構成するための授業設計にも欠かせない。」（本校『研究紀要』2016、9-10頁）

【社会科（歴史的分野）（1年）】＜題材：（例）古代倭国の律令化＞

（学習前）
題材に対する生徒の「当たり前」
（例）古代倭国は、遣唐使を派遣するなどして「唐」から進んだ制度や文化を学び、大宝律令を制定して、律令国家となった。

（学習後）
（例）古代倭国は、厳しい国際情勢の中で「唐」に従属せず、朝鮮の国々からも文化を取り入れるなど、したたかな外交戦略で大宝律令を制定し、律令国家となった。

図4　題材に対する「ものがたり」の変容の構想図

以下は、技術・家庭科（技術分野）、社会科（地理的分野）、英語科、音楽科における構想図の例と実際の題材に対する生徒の「ものがたり」の変容の記録である。

題材に対する「ものがたり」の変容の構想図と実際の生徒の「ものがたり」の例

【技術・家庭科（技術分野）（１年）】＜題材：接合＞

（学習前）
題材に対する生徒の「当たり前」
　接合時のボンドはそれほど強く接着しないので、あれば使えば良い程度のものだろう。2つのものを接合するには、くぎかネジを使い、たいていの材質のものは接合できる。

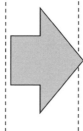

（学習後）
　くぎによる接合は弱くてすぐにはずれるものである。だからこそボンドを間に塗布して得られる強い接着力が必要になってくる。接合は単にくぎやネジだけで行うものではなく、ダボ埋めやアンカーをつかってより強く、美しく仕上げることが重要な技術である。

Ａ男の題材に対する「ものがたり」の変容

　接合は、特徴と強度をふまえた見た目が大切になってくると思う。なぜなら、接合するときの場面や場所、接合するものの特徴に合わせて方法を選ぶことが、見栄えやがんじょうさにつながると思うからだ。学習前は、接合はくっつけることだと思っていたけど、このことを知ってからは、ただくっつけるだけではなく、くぎを見せないようにしたり、壁から落ちないようにしたりすることが接合だと思った。

【社会科（地理的分野）（１年）】＜題材：アメリカの農業の物語＞

（学習前）
題材に対する生徒の「当たり前」
　アメリカの農業は広大な土地を利用した大規模で大量生産が行われている農業だ。世界を担っているアメリカの農業は日本の農業よりも労働生産性・土地生産性ともに高い優れた農業だ。

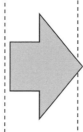

（学習後）
　アメリカの農業は完ぺきなものではなく、オガララ帯水層から水を搾取する形で成り立っている部分が大きい。この農業は、いつか地下水が涸れてしまうかもしれないというおそれをもった持続不可能な農業であり、優れた農業とは言えない。

Ｂ女の題材に対する「ものがたり」の変容

　学習前は、アメリカの農業は広大な土地や豊富な技術をいかした持続可能で大量生産が特徴の農業というイメージをもっていました。学習していく中で、その大量生産の源が地下水であるとわかりました。地下水と広大な土地でセンターピボットを使い、人手をかけず大量生産をする農業だとわかりました。アメリカの農業はたしかに効率の良い農業だと思います。しかし地下水は無限のものではないし、持続可能ではないと思います。つまりアメリカの農業は後世につないでいける農業ではないというのが大きな欠点だと思います。

【英語科（1年）】＜題材：Special Project 知りたい情報を引き出そう＞

（学習前）

題材に対する生徒の「当たり前」

英語で相手の名前をたずねるときは What's your name?という表現を使う。この表現は、いつでも誰に対しても用いることができる。

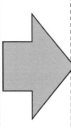

（学習後）

What's your name?は相手の名前をたずねる英語表現だが、状況や相手によってはこの表現が不自然だったり適さなかったりすることがある。状況や相手によって同じ内容でも表現を変える必要がある。

C女の題材に対する「ものがたり」の変容

　私は小学校のときから英語で名前をたずねるときは What's your name?を使ってきました。今まで何も考えずに使ってきたけど、相手に失礼になるときもあるんだなと思いました。日本語と同じで、相手や場所によって話す英語をかえていかないといけないんだなと感じました。他の言い方も勉強して、もっといろんな英語を話せるようになって、うまくコミュニケーションができるようになりたいです。

【音楽科（3年）】＜題材：「感情と音楽～オペラ「アイーダ」を通して～」＞

（学習前）

題材に対する生徒の「当たり前」

オペラは、日本語でないために理解ができないし、歌っているだけのものだろう。オペラ歌手の歌声はすごく響いてすごいと思うが、堅苦しく、聴いていて飽きてしまう。どこが面白いのかが分からない。

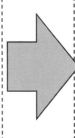

（学習後）

　オーケストラの伴奏が場面や登場人物の反応を表しているからこそ、物語が生き生きと伝わってきた。歌の音程が高いのも感情の高ぶりを表していて、ただ音が高いわけではなかった。音が高くてもそこに含まれる意味は違うので、内容を理解しながら感情移入することができたと思う。いつの間にか「アイーダ」の世界に引き込まれた。

D女の題材に対する「ものがたり」の変容

　私はこの学習をする前は、オペラはただ歌うだけのものだと思っていました。でも「アイーダ」を通して、オペラには文学や美術、演劇、舞踊などが関わっていると分かりました。「アイーダ」の恋の苦しみについて考えていくうえで、はじめは歌詞や出演者の声に注目していました。（中略）しかし、学習していくにつれて、オーケストラに視点を変えるようになりました。はじめはただのBGMかと思っていたけれど、感情を表しているんだなと思いました。アムネリスの時はオーケストラの音が変化して盛り上がっていたので感情が高まっているのだなと気づくことができました。

② 語り合い、探究する学びの過程

語り合い、探究する学びの過程において本校で重視しているのは次の3点である。

┌─ 語り合い、探究する学びの過程として重視していること ─┐
　ア　学習課題（中心の問い）が生徒のものになること

　イ　課題追究の方法が生徒のものになること

　ウ　根拠にもとづいて語り合い、問い合えること
└────────────────────────┘

以下、それぞれについての具体的な手立てを述べる。

ア　学習課題（中心の問い）を生徒のものにするための手立て

┌─────────────────────────────┐
│　　「当たり前」からのズレを生徒に出会わせる　　│
└─────────────────────────────┘

　学習課題（中心の問い）を生徒が設定するのは、簡単ではない。なぜなら、学習課題（中心の問い）の設定は、教科としての学びの深まりを左右する重要な学習過程だからである。しかし一方で、教科の学びを深めるためとはいえ、学習課題（中心の問い）の設定が、教師主導で一方的になされても、その学びは、生徒にとってどこか他人事でやらされているものになり、学びが深まるとは言えない。

　では、どのようにすれば学習課題（中心の問い）が生徒のものになるか。そのためには、**手立て①**で把握した「当たり前」からのズレ（例えば、「当たり前」と異なる事象や、他の生徒の異なる「ものがたり」など）を生徒に出会わせることが有効である。「当たり前」からのズレに出会うことで生徒は自然な形で疑問をもち、そのズレを埋めるための新たな「ものがたり」をおのずと求めるようになる[22]。

22　やまだ（2000）は、「人生を物語るとき、それは自己と他者の亀裂や、前の出来事と後の出来事とのあいだの裂け目が大きくなったとき、それらをつなぎ、意味づけ、納得する心のしくみが必要なときでしょう。」と述べている。

国語

社会

数学

理科

音楽

美術

保健体育

技術・家庭

外国語

学校保健

共創型探究

イ　課題追究の方法を生徒のものにするための手立て

> 生徒とともに課題追究の方法を語り合い、
> 吟味する場面を設定する

23　例えば、資料の読み取りや作成、実験や観察、表現や鑑賞、実技によって課題追究していく方法が一般的である。

　課題追究の方法は、教科や扱う単元によってさまざまである[23]が、教師が指示したり提示したりする場合がほとんどである。それは、教科としての学びの深まりや生徒の安全性等を考慮するとやむを得ない部分もある。しかし、課題解決のためとはいえ、生徒の「見たい」「知りたい」「やってみたい」という感情の喚起を抜きにして、教師から一方的な方法の指示や提示がなされると、やはり学びが生徒主体のものにならない。

　そこで、生徒と教師が一緒になって課題追究の方法を語り合い、それを吟味する場面を設定する。そして、教師が方法を指示、提示する場合は、それらの「語り」を踏まえた上で行うようにする。そうすることで、教師の提示した方法も自分たちで考えた課題追究の方法の1つとして捉えられ、生徒たちの学びの文脈の中に位置づけられる。その結果、教師の提示した方法であっても、課題追究の方法が生徒のものになるのではないかと考えた。

ウ　根拠にもとづいて語り合い、問い合えるための手立て

> 3つの条件を満たした語り合う問いを設定する

24　黒田（2017）は対話が活性化するための要件として「①対話をする目的が共有できている②対話に必要な情報を共有できている③考えのずれがある」をあげている。（香川大学教育学部附属高松小学校『研究紀要』2017、79頁）

　語り合うことは、学びが生徒主体のものになるために重要である。しかし、前述のように、語り合うこと自体が目的化してしまうと、生徒同士のすり合いが行われにくく、学びが深まらない。

　そこで、語り合う場面における問いが、以下の3点[24]を満たしているかどうかを意識している。

┌──────────────────────────────────────┐
│ ○ 語り合う目的²⁵が明確化されていること   │
│   │
│ ○ 共有された情報が根拠となること   │
│   │
│ ○ 考えに差異がでること   │
└──────────────────────────────────────┘

25 語り合う目的としては、最適解を求めるのか、合意形成するのか、疑問を解明するのか、最も優れているものを選ぶのか、等が考えられる

次に、語り合い、探究する学びの過程の手立て**ア〜ウ**について、以

下、社会科（１年）「古代倭国の律令化」における実践の記録を示す。

【単元４、５時間目】（全７時間）

┌──┐
│ **ウ　根拠にもとづいて語り合い、問い合える手立て（３つの条件を満たした語り合う問いの設定）**

「もし唐から倭国に援軍要請があった場合、倭国独立維持のためには、断るか？受け入れるか？」

　＜問いの３つの条件＞

○　語り合う目的：倭国独立維持のための最善策を考えること

○　考えの差異：援軍要請を断るか、受け入れるか

○　共有された情報が根拠となること：根拠を単元の既習事項（以下）に限定

┌──┐
│ （４時間目までの既習事項）   │
│ ・唐の成立と緊張する東アジア情勢　　・唐と新羅の同盟関係   │
│ ・白村江の戦いで唐・新羅連合軍に倭国は敗戦　・古代山城の築城にともなう倭国の危機感 │
│ ・倭国の独立維持のためには唐のように律令による中央集権体制が急務である │
│ ・<u>唐は都督府を設置し周辺国を属国化した</u>   │
│ ・<u>唐は同盟国である新羅にも都督府を設置して支配した</u>   │
│ ・唐の支配に反発した新羅により、６７０年より唐新羅戦争が勃発した   │
└──┘

上記の問いに対し、生徒の立場と理由づけは次のようであった。

　＜断る派＞

┌──┐
│ ・新羅みたいに都督府をおかれ、中国に支配されるかもしれない   │
│ ・資料17から分かるように、（唐は）新羅に都督府をおいて、うらぎっている │
│ ・資料17,18の同盟国新羅にも都督府を置き、支配しようとしたから受け入れても独立にはつながってない │
└──┘

　＜受け入れる派＞

┌──┐
│ ・学びの地図を見ると、倭国は独立を維持するために唐の進んだ文化を取り入れる必要がある │
│ ・律令国家を築く上で、唐との関係は必要   │
│ ・律令も学べるし唐からも認められると思ったから   │
└──┘

　　以下は、実際の授業（単元４時間目）において、生徒が語り合い、問い合っている場面（一部）である。<u>実線部</u>は、学んだことを根拠にして語っている部分、<u>点線部</u>は、語り合う目的を確認し、生徒たちですり合い（最適解を導く）を行っていることが伺える部分。
│
└──┘

（＜断る派＞が＜受け入れる派＞に対して問う場面）

S1＜断る派＞：もし、唐の援軍要請を受け入れて、資料16, 17みたいに、新羅みたいに裏切られたらどうするんですか。

T：はい、答えられる人、どうぞ。

S2＜受け入れる派＞：それは、唐が先に裏切って、その後新羅が裏切る行動をしたので、倭が何もしなかったら大丈夫だと思います。

S3＜断る派＞：えと、S2さんが何もしなかったらいいって言ったけど、何もしなかったら、新羅は都督府を置かれて、えと・・・自分の国がぬすまれるって危機感をおぼえたから、高句麗といっしょに戦争をしたわけで、何もしなかったら、逆に倭の国が滅亡してしまうから、何もしないというのはいけないと思います。

S4＜受け入れる派＞：協力して支配されたとしても、被害は少ないと思うし、さらに降伏した方が、あの・・・昔の中国にあったんですけど、降伏したら、高い地位につけて、もしかしたら唐は、別の、他にも国を攻めようとしているんだったら、降伏したら、高い地位につけると思って・・・・

S5＜断る派＞：えと、めあては、独立のためなんで、そうやってしたら意味がないと思います。

T：どうですか？

S4：（考えている）

T：ちょっと考える？では、他の人、どうですか。

【単元6時間目】（全7時間）

ア　学習課題（中心の問い）を生徒のものにするための手立て（「当たり前」からのズレを生徒に出会わせる）

　上記のような語り合いを経て、生徒は「唐との交流がないと、律令が手に入らない」という考え（「当たり前」）から、いずれの立場においても次のようなジレンマがあることに気づいた。

（援軍要請を断る）	（援軍要請を受け入れる）
○新羅のように、倭国が唐の属国となることは避けられる。 ●唐からの律令をはじめとした先進文化を手に入れることができなくなる。	○唐から律令をはじめとした先進文化を手に入れやすくなる。 ●唐の支配下に置かれ、新羅のように唐の属国になる可能性がある。

そして単元6時間目で、唐と交流がないにもかかわらず律令化していることを示す次の3つの資料を提示した。

　・実際に倭国が援軍要請をされ、断った資料

　・その後、約30年間、遣唐使を派遣していない資料

　・その約30年間の間に律令化が進み、701年に大宝律令が完成している資料

「唐との交流がないと、律令が手に入らない」と考えていた生徒は、自然と「じゃあ、どこから倭国は律令を手に入れたの？」という疑問をもち、それを次の自分たちの学習課題（中心の問い）として、それぞれの「ものがたり」を語り始めた。

【単元7時間目】（全7時間）

イ　課題追究の方法を生徒のものにするための手立て（生徒とともに課題追究の方法を語り合い、吟味する場面を設定）

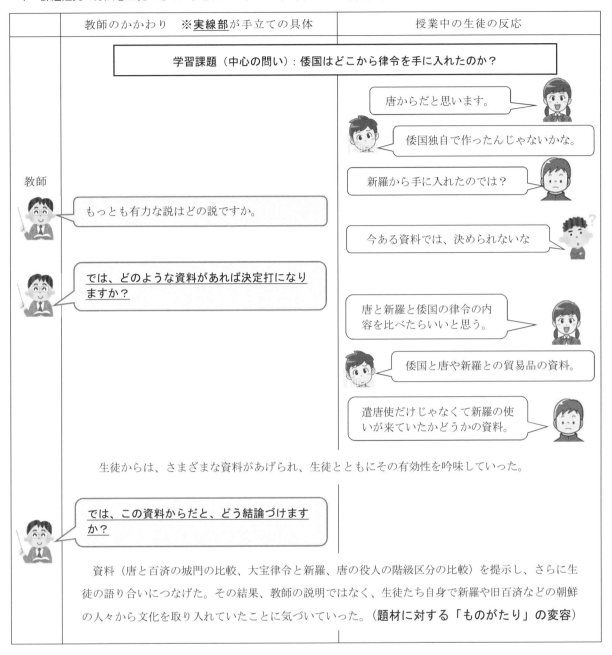

	教師のかかわり　※**実線部**が手立ての具体	授業中の生徒の反応

学習課題（中心の問い）：倭国はどこから律令を手に入れたのか？

唐からだと思います。

倭国独自で作ったんじゃないかな。

新羅から手に入れたのでは？

今ある資料では、決められないな

教師

もっとも有力な説はどの説ですか。

では、どのような資料があれば決定打になりますか？

唐と新羅と倭国の律令の内容を比べたらいいと思う。

倭国と唐や新羅との貿易品の資料。

遣唐使だけじゃなくて新羅の使いが来ていたかどうかの資料。

生徒からは、さまざまな資料があげられ、生徒とともにその有効性を吟味していった。

では、この資料からだと、どう結論づけますか？

資料（唐と百済の城門の比較、大宝律令と新羅、唐の役人の階級区分の比較）を提示し、さらに生徒の語り合いにつなげた。その結果、教師の説明ではなく、生徒たち自身で新羅や旧百済などの朝鮮の人々から文化を取り入れていたことに気づいていった。（**題材に対する「ものがたり」の変容**）

③　「自己に引きつけた語り」を促す教師の手立て

題材と自己とをつなぐ概念を設定する

①、②の手立てで生まれた題材に対する「ものがたり」の変容は、教

科内容の枠内の「ものがたり」の変容であり、自己との関連が見いだ

26　例えば、理科の大気圧の学習を、日常生活における圧力鍋の原理とつなげても、圧力鍋に対する知識は増えるが、自分をとりまいている自然界の見え方や感じ方は変わる感動はあるだろうか。

27　ここでは特に、題材の枠を越えて、他に転用できる性質を取り出した考え方のことをさす。

28　教師が設定した概念で「自己に引きつけた語り」を書かなければいけないということではない。

29　やまだ（2000）は、「自己は『文化・社会・歴史的文脈』に媒介されるので、自己の構成に文化や社会や歴史的文脈が本質的にかかわっています。」と述べる。このことから、文化・社会的文脈、歴史的文脈、生態的文脈から自己とつなげる概念を設定することも有効である。

30　鶴田清司「文学の授業で何を教えるか－教材内容・教科内容・教育内容の区別」1995、85頁

31　奈須（2017）は、教師自身の教科内容研究の必要性について次のように述べる。「今こそ教科内容研究が決定的に重要です。それは、個々の教材やその取り扱い方を検討する教材研究より一段奥にある、教科内容そのものの研究です。」そして、「『この教科の本質は何か』『子供がこの教科を学ぶ社会的な意義はどこにあるのか』といった議論」を教師集団で重ねていく必要性を述べている。（奈須正裕『「資質・能力」と学びのメカニズム』東洋館出版社、2017、187頁）

せず、学んだことの意味や価値の実感には至らないケースもある。

したがって、題材に対する「ものがたり」の変容を、自己との関連の中で見つめ直し、「自己に引きつけて語る」ことが重要になる。

では、どのようにすれば生徒は題材に対する「ものがたり」の変容を「自己に引きつけて語る」のか。

例えば、教科の学びを子どもたちとつなげるために、学んだことが日常生活のどこで使われているか、実社会でどのように役立っているかを取り上げることがある。しかし、学んだことを自己と関連の少ない日常生活や実社会と関連づけるだけでは、自分自身や自分をとりまく世界の見え方、感じ方の変容にはつながらず、学んだことの意味や価値を実感しにくい[26]。

そこで、本校で取り組んでいるのが、題材と自己とをつなぐ概念[27]を設定することである[28]。概念の設定の際には、以下の2点を満たすことを大切にしている。

> ア　教科を学ぶ意義につながるものであること
>
> イ　題材の学びから、自分自身や自分をとりまく世界の見え方・感じ方に転用できるものであること[29]

上記の2点を踏まえた、題材と自己とをつなぐ概念を設定するためには、授業者が「その教科や題材を学ぶ意義は何か」「題材を通して学習者自身をどう変えたいのか」といった教科内容を通じた教育内容[30]についての授業者なりの考えをもつことが必要になってくる[31]。

現在は、授業者が授業構想の段階で上記の2点を満たす概念を設定し、単元構成や振り返りの視点に取り入れることで、「自己に引きつけた語り」を促す手立てとしている。

次頁以下は、保健体育科、数学科、国語科、技術・家庭科（家庭分野）、美術科、理科において設定した概念の例と生徒の「自己に引きつけた語り」の記録である。

生徒の「自己に引きつけた語り」の一例

【保健体育科（3年）】<題材：「国際的なスポーツ大会とその役割〜ブラインドサッカーを通して〜」>

題材と自己とをつなぐ概念：スポーツへのかかわり方

E女の「自己に引きつけた語り」

　　私にとってスポーツとは、誰もが楽しめる文化です。・・・（略）・・・ブラインドサッカーは、スポーツを観たり、支えたりすることの楽しさを教えてくれました。私は自分がスポーツをするのは苦手な方であまりスポーツに対して好意的な印象をもっていなかったけれど、スポーツはするだけではなく、観る、支えるの要素があって、それなら得意不得意関係なく楽しめることが分かったので、スポーツに対して前より好意的な印象をもつようになりました。・・・（略）・・・今回の授業をきっかけに、2020年東京オリンピック・パラリンピックのときは多くの試合を観てみたいと思いました。特に、ブラインドサッカーの試合は生でぜひ観たいと思いました。

　　今回スポーツは観ることも支えることも楽しいと分かったので、祖父とか祖母にもスポーツに関心をもってもらいたいなと思いました。スポーツの楽しさを色々な人に伝えて、スポーツのすばらしい文化を多くの人に知ってもらいたいと思いました。

【数学科（1年）】<単元名：「比例・反比例」>

題材と自己とをつなぐ概念：関数の持つ力

F女の「自己に引きつけた語り」

　　最初の比例・反比例に対するイメージは、ただただ表やグラフをかくといったものでした。しかし、実際は関数の授業から始まり、たくさん考えることが多かったです。もちろん、表やグラフはかいたけど、反比例のグラフの"ソノサキ"や、なぜ反比例定数と言わないか等、今まであまり気にせずいたことをしっかり考えられたと思います。反比例のグラフの構造も、ランドルト環の視力検査表と照らし合わせてみることで、急激に減って、あとは徐々にゆっくりと減少していくイメージがつかめました。比例だけ、反比例だけの関係になっているものは、身近なところに多くあると思うが、ランドルト環のように、どちらの関係性ももっているものが他にないか探してみたいと思った。関数は、全部見なくても関係性を見つけることで、未来が予測できる便利なもの。やっぱり、数学って面白くてどこまでも謎が広がっている！

【国語科（2年）】<題材：「走れメロス」>

題材と自己とをつなぐ概念：人物像に注目する

G女の「自己に引きつけた語り」

　　今回の学びは私にとって「考え方」を改めるきっかけになった。この学習を始める前の私は昔の小説とかが好きではなかった。今では使われていない言葉や、少し意味が変わった言葉もあり、ややこしいからだ。「走れメロス」も「韋駄天」など、いまではなかなか使わない言葉も多い。でも、じっくり読んでいくと話の筋道がとてもはっきりしていておもしろかった。この「走れメロス」の授業を終えて、今、疑問が全くないかといわれたら、そうではない。「メロスは成長したのか」という問いについて、メロスは成長したと思うけれど、理由がまだうまく答えられな

い。ほかにも、「ディオニス」や「セリヌンティウス」の本当の心情を考えるのも難しい。でも、細かい描写や言葉を見つけると、考えを広げることができる。そうすることによって私はいろんな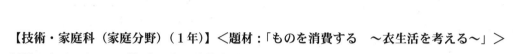ことを考えながら読むことができる。一人ひとり思ったこと、感じたことはちがう。だから国語はおもしろいのだと分かった。

最後に、もう一度、「三文で走れメロス」をしてみた。

　・「信実」の有無をめぐって、殺されることになったメロス。

　・三日間、一度しか疑わなかったセリヌンティウス。

　・この二人の「信実」は王の冷たい心をうちくだき、三人で仲間になるのだった。

【技術・家庭科（家庭分野）（1年）】＜題材：「ものを消費する　～衣生活を考える～」＞

題材と自己とをつなぐ概念：私の消費生活

H男の「自己に引きつけた語り」

　・・・だから、僕が服を買うためには生産者が服の原材料を作り、加工して製品を作ってくれる人がいて、運送や流通をしてくれる人がいて、販売してくれるお店があり、サービスの提供を受け、そのすべてが揃って、そこで初めて自分で選びお金を支払い購入することができるのです。そして、購入すれば終わりではなく、すべての過程でコスト縮減による人件費の安い海外での生産や、安い原材料の輸入や環境破壊など世界に影響をあたえたり、廃棄するものや生産加工に伴う環境や社会への影響、過剰やサービスを求めたり、競争の激化による問題や課題を抱えているのです。だから、これから僕はただ服を買うだけではいけないのです。

　これから僕にできることは、まずは1人の消費者として品質・安全性・機能性・保障・アフターサービス・環境への影響など考りょして欲しいものの優先順位をつけることです。値段が安ければいいではなく、無駄なものを購入しないことを徹底し、過剰なサービスを求めず、生産やサービスに正当な対価を払うことです。そして、・・・

【美術科（3年）】＜題材：「世界を変えるデザイン」＞

題材と自己とをつなぐ概念：生活の中の問題を解決するデザイン

I女の「自己に引きつけた語り」

　私は初めに「デザインとは何か」を問われた時に答えることができませんでした。「デザイン」というものの価値を知らなかったこともあるし、どこか苦しいようなイメージがあったからです。私は今回の授業を通して、デザインをすごく身近に感じることができました。私の中で変わったのは日常の中でのものの見方です。私は（多分ほとんどの人は）日常生活の中でデザインを意識することはほとんどありません。この学習をしながら、自分の身の回りのデザインに視点を置くようにしました。そうすると世界が違って見えました。

・・・（中略）・・・私たちは気づいていないだけで、私たちはデザインに囲まれている生活を送っていると言えそうです。

【理科（1年）】＜題材：「不思議な石　石灰岩」＞
題材と自己とをつなぐ概念： 時を超えて世界をつくる岩石

J女の「自己に引きつけた語り」　※波線が学習後の題材のとらえ、実線が「自己に引き付けた語り」

タイトル：時を超える石灰岩

　私ははじめ、石灰岩は白いと思っていたし、知っていたもの塩酸をかけると二酸化炭素が発生するぐらいものでした。それが、この学習を終えてから、生活に欠かせない世界を造る岩という考えに変わりました。

　そのようになったのは、石灰岩がコンクリートやセメントなどの建物の建設に欠かせない原料だと知ったからです。今、世界中の各地で都市化が進み、大きなビルや建物が建ち進んでいる中、そこで1番の材料といえるのがコンクリートだと思います。暮らしの中で身近な家だってコンクリートが使われているので、今の暮らしには石灰岩がすべてのもととなっていると思いました。

　また、石灰岩の原子が加わったり、なくなったりして、どんどん石灰岩の成分が変わっていくのが面白いと思いました。石なのに水を吸収して、その後熱を吹き出して岩が姿を変えていってすごいと思いました。昔の人は、この石灰岩の変化を使って、昔の人なりの知恵を使って生活を成り立たせていて、知恵も石灰岩もすごいと思います。

　そして、私がこの学習が終わって、一番驚いたのは、石灰岩が5億年もの長い長い年月をかけて今、ここにあるということです。人類が生まれる前の恐竜が生まれるまえに石灰岩は地球に生きていたんだなと思いました。その物語を岩が物語っていると感じました。石灰岩が日本でたくさん採れて、日本の町をつくっているのはプレートが集まる地形ならではだと考えました。このことから地震や火山の被害をもたらすプレートでも、裏ではこのプレートが日本の建築物を形づくっていたんだと思いました。もし、石灰岩や日本の地形がなかったら、日本の建物は木や鉄だけで作られていて、今のような過ごしやすい家や学校はなかったんじゃないかと思います。

　私にとって、この学習はただの石と思っていた石灰岩がこんなにも私たちの生活に深く関わっていたんだということを気づかせてくれました。石灰岩は特有の性質を持っていて、唯一無二の石なんだと知りました。石が姿を変えていって、石も生きているんだなと改めて感じました。このような事をふまえて、ますます石への興味が深まりました。自然は地球ができたときから、どんどん変わっていっているけれど、今だけでなく過去や未来を見つめて神秘である自然について学んでいきたいです。

上記①〜③の重点内容を含めた「ものがたりの授業」の構造図は、以下のようになる。

「ものがたりの授業」

●題材 （社会：古代倭国の律令化） に対する 「ものがたり」 の変容

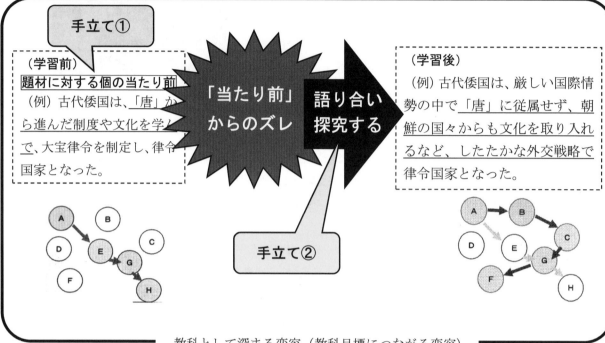

手立て①

（学習前）
題材に対する個の当たり前
（例）古代倭国は、「唐」から進んだ制度や文化を学んだ上で、大宝律令を制定し、律令国家となった。

「当たり前」からのズレ

語り合い探究する

手立て②

（学習後）
（例）古代倭国は、厳しい国際情勢の中で「唐」に従属せず、朝鮮の国々からも文化を取り入れるなど、したたかな外交戦略で律令国家となった。

━━━ 教科として深まる変容（教科目標につながる変容） ━━━

手立て③

概念：「日本の独立」

題材と自己とをつなぐ概念の設定
ア　教科を学ぶ意義につながる概念であること
イ　題材の学びから、自分自身や自分をとりまく世界の見え方・感じ方に転用できる概念であること

●「自己に引きつけた語り」

　学習前は、日本が独立していることは当然のことで、その独立が1300年以上続いていると知っても、「すごいのかな」とは思ったが、「そうなんだ」以上の感情はわかなかった。学習後は、日本が独立していることは当然のことではなく、国際社会の複雑に変化する勢力関係の中で、1300年間、先人が努力して維持してきたことだった。自分が大人になったときの未来の日本の独立を、自分たち世代も維持していきたい。

━━━ 自分自身や自分をとりまく世界の見え方、感じ方の変容（教育目標につながる変容） ━━━

（２）　共創型探究学習ＣＡＮの取り組み

①　語り合い、探究する学びの過程

　ＣＡＮ[32]とは、「生徒自らが設定した課題を多様な他者と協力しながら探究することを通して、自己の成長や可能性を実感し、社会に柔軟に対応しながら学び続けるための資質・能力を育成する」ことを目的にした、本校の学びの集大成となる学習活動である。目標を達成するため、ＣＡＮでは生徒自らが課題を設定することや、多様な他者とつながり、互いの意見や考えを語り合うこと、仮説や見通しをもった探究活動を行うことを重視している。それらを達成するために次のような手立てを行っている。

ア　生徒自らが課題を設定するための手立て

　これまで、生徒はマインドマップを用いて自分の興味・関心を探り、そこから探究の種として疑問を見つけ探究課題を設定してきた。しかし、生徒の興味・関心の幅は限られており、部活動や食べ物、趣味、特技から課題を設定することが多く、過去に先輩がやっていたことと同様の探究も多く見られるようになってきた。そこで、より幅広い視点から探究課題を探し、設定させたいと考え、冬休みに下のような分類表と３つの視点を含むワークシートを配布した。また、幅広い分野から課題を設定させることができるように、同じ分類コードから課題を設定しないように条件をつけた。

32　ＣＡＮのＣ・Ａ・Ｎは、Cluster（クラスター）、Action Learning（アクション・ラーニング）¹、Narrative Approach（ナラティブ・アプローチ）の頭文字をとったもの。Cluster とは異学年の小集団、Action Learning とは、小グループで現実の問題に取り組む中で、行動を起こし、内省することで学習していくプロセス、Narrative Approach とは、ナラティブ（語り、物語）という概念を手がかりにしてなんらかの現象に迫る方法のこと。

【３つの視点で考えてきた自分の探究課題を、教師や同級生と語り合い、本当に探究したいことは何かを考える】

分類1	100 歴史	200 社会科学	300 自然科学	400 産業・経済
分類2	101 人物・出来事	201 行政 （政策、法律、条例）	301 地学 （鉱物、地質、地形）	401 第1次産業 （農・林・水産）
	102 遺跡 （古墳・城跡・住居跡）	202 風俗習慣 （生活習慣、衣住食）	302 生物 （動物、植物、細菌）	402 第2次産業 （加工・製造・建設）
	103 伝説 （伝承・昔話）	203 教育・福祉	303 化学 （有機・無機化学）	403 第3次産業 （サービス・運輸・通信・観光）
	104 伝統 （信仰・風習）	204 環境問題	304 物理 （力学・光学・電磁気）	404 伝統工芸

分類1	500 芸術	600 言語・文学	700 医療・心理	800 その他
分類2	501 絵画・書道	601 方言	701 医学	このカテゴリーの中に全く当てはまらない場合は →分類1に「800 その他」と書く
	502 諸芸・娯楽	602 文学作品	702 保健・衛生	
	503 音楽・舞踊	603 作家	703 心理学 （児童心理・行動心理・教育心理）	
	504 スポーツ・体育	604 演劇・映画	704 脳科学	

探究課題設定の３つの視点

視点１　素朴な疑問から発想

視点２　身近な問題から発想

視点３　特技や好きなことから発想

この３つの視点からそれぞれ探究課題を考えます。その際、分類コードが同じものにならないようにしてください。（できるだけ分類１が異なるようにすると、より幅広い分野で考えることができるよ。）

記入例（疑問→卵を救出　問題→お弁当箱　好き→シャーペン）

テーマ（キーワード）	お弁当、冷えたご飯、お弁当箱の改良、保温		
分類1コード	400	分類2コード	402
【課題や疑問の発見】最初のどこに解決すべき課題や疑問があるのか			
いつも冷たいお弁当を食べているのだが、温かいお弁当が食べたい。市販の保温機能付きお弁当箱を買い直すのはもったいない。普通のプラスチックのお弁当箱で、あたたかいご飯が食べられるようなものを作り出せないか。			
【解決後の明るい未来】探究のゴールはどこなのか、どんな問題が解決できればいいのか			
市販の保温機能付きのお弁当箱と同じ、もしくはそれ以上の保温機能をもったお弁当箱を自分たちの持っているものを改良して作り出すこと。			
【探究の見通し】それを解決するためにどのように探究を行おうと考えているのか			
① 再利用できるカイロのようなものを自分で作ってみる。 ② 専門家のところに行って、自分たちのカイロに対してアドバイスをもらう。 ③ 自作カイロでどれぐらいご飯が保温できるかを確かめる。			
探究課題（問い）	例「なぜ〇〇は□□なのか？」「〇〇が□□なのはなぜか？」 プラスチックの弁当箱でも保温ができるグッズは作れるのか？		

【探究のゴールや見通しの記入例】

【互いの探究について質問し合う
ＡＬ会議】

33　より深く専門家とつながる例としてＣＡＮの日を活用して以下のような活動ができると考えた。
・ＣＡＮの日Ⅰでは、まず専門家を訪問し自分たちの仮説や方法について助言をもらう。
・ＣＡＮの日Ⅱでは、それらを参考に校内や郊外でじっくり探究し、データを取る。
・ＣＡＮの日Ⅲでは、再度訪問し自分たちのデータから導かれる結論に飛躍がないか、本当にそれで証明できたといっていいのかなどについて評価、助言をもらう。

【ＣＡＮの日に香川大学の教授を訪問】

【小学校で探究の過程と成果を発表】

このシートを用いて、３つの視点に対し、１つずつ課題を設定させることで、これまで自分の趣味や特技からでしか探究課題を設定していなかった生徒が、素朴な疑問や身近な問題からも課題を見つけようとするのではないかと考えた。その後、生徒は右の図のようなワークシートを使って、自分が設定した課題のどこに問題があるのか、探究のゴールは何か、どのように探究を進めていくかなどを記入していく。このような過程を通して、自分が何に問題意識をもち、何を探究したいのかを明確にすることができる。

イ　多様な他者とつながり、互いの意見や考えを語り合うための手立て

　ＣＡＮでは、探究に行き詰まったとき、教師が解決策を示すのではなく、互いに質問し合うなかで、本当の問題は何なのか、どうすれば解決に向かうのかを見つけ出すためのＡＬ会議（アクションラーニング会議）を実施してきた。生徒は、このＡＬ会議で互いの悩みを共有したり、他のクラスターの悩みを自分事として考え、解決に向けて何ができるのかを話し合ったりしてきた。これらの活動は継続しつつ、今期はさらに外部との連携を強化し、多様な他者とつながり、意見や考えを交流できる場を増やそうと考えた。

　その１つがＣＡＮの日を増やすことである。ＣＡＮの日は、４～５時間をすべてＣＡＮの時間として設定した日である。これにより生徒は、校内でじっくり探究活動を行ったり、校外に出て専門家から助言等を受けたりすることができる。これまでも年間２回、ＣＡＮの日を設定してきた。今回、ＣＡＮの日を３回にすることで、より深く専門家とつながり探究できる[33]クラスターも現れるのではないかと考えた。

　これ以外にも、ＣＡＮ2019では夏休みにも約１割のクラスターが外部を訪問した。このように、自ら外部の専門家とつながり、探究をより深めていこうとする生徒の姿は、まさに自ら探究し学ぶ生徒の姿であると考えている。

　２つ目が小学生、高校生、大学生、保護者とつながる場を増やすことである。昨年度も小学校や高校などと連携をとり、ＣＡＮの探究や評価に参加してもらっていたが、今年度はさらにその機会を増やした。小学校とは４月と10月の２回、高校生とは６月と10月の２回、大学生とは

９月に２回、保護者とは６月と11月の２回となった。また、保護者からの意見は掲示物にして今後の探究の励みや参考になるよう心掛けた。

ウ　仮説や見通しをもった探究活動を行うための手立て

充実した探究活動を行うためには、自分が何を明らかにしたいのか、そのためにどのような探究を行えばよいのかという仮説や見通しをもつことが重要である。しかし、これまでの探究深化シート[34]では、どのように仮説を立てたら良いのか、その仮説をもとにどうやって探究を進めていけばよいのかなど理解しにくく、うまく活用できていないという課題があった。そこで、下のような新しい探究深化シートを作成した。

【高校生もＣＡＮに参加して一緒に探究】

34　上図はH29年の探究深化シート。

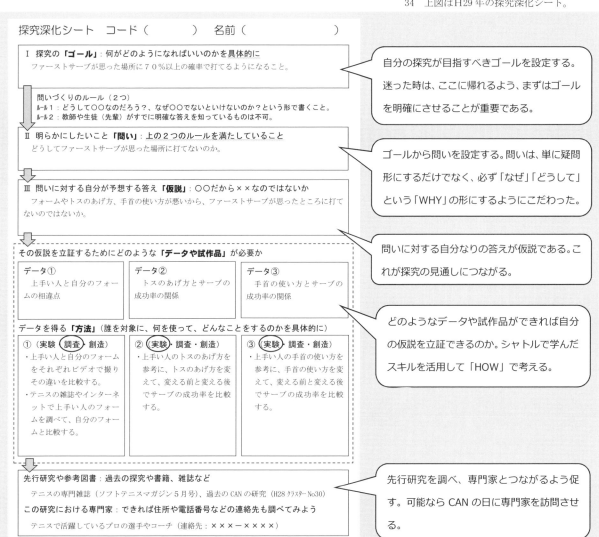

探究深化シート　コード（　　　）　名前（　　　　　　　）

Ⅰ　探究の**「ゴール」**：何がどのようになればいいのかを具体的に
ファーストサーブが思った場所に７０％以上の確率で打てるようになること。

自分の探究が目指すべきゴールを設定する。迷った時は、ここに帰れるよう、まずはゴールを明確にさせることが重要である。

問いづくりのルール（２つ）
ルール１：どうして〇〇なのだろう？、なぜ〇〇でないといけないのか？という形で書くこと。
ルール２：教師や生徒（先輩）がすでに明確な答えを知っているものは不可。

Ⅱ　明らかにしたいこと**「問い」**：上の２つのルールを満たしていること
どうしてファーストサーブが思った場所に打てないのか。

ゴールから問いを設定する。問いは、単に疑問形にするだけでなく、必ず「なぜ」「どうして」という「WHY」の形にするようにこだわった。

Ⅲ　問いに対する自分が予想する答え**「仮説」**：〇〇だから××なのではないか
フォームやトスのあげ方、手首の使い方が悪いから、ファーストサーブが思ったところに打てないのではないか。

その仮説を立証するためにどのような**「データや試作品」**が必要か

データ①	データ②	データ③
上手い人と自分のフォームの相違点	トスのあげ方とサーブの成功率の関係	手首の使い方とサーブの成功率の関係

問いに対する自分なりの答えが仮説である。これが探究の見通しにつながる。

データを得る**「方法」**（誰を対象に、何を使って、どんなことをするのかを具体的に）

①（実験・調査・創造）	②（実験・調査・創造）	③（実験・調査・創造）
・上手い人と自分のフォームをそれぞれビデオで撮りその違いを比較する。 ・テニスの雑誌やインターネットで上手い人のフォームを調べて、自分のフォームと比較する。	・上手い人のトスのあげ方を参考に、トスのあげ方を変えて、変える前と変える後でサーブの成功率を比較する。	・上手い人の手首の使い方を参考に、手首の使い方を変えて、変える前と変える後でサーブの成功率を比較する。

どのようなデータや試作品ができれば自分の仮説を立証できるのか。シャトルで学んだスキルを活用して「HOW」で考える。

先行研究や参考図書：過去の探究や書籍、雑誌など
テニスの専門雑誌（ソフトテニスマガジン５月号）、過去のCANの研究（H28 クラスター No30）
この研究における専門家：できれば住所や電話番号などの連絡先も調べてみよう
テニスで活躍しているプロの選手やコーチ（連絡先：×××－××××）

先行研究を調べ、専門家とつながるよう促す。可能なら CAN の日に専門家を訪問させる。

このシートに今の自分の考えをまとめながら記述していくことで、ゴールや問い、仮説が明確になり、見通しをもった探究ができると考えた。

【シートの記述内容について助言】

【教師も生徒と一緒になって探究】

35　ＣＡＮ物語を書く際に、生徒に意識させた視点は以下の①〜⑤である。
①ＣＡＮが始まる以前の自分の姿から書き始めること。
②探究の始まりから現在までのさまざまな困難や葛藤、発見や驚きなど、探究していく途中での出来事やその時感じたこと、考えたこと、自分の中の変化などを振り返りながら書くこと。
③自分以外の人物を登場させること。
④ＣＡＮ物語は研究内容のまとめではなく、そこでの自分の学びを振り返るものであること。
⑤３年生は３年間のＣＡＮを振り返っての総括と後輩へのメッセージを、１、２年生は１年間のＣＡＮを終えての今の気持ちや来年への展望を書くこと。

また、このシートがあることで、生徒は探究で悩んだ際、このシートの記述を見直し、自分は何を明らかにしたかった（自分のゴールは何だった）のか、自分の問いは正しかったのか、自分たちの実験や調査で仮説は本当に立証できたのかなど、常に探究を振り返ることができる。

また、このシートは教師が生徒に関わる際の有効なツールにもなる。探究に行き詰った生徒に対して、教師がどう関わっていいのかわからないということがある。そういうときも、このシートの記述を足掛かりにすれば、探究のどこが間違っていたのかを教師も生徒と一緒になって考えたり、助言を与えたりすることができる。このシートは自ら探究を進める上で必要不可欠なものだと考えている。

②　「自己に引きつけた語り」を促す教師の手立て

他の学習と同様に、自らの学びを自己に引きつけて振り返り、ＣＡＮでやってきたことが、自分にとってどんな意味や価値があったのかが実感できなければ、社会に柔軟に対応し学び続ける資質・能力を育成するという目的は達成できない。そこで、生徒は毎時間の振り返りの他に、ＣＡＮの活動を終えた後、振り返りの視点35を意識しながら、自らの学びを振り返って「ＣＡＮ物語」を書いている。特に、今期から３年生には、ＣＡＮ物語の最後に３年間のＣＡＮを振り返って、この探究活動が自分にとってどんな意味があったのかについて記述させるようにした（視点⑤）。下は、ＣＡＮ2018 年で３年生が書いたＣＡＮ物語の一部である。

> 新しいＣＡＮが始まる。3年生か…何をしようか。私はこんな気持ちで今年のＣＡＮをスタートさせた。（中略）はじめ私は、お菓子についてやってみようと思った。そのきっかけは２年生の時、３人で「チョコを使っておいしいスイーツを作り、商品化できるか？」という探究をしていたからだ。実は、何をすればいいかわからなくて、前回のうまくいった探究にのっかればうまくいくのでは？という思いがあったからだ。（中略）自分だけが何も考えていなかったことに驚いた。驚いたと同時に私はあることに気が付いた。それは、これから１、２年生を引っ張っていく存在の私がちゃんとしなければ、私が１年生や２年生の時の先輩のように探究をすることはできないということだ。自分のふがいなさに落ち込みながら、２人にアイデアをもらい自分が本当にしたいことを見つけ、２人に後れを取りながらも探究深化シートが完成した。（中略）２人ＣＡＮも始まった。２年生は、同じバレーボール部のＳさんだ。部活動も一緒ということも

探究を始めたときの自分がどんな気持ちや考えだったかを振り返る

３年生としての葛藤と任された責任感に対する気づき

-30-

あり、2人CAN1日目から騒いでいた気がする…（すみません）。これから探究していくテーマもすぐに決まった。Sさんの「3年のテーマにしましょう！」の一言で。びっくりした。こんなに簡単に決めてしまっていいのか！？と不安になりながら流れで決まってしまった。しかし、これもまた予想していたとおり後悔した。同じ教室の人たちの探究テーマがすごかったからだ。すぐテーマを変えようと思ったが、もう決定したことだ、簡単には変えられない。（中略）

> 後輩との出会いとテーマ設定の際の不安や葛藤

　私たちは、かまど本社工場の福永さんにお話をうかがった。まず、訪問前にFAXで送ったレシピのアドバイスと和菓子と洋菓子を作るときに気を付けることなどについて教えてもらった。とても緊張したが、進んで質問ができたのでよかった。また、夏休みに一度スイーツを作って、かまどの皆さんに食べてもらうことも決まった。かまどさんをがっかりさせないように3人でお菓子作りをがんばろうと思った。夏休みに入ってからも私たちの活動は続いた。（中略）先生方の意見を聞いて改善してみた。残しておくところは、夏らしさとさっぱりした味を残すために桃の層はこのまま一番多めにする。改善するところは、まず桃の層は食感を楽しんでもらうために、少し大きめに桃を切る。そして甘くする。次にココナッツミルクだった層は、味が濃くて苦手な人が多かったので、かまどさんのアドバイスから牛乳の層に変更した。（中略）CANの日Ⅱ以降、3人で集まって作る予定が合わず、クリア桃ようかん3号は考えただけで終わってしまった。最後の後悔だ。夏休み前に夏休み後の大まかな予定を立てていればこうはならなかった。効率よく行う大切さを最後に知りました。しかし、3人の力でここまでクリア桃ようかんを深化させることができてよかった。

> CANの日Ⅰに専門家を訪問した時の緊張と達成感、次への意欲化

> 専門家と教師の助言、アンケート結果をもとに自分の作品をさらに改良

> もっとやりたかったという悔しさとその経験からの学び
> ※2018年はCANの日は2回

【3年間のCANを振り返って】1年生の時は、何をしているのか分からないくらい新しいことばっかりで、CANの2、3年生の先輩が助けてくれたおかげでCANの学習について学ぶことができました。最初のころ私はCANに対して、難しくて、面倒だなとずっと思っていました。しかし、2年になってその考えは180度変わりました。CANって楽しい！と思うようになりました。後輩がいる初めてのCANだったということもあるし、外部の専門家に話を聞いたりすることで、自分たちが「いい」と思っていたものを作り上げていく楽しさを実感できたからだと思います。でも、私は1番今回のCANが好きです。2年生までの経験を生かしながら、3人で試行錯誤を繰り返しているときが数学で難しい問題が解けたときよりも何倍も楽しい時間だったからです。中学校3年間でこういう経験ができたことに今感謝しています。後輩へ。私は、3年生になって後輩とCANをする大切さを知りました。今までは、同じ学年の友達とやった方が絶対楽しいのにと思っていましたが、後輩が頑張っているから自分も頑張らなくちゃと思ったことが何度もあります。そのおかげでお互い高め合うことができたし、私のクラスターは奨励賞という素晴らしい賞をいただくことができました。何度失敗しても、後悔してもあきらめずに自分たちらしくCANという学習を頑張ってください！応援しています。

> 3年間のCANを通しての自己の変容を振り返り、そこでの学びを意味づけ価値づけた語り

【1年間の探究の成果を発表】

【探究の過程や学びを振り返る】

　生徒は、振り返りの視点を意識しながらCAN物語を記述していくことで、探究の過程での自分の葛藤や学び、変容を振り返り、CANの活動を自分なりに意味づけたり価値づけたりすることができると考える。

（3）　共創型探究学習シャトルにおける取り組み

①　語り合い、探究する学びの過程

共創型探究学習シャトル（以下シャトル）とは、教科の学習やCANでの探究において活用することができる探究スキルを身につけることを目的とした学習活動であり、「実験」「創造」「調査」の３つの分野に分かれた一般講座（**表１**）と16講座から選択できる特設講座（**表２**）とがある。一般講座では、教師が設定した課題を解決しながら探究サイクル[36]を展開することで、探究する学びを経験できるような授業を行い、特設講座では、探究において活用できる具体的な探究スキルを実践を通して、そのスキルが身につくような授業を行った。

36　以下のような「課題設定」→「課題追究」→「表現」→「自己評価」という一連の流れのこと

分野	講座名	講座内容
実験	変数の扉plus	探究活動において必要とされる変数への着目の仕方や変数制御の方法を習得し、自ら実験を計画できる力を育成する。CANの探究活動を進める中で、重要な視点が変数である。「キャップゴマ（ペットボトルキャップをつかったコマ）の回転時間は何に関係するのか」という課題を解決する過程で、変数を見いだしたり、データを批判的に見たり、データを複数回とることの重要性についてふれたりすることで、CANで活用できる探究スキルの向上をはかる。
創造	われら企画・開発部！	問題解決に向けた企画を考え、コンセプトをもとに１つの試作品をつくりながら、その企画についてプレゼンを行い、評価を受けるという一連のサイクルを体験する。１つのものをつくるために、どのようなことを考える必要があるのかというコンセプトの決め方やその大切さについて学び、CANでも活用できるような着眼力や発想力、企画力などのスキルを身につける。他の企画やプレゼンを分析し、コンセプトに立ち戻って自分のものを見直すことで、比較する力、分析する力、批判的に考える力も養う。
調査	徹底調査！附坂中生の実態とは？	本校生徒の傾向について調査活動を行い、その調査データを根拠にして本校生徒の傾向を結論づけることを通して、調査の基本的なスキルを身につける。生徒の傾向を調査によって明らかにするためには、何のために調査するのかという目的、そして調査データの数量だけでなく、その質（質問内容）に着目する必要がある。互いに行った調査データの質を批判的に検証する活動を通して、その重要性に気づき、CANで活用できる調査の探究スキルの向上をはかる。

表１　令和元年度実施の一般講座の内容

基礎的な力	講座名	講座内容
Ⅰ　課題設定力	①　発想法	ブレインストーミング、ＫＪ法など発想方法スキルを習得する。
Ⅱ　課題追究力	②　インタビュー、取材	インタビューを行うまでの手順と、必要なスキルを習得する
	③　アンケート	探究に必要なデータを収集するために、実際にアンケート調査（質問紙作成など）を実施する
	④　思考ツール	ただ考えるのではなく思考ツールを実際に使いながら、考える「方法」を身につける
	⑤　資料収集	観察、フィールドワークなど未知の中から自分で情報を集め、資料を作成する
	⑥　情報の分析	実験や調査から得られたデータの間に、関係があるのかないのか、相関関係を探る技能を習得する

	⑦ データの見方・とらえ方	データの信頼性や妥当性についての概念を習得する
II 課題追究力	⑧ 情報の伝え方	「ミニ新聞」を作成することで、伝えたい情報を正確かつ端的に伝える技術を習得する
III 表現力	⑨ 文章表現法	要約や項立て、文章の構成など、集めた情報を整理して、分かりやすく表現する技術を習得する
	⑩ プレゼンテーション1	プレゼンテーションを行うのに必要な表現スキルを習得する
	⑪ プレゼンテーション2	プレゼンテーションソフトの効果的な使い方や技術を習得する
	⑫ 視覚化	情報を分かりやすく伝えるために、絵やグラフなどで視覚化する技術を習得する
	⑬ グラフの見せ方	目的に応じてグラフを効果的に表すスキルを習得する
IV 自己評価力	⑭ リフレクティング	グループワークトレーニングを通して、振り返りのあり方を追究する
V チームマネジメント力	⑮ コミュニケーション	クラスター内で探究が円滑に行われるコミュニケーションスキルを習得する
	⑯ リーダー養成研修講座	リーダーとしての資質、チームビルディング、チームマネジメントについて学ぶ

表2　令和元年度実施の特設講座の内容

一般講座（9時間）は、新たなCANが始まる前（1月下旬）に実施することで、各講座で体験した探究サイクルがCANでの探究課題の設定や探究活動の計画を立てる際に有効に働くことを期待した。また、特設講座（2時間×2講座）は、CANの日を一度終えた頃（7月上旬）に実施することで、各生徒がCANでの探究活動に必要な具体的な探究スキルを選択でき、それぞれが充実した探究活動が行えることを期待した。また、多様な他者とつながり語り合うための手立てとして、知識や経験の異なる学年の生徒が共に探究サイクルを経験できるよう、どの講座も異学年クラスターを編成し、自分の中にはなかった感じ方や見方、考え方に気づけるように、異学年で探究活動を行った。

【異学年のペアで成果を発表する様子】

37　山本茂喜『魔法のストーリーマップで国語の授業づくり』東洋館出版社、2014
　　ストーリーマップとは、物語論に基づき、物語の基本的な構造を「欠如－難題－解決－補充」というフレームで視覚化したもの。

②　「自己に引きつけた語り」を促す教師の手立て

シャトルでの学習を自己に引きつけて振り返られるよう、平成30年度は思考ツールの1つでもある「ストーリーマップ[37]」を用いた振り返りを実践した（図5）。探究における「難しかったこと、悩んだこと、失敗したこと」に注目することで、学習前後での自分自身の変容をより意識して振り返られるようにした。また、令和元年度は、表と裏の1枚で8時間の学習が全て記述できるような振り返りシート（図6）に変更し、「どのような探究スキルが、どのような過程で身についたの

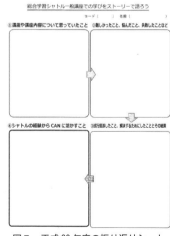

図5　平成30年度の振り返りシート

か」、「シャトル一般講座での学習が、ＣＡＮでの探究にどう活かせそうか」という視点で、シャトルでの学習前の自分と比較させながら振り返りを実施した。

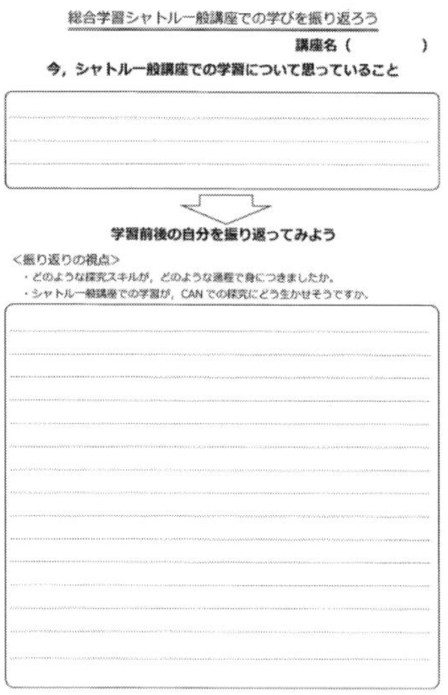
総合学習シャトル一般講座での学びを振り返ろう
講座名（　　　　　）
今，シャトル一般講座での学習について思っていること
学習前後の自分を振り返ってみよう
<振り返りの視点>
・どのような探究スキルが，どのような過程で身につきましたか。
・シャトル一般講座での学習が，CAN での探究にどう生かせそうですか。

図６　令和元年度の振り返りシート（裏）

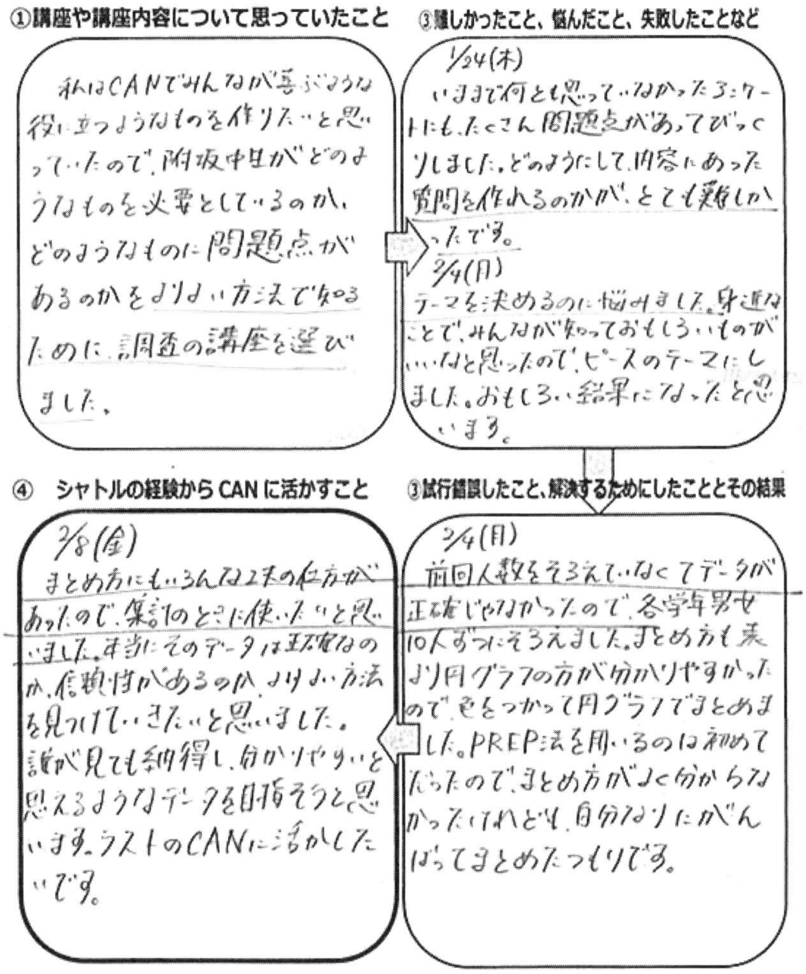
①講座や講座内容について思っていたこと
私はCANでみんなが喜ぶような役に立つようなものを作りたいと思っていたので、附坂中生がどのようなものを必要としているのか、どのようなものに問題点があるのかをよりよい方法で知るために、調査の講座を選びました。
③難しかったこと、悩んだこと、失敗したことなど
1/24(木)
いままで何とも思っていなかったアンケートにもたくさん問題点があってびっくりしました。どのようにして内容にあった質問を作れるのかが、とても難しかったです。
2/4(月)
テーマを決めるのに悩みました。身近なことで、みんなが知っておもしろいものがいいなと思ったので、ピースのテーマにしました。おもしろい結果になったと思います。
③試行錯誤したこと、解決するためにしたこととその結果
2/4(月)
前回人数をそろえていなくてデータが正確じゃなかったので、各学年男女10人ずつにそろえました。まとめ方も表より円グラフの方が分かりやすかったので、色をつかって円グラフでまとめました。PREP法を用いるのは初めてだったので、まとめ方がよく分からなかったけれども、自分なりにがんばってまとめたつもりです。
④　シャトルの経験から CAN に活かすこと
2/8(金)
まとめ方にもいろんな工夫の仕方があったので、集計のときに使いたいと思いました。本当にそのデータは正確なのか、信頼性があるのか、よりよい方法を見つけていきたいと思いました。誰が見ても納得し、分かりやすいと思えるようなデータを目指そうと思います。ラストのCANに活かしたいです。

図７　「ストーリーマップ」を用いた生徒の振り返り

国語
社会
数学
理科
音楽
美術
保健体育
技術・家庭
外国語
学校保健
共創型探究

（4）「特別の教科　道徳」および特別活動における取り組み

①　「特別の教科　道徳」における取り組み

　学習指導要領の改訂に伴い、「道徳」は「特別の教科　道徳」となった。これからの道徳教育においては「多様な価値観の、時には対立がある場合を含めて、誠実にそれらの価値に向き合い、道徳としての問題を考え続ける姿勢こそ道徳教育で養うべき基本的資質であるという認識[38]」にもとづいて、「発達の段階に応じ、答えが一つではない道徳的な課題を一人一人の児童が自分自身の問題と捉え、向き合う『考える道徳』、『議論する道徳』へと転換を図る[39]」としている。

　そのために、これからの道徳教育として、①道徳的価値についての理解を基にして、②自己を見つめ、物事を広い視野から多面的・多角的に考え、人間としての生き方についての考えを深め、③道徳的な判断力、心情、実践意欲と態度を育てる、ことが目標にされている。

　そのような中で、本校における語り合い、探究する学びの過程を通して「自己に引きつけた語り」を生み出していくことは、道徳教育の目標を実現していく上でも、有効に働くと考えている。

ア　語り合い、探究する学びの過程

> 問いを工夫し、語り合う道徳の授業を構想する

　従来の道徳教育では、「読み物の登場人物の心情理解のみに偏った形式的な指導[40]」が行われたり、教師主導で道徳的価値について教え込んだりする指導もあった。しかし、中教審答申でも指摘されたように、「道徳教育の本来の使命に鑑みれば、特定の価値観を押し付けたり、主体性をもたず言われるままに行動するよう指導したりすることは道徳教育が目指す方向の対極にあるもの[41]」である。多様な価値観の他者と語り合い、本来あるべき道徳的価値について共に探究することは、「道徳としての問題を考え続ける姿勢[42]」を養うことにつながっていくと考えられる。

38　中教審答申「道徳に係る教育課程の改善等について」2014、3頁

39　文部科学省「中学校学習指導要領解説　特別の教科　道徳編」、2017、2頁

40　文部科学省「中学校学習指導要領解説　特別の教科　道徳編」、2017、2頁

41　中教審答申「道徳に係る教育課程の改善等について」2014、3頁

42　文部科学省「中学校学習指導要領解説　特別の教科　道徳編」、2017、2頁

43 「特別の教科 道徳」では、22項目を1年間で学ばなければならない。内容項目をユニット化すること、複数の視点から考えることは1つの問題をより多面的・多角的に考えることにつながるのではないかと考え、実践したものである。
○ ユニットのねらい
　正義と公正さを重んじ、誰に対しても公平に接し、不正な言動やいじめを許さないという心情や態度を育む。自分ならどう判断し、行動したいかを考えることで自分自身の生き方について見つめさせる。

そのためにも、自分の考えと他者の考えを比較しながら、1時間を通して道徳的価値について考えることができるように問い（学習課題を含む）を工夫していく。以下は本校で行った第2学年の実践である。学習課題で、生徒がいじめの構造におけるそれぞれの視点をもち、価値に迫れるように工夫したものである。

【実践事例　第2学年　「いじめを許さない」[43]

（内容項目：C−11　公正、公平、社会主義）】

○　いじめを考えるユニットと題材構成

時間	学習課題	内容項目	資料名	学習内容
1	なぜいもうとは鶴を折ったのか？	C-11 公正、公平、社会主義 D-19 生命の尊さ （被害者の視点）	『わたしのいもうと』（松谷みよ子文他、偕成社）	いじめの悲惨さを知り、いじめについて深く考える。いじめた責任とともに、被害者の死を通して命の大切さや重さについて考える。
2	最後の二行を読んで果てもなく泣いた小六の筆者はどんな気持ちか？	C-11 公正、公平、社会主義 （加害者の視点）	『卒業文集最後の二行』（私たちの道徳中学校、文部科学省）	筆者の「カンニングの事実をゆがめる場面」と「T子の卒業文集の最後の二行を読んで涙した場面」から加害者の心情を中心に考える。特に、加害者の筆者が30年余りを過ぎても心に深く傷が残っていることに着目する。いじめをする人間の心の弱さに気づく。
3	もし、自分がこのクラスの中にいたらどうするか？	C-11 公正、公平、社会主義 （傍観者の視点）	『わたしのせいじゃない』（レイフ クリスチャンソン文他、岩崎書店）	いじめの構造を知る。被害者の男の子はどんなことを考えているのかを想像する。自分事として捉えるために、このクラスに自分がいたらどうするかを理由と共に考える。
4	自分は、どう判断し、行動するか？	C-11 公正、公平、社会主義 A-1 自主、自律 （傍観者の視点）	『わたしのせいじゃない』『「葬式ごっこ」−八年後の証言』（13歳からの道徳教科書、育鵬社）	傍観者もいじめを暗黙のうちに認めていることになる。悪いとは分かっていても自分の損得や心の弱さからそれを選択している。違う立場を選択した他者からの意見を聴いたり、もう一度自分の選択を、自分の生き方と照らし合わせたりして、考える。
学活、家庭学習で	自分の「いじめ」に対する考えを自己に引きつけて語る。（ユニットを振り返り、文章としてアウトプットする。）	C-11 公正、公平、社会正義 D-19 生命の尊さ B-8 友情、信頼 など		学習前の自分と比較し、いじめという問題について、ユニットを振り返る。自己に引きつけて多面的・多角的に考え、自分の生き方について語り直す。

イ　「自己に引きつけた語り」を促す教師の手立て

導入時の発問、振り返りの記述の視点を工夫する

　道徳で学んだ道徳的価値が、生活の中での道徳的な判断力、心情、実践意欲と態度につながるためには、学んだことと自己を関連づけ、それまでの自分の行動や経験と結びつけて「自己に引きつけて語る」

ことが重要である。

そのために今期は、次のような取り組みを行っている。

○　導入時に「自分ごととして教材や道徳的価値を考えていくための発問」を行う。

> (例)「もしあなただったら・・・」
>
> 　　　（教材の場面を自分ごととして捉えるために）
>
> 「○○（道徳的価値など　例えば友情）とはあなたにとって何ですか？」

○　終末時に、導入で記述したことをふまえ授業を振り返り、教師が提示する振り返りの視点を参考にしながら、これからどうしていきたいのかを記述させる。

【実践事例　第1学年　「裏庭の出来事」[44]

（内容項目：Ａ－１　自主、自律、自由と責任）】

導入時の発問

相手に対して、自分が正しいと思っているのに言えなかったことはないですか？

振り返りの視点

○自分の生活をもう一度振り返って

○「正直に生きる」って？

○改めて、「健二」をどう思う？

生徒の振り返り

> 友達が間違っている時、「ダメやで！」って言わないといけないのはわかっているけど後で悪口言われたら嫌やなぁとか嫌われたくないなって思ってなかなか素直に言えません。でも自分が間違ったことをしている時はどんどん言ってほしいなと思うし、直していきたいです。正しいことは正しいといえる人って本当に憧れるし、そうなりたいです。

44　学研「私たちの道徳　明日への扉　1年」

○　ねらい

責任ある行動とは自ら考え、判断し、実行することであることに気付き、自ら判断できる力を育てる。

45 学研「私たちの道徳 明日への扉 2
　年」

○ ねらい

　　人間としての誇りを失わず、過ちや罪
　に対して、精一杯の誠意をもって生きて
　いこうとする態度を養う。

【実践事例2　第2学年　「償い」[45]

（内容項目：D－22　よりよく生きる喜び）】

導入時の発問

　あなたが『ゆうちゃん』だったら今後の仕送りをどうしますか？

振り返りの視点

○授業の最初に書いた意見を見直してみて

○二人（奥さん、または、ゆうちゃん）の生き方から考えたこと

生徒の振り返り

> 　ゆうちゃんの誠実さ、奥さんの心の広さには、心を打たれた。自分なら許
> さない、許してもらったと思って送金をやめていたと思う。自分もゆうちゃん
> の立場になるかもしれないし、奥さんの立場にもなるかもしれない。そして、
> 正しい判断ができずに一生後悔するかもしれない。でもその時はゆうちゃ
> んと奥さんの生き方を思い出そうと思う。ゆうちゃんや奥さんのような心を
> もった人に私はなりたいと思う。

②　「語り合いの時間」における取り組み

　生徒たちが、共に語り合い、探究する集団に育っていくための土台づくりとして、新たに「語り合いの時間」という授業を設定した。この授業は、「こども哲学[46]」における哲学対話の手法を参考にしており、答えのない問い[47]に対し、参加者全員で問い、考え、語り、聴き合うことを通して、自らの考えを深めていく授業である。つまり、対話をすることが目的ではなく、1つの問いやテーマに関連にして、対話によって探究を行うのである。対話の後には、生徒が自分自身の対話への取り組みや問いに対する考え方の変容を振り返る時間を設定し、以下のように50分の道徳の授業で行った。このような「語り合いの時間」を実施していくことで、共に語り合い、探究する集団を育むことをねらった。

---

①　問い決め（10分）
　・生徒全員が、1つの輪になって座る。
　・全員に『問いが書かれたカード』を配る。
　・班ごとに問いを1つ選ぶ。
　・選んだ中から、全員で問いを1つに絞る。

②　語り合い（30分）
　・語り合いの時間のルール[48]を確認する。
　・コミュニティボール[49]を使いながら行う。
　・教師も一緒に探究する。
　・語り合っている途中でも30分で終わる。

③　振り返り（10分）
　・「テーマについての考えはどう変わったか」、「今回の語り合いは、自分にとってどんな意味があったか」を視点に振り返る。

　授業後の生徒の振り返りからは、「友だちのいろいろな考え方を聞けて、考えさせられました」、「こんな素朴な疑問について、こんなにも深く考えることはなった」、「答えがないことについて考えることは、難しいけど楽しかったです」など肯定的な意見がある一方で、「全員の意見を聞きたかった」、「自分の意見をきちんと言えるようになりたい」

46　1970年代にアメリカのマシュー・リップマンらによって開始された「子どものための哲学（Philosophy for Children＝P4C）」と呼ばれる教育実践プログラムである。

47　生徒が実際に選択した「語り合いの時間」のテーマは、次のようなものであった。

・子どもと大人、どっちが得？
・ウソをつくのは悪いこと？
・「かっこいい」ってどんな人？
・勉強するのは何のためか？
・好きなわけではないけど才能があることと、才能はないけど自分が好きなこと、どっちを仕事にする？　　　など

48　生徒が安心して「語り合いの時間」に参加できるように、以下のようなルールのもとで実施した。

語り合いの時間のルール
1. 相手が話している間は聴く
2. 発言権をもったまま黙った人がいたら待つ
3. 意見がまとまらなかったり、途中で変わったりしてもよい
4. 発言せず、聴いて考えているだけでもよい
5. 参加している人が傷つくようなことは言わない

49　毛糸で作ったコミュニティボールを使い、このボールを持っている人が自分の考えを語ることができる。

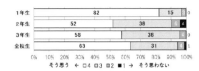

1年生	82	15	3 0
2年生	52	38	6 4
3年生	58	38	
全校生	63	31	4 1

0% 10% 20% 30% 40% 50% 60% 70% 80% 90% 100%
そう思う ← □4 ⬜3 ▨2 ■1 → そう思わない

図8　語り合いの時間は、楽しかったか

1年生	84	15	1 0
2年生	53	36	9 2
3年生	61	35	
全校生	66	29	4 1

0% 10% 20% 30% 40% 50% 60% 70% 80% 90% 100%
そう思う ← □4 ⬜3 ▨2 ■1 → そう思わない

図9　安心して、語り合いの時間に参加
　　　できたか

1年生	88	12 0 0
2年生	80	16 1
3年生	77	22 1 0
全校生	82	17 1

0% 10% 20% 30% 40% 50% 60% 70% 80% 90% 100%
そう思う ← □4 ⬜3 ▨2 ■1 → そう思わない

図10　語り合いの時間で、しっかり考え
　　　ることができたか

【「語り合いの時間」の様子】

1年生	57	29	11 3
2年生	51	30	15 4
3年生	50	38	10 2
全校生	52	33	12 3

0% 10% 20% 30% 40% 50% 60% 70% 80% 90% 100%
そう思う ← □4 ⬜3 ▨2 ■1 → そう思わない

図11　「語り合いの時間（ミニ）」は、
　　　楽しいか

など、十分に語れていないことがうかがえる記述も見られた。授業後に実施した生徒アンケート結果（図8、9、10）では、どの質問項目においても、肯定的な回答が9割以上であったが、「楽しかったか」「安心できたか」に関して「4」と答えている割合が、1年生がもっとも高く、2、3年生は低くなっていた。学級の雰囲気や生徒の発達段階に関することもあると考えられるが、この2つの結果はよく似ており、「安心して参加できる」ことが「楽しい」につながっていると考えられる。「しっかりと考えることができたか」に関しては「4」と答える割合も高く、振り返りの記述から考えても、うまく自分の意見を言えなかった生徒も語り合いの時間の中で自分なりに考えていたことが分かる。

　また、語り合う習慣をつけるために、帰りの短学活の時間においても週に1回、以下のような流れで5分程度の「語り合いの時間（ミニ）」を設定した。

> ・机を4人班にする。
> ・全体で、語り合う「問い」と最初に語る生徒を決める。
> ・4人班で、お互いに意見を語り合う。
> ・全員が自分の意見を言う。
> ・語り合っている途中でも5分で終わる。

　学級によって語り合うテーマは様々であるが、どの学級でも自分の経験をもとに楽しく素直に語る生徒の姿が多く見られた。（図11）また、この時間では、語り合いを4人班で行っているため、「少人数だと自分の意見をしっかりと言える」、「意見が食い違ったときに議論することが楽しい」などの生徒の記述も見られた。

　今後は、生徒の問う力の育成にも力を入れて取り組んでいき、各教科の授業の場面でも語り合い探究することのできる生徒の育成に取り組んでいきたい。

③ 特別活動における取り組み
ア 語り合い、探究する学びの過程

> プロジェクトを中心とした生徒主体の学校行事の運営

　本校では、学園運動会、送別芸能祭をはじめとするさまざまな学校行事が実施されている。その行事の多くは、生徒の立候補によって組織されたプロジェクト[50]のメンバーによって企画・運営されている。各プロジェクトの生徒たちは、それぞれの学校行事を思い出に残る素晴らしいものにするために、自分たちで課題を見つけ、語り合い、改善していく。教師は、そのような生徒たちの「探究」を、あくまでサポートする立場に徹し、助言することはあっても、最終的には自分たちで考え決定させていく。

　学園運動会では、学年団の枠を越えて、異学年で語り合い探究する場面も多く見られる。このような活動を通して、学校行事で学ぶことも生徒主体のものになっていく。

【2年生リーダーが1年生にダンスを教えている場面】

50　主なプロジェクトとして、
・学園運動会プロジェクト
・マスゲーム（運動会ダンス）
　プロジェクト
・送別芸能祭プロジェクト
・文化祭合唱プロジェクト
・学級旗プロジェクト
・「歩く日」（遠足）プロジェクト
・修学旅行プロジェクト
などがある。

イ　「自己に引きつけた語り」を促すための手立て
　学校教育の現場では、学校行事が実施された後に、子どもたちに振り返りを行わせることが多い。それは、学校行事を通して子どもたちが自分の取り組みを評価、反省し、自らの達成や成長を実感することをねらいとしている。しかし、振り返りを記述させてみたものの、そのほとんどが出来事の羅列で終わっていたり、出来事に対するただの感想で終わっていたりするものも多く見られる。

　そこで、学校行事の学びも「自己に引きつけて」語らせていくために、次のような視点を与えて振り返りをさせている。

【プロジェクトを中心に大道具の分担を決めている場面】

【役者がステージ上の動きを確認している場面】

・学校行事等を振り返る視点の工夫

「（　学校行事　）から、私が学んだことは」の視点で、学校行事を振り返らせる。

その際、以下の点を意識して振り返る。

　　○　学校行事の前と後で自分が変わったこととその理由

　　○　今回の学校行事で、どんな出来事があったか。難しかったことや大変だったこと、上手くいったことや苦労の末に達成したことなど、自分の経験とその時に感じた自分の気持ち

【「歩く日」の様子】

本校では、1、2年生が毎年4月に「歩く日」という学校行事を行っている。新しい学級の仲間とともに野外を歩き、自然や文化に親しんだり、レクリエーションを行ったりする。この行事を通して、新しい仲間との親交を深め、学級や学年団の団結力を高めることがねらいである。

昨年度、「歩く日」を経験した生徒の振り返りは以下のようであった。

「歩く日」では、クラスみんなの団結力を深めるために、レクリエーション大会をしました。ボールリレーやフラフープリレーでは最下位でしたが、みんなで声を出して盛り上がれたので楽しかったです。クラスの団結力、絆がとても深まったと思います。同時に、悔しくても、みんなで盛り上がることの大切さもわかりました。これからの生活にいかしていこうと思います。（1年女子）

今年度は、上記の視点で「歩く日」の振り返りを記述させた。その結果は、以下のようであった。（実線部：前後の変容を意識して、自分にとっての意味づけや価値づけを語っている部分）

私にとって「歩く日」は、自分の考えを変えられる場所にもなりました。「歩く日」よりも前の私は、「歩く日」は、仲の良い子といつも以上にいられるし、話す機会が少ない人ともいられる日としか思っていませんでした。でも、「歩く日」にみんなと県立埋蔵文化財センターに行くなどしているうちに、私の考えは変わりました。変わった後は、「歩く日」は、クラスのいろいろな人と交流できるということだけでなく、「歩く日」に関わってくれた人がたくさんいて感謝しないといけないということを分からせてくれる場所と思うようになりました。関わってくれた人にしっかり感謝したいです。（2年女子）

しかし、視点を与えても、上のような「語り」はまだまだ少ないのが現状である。学校行事などの特別活動においても、自分たちで困難や葛藤を乗り越えさせていく仕掛けや自分にとっての意味や価値を語らせる手立てを講じていくことで、「自己に引きつけた語り」につなげていきたいと考えている。

Ⅲ　主な成果と今後の研究の方向性

　平成 31 年３月から令和２年３月までに定期的に行った全校生徒へのアンケートの結果から、本研究について、以下のような成果が明らかになった。

　一点目は、学んだことと自己とを関連づけることの有効性である。今期は、本校のカリキュラム全体で「自己に引きつけた語り」を生み出す手立てを模索してきた。その手立てのすべてが、意味や価値の実感につながったとはいえないかもしれないが、**図 12、13** の結果を見ると一定の成果はあったのではないかと考えている。

　二点目は、語り合い、探究することへの意識の高まりである。**図 14、15、16** より、異なる考えでも自分の意見を述べること、根拠にもとづいて語ること、疑問に思った点について問うことの意識が生徒の中で高まっている。これは、今期だけでなく「聴く・問う」活動に継続的に取り組んできた本校の研究の成果であると考えている。

　一方で、本研究はまだまだ途上である。学んだことと自己とをつなぐ概念の設定や、学んだことから「自己に引きつけた語り」を生むための振り返りの手立て、根拠にもとづいて問い合う探究的な学びの集団づくりやその仕掛けなど課題も多い。しかし、私たちは「ものがたりの授業」に価値を感じている。なぜなら、「ものがたりの授業」を通して、学ぶことの意味や価値を実感する生徒たちがいるからである。それは教科の授業だけにとどまらない。ＣＡＮやシャトル、道徳や特別活動で学んだことからも生徒は自己の「ものがたり」を絶えず更新し、成長している。このような経験を、カリキュラムを通して繰り返す中で、生徒はこれから出会うさまざまな出来事からも自分にとっての意味や価値を見いだし、自らを豊かに再構成していく「自立した学習者」に育っていくと考えている。

　その一端として、次頁のような学びの振り返りが、我々の研究の積み重ねを後押ししてくれる。

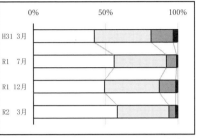

図12　学んだことを今までの自分やこれからの自分につなげて考える

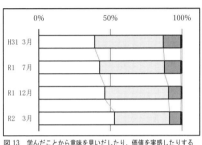

図13　学んだことから意味を見いだしたり、価値を実感したりする

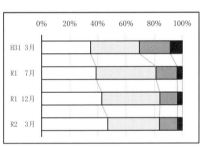

図14　周りと異なる意見や考えでも安心して発言できる

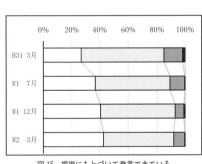

図15　根拠にもとづいて発言できている

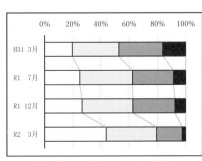

図16　全体の場で疑問に思ったことを問える

　私は3年間を通して附属坂出中学校で様々なことを学びました。特に教科の授業では多くの学びがありました。授業の中での班活動が多く、友達と意見を交換することで、新たな気付きがありました。自分一人では気付けなかったことにも気付け、様々な視点からものごとをみれるようになりました。また、今までは学習は一人だけで行うと思っていましたが、班活動を通して、クラスのみんなで学習することは大切だと思うようになりました。

　友達には、授業中だけでなく、普段の学校生活でも多く助けられました。中学校からの外部生なので、友達が少なかった私は、正直友達ができるか不安でした。しかしたくさん声をかけてくれたおかげで楽しく学校生活を送ることができました。また、運動会のときには、学園リレーで幼稚園の子に優しく声をかけている友達をみて、すごく頼もしいなと思いました。中学生として小学生や幼稚園生の手本となるように行動する友達は、かっこよかったです。このように、附属学園ならではの

運動会からも多くのことを学ぶことができました。

　3年になってから始まった「語り合いの時間」からは、誰かに発言することをまかせるのではなく、自分で考えて発言し、友達の意見をしっかり聴く力が見についたと思います。語り合いの時間を通して、違う意見の人を批判するだけでなく、その意見をふまえながら新しい考えができるようになりました。

　私はこの3年間を通して、学ぶことは楽しいと思うようになりました。今まで知らなかったことを学び、その知識を自分のものとし、他の知識と結びつけれるようになりました。学んだことが今まで知っていたことと重なると、学んでよかったなと思います。附属坂出中学校では、このような学ぶ楽しさを教えてもらいました。他にも「自由と規律」の校訓で、自分の中でけじめをつけれるようになりました。先生に指示されたから行動するのではなく、自分たちでどう行動すべきなのかを考えれるようにもなりました。自由なところもあるけど、一人一人が規律を守り、自分のためだけでなくみんなのために行動できる附属坂出中の生徒はすごいと思います。高校や大学、社会へ出た時にも、附属坂出中学校で学んだ、学ぶことの楽しさや、考えて行動することの大切さを忘れません。

　附属坂出中学校で3年間過ごせて最高でした。

総論

国語

社会

数学

理科

音楽

美術

保健
体育

技術・
家庭

外国語

学校
保健

共創型
探究

引用・参考文献

- 香川大学教育学部附属坂出中学校『研究紀要』香川大学教育学部附属坂出中学校、1998～2016
- 奈須正裕『「資質・能力」と学びのメカニズム』東洋館出版社、2017
- 奈須正裕・江間史明編『教科の本質から迫るコンピテンシー・ベイスの授業づくり』図書文化社、2015
- やまだようこ編『人生を物語る―生成のライフストーリー―』ミネルヴァ書房、2000
- 伊藤裕康「『物語り』を活用した授業づくり」『香川大学教育実践総合研究』第 23 号、2012、101～114 頁
- 伊藤裕康「『物語り』を活用した授業づくり（２）」『香川大学教育実践総合研究』第 28 号、2014、79～90 頁
- 榎本博明『＜ほんとうの自分＞のつくり方　自己物語の心理学』講談社現代新書、2002
- 榎本博明『＜私＞の心理学的探求』有斐閣、1999
- 野口裕二『ナラティヴ・アプローチ』勁草書房、2009
- 野口裕二『ナラティヴと共同性』青土社、2018
- 毛利猛『臨床教育学への視座』ナカニシヤ出版、2006
- 鶴田清司「文学の授業で何を教えるか－教材内容・教科内容・教育内容の区別」1995
- 小川泰治「『子どもの哲学』における知的安全性と真理の探究」2017
- 梶谷真司『考えるとはどういうことか　０歳から 100 歳までの哲学入門』幻冬舎新書、2018
- 藤井千春『アクティブ・ラーニング授業実践の原理』明治図書、2016
- 藤井千春『子どもが蘇る問題解決学習の授業原理』明治図書、2010
- 秋田喜代美『学びの心理学　授業をデザインする』左右社、2012
- 佐藤学、秋田喜代美ほか編『学びとカリキュラム(岩波講座　教育　変革への展望　第 5 巻)』岩波書店、2017
- 香川大学教育学部附属高松小学校『研究紀要』香川大学教育学部附属高松小学校、2017、
- 今井むつみ『学びとは何か－＜探究人＞になるために』岩波新書、2016
- 川田英之『自己の「物語り」をつむぐ国語授業』東洋館出版社、2016
- キエラン イーガン『深い学びをつくる』北大路書房、2016
- 田村学『深い学び』東洋館出版社、2018
- 小宮山博仁・立田慶裕編『人生を変える生涯学習の力』新評論、2004
- 佐伯胖ほか『状況に埋め込まれた学習　正統的周辺参加論』産業図書、1993
- 佐伯胖『「学ぶ」ということの意味』岩波書店、1995
- 野家啓一『物語の哲学』岩波書店、2005
- 千野帽子『人はなぜ物語を求めるのか』ちくまプリマー新書、2017
- 庄井良信『癒しと励ましの臨床教育学』かもがわ出版、2002
- 齋藤孝『人はなぜ学ばなければならないのか』実業之日本社、2011
- 河野哲也『「こども哲学」で対話力と思考力を育てる』河出ブックス、2014
- マシュー・リップマン「子どものための哲学授業」河出書房新社、2015
- 林竹二『学ぶということ』国土社、1990
- 斉藤喜博『授業』国土社、2006

各教科及び学校保健　提案・指導案

国 語 科

田 村 恭 子 ・ 木 村 香 織

言語による認識の力をつけ、豊かな言語文化を育む
国語教室の創造

－ 自己理解を促し、言葉の価値を実感する国語科授業のあり方 －

　国語科では「知覚化－意味化－相対化」という授業方法の研究を積み上げてきた。
　前回研究では、どの生徒にも深い「ものがたり」が生まれるための「語り直し」
のあり方について、質の高い「語り直し」を生み出すための他者との十分な語り合
いや、それに必要な教師のかかわりについて実践し、検証した。
　今期は言葉を自分のものとして獲得していくため、知覚した言葉を自己の経験等
と結びつけさせるための手立てや、自己理解を促し言葉の価値を実感できるメタ認
知の方法、自己理解を自己形成へとつなげる教師のかかわり等を追究していきたい。

研究主題について

　国語を学ぶのは、言葉を獲得するためである。それは、知っている言葉の数を増やすことのみを意味するのではなく、自分にとっての言葉の価値を実感し、自己内に位置づけることである。言葉一つで自分の世界は広がり、見えなかったものが見えるようになる。言葉を媒介にして、人は自らの存在を時間的にも文化・社会的にも位置づけることができるようになるだけでなく、自分たちの文化が持っている思考様式そのものも学んでいく。言葉と自己を結びつけ、意味づけし、価値を実感することで、言葉を獲得し、自分をとりまく世界を広げ、さらに自分自身をも形成することができると考える。

　本校国語科ではこれまで長年にわたって、「知覚化―意味化」につながる認識過程における、言語による認識のあり方やそのための教師のかかわりについて研究してきた。「知覚」した言葉を他の言葉や自己の経験などと結びつけて「意味化」することで言葉そのものの意味を実感することができるが、言葉を自分のものとして獲得するためには、その言葉を自分はどう捉えているか、自分にとってどんな意味があるのかとメタ認知することが重要である。今期は、その自己理解の過程の中で、言葉の価値を実感し言葉を自分のものとして獲得していくための教師のかかわりについて追究する。

国語科における「ものがたり」の授業とは

　他者との語り合いの中で、言葉を深く実感し自己のものとして獲得していく過程を通して、自己を形成していくことを実現できる授業のこと

国語科における「自己に引きつけた語り」とは

　対話のなかで言葉をみつめ、自己と結びつけることを通して、言葉の意味や価値について捉え直した語りのこと

研究の目的

　「知覚」した言葉を他の言葉や自己の経験などと結びつけて「意味化」することで言葉そのものの意味を実感することができるが、言葉を自分のものとして獲得するためには、その言葉を自分はどう捉えているか、自分にとってどんな意味があるのかとメタ認知することが重要である。その中で自己理解が促され、言葉の価値を実感したとき、言葉を自分のものとして獲得していくと考える。そのために、知覚した言葉を自己の経験等と結びつけさせるための手立てや、自己理解を促し言葉の価値を実感できるメタ認知の方法、自己理解を自己形成へとつなげる教師のかかわり等を考えていきたい。

研究の内容

（1）　自己に引きつけた学びに誘う学習サイクルを意識した単元構成の追究
（2）　学習者に〈コンフリクト〉を生じさせる学習課題・発問・教師のかかわりの検証
（3）　学習者の語り直しを活性化するための手立ての研究

（1）自己に引きつけた学びに誘う学習サイクルを意識した単元構成の追究

　　生徒の題材に対する「ものがたり」をどのように変容させればよいか。鶴田は国語科の授業において、何を教えるかという国語科内容論としてa〈教材内容〉b〈教科内容〉c〈教育内容〉を三層構造として設定し、留意すべき点として「①aのレベルにとどまってはならないこと。②必ずbを指導すること。③b、cを指導するときは必ずaをふまえること。④cを指導するときは必ずbを含むこと。」という原則を示している。

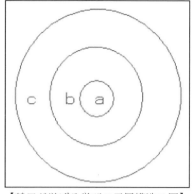

【鶴田が挙げる学びの三層構造の図】

　　また、松下と佐藤は、右図のような学習サイクルが生徒を深い学びに誘うと述べる。しかし、国語科では、「素朴概念」の違いによる共通したコンフリクトの発生はほとんどない。また、教科の特性上、内化すべき知識や技能自体もあいまいである。そればかりか、どの教材でどの知識・技能を身につけさせるかということも、教師個々に委ねられている。この学習サイクルを手がかりに、生徒の発達段階を考慮しつつ、教材内容を深めながら、＜教科内容＞と＜教育内容＞を豊かに関連づけ、統合していく単元構成について追究していく。

● 学習サイクル (松下, 2015; 佐藤, 2017)

● コンフリクト：コンフリクト（ズレ、葛藤、対立）で学習の動機づけを図る

● 内化：コンフリクトの解決を図る知識やスキルをいったん習得する

● 外化：習得した知識やスキルを活用して問題解決を行う

● リフレクション：学びを振り返り、知識やスキルのよさを感じる

（2）学習者に〈コンフリクト〉を生じさせる学習課題・発問・教師のかかわりの検証

　　国語科の生徒の「当たり前」をどのようにとらえるか。

　　有効な発問について、野口は「わかっているつもり」になっている生徒の、「不備・不足・不十分」を顕在化し、学習者自身に「わかっていない自分」を自覚させるものが重要であると述べる。また、佐藤は「素朴概念」ではなく、「子ども同士の感想のズレを取り上げて提示することで、〈コンフリクト〉を生じさせるとよい」と言う。この「わかっているつもり」のことが、国語科の「当たり前」にあたるのではないかと考える。その「不備・不足・不十分」に気づき、それを埋めていくことが変容につながる。それらのコンフリクトによって、学習者は学習意欲を刺激され、学習後「より深く読めた」「自分が豊かになった」と実感することができると考える。

　　また、鶴田は言語活動の前提を、「自分の考えを分かりやすく丁寧に言語化すること」であるとし、学習者が挙げる「根拠」と「理由づけ」が混同している現状を指摘している。「根拠」とは客観的な事実やデータであり、誰にとっても開かれているものである。一方、「理由づけ」はその「根拠」をどのように解釈したかという考えの筋道を示すものであり、多種多様なものである。同じ「根拠」を示しても考えが全く異なるということも起こりうる。その際、どちらの「理由づけ」が妥当か、蓋然性が高いかを吟味・検討していくことで、言葉に対する新たな認識や解釈が生み出される。考えを語る際、単なる根拠の引用のみではなく、自分の生活経験や既有知識に基づく理由を述べさせることで、多様な解釈が生まれ、それを緻密にすりあわせていくことで教室全体の読みが深まっていくと考える。

（3）学習者の語り直しを活性化するための手立ての研究

　　自らの体験や既有知識と結びつけて語ることができなかった生徒が、なぜ、他の生徒の語りに影響を受け、自らの体験や既有知識と結びつけて語り直しをすることができたのか。それを分析し、学習者の自己内対話を活性化する手がかりを見つけ出し、「ものがたり」につながる「語り直し」につなげたい。さらに、自らの「語り」を捉え直すことによる読みの深化や新たな発見が生み出されるためには、学習者がどのような記述を行うことが有効であるかという点についても検討していく。

　　H30年度後期研究授業ではストーリーマップを用いて、自己の学びを「ストーリー性」をもって振り返るように指示した。授業を行った学級（35名）において、自身の学び（読み）の変容につい

て記述した生徒は 34 名（97.1%）であった。ストーリーマップを用いて、授業前と授業後の自己を可視化することで、自己の変容に気づくことができた一方、日常とつなげて語っている生徒は 18 名（51.4%）と半数程度にとどまり、また、国語を学習する意味や価値については、8 名（22.9%）と 30%を下回る結果となった。また、R 元年度前期研究授業では、ストーリーマップに加え、キャラクターマップなどの思考ツールを組み合わせたり、視点を与えたりして語り直しを行ったものの、H30 年度同様、自身の読みの変容や深まりにとどまる記述が多く見られた。ストーリー性や視点をもって振り返りを行うことで、自己の変容についてはみてとれるようになったが、その時々の事実の羅列に終始する語り直しも多い。また、キャラクターマップによって他者の意見を可視化することで、読みや考えの深まりに気づくことはできたが、そこから次の学びへの意欲につながっているとは言えなかった。そこで、語り直しにおいて、「起承転結」の形を組み込んだ文章を書かせていこうと考えている。

　北澤はこのように、学習者による「新しい語り」の可能性を意識して、起承転結の文章構成で書くことを「つくりかえ作文」と呼んでいるが、このような形を取り入れながら、語り直しを行っていこうと考えている。起承転結に沿った、具体的な書き方は右の通りである。他者と学び（読み）を吟味、検討、共有することを通して、自己内に生成した「もう一人の私」を肯定的に総合・統合し、次の学びをつくりだす「私」に気づかせることが必要だと考える。そのために、自己完結的に三段落目で語り直しを終えるのではなく、「転」の部分で自己内にある「もう一人の私」の言葉に耳を傾けさせ、もう一歩自分の考えに踏み込み、別の考え方や、新たな語りを生み出すことをねらいたい。

> 題「　　　　　　　　　　」
> ①【起】とにかく書き始める
> ②【承】続けて思うことを書く
> ③【転】『もう一人の私』が書く
> ④【結】まとめる。

実践事例

【実践事例1「走れメロス」　実施学年2学年】

1　本単元で生まれる「ものがたり」

（学習前）
「走れメロス」の主人公であるメロスは親友セリヌンティウスのために走り続けた。また親友もメロスを信じ、3日間待ち続けた。互いに信じ続けた二人の姿に心を打たれた暴君ディオニスは改心する。きっと作者の太宰治はメロスの姿を通して読者に「人を信じる心」の美しさを伝えたかったのだろう。

（学習後）
作品の中で、メロスは挫折したり、友を裏切ろうとしたりしたが、最終的に自身の弱い心に克ち、信実のために走り抜く。また、ディオニスにも苦悩や葛藤があり、それを乗り越えることができた。その大きな心の変化をみると、「走れメロス」の主人公はディオニスといってもよいのかもしれない。

（自己に引きつけた語り）
　人間にはいろんな一面があって、そのいろんな一面は誰しもがもっているものなのかなと思った。「走れメロス」の話の中でメロスはただの正義のヒーローではなく、自分をおごり高ぶったり、自分の弱さに負けそうになったりした。またディオニスも根っからの悪人ではなく、美しいもの、純粋なものにあこがれ、心の底ではそれを求めていた。太宰治は「人質」から「走れメロス」を創作するにあたり、人間のそういう部分を描きたかったのかもしれない。
　人間にとって白黒はっきりさせることは難しいと思った。もちろん正しくありたいけれど、心の弱さに負けるときもある。どうでもいいやと投げやりになっても、どこかで前を向いて歩き続けたいと思うときもある。メロスが善で、ディオニスが悪。そうやって白黒つけて作品を読んでいたけれど、この作品はそうではなかった。そんな白黒つけられない、あいまいな人間の姿や心の揺らぎを描いたこの作品はとても面白いと思ったし、言葉に注目して読むと、自分の考えていた世界が広がったり、変わったりしたように感じた。

2 単元構成（全6時間）と問い

時間	学習課題（中心の問い）と◆学習内容
1	「走れメロス」を読んで分かったこと、気づいたこと、思ったことを書け。 ◆「走れメロス」を読み、設定や登場人物など大まかな内容を捉える。
2	「メロス」は主人公であると言えるのか？ ◆「走れメロス」のあらすじを書かせる。主語になるのは「メロス」だが、果たして主人公はメロスであるといえるのか。
3	メロスは「真の勇者」と言えるのか？　王ディオニスは邪知暴虐な王なのか？ ◆本文の記述をもとに、課題について考え、メロスとディオニスの人物像について自身の考えをもつ。
4	「走れメロス」に隠された太宰の意図は？ ◆「走れメロス」のストーリーの由来となったシラー作「人質」を読み、「走れメロス」と比較する。太宰によって創作されたり書き換えられたりした部分から、太宰の意図を考察する。
5 （本時）	「走れメロス」の主人公はだれか？ ◆描写や記述をもとに、「走れメロス」の主人公について再検討する。
6	◆学習全体を振り返り主題や登場人物などに関する自分の読みを批評文で表現する ◆これまでの学びを振り返りながら、項目を立て「走れメロス」に対する批評文を書くことで、学びの意味づけを行ったり、価値を実感したりする。

3 本単元で育成する資質・能力

【知識・技能】 ・社会生活に必要な国語の知識や技能を身につけるとともに、我が国の言語文化に親しんだり理解したりすることができるようにする。	「走れメロス」の学習の中で ・作品に出てくる「正義」や「友情」といった一般的で抽象性の高い語句が、作品の中でどのように用いられているか、文脈に即して考えることができる。 ・文章中にある語句に注目し、意見文の中で使うことで語感を磨き語彙を豊かにすることができる。
【思考力・判断力・表現力等】 ・論理的に考える力や共感したり想像したりする力を養い、社会生活における人との関わりの中で伝え合う力を高め、自分の思いや考えを広げたり深めたりすることができるようにする。	・シラー作「人質」と本教材を比較することを通して、記述の違いを根拠とし、作者の意図を見いだし、表現の効果について考えることができる。 ・「メロス」や「王」などの登場人物の描写や作品の細部の表現に注目し、登場人物の変化や成長をとらえ、作品全体の解釈を深めることができる。 ・本文の表現に注目し、根拠の適切さを考えて言葉を吟味し、自分の解釈を文章表現できる。
【学びに向かう力・人間性等】 ・言葉がもつ価値を認識するとともに、読書を生活に役立て、我が国の言語文化を大切にして、思いや考えを伝え合おうとする態度を養う。	「走れメロス」の学習のなかで意欲的に作品や他者とかかわり、学ぶことを通して、 　○　登場人物の変化や成長 　○　作品の主題 　などに対する深い理解を通して言葉がもつ価値を認識するとともに、自分の考えや思いを伝えることができる。

4　本単元で表出した生徒の「ものがたり」

> ※　波線部が題材の変容、傍線部が自己に引きつけた語り

> 　この学びの中で一番印象に残っていることは、物事を「深く」、いろんな面で考えることだ。僕は登場人物の心情を考えるときに、一つの言葉で、その人の心情や人物像を想像していた。だから、王様は人を殺したりしたから、本当に改心したかなんてわかるはずない、と思っていた。だけど、話し合いの中でMさんが「王が『ほおを赤らめながら言った』とある、嘘だったら顔が赤くなることはないだろう」と言っていて、少し納得した。表面や一部だけで全部を判断するのではなくて、いろんな言葉に注目して読むと本当に深く読めるのだなぁ、と思った。

研究の分析（実践事例１）

（1）自己に引きつけた学びに誘う学習サイクルを意識した単元構成の追究

　本実践において、単元の終末に行った振り返りを分析すると、a〈教材内容〉b〈教科内容〉c〈教育内容〉の三層構造の中で、〈S１〉のように、作品に表現されている内容（人物、場面、主題など）のa〈題材内容〉や「友情の美しさ」「約束を守ることの大切さ」といったc〈教育内容〉に関する記述がほとんどであり、b〈教科内容〉についての記述がほとんど見られなかった。単元構成においてb〈教科内容〉があいまいで不十分であったことが原因であると考えられる。

〈S１〉

> 　メロスは有名な作品で、小学校のときに読んだことがあった。でもこの単元を通して、メロスへの見方が変わった。主人公はやっぱりメロスだと思うけど、はじめはメロスはすごい奴、ヒーローみたいと思っていたけど、ちょっと自分に似ているところがあるような気がした。かっこつけてみんなの前で言ってみて、失敗したり・・・。何度も読むと、メロスは憎めないやつで、メロスがどんどん成長していくことに気づいた。太宰治ももしかしたら、人間の弱いところや、こうありたいみたいな願いをこめてこの作品を書いたのかもしれない。（a〈教材内容〉）（中略）これから苦手なことやいやなことがあってもメロスのように、勇気をもって立ち向かっていきたいと思う。（c〈教育内容〉）

　国語科の授業では、教科の特性上、どんな力をつけたいかが不明瞭になりがちであるが、この単元で何を習得させ、どのような知識や技能を獲得させるのかを明確にしておかなければならない。また、松本は読みの変容には二つの相があり（右図）、読みの変容においてより重要なのはメタ認知的変容であり、メタ認知的変容を伴わ

読者の変容 < 解釈の変化：認知的変容 / 読みの方略の変化：メタ認知的変容

ない認知的変容、読みの乗り換えは合理的にはあり得ない、と指摘している。解釈とともに自らの読み方（＝b〈教科内容〉）を見直す、メタ認知的な変容が認められるような単元や課題を設定していく必要がある。

（2）学習者に〈コンフリクト〉を生じさせる学習課題・発問・教師のかかわりの検証

　「走れメロス」の実践において、初読後のアンケート（N＝34）で「走れメロス」の主題について「友情」と答えた生徒は 26 名（74%）でもっとも多く、次いで「人を信じることの大切さ」（類答含む）と答えた生徒は 7 名（20%）であった。「一番印象に残った人物」については「メロス」と答えた生徒が 29 名（83%）と８割を超えており、「印象に残った理由」として、「友情を貫き通したから」、「暴君であるディオニスの心を変えることができたから」、「困難を乗り越えて信実を証明したから」といったものが挙げられた。生徒は本作品をメロスが善で王が悪という対立の構造で読んでいることが分かる。授業のはじめに『走れメロス』の主人公はだれか」と問うと、全員が「メロス」と答えた。しかし単元の中で、主人公の定義を提示し、もう一度問うと、答えは様々であった。また、同じ「主人公はメロスである」と答えた者同士でも、そう考える理由が異なっていたため、

その生徒同士の考えのズレを取り上げ、授業で考えを深めていく活動を設定した。生徒の「分かっているつもり」を捉え、学習課題を構想することは大変効果的であると考える。単元の終末部では、生徒に「走れメロス」の批評文を書かせる活動を行った。
以下の視点で、生徒の最終批評文を分析した。

（最終批評文より）
「走れメロス」の主人公はだれだと考えるか。

※主人公の定義・・・・①事件や出来事に積極的に関わっている人物
②事件や出来事を通して最も変化・成長している人物
③具体的な描写が多い人物

〈評価基準〉
① 本文中の言葉を引用し、その言葉を手がかりに作品の主人公についての自分の考えを記述できている。
② 登場人物の描写や作品の細部の表現に注目し、登場人物の変化や成長を捉え、作品全体の解釈を深めることができている。

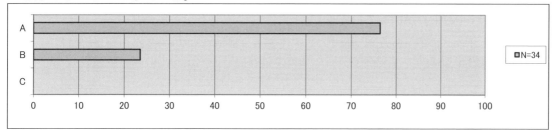

A・・・①、②のみの記述
B・・・①のみの記述
C・・・①、②ともに記述がなく、自分の考えのみを記述している。

A ①、②ともに記述ができている…26名（76.4％）n=34
〈S2〉

　この作品の主人公はメロスである。はじめメロスとディオニスはまるで水と油のような、絶対に混じり合わない対立の関係にあるように思えた。人の心を疑うことのないメロスと、「人の心は疑うのが正当な心構え」と考えるディオニス。また、最初のメロスとディオニスの対話の場面で感情的なメロスの意見にディオニスが冷静に反論し、それにまたメロスが感情的に反論する様子からもその対立が伝わってきた。しかし、メロスもただ正義を貫き通したわけではなかった。最初はあれだけ強気だったのに、途中投げやりになったり、自問自答したり・・・。走る中で、「間に合う、間に合わぬは問題ではない」と言い、最終的には走りきったのだから、心の変化はメロスが一番大きいと考える。

B・・・①のみの記述・・・8名（23.5％）n=34
〈S3〉

　主人公はメロスだと思う。主人公の定義に沿って考えていくと、メロスはどの場面にも登場しているので、①「出来事や事件に積極的に関わっている」といえる。しかし、②「出来事や事件を通して最も変化・成長している」といえるのはディオニスである。メロスも変化していないわけではないが、人を信じられるようになったという点ではディオニスの変化が大きい。そして③「具体的な描写」という点で、会話文や心情の描写の回数が多いのはメロスである。総合的に考えると、「走れメロス」の主人公は「メロス」であるといえると考えた。

C・・・①、②ともに記述がなく、自分の考えのみを記述している。・・・0名（0％）n=34

　初読後の感想から生徒の実態を把握し、生徒の「当たり前」をとらえ、学習課題を設定したことで、コンフリクトを生じさせられたと考える。しかしこの課題では、主人公がだれかを決めることではなく、登場人物の変化や心の揺らぎを捉えさせることが目的であったにも関わらず、主人公を

決めることに固執してしまう生徒も多くいた。二項対立や、選択型の課題では、生徒が自身の立場を容易に示すことができる一方で、自分の立場や考えに固執してしまう生徒も多い。この課題の場合では自分の考えと対立する考えとを比較・整理できておらず、考えが深まったとは言いがたい。

それに加え、今回この批評文を分析するなかで、ほとんどの生徒が根拠（本文の記述）を引用できているものの、根拠の引用のみで終始する場合が多いことが分かった。これは、批評文に限らず、授業のなかで意見を書いたり述べたりする際も同様である。根拠をもとに生活経験や既有知識から類推する「理由づけ」の部分に生徒の多様な文脈をみとることができると考える。根拠は同じでも主張が異なるものを比較することで、「理由づけ」、多様な個の文脈が表出する。様々な解釈がうまれる課題の設定、また、「なぜそう言えるのか」という「理由づけ」の部分を問うような教師のかかわりが不十分であったと考えられる。

〈「理由づけ」が不十分な例〉

> p.204に「間に合う、間に合わぬは問題でない」と書いており（根拠）、メロスが大きく成長していることが分かる。（主張）

〈「根拠」「理由づけ」「主張」が揃っている例〉

> p.204に「間に合う、間に合わぬは問題でない」とあり（根拠）、この言葉から今までは自分の名誉や、日没までに帰ってやるといった見栄のようなもので走っていたメロスの心情が大きく変化したことがわかる（理由づけ）。メロスの走る目的が変わったことから、メロスは成長したといえる。（主張）

（3）学習者の語り直しを活性化するための手立ての研究

自己の学びを意味づけしたり、価値を実感させたりするための手立てとして、ストーリーマップやキャラクターマップを書き、授業ごとに更新させた。これらの思考ツールは自分の考えと対立する考えとを比較・整理し、異なる考えをもつ他者との対話の中で生まれた疑問や意見を明確にできるため、自身の考えの深まりや変容を実感させる上で大変有効である。また、単元の終末にストーリーマップやキャラクターマップを用いて、学びの出口や次の学びへの出発点として作品に対する批評を書かせる活動を設定した。これらの思考ツールを組み合わせて語り直しを行うことで、生徒は授業前と授業後の自己を可視化し、自己の変容に気づくことができたと考える。また、振り返りの際には視点を与え、書き出しや型を示すことで、自己の変容を捉え直したり、学んだことの意味や価値を物語ったりすることをねらった。「走れメロス」の実践において、振り返りの際に生徒に与えた視点は「『走れメロス』での学びはどのような意味や価値があったか」というものであった。以下は生徒の語り直しの一部である。

〈見取りの視点〉

A・・・単元の学びから言葉の意味や価値についての捉え直しが具体的に語られている。
B・・・言葉の意味や価値についての捉え直しについての記述がない。（曖昧である）
　　　または、言葉についてではなく自身の生き方についての捉え直しとなっている。
C・・・学んだことから、言葉や自己について捉え直すことができていない。
　　　（題材を学んでの感想でとどまっている。）

A・・・単元の学びから言葉の意味や価値についての捉え直しが具体的に語られている。

・・・11名（32.3%）n＝34

〈S4〉

> 初めこの話を読んだとき、メロスは勇者、良い人、と思っていた。しばらく考えると、たいしたことない（自分と似ているな）と思ったり、どこか人間らしいな、と思うようなところがあった。ディオニスも初めは、悪い人、最低！と思っていたが、実はディオニスにもいろんな思いがあったのだろうな、と思うようになった。メロスの話からはそれるが、人間も同じで、第一印象のように、ぱっと見えるものや、表面だけをみるのではなく、いろんな角度からみるほうがいいのかな、と思った。それに、その瞬間の言葉や行動だけではなく、いろんな場面でのその人の姿を見ることも大切なのかもしれない。
> 私は最初この作品をあまり良く評価しなかった。けど、今はいろんなことを学べるおもしろい話だなと思える。さっと読めばすぐに終わるが、いろんなところにわくわくしたり、感動したりすることができる。もしかしたら、読んだことのある話ももう一度読むと違って見えるのかもしれない。

B・・・言葉の意味や価値についての捉え直しについての記述がない。（曖昧である）
　　または、言葉についてではなく自身の生き方についての捉え直しとなっている。
　　　　　　　　　　　　　　　　　　　　　　　　　　　　　・・・18名（52.9%）n＝34

〈S5〉

> 　今回のこの学びは僕にとって一種の出会いだったと思う。なぜかというと、この作品を読み進めていくうちに、どこかメロスと自分は似ていると思うようになったからである。学習前はただがんばって走った人、という感じだったが、読み進めていくと、メロスの心のうちを読み解けていけた。メロスが走る話というのは聞いたことがあったし、タイトルからもだいたい想像できるが、まさか、こんなにも心情が変化しているなんて、思ってもいなかった。メロスの心情の変化は共感できる部分が多かったので、メロスの気持ちになって物語に入り込むことができた。弱さを克服しながら、友との約束を守り抜いたメロス。学びを振り返って今、一番心にあるのは、メロスへの憧憬だ。共通点も多いが、メロスのような強さは僕にはない。この「走れメロス」に出会えたことで僕は自分自身を見つめ直すいい機会になったのではないかと思う。

C・・・学んだことから、言葉や自己について捉え直すことができていない。
　　　（題材を学んでの感想でとどまっている）・・・5名（14.7%）n＝34

〈S6〉

> 　今回「走れメロス」の学びは、私にとってとても考え、悩ませられるものだった。なぜなら、いろんな課題について考える際、根拠を考えながら、自分の考えをまとめていったからである。その作業は難しいものであったが、とてもよい学びになったように思う。王やメロスの行動から様々なことを考えることができた。こうやって疑問を解決していくのも新しい学びだと思うので、これからもしっかり頑張りたい。

　以上の生徒の記述からみられるように、生徒の語り直しで表出したのは、ほとんどが〈題材内容〉（「走れメロス」を読んだ感想、「走れメロス」に対する認識の変容）あるいは〈教育内容〉（自身の生き方に関する記述、人間とは・・・のような内容）であり、時間軸をもって自己の変容を捉えているものの、自分にとっての学びがどういうものかについての記述が見られなかった。思考ツールを用いたり、視点を与えたりしたことが生徒の語り直しを活性化させた一方で、これらによって表出しにくくなったものもあるのではないかと考える。学びについての変容や、次の学びへの意欲、期待を表出できるような工夫（与える視点や思考を助ける手立て）についても検証していくことが課題である。

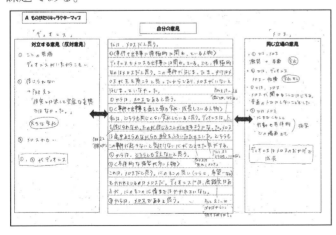

【授業で使用したキャラクターマップと活用の様子】

【実践事例2 「万葉・古今・新古今」実施学年3学年】

1 本単元で生まれる「ものがたり」の変容

| （学習前）
　和歌は、なんとなく知っているが、難しい言葉が多く、読んでもよく理解できない。興味がもてない。 | | （学習後）
　言葉に注目して和歌を読むことで、作者の思いや情景を想像したり、自分なりに解釈したりできた。 |

（自己に引きつけた語り）
　今までは古典学習というと難しい言葉が多くて、苦手だった。歴史的仮名遣いなどのきまりはテストに出るので覚えていたが、昔の人の生活に興味をもって、もっと読みたいと思えたことはなかった。「万葉・古今・新古今」の学習を通して、何千年も昔に生きていた人々の息づかいまでもが分かるような気がした。今まで和歌は美しいものと思っていたが、良い意味で人間味を感じることもでき、面白かった。また、現代のように自分の思いを手軽に表現できない当時の人々にとって、和歌が果たす役割は非常に大きなものだったということも納得できた。もっといろんな和歌を読んでみたいし、作者についても調べてみたいと思った。古典は難しい言葉もあるが、それを読みとく楽しさもあるので、たくさんの作品に触れて、自分の感性を磨いていきたいと思った。

2 単元構成（全7時間）と学習課題

時間	学習課題（中心の問い）と◆学習内容
1	万葉・古今・新古今とは何？ ◆三大和歌集の特徴について理解する。音読を行い、和歌のリズムに慣れる。
2 3	「我」が歌に込めた思いとは？ ◆「君待つと我が恋ひをれば我がやどの簾動かし秋の風吹く　額田王」の和歌に込められた作者の思いを考える。 「額田王」はどんな人？ ◆額田王と天智天皇、天武天皇兄弟との関係について学び、キャラクターマップを作る。
4 （本時）	「二人の距離は？」 ◆「あかねさす紫野行き標野行き野守は見ずや君が袖振る　額田王」と「紫草のにほへる妹を憎くあらば人妻故に我恋ひめやも　大海人皇子」の和歌から表現の工夫を感じ、二人の関係性や思いを想像する。
5 6	和歌ストーリーを作ろう。 ◆教科書に載っている和歌の大意を学び、自分のお気に入りの和歌について、登場人物や場面を設定して、物語を作る。
7	和歌ストーリー発表会 ◆自分が作った和歌ストーリーを発表し合い、お互いに評価する。

3 本単元で育成する資質・能力

【知識・技能】	「万葉・古今・新古今」の学習の中で
・社会生活に必要な国語の知識や技能を身に付けるとともに、我が国の言語文化に親しんだり理解したりすることができるようにする。	○ 和歌のリズムに注目して音読することができる。 ○ 歴史的仮名遣いや表現技法など、時間の経過による言葉の変化について理解することができる。 ○ 歴史的背景や作品に込められた作者の心情について、諸資料をもとに理解することができる。
【思考力・判断力・表現力等】	「万葉・古今・新古今」の学習の中で
・論理的に考える力や深く共感したり豊かに想像したりする力を養い、社会生活における人との関わりの中で伝え合う力を高め、自分の思いや考えを広げたり深めたりすることができるようにする。	○ 和歌の言葉に注目して、作者の心情を想像し、自分の解釈を説明することができる。 ○ 自分が選んだ和歌について、歴史的背景や作者の生活、和歌が読まれた場所などの情報を収集し、理解を深めることができる。 ○ 情報収集したことを基に、和歌の世界観を表現するために「オリジナル和歌ストーリー」を書くことができる。
【学びに向かう力・人間性等】	「万葉・古今・新古今」の学習の中で、
・言葉がもつ価値を認識するとともに、読書を通して自己を向上させ、我が国の言語文化に関わり、思いや考えを伝え合おうとする態度を養う。	○ 和歌のリズムや言葉の響き ○ 歴史的な背景や作者の心情 などに対する深い理解を通して、言葉がもつ価値を認識するとともに、和歌や古典学習に対する自分の考えや思いを表出することができる。

4 本単元で表出した生徒の「ものがたり」

> ※ 波線部が学習の変容、傍線部が自己に引きつけた語り

私にとって古典学習（和歌）とは、
（自分と近い世界を表しているけれど、遠くを旅したような気分にさせてくれるもの）である。

Y子

　和歌について、はじめ自分は響きや世界観がきれいで美しいものだけど、なんとなく自分とは遠い世界のことを表しているような気がして、自分にはなじむことができないものだと考えていました。万葉・古今・新古今の和歌をそれぞれ見ていって、それぞれの歌を読むたびにすぐに自分がその空間に溶け込むことができたのでびっくりしました。自分も思ったことのあるような感情を一見分かりにくいけど、こんなにも短い言葉でたおやかに表現できる昔の人はすごいなと思いました。それぞれの歌にそれぞれの色があって、その人の個性のようなものがでているのが面白かったです。作品の背景を学ぶことを通して、その作品のもっと奥深いところだったり、作者の思いだったりを考えながら作品を読んでいくことに面白みを感じたので、これから古典だけじゃなくていろんな作品を見ていく中で意識していきたいです。和歌について今の自分は、意外と自分に近い世界のことを表している、現代に生きる私にもなじむことができるものだと感じています。もっと美しい感性や言葉を身につけて、もっと和歌に近づけるようになりたいです。私にとってこの学習は、和歌のいろんな面を見せてくれるもので、和歌の世界を広げてくれました。これからは、今の世界と和歌の世界の接点をもっと増やしていけるようになりたいです。

（学習後のワークシートから）

総論

国語

社会

数学

理科

音楽

美術

保健体育

技術・家庭

外国語

学校保健

共創型探究

研究の分析（実践事例２）

（１）自己に引きつけた学びに誘う学習サイクルを意識した単元構成の追究

　「万葉・古今・新古今」の学習において、a〈教材内容〉b〈教科内容〉c〈教育内容〉を以下のように設定した。

a〈教材内容〉	古典に親しみをもち、和歌の表現技法や表現の工夫に気づく
b〈教科内容〉	言葉を捉え直し、言葉の新たな価値に気づく
c〈教育内容〉	日本人の感性や美意識、時代を超えて変わらない見方・考え方に気づく

目指すc〈教育内容〉を生徒に実感させるためには、a〈教材内容〉b〈教科内容〉が不可欠である。例えば、b〈教科内容〉を意識した単元構成ができていないと、生徒がc〈教育内容〉について考えるとき、その内容は薄く、他の単元でも学ぶことができるものと変わらないものになると考える。以上のことを踏まえ、単元学習前と単元終了後に以下のアンケートを行った。

① 「古典」の学習に興味がある。好きである。　　　（※授業前）
　　古典学習についての興味や関心は高まりましたか？　（※授業後）
　　（はい）４－３－２－１（いいえ）
② 「はい（４・３）」を選んだ人は、その理由を書いてください。
③ 「いいえ（２・１）」を選んだ人は、その理由を書いてください。
④ この単元で学んだことは、自分の見方・考え方や感じ方を広げるのに有効でしたか？
　　（はい）　４－３－２－１　（いいえ）
⑤ 古典を学ぶことはあなたにとってどんな意味がありますか？ひと言で書いてください。

　質問①④に対する生徒のアンケート結果は以下の通りである。（Ｎ＝113）

授業前アンケート① 結果

〈授業前アンケート〉
②「はい（４・３）を選んだ理由（52名）
・今まで学習してきた話で面白いものがあったから。
・読みにくいところもあるが、意味が分かれば面白いから。
③「いいえ（２・１）」を選んだ理由（61名）
・意味が分からない・どう読めばいいか分からない。
・あまり身近ではないし、面白さが感じられない。

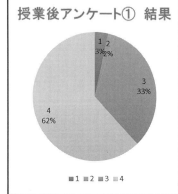

授業後アンケート① 結果

〈授業後アンケート〉
②「はい（４・３）」を選んだ理由（107名）
・昔の人の生活や心情が読み取れて、昔の人も恋をするんだなと親しみを感じたから。
・和歌の内容だけでなく、時代背景にも触れることで、歴史的な視点での見方もできたから。
・和歌が詠まれた背景を想像しながら和歌の世界に親しむというのは、今までの自分にはできないことだったから。
・ただ覚えたり、意味を学習したりするだけでなく、自ら物語をつくることで、更に想像しやすく、印象に残ったから。
③「いいえ（２・１）」を選んだ理由（6名）
・何を伝えたいのか分かりづらい。
・難しそうだから。
・１つの和歌を見ても、時代背景とか、素人には分からない部分が多く、いちいち調べるのもめんどくさいと思ったから。

生徒の自己評価による簡単なアンケートではあるが、本単元を通して「古典学習への興味・関心が高まり」「自分の見方・考え方や感じ方を広げるために有効だった」と感じている生徒が多かったことが分かる。

また、授業前のアンケートでは「古典を学ぶことにはどんな意味がありますか？」という質問に、ほとんどの生徒が「昔の人の考え方や感じ方を学び、今の生活に生かしていくため」「昔の人の書いた作品を読み、自分の感性を高めるため」など意味があると解答したが、「言葉」に対しての具体的な記述がないため内容が薄く、他の単元でも学ぶことができるものに留まっていた。授業後にも同じ文言でアンケートを行ったところ、「昔の言葉の表現の仕方を学ぶことができる」「言葉で表された文化の素晴らしさや当時の考え方などを知ること」などの記述が見られ、「言葉」に注目して和歌を読もうとする生徒が増えた。しかし、授業前と変容していない生徒も多く、単元構成を考える上で改善が必要であると感じた。

その他にも、「額田王を中心とした恋愛模様を読んだ和歌を扱ったため、意欲的に取り組めた」という生徒の記述が見られ、和歌を身近に感じさせるためには有効であったと言える。また、本単元の最終目標は「和歌ストーリー」を作ることであった。そのために必要な
① 和歌の大意を理解する。
② 歴史的背景や作者の心情、作者の他の作品を調べる。
③ 諸資料をもとに、自分なりの解釈をもつ。
のサイクルを全員が体験した上で、自らが選んだ和歌についてこのサイクルを活用して「和歌ストーリー」を作れるよう、単元構成を工夫した。

（2）学習者に〈コンフリクト〉を生じさせる学習課題・発問・教師のかかわりの検証

4時間目は「二人の距離は？」という学習課題で、和歌の言葉にこだわって、二人の関係性を想像させた。額田王の和歌の「君が袖振る」の部分に注目して読むことで、手の振り方や距離感、野守と二人の位置関係などを想像させることをねらいとして学習課題を設定した。生徒は実際に身体を動かして表現してみたり、前時までに学習した作者の人物像を生かして話し合ったりと意欲的に取り組んでいた。しかし、距離の「遠い」「近い」に対する認識のズレや、「物理的な距離」と「心理的な距離」の両方に解釈できる問いだったため、全員が納得できる結論には至らなかった。そこで、全員が共通理解できるように人形を使うなど視覚的な工夫が必要であると考える。「遠い」「近い」の認識のズレや、「物理的な距離」と「心理的な距離」の違いについても、話し合いを進めていく上でどちらも確認しなければならない事項であるため、教師がしっかりファシリテートして「遠い」「近い」の基準を明確に示すことや、「物理的な距離」→「心理的な距離」と区切りをつけながら話し合いを進めることで、深い内容理解につながるのではないかと考える。今回は、生徒の記述等のデータを十分に取ることができなかったため、次回以降しっかりと検証していきたい。

（3）学習者の語り直しを活性化するための手立ての研究

振り返り記入時に以下の視点を設けた。

〈振り返りの視点〉

1 学習前後での自分の考えの変容（＝成長）を語る。
　（例文：○○について、はじめ自分はこう考えていたが、今は・・・）
2 自分の感性（驚き、発見、葛藤）と結びつけて学びを語る。
　（「万葉・古今・新古今」の和歌を学ぶことで印象に残ったことはありますか？また、新たな気づきはありましたか？驚いたり、面白いと感じたりしたことはありますか？そして、そのような経験を通して、何に気づきましたか？）
3 自分の古典文学や和歌に対する見方、考え方や感じ方の変化を語る。
　（学習したこととこれまでの様々な経験を結びつけながら、新たな見方や考え方で身近な文学作品を見たり、作品の背景を学ぶことで新たな感じ方ができたりしたことはありましたか？）
4 学びを意味づけて語る。
　（例文：「私にとってこの学習は○○であった。その理由は〜」また、学習を通しての変容をどう生かしていくかも書けると素晴らしい。）

また、 私にとって古典学習（「和歌」）とは、（　　　　　　　　　　　　　　　　　　　）である。

というタイトルをつけて書き始めるようにした。以下はその振り返りに関する分析である。

（1）単元後の振り返りからの分析に関する基準
　この単元では最大6つの変容があると考えている。下はその6つの変容である。
① 和歌の大意を理解することができた。
② 和歌は成立時代ごとに作風が異なっていることや、様々な表現技法に気づくことができた。
③ 衣食住や恋愛など、当時の人の暮らしを理解することができた。
④ 作者や和歌が作られた背景を理解することができた。
⑤ 和歌の詠まれた情景や作者の心情を想像したり、自分なりに解釈したりすることができた。
⑥ 1首の和歌に留まらず、他の和歌や古典全般にも関心を広げることができた。
　①〜④について、学んだ事実をもとに教科の言葉を使いながら書かれているのが題材に対する変容である。そして、それらを踏まえたうえで、題材（和歌）と自己とのつながりについて記述されていたり（⑤）、この単元における教科の本質である「言葉に注目して古典を読むことを通して、その世界に親しむこと」が記述されていたり（⑥）するものを本単元における「ものがたり」と定義した。

（2）「ものがたり」の変容について
　単元後の振り返りについて以下の視点で分類を行った。また、右はその分析結果をまとめたものである。

A	題材の変容があり、自分なりの解釈（⑤）がある
B	題材の変容があり、古典全般への関心（⑥）がある
C	題材の変容はあるが、自分とのつながりが弱い
D	題材の変容はあるが、感想に近い
E	感想のみ

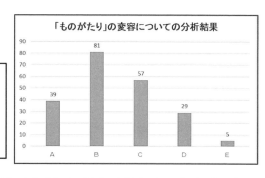

「ものがたり」の変容についての分析結果

　単元後の振り返りから、113名の生徒のほとんどから和歌（古典）に対する捉え方の変容が見られた。ただ、中には題材に対する変容が見られるものの、自己とのつながりが弱いものや感想に近いものもあった。次は、その語りの例である。

> ※　波線部が学習の変容、傍線部が自己に引きつけた語り

【Aの例】
タイトル：私にとって古典学習（和歌）とは、（心を学ぶもの）である。　　　　　　A男
　和歌について、僕は最初、ちょっと何を書いているか分からなくて、ただ読むだけでは意味も内容も理解できないから、まったく読みたくないものでした。しかし今は、和歌の学習を通して、いろいろな和歌の意味や、それにまつわるエピソードを知ることで、昔の日本人はこういうことに興味をもっていたのか、こういうところは今の僕達と少し似ているなというところを見つけて、読んでいて少し面白くなってきました。1、2年生の時までは、竹取物語のような物語ばかりで、場面を想像するとか、登場人物の気持ちを考えるとかが多かった気がしますが、今回読んだ和歌、特に「万葉集」では、額田王の恋の歌や、東歌、防人歌などの、万葉集ができた奈良時代だからこそ書けた歌が多くて、歌の意味を知り、少し想像してみれば、その歌の指す風景が頭の中に浮かんできて、とても短い文章なのに、ここまで想像できるのはとても面白いなと感じました。在原業平の歌のように何となく感覚が分かるというものもあれば、大伴家持の歌のように自分にはよく分からない感覚もあって、もっと知りたいなと思いました。僕にとってこの学習は、日本人の心を学ぶものでした。歌を読んでいて分からない感覚がいくつかありました。昔の日本人は、これを美しい、大事なことだと思ったから和歌集を作ったのだと思います。だから、僕はこの感覚を少しでも理解できるように頑張りたいです。

【Bの例】

> タイトル：私にとって古典学習（和歌）とは、（人生を豊かにするもの）である。　　　　　　N子
> 　私にとってこの学習は、日々感じることをより深くすることに役立つものだった。その理由は、和歌の学習を通して昔の人々の感性について知ることができたからだ。和歌について、はじめ私は「難しそうだな」と思っていた。言葉や文の構成が現在と少し違っているからだ。しかし、学習して言葉の意味が分かってくるにつれ、和歌で詠まれる気持ちや、自然に対する思いなどは現在でも同じだと思うようになった。特に、季節の移り変わりによって、さびしくなったり、わくわくしたりと感情が動かされるのは、私もよく感じているので、寂連法師などの昔のすごい人と意見が一致したような感じがして嬉しかった。また、1つの歌の1つの言葉に対してたくさんの意味が込められていたり、人や本が変わると解釈も少し異なっていたりと、1つの歌でもいろいろな見方があるので、味わい深くて面白かった。自分で物語に書きかえるために、いろいろな角度から見てみたり、その歌が作られた背景を調べたり、1つの言葉でたくさんの言葉を連想したりするのも楽しかった。古典を読んで「日々感じることをここまで美しく表現できているんだ」というふうに感じた驚きを大切にして、私ももっと季節や出来事について、深く感じ、考えられるようになりたい。

　振り返りの視点を設けたことやタイトルを書くように設定したことは、学習者の語り直しに有効であると考える。しかし、全ての生徒にとって有効だった訳ではなく、視点の吟味や内容の見直しが必要である。特に、a〈教材内容〉c〈教育内容〉についての記述はほとんどの生徒に見られたが、b〈教科内容〉についての記述がない生徒も多く、〈振り返りの視点〉に「言葉に注目して和歌を読むことで学んだことを語る」等の具体的な記述を入れる等の工夫をすることで、生徒の記述がどのように変化するのか検証してみたい。

成果と課題

①自己に引きつけた学びに誘う学習サイクルを意識した単元構成の追究
　○　〈題材内容〉〈教科内容〉〈教育内容〉の三層構造や松下の述べる学習サイクルを意識することで、その単元で何を学ぶのか、目標や構造が明確になった。
　●　生徒の振り返りに表出しているように、b〈教科内容〉について、単元を構成していくなかであまり意識できていない。解釈の変化とともに自らの読み方（＝b〈教科内容〉）を見直す、メタ認知的な変容が認められるような単元や課題を設定していく必要がある。

②学習者に〈コンフリクト〉を生じさせる学習課題・発問・教師のかかわりの検証
　○　生徒自身が自分の「不備・不足・不十分」に気づき、それを埋めていくなかで「より深く読めた」「自分が豊かになった」と実感することができ、変容につながると考える。生徒の「分かっているつもり」を事前にアンケート等で把握した上で学習課題を構想することは大変効果的であると考える。
　●　二項対立や、選択型の課題では、生徒が自身の立場を容易に示すことができる一方で、自分の立場や考えに固執してしまう生徒も多い。自分の考えと対立する考えとを比較・整理ができておらず、考えが深まったとは言いがたい。
　●　ほとんどの生徒が根拠（本文の記述）を引用できているものの、根拠の引用のみで終始する場合も多かった。根拠をもとに生活経験や既有知識から類推する「理由」の部分に生徒の多様な文脈をみとることができると考える。根拠は同じでも主張が異なるものを比較することで、「理由づけ」、多様な個の文脈が表出する。様々な解釈がうまれる課題の設定、また、「なぜそう言えるのか」という「理由」の部分を問うような教師のかかわりについて追究していきたい。
　●　生徒は理由と根拠を混同していることが多く、「理由を挙げなさい」という助言だけでは書けない。そのため生徒の思考を「根拠・理由・主張」という基本的なフレームに基づくものにするためには訓練、ある程度型にはめる必要もあると考える。

③学習者の語り直しを活性化するための手立ての研究

○　H30年度後期研究授業に引き続き、自己の学びを「ストーリー性」をもって振り返るように指示した。ストーリーマップやキャラクターマップを用いて授業前と授業後の自己を可視化することで自己の変容に気付くことができたと考える。

●　思考ツールを用いたり、視点を与えたりしたことが生徒の語り直しを活性化させた一方で、これらによって表出しにくくなったものもあるのではないかと考える。学びについての変容や、次の学びへの意欲、期待を表出できるような工夫（与える視点や思考を助ける手立て）についても検証していくことが課題である。

●　各授業後の振り返りで記入時間の確保も課題である。しっかりと記入させるためには、毎時間5分程度の時間を確保しておく必要があると感じた。そのために、授業の構成を見直す必要があると考える。

参考文献

・川田英之『自己の「物語り」をつむぐ国語授業』東洋館出版、2016
・佐藤佐敏『国語科授業を変えるアクティブ・リーディング』明治図書、2017
・鶴田清司『論理的思考力・表現力を育てる　三角ロジック』図書文化、2017
　　　　　『論理的思考力・表現力を育てる言語活動のデザイン』明治図書、2014
・齋藤和也『教室でひらかれる〈語り〉—文学教育の根拠を求めて』教育出版、2009
・松本　修『文学の読みと交流のナラトロジー』東洋館出版社、2006
・武田裕司「学習者が「自己」について追究することのできる文学的文章の学習指導に関する考察—ナラティブ・アプローチを手がかりとして—」『論叢　国語教育学』13号　2017pp.69-79
・野口芳宏『教師のための発問の作法』学陽書房、2011
・松下佳代編『ディープ・アクティブラーニング』勁草書房、2015
・山元隆春『読者反応を核とした「読解力」育成の足場づくり』
・北澤晃『未来をひらく自己物語』せせらぎ出版、2011
・北澤晃『未来をひらく自己物語Ⅱナラティヴ・トレーニングのすすめ』せせらぎ出版、2012
・北澤晃「書くことによるナラティヴ・アプローチ」『共創福祉』第8巻第2号p41〜45、2013
・川田英之・大西小百合『研究紀要』香川大学教育学部附属坂出中学校、2012
・川田英之・大西小百合『研究紀要』香川大学教育学部附属坂出中学校、2014
・大西小百合・三浦宏紀『研究紀要』香川大学教育学部附属坂出中学校、2016
・大西小百合・田村恭子『研究紀要』香川大学教育学部附属坂出中学校、2018

第3学年2組 国語科学習指導案

指導者 木村 香織

1 日　　　　時　　令和2年6月12日（金）11：20〜12：10
2 単　元　名　　「万葉・古今・新古今」
3 学　習　空　間　　3年2組教室
4 単元（題材）について

（1）「令和」の出典でも注目を集めた「万葉集」をはじめ、日本人に脈々と受け継がれる伝統と文化の礎となっている「万葉・古今・新古今」の学習を通して、時代を超えて変わらない人間の本質的な部分に気づくとともに、既知の表現だけではない、言葉のもつ背景やイメージをもとにした、新たな言葉の価値の獲得をめざしたいと考える。

　　自然や人間に対する愛情を素直でおおらかに歌いあげた「万葉集」、四季の風物や人間の愛情を機知に富んだ表現で優しく細やかに歌った「古今和歌集」、華やかで技巧に優れたものがある一方、しめやかで内省的なものもある「新古今和歌集」、三つの歌集は時代とともに作風や表現が変化していると捉えることができ、学習を進めることで、当時の歴史的な背景や生活の様式などに興味をもつきっかけになる題材である。同時に、和歌のしらべを味わうことで、短い言葉に凝縮された作者の心情を想像し、時代を超えても変わらない人間の本質的な部分についても読み取っていきたい。作品は、季節の美しさや人を思う心を詠んだものなど、生徒にとって身近な題材も多く、既有知識や自分の経験と照らし合わせて、共感しながら読むことができるものが多い。また、日本語の音の響きや表現の美しさに触れたり、当時の人々の生活や考え方を想像したりすることで、古典学習の面白さを実感させたい。

　　特に「ちはやぶる〜」の和歌は百人一首にも登場し、比較的易しい言葉で詠まれているため情景が想像しやすく、生徒からの人気が高い和歌である。その証拠に、昨年度実施したアンケートでは、「教科書（東京書籍）掲載の15首で最も好きな和歌はどれですか」という質問に対して、6割近い生徒が「ちはやぶる〜」の和歌を選んだ。理由として「百人一首をしていて、聞いたことがある」や「映画やまんがで有名だから」などがあった。生徒にとって身近な和歌で、耳にする機会も多く、大意についても理解している生徒が多い。しかし、選んだ理由の中で言葉に触れている生徒はおらず、和歌を本当に味わっているとは言えない。

　　以上より、生徒の学習前の題材（和歌『ちはやぶる〜』）に対する「当たり前」を「「ちはやぶる〜」の歌は、たつた河という紅葉の名所を詠んだものだから、「から紅」は色彩としての「赤」色のことで、紅葉の色を表しているに違いない。」と設定した。

　　今までなんとなく理解していた「ちはやぶる〜」の和歌の意味や情景を、言葉にこだわって語り合いながら学習することで、言葉一つ一つに込められた作者の心情や歴史的背景などを理解させ、和歌（古典学習）や言葉の捉え方についての語り直しをめざしたいと考える。

（2）本学級の生徒は、男子18名、女子17名の合計35名である。古典学習については1年生で「竹取物語」「伊曽保物語」2年生で「枕草子」「徒然草」「平家物語」を学習している。また、授業の中で百人一首を行っており、和歌に親しみをもっている生徒も多い。

　　昨年度実施した学習前の生徒アンケートでは、（n＝39）「『古典』の学習に興味がある。好きである。」という質問に対して、「興味がある・好き」と答えた生徒は6名（15%）、「どちらかというと興味がある・好き」と答えた生徒は15名（39%）であった。その理由は、「今まで学習してきた話で面白いものがあったから」「読みにくいところもあるが、意味が分かれば面白いから」などがあった。それに対して、「どちらかというと興味がない・嫌い」と答えた生徒は14名（36%）、「嫌い」と答えた生徒は4名（10%）だった。その理由は、「意味が分からない」「どう読めばいいか分からない」「あまり身近ではないし、面白さが感じられない」などであった。また、「古典を学ぶことにはどんな意味がありますか」という質問には、ほとんどの生徒が「昔の人の考え方や感じ方を学び、今の生活に生かしていくため」「昔の人の書いた作品を読み、自分の感性を高めるため」など、意味があると解答した。以上のことから、生徒は古典を学ぶことは昔のことや当時の人の考え方を理解する上で重要なことだという認識はあるものの、興味をもって学習に取り組むことができていないという現状が分かる。

（3）　本単元（題材）を指導する（個の「ものがたり」を深める）にあたって、次の点に留意したい。
- 　色彩語に注目して和歌を読むことで、普段何げなく遣っている言葉の捉え直しをめざす。色見本や和色辞典などを用いて、色の差異や名づけられた背景にも注目して、言葉を吟味するヒントとさせる。創作でも日常生活の色に注目させることで、学んだことが現代社会や自分の日常と繋がるようにする。
- 　事前アンケートから、生徒は古典を学ぶことの必要性は感じているが、興味をもって取り組めていないことが分かる。そこで今回は、生徒が苦手としている知識理解についてではなく、解釈に重点をおいた「共感」できる授業をめざす。その手段として、現代語訳を用意せず、生徒が語り合いの中で相応しい表現を見いだせるような資料を用意する。
- 　語り合い時の論点の焦点化や自分の解釈に対する根拠を明確にさせるために、古語辞典を準備する。そうすることで、一つ一つの言葉のもつ背景やイメージなどを正しく捉え、言葉に注目して和歌を読むことを習慣化させたいと考える。
- 　語り合いでは、学びの過程が見えるようにホワイトボードを用いて、班内で出た意見をキーワードで書かせる。キーワードのみを書くことで、視覚的に分かりやすくしたり、他の生徒からの質問を促したりする効果があると考える。また、語り合いによって意見が変わっても、前の意見は見え消しするように指示し、自分たちの考えの変化に気づかせる。そうすることで、自分の考えの変化が振り返りに記述させることをねらう。
- 　毎時間の振り返りでは学んだことだけでなく、疑問に思ったことやもっと知りたいと思ったことについても書かせるようワークシートを工夫し、生徒の問いから単元を構成し、中心課題を設定する。

・　単元を通しての学びや本時の学びを意識させるために、毎時間や単元の最後の振り返りに視点を設ける。本単元では、「古典学習に親しむ」ことと「言葉」に対する捉え直しについて生徒が意識的に記述できるような視点を設定し、変容をねらう。また、単元後の「自己に引きつけた語り」を生み出す工夫として、「私（僕）にとって和歌（和歌で遣われている言葉）は～」という書き出しで書かせることで、「自分と和歌」や「自分と和歌で遣われている言葉」について語らせるようにする。

5　本単元の目標

（1）本単元で生まれる「ものがたり」

┌──── 題材に対する「ものがたり」の変容 ────┐

（学習前）

　「ちはやぶる～」の歌は、たった河という紅葉の名所を詠んだものだから、「から紅」は色彩としての「赤」色のことで、紅葉の色を表しているに違いない。

（学習後）

　ひと言で「赤」といってもいろいろな色があった。「から紅」色は染め物に使われたり、高貴なイメージがあったりして、色彩を表すだけではない言葉のもつ力を実感した。

題材と自己をつなぐ概念　言葉の吟味

（自己に引きつけた語り）

　今までなにげなく和歌を読んでいた。しかし、「赤」にもいろいろな種類があり、深く読むとイメージする色彩も変わるのだと知って驚いた。友だちと話し合っていくうちに、この和歌の「赤」は絞り染めをイメージさせたり、高貴なイメージをもたせたりするために「から紅」でなければならないと考えるようになった。

　日常生活でも、言葉はなくてはならないもので、今までなにげなくしゃべったり、書いたりしていた。この授業を受けてみて、短い言葉の中にも心情や美が表現されていることに気づき、自分の言葉遣いはどうだろうかと考えてみた。メールやＳＮＳなど、手軽に発信できるようになった現在、言葉によるトラブルが増えているのは、言葉が軽く扱われているからではないかと考えるようになった。昔の人たちが選び抜いた言葉を遣って和歌を作っていたように、私もこれからは言葉をしっかり吟味して、意識的に選んで遣えるようになりたいと思った。

（２）本単元で育成する資質・能力

【知識・技能】	「万葉・古今・新古今」の学習の中で、
・社会生活に必要な国語の知識や技能を身に付けるとともに、我が国の言語文化に親しんだり理解したりすることができるようにする。	○　和歌のリズムに注目して音読することができる。 ○　歴史的仮名遣いや表現技法など、時間の経過による言葉の変化について理解することができる。 ○　歴史的背景や作品に込められた作者の心情について、諸資料を基に理解することができる。
【思考力・判断力・表現力等】	「万葉・古今・新古今」の学習の中で、
・論理的に考える力や深く共感したり豊かに想像したりする力を養い、社会生活における人との関わりの中で伝え合う力を高め、自分の思いや考えを広げたり深めたりすることができるようにする。	○　和歌の言葉に注目して、作者の心情を想像し、自分の解釈を説明することができる。 ○　自分が選んだ和歌について、歴史的背景や作者の生活、和歌が読まれた場所などの情報を収集し、理解を深めることができる。 ○　色にこだわって、学んだ知識を生かして和歌を作ることができる。
【学びに向かう力・人間性等】	「万葉・古今・新古今」の学習の中で、
・言葉がもつ価値を認識するとともに、読書を通して自己を向上させ、我が国の言語文化に関わり、思いや考えを伝え合おうとする態度を養う。	○　和歌のリズムや言葉の響き ○　歴史的な背景や作者の心情 などに対する深い理解を通して、言葉がもつ価値を認識するともに、和歌や古典学習に対する自分の考えや思いを表出することができる。

（３）単元構成（全８時間）と問い

時間	学習課題（中心の問い）と◆学習内容
1	「万葉・古今・新古今」とは何？ ◆三大和歌集の特徴について理解する。音読を行い、和歌のリズムに慣れる。
2	どの和歌がお気に入り？ ◆自分の気に入った和歌について発表し合う。なぜ気に入ったのか話し合い、次時にみんなで考える和歌を１首選ぶ。
3	現代の言葉にすると？ ◆（仮）「ちはやぶる神世も聞かずたつた河から紅に水くくるとは　在原業平」の和歌の現代語訳を作る。資料を基に作者についても理解する。
4 （本時）	なぜ「から紅」なのか？ ◆色の視点から和歌の読みを深める。「赤」にもさまざまな種類があり、日本人の自然観や色彩感覚に触れるとともに、「から紅」に込められた色彩だけではない意味に気づき、言葉の価値を実感する。
5 6	35人１首を作ろう！ ◆色に注目して言葉を吟味し、１人１首創作し、現代版35人１首を作る。
7	◆カルタを作り、競技する。
8	言葉を吟味するとは？ ◆これまでの学びを振り返り、考えたことや感じたことを記述する。

6　本時の学習指導

（1）目標

・　「から紅」という言葉を吟味することを通して、言葉のもつ背景やイメージなどが和歌の読みを深めることに気づく。

・　作者の意図や心情について、言葉のもつ背景やイメージなどをもとにして、自分なりの解釈を語ることができる。

（2）学習指導過程

学習内容及び学習活動	予想される生徒の反応	○教師のかかわり
1　和歌を音読し、前時に作った現代語訳を確認する。（個人→全体）	・　「たつた河」は紅葉の名所だったな。 ・　「水くくるとは」は絞り染めのことを表していたよ。	○　個人で確認させた後、全体で共通した認識をもつため内容を整理する。
2　「から紅」色がどの色かについて考える。 　　（個人→四人組）	・　紅葉の色だから、オレンジがかっているかな。 ・　神世でも聞いたことがないくらいだから鮮やかな赤をイメージした。	○　色見本を掲示し、自分のイメージした「から紅」色を選ばせる。その際、和歌の表現を根拠とするように助言する。 ○　生徒が選んだ色と、実際の「から紅」色を比較させる。
学習課題（中心の問い）　　なぜ「から紅」なのか？		
3　「から紅」という言葉がもつ背景やイメージなどをもとに、自分なりの解釈をもち、語り合う。 　（個人→四人組→全体）	・　イメージしていた色と違ったが、なぜ「から紅」にしたのだろう。 ・　自分がイメージしていた通りの赤だった。違う色をイメージしていた人もいて話を聞いてみたいな。	○　「から紅」色について書かれている資料を配付する。 ○　ホワイトボードを配り、意見を書かせて、視覚的に生徒の思考の流れを把握し、必要な助言をする。

T　：なぜ「から紅」なんでしょうか？班で出た意見を教えてください、Ｓ１さん、どうぞ。

Ｓ１：私は、紅葉だから、もっとオレンジかかった紅緋のような色をイメージしていました。紅緋は巫女さんの袴に使われる色で、とても高貴な色なので、紅緋でもいいと思いました。でも、リズムが悪くなるので紅緋は選ばれなかったのかと思いました。

Ｓ２：僕も音の響きを重視して、「から紅」にしたのではないかと思いました。「から紅」はなんだか格好良い気がします。なぜだろう・・・。

T	：今のＳ１さんとＳ２さんの話について、Ｓ３さん、どうですか？	
S3	：「から紅」は唐から来た色だそうで、Ｓ２さんが言っていたように、響きの格好良さもありますが、当時の最先端の色だったのではないかと思いました。神世でも聞いたことがないことが起きているから、<u>響きの格好良さだけでなく、色のもつ格好良さも必要だったのではないかと思います。</u>＜新たな気づき＞	
T	：Ｓ１さん、どうですか。	
S1	：最先端の格好良さを好むのは、在原業平っぽいなと思いました。業平は新しいものや美しいものを好むイメージがあります。それに、「水くくるとは」ということは、絞り染めを表しているので、「から紅」は着物によく使われる色だったのではないでしょうか？	
S4	：なるほど。資料を見ると着物に使われる色のようですね。しかも、<u>高貴な人たちの着物に使われる色のようです。</u>＜新たな気づき＞	
S5	：<u>響きの格好良さ、唐から入ってきたという最先端の格好良さ、高貴な人の着物に使われていたという格好良さ、それらを全て兼ね備えているのが、「から紅」色だったのかな。</u>＜新たな気づき＞	
T	：「から紅」という色１つとっても、色彩としての意味だけではなく、その言葉がもつ背景やイメージなどを知ると、より深く和歌を味わって読むことができますね。	

4　学習を振り返る。　　　　　（個人）	・　ノートやホワイトボードを見返し、自分の意見の変容などをもとに、本時を終えて感じていること、考えていることを記述している。	○　和歌を根拠にし、今日の学びから気づいたことや分かったことを記述させる。その際、「言葉を吟味する」という視点を設け、生徒の語り直しを促す。

（３）見取り

・　本時の振り返りに、「から紅」という言葉に対する捉え直しから、言葉を吟味して遣うことについての記述があるか。

・　作者の意図や心情について、言葉のもつ背景やイメージなどをもとにして、自分なりの解釈を語ることができていたか。

第2学年2組 国語科学習指導案

指導者 　田村　恭子

1 日 　　時 　令和2年6月12日（金）13：10〜14：00
2 単 　元 　名 　「オツベルと象」をどう読むか（宮沢賢治「オツベルと象」）
3 学 習 空 間 　2年2組教室
4 単元（題材）について

（1）本題材「オツベルと象」は宮沢賢治によって書かれた短編童話作品である。この作品は「『ある牛飼い』が物語る」という形式をとっており、その物語とは資本家オツベルの下に迷い込んだ白象についての話である。オツベルによって厳しい労働を課された白象は、当初は労働を楽しんでいたものの、日に日に与えられる食べ物を減らされ、衰弱してしまう。そんなある日、月からの助言により白象は仲間の象たちへ助けを求める手紙を書く。手紙を読んだ仲間の象たちが、白象を解放すべくオツベルのもとに押し寄せ、白象を助けることに成功するというストーリーとなっている。全編が語り口調であるこの作品は、生徒によって親しみやすい。さらに、擬声語、擬態語、比喩表現が随所にあり、言葉自体を楽しむこともできる。しかし、その一方で、牛飼いが物語る場面と出来事の時間の流れが別に構成されていることや、物語の主題が何であるか捉えづらいこと、第5日曜に突然出てくる赤い着物の童子や、白象の「さびしい」笑い、最終行の意味など、物語を読み取っていくだけでは理解できない点も多く、文学作品として作品の世界を味わうには難しい教材であると考える。

　そこで、本単元では、作品の語り手である「牛飼い」の存在に注目させ、作品を読み進めていく。牛飼いがなぜ第5日曜まで結末を語らなかったのか。言葉を手がかりに読みを深めていき、作品の言葉を根拠として、生徒が作品の解釈を広げていくことを目指したい。

（2）本学級の生徒は男子18名、女子17名の合計35名である。学習前の生徒アンケート（n＝34）では、「オツベルと象」について「読んだことがある」と答えた生徒は0名であり、「読んだことはないが、あらすじは知っている・名前は知っている」と答えた生徒は2名（6％）であった。また、作者である宮沢賢治についてはアンケートに回答した34名全員が知っており、「注文の多い料理店」や「銀河鉄道の夜」「雨ニモマケズ」などは小学校で学習している。宮沢賢治の作品のイメージについて尋ねると（自由記述）、「ふしぎな表現（擬音語）が多い」「動物がよく出てくる」「結末がよくわからない」等、宮沢賢治の独特の世界観について記述する生徒が多かった。本題材のテーマについて、初読後のアンケート（n＝34）で「人間のみにくさ」（類答含む）と答えた生徒は26名（76％）でもっとも多く、次いで「仲間の大切さ、動物の絆」（類答含む）と答えた生徒は7名（20％）であった。

　「一番印象に残った人物」については「白象」と答えた生徒が28名（82％）と8割を超えており、「印象に残った理由」として、「一生懸命働いたから」、「悪いオツベルの言うことを聞いて頑張っていたから」、「最後にはオツベルをやっつけて幸せになったから」といったものが挙げられた。次いで「オツベル」と答えた生

徒が6名（18％）であった。

　また、初読後、生徒からあげられた疑問点で最も多かったのは作品の最終行である「おや〔一字不明〕、川へはいっちゃいけないったら」にまつわるものであった。主な疑問点としては「〔一字不明〕に何が入るのか」「なぜ、その一文で終わったのか」というものが多かった。以上より、生徒の「オツベルと象」に対する生徒の「当たり前」を「この作品は、資本家のオツベルが言葉巧みに白象をだまして過酷な状況で働かせ、最後に仲間の象たちによって殺される話だ。最終行『おや〔一字不明〕、川へはいっちゃいけないったら。』には宮沢賢治独特の世界観が表れている。と設定した。

（3）本単元（題材）を指導する（個の「ものがたり」を深める）にあたって、次の点に留意したい。

・　語り合いの前段階として、自分の考えを文章表現してまとめる時間を確実にもつ。また、考えをまとめる際には必ず本文の言葉を根拠とさせる。

・　自己の学びを意味づけしたり、価値を実感したりするために、学びの出口、また次の学びへの出発点として作品に対する批評を書かせる。

・　「ものがたり」の表出方法として、ストーリーマップやキャラクターマップを書き、授業ごとに更新させる。これらの思考ツールは自分の考えと対立する考えとを比較・整理し、また異なる考えをもつ他者との対話の中で生まれた疑問や意見を明確にできるため、自身の考えの深まりや変容を実感させる上で大変有効であると考える。

5　本単元の目標

（1）本単元で生まれる「ものがたり」

題材に対する「ものがたり」の変容

（学習前）

　この作品は、資本家のオツベルが言葉巧みに白象をだまして過酷な状況で働かせ、最後に仲間の象たちによって殺される話だ。最終行「おや〔一字不明〕、川へはいっちゃいけないったら」には宮沢賢治独特の世界観が表れている。

（学習後）

　「オツベルと象」は「オツベル」と「白象」の間に起こった出来事を「牛飼い」が物語る話である。語り手に注目して読むことでオツベルと白象の変化だけでなく、語り手の心のゆらぎや変化にも気付くことができたし、最終行の意味にも想像を膨らませることができた。

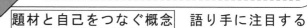

題材と自己をつなぐ概念　語り手に注目する

（自己に引きつけた語り）※授業者が考えるこの単元を学ぶ意味や価値が入る

　はじめこの話を読んだときに、謎は多いけど、人間の醜さや、動物の絆を書いた作品なんだろうと思った。でも、この作品の「語り手」に気付き、一つひとつの言葉に注目すると少しずつ作品の世界が変わっていった。

　言葉には、その言葉を発した人の背景や心情が反映されている。言葉の奥にある語り手に気付くことで、言葉がうみ出す世界が広がっていくように感じた。今まで読んできた物語や、何気なく見ていたテレビや映画も、語り手の存在に気付くことで違ったふうにみえるのかもしれない。

（２）　本単元で育成する資質・能力

【知識・技能】 ・社会生活に必要な国語の知識や技能を身に付けるとともに、我が国の言語文化に親しんだり理解したりすることができるようにする。	「オツベルと象」の学習の中で ・　作品に出てくる「たいしたもんだ」や「さびしい」といった一般性の高い語句が、作品の中でどのように用いられるか、文脈に即して考えることができる。 ・　文章中にある語句に注目し、意見文の中で使うことで語感を磨き語彙を豊かにすることができる。
【思考力・判断力・表現力等】 ・論理的に考える力や共感したり想像したりする力を養い、社会生活における人との関わりの中で伝え合う力を高め、自分の思いや考えを広げたり深めたりすることができるようにする。	・　語り手である「牛飼い」の存在に注目し、物語が「牛飼い」によって語られたものであるという認識をもって文章を読むことができる。 ・　「オツベル」や「白象」、「牛飼い」といった登場人物の描写や作品の細部の表現に注目し、登場人物の変化をとらえ、作品全体の解釈を深めることができる。 ・　本文の表現に注目し、根拠の適切さを考えて言葉を吟味し、自分の解釈を文章表現できる。
【学びに向かう力・人間性等】 ・言葉がもつ価値を認識するとともに、読書を生活に役立て、我が国の言語文化を大切にして、思いや考えを伝え合おうとする態度を養う。	「オツベルと象」の学習のなかで意欲的に作品や他者とかかわり、学ぶことを通して、 ○　登場人物の変化 ○　作品の主題 などに対する深い理解を通して言葉がもつ価値を認識するともに、自分の考えや思いを伝えることができる。

（３）　単元構成（全６時間）と問い

時間	学習課題（中心の問い）と◆学習内容
１	［「オツベルと象」を読んで気づいたこと、思ったことを書け。］ 　◆　「オツベルと象」を読み、気づきや疑問点を自由に挙げる。 　◆　作品を繰り返し音読し、表現やリズムを味わう。
２	［「第１日曜」「第２日曜」「第５日曜」は誰にとってのものか？］ 　◆　設定や登場人物など大まかな内容を捉える。 　◆　牛飼いがそれぞれの日曜に語ったものであるということに気付かせる。
３ （本時）	［牛飼いは結末を語るつもりだったのか。］ 　◆　本文の記述をもとに、課題について考え、牛飼いがどのようにオツベルと象とのやりとりを見ていたかを考えさせる。
４	［「『さびしく』わらった」のはだれか。］ 　◆　これまでの学習をもとに、物語の終末部に対する自身の解釈を深める。
５	［最終行は、牛飼いが誰に語ったものなのか？］
６	◆　学習全体を振り返り、最終行のもつ意味や主題、登場人物などに関する自分の読みを批評文で表現する 　◆　これまでの学びを振り返りながら、項目を立て「オツベルと象」に対する批評文を書くことで、学びの意味づけを行ったり、価値を実感したりする。

6 本時の学習指導

（1）目標

- 文章中の言葉を引用し、解釈に関する自らの意見を論理的に文章表現できる。
- 対話の場面で、自分の考えを主体的に発言するとともに、他者の意見も積極的に取り入れて、よりよい解釈を作り出すことができる。

（2）学習指導過程

学習内容及び学習活動	予想される生徒の反応	○教師のかかわり
1　「第5日曜」を音読する。	・ 読めば読むほど、不思議なことが出てくるな。	
2　前時の学習を振り返る。	・ この話は「牛飼い」がオツベルと白象の間に起こった出来事を語っているものだったな。 ・ 牛飼いが結末を第5日曜に語っているのはなぜだろう。	・ 前時までの振り返りをもとに、様々な意見が出るように指名を行う。
牛飼いは結末を語るつもりだったのか。		
3　学習課題を確認する。	・ 実際にオツベルと白象の結末まで話しているから結末を語るつもりだったんじゃないかな。 ・ 結末を話すときに第5日曜まで時間があいているのは不自然だ。何かあったはずだ。	・ 意見を把握し、異なる意見の者同士が交流できるように班編制を行う。 ・ 自分はどの考えが、自分の立場を必ず明らかにする。 ・ 考えをまとめる際には必ず根拠（本文中の叙述）と、その根拠から自分はどのように解釈したか（理由づけ）を書くようにする。
4　学習課題について単元の学びに基づいて語り合う （四人組→全体）		・ 前時までの個々の文脈を把握しておき、気づきや変容につながるようにファシリテートしていく。 ・ 出された意見をもとに、その意見は妥当であるか、また複数の解釈についてどの解釈が蓋然性が高いかについて班で吟味させる。

立場　結末を　　S1：語るつもりだった　　　S2、3：語るつもりはなかった

〈全体での対話例〉

T　：では、考えを。どうですか？はい、S1さん、どうぞ。

S1：私は、牛飼いはこのオツベルと象の結末を語るつもりだったと思います。なぜなら、オツベルの言葉に「おれも云おうとしていたんだが・・・」と書いてあるから、実際にオツベルが居なくなったことをみんなに言うつもりだったと思います。

T　：なるほど。S2さんはどうですか？

S2：私は、牛飼いは語るつもりはなかったと思います。S1さんはオツベルの「おれも云おうとしてたんだが・・・」から、語るつもりだったと言っていましたが、私はちがうと思います。言いたくなくても、「云うつもりだった」と口で言うことはできると思います。それに、オツベルの言葉はそのあと「前に話したあの象をひどくしすぎた」と続いていて、思っていた結末とちがっているから、言いづらいんじゃないかな・・・と思います。

T　：なるほど。S1さん、今の話を聞いてどうですか。

S1：たしかに、「云おうとしていた」と書いているだけで、そう判断することはできないなと思いました。でも、語るつもりがなかったと言い切れない気がして・・・

T　：「語るつもりはなかった」と考えている人で、他に意見はありませんか。

S3：はい。私も、「牛飼いは語るつもりはなかった」と考えます。やっぱりこれだけオツベルと象の話をしておいて、急に第5日曜まで話をしなくなるのは、忘れていたとか、忙しかったとかの理由ではないと思います。それに牛飼いの、「まあ落ちついてきたまえ」から、聞き手も落ちつきをなくしていることが分かるから、牛飼いや聞き手にとって都合が悪いことが起こっていると考えられます。

T　：S2さんやS3さんの意見の中に、この第5日曜の話の内容（結末）は牛飼いの思っていた結果じゃないとか、都合が悪いっていってたけど、牛飼いはどんな結末を望んでいたのかな？

S1：やっぱり、牛飼いは語るつもりだったんじゃないかと思います。だって、白象のことをひどくしたオツベルが最後殺されるなんて、一番すかっとする話だと思います。

T　：確かに、悪者が倒されるなんて、せいせいする話ですよね。でも、S2さんやS3さんは、牛飼いにとってそのストーリーは都合が悪いとか、思っていた結末と違うと考えていますよね。
　　　牛飼いは一体、オツベルのことをどう思っていた（評価していた）のでしょうか？少し考えてみましょう。

5 出た意見を吟味する （四人組→全体）		・　様々な叙述を根拠として発言することが考えられる。意見が拡散した場合は『オツベルは大したもんだ』という表現にも注目させる。

〈四人組での対話例〉
S４：牛飼いは全体的にオツベルのことを褒めているように感じるけど・・・。
S５：そうかな。私はなんとなく、いやみを言っているように感じる。
S６：ぼくも皮肉まじりに、オツベルを悪役として語っているように思えたな。
T　：いろんな意見が出ているけど、みんなそれはどの部分から考えたの？
S４：私は「オツベルときたら大したもんだ」というところです。三回も言ってる。
S５：その「大したもんだ」って本当に褒めて言っているのかな。私はその部分を
　　　いやみというか、皮肉のように感じたよ。
S６：ぼくも同じです。わざと言っていると思う。
S４：その根拠はどこ？それに評価していないとしたら、さっきの話に戻るけど、
　　　なんで第５日曜まで話さなかったんだろう。
T　：牛飼いは、オツベルのどのような部分を「大したもんだ」って表現している
　　　のかな。
S５：第１日曜は「稲扱機械を六台も据えつけて」、とか、白象をうまく自分の仕事
　　　場に誘い込んだところ。第２日曜はりっぱな象を「うまく自分のものにした」
　　　ところや、「けいざい」である象をうまく動かした「頭がよくてえらい」とこ
　　　ろかな。
S４：でも、「大したもんだ」は第５日曜には出てこないね。第１、２日曜で「大し
　　　たもんだ」と言っていたことが、全部うまくいかなくなっている。
S５：確かに、皮肉だったりいやみだったりしたら、そのまま第５日曜でも語る気
　　　がする・・・。「大したもんだ」と思っていたオツベルの状況が、もしかすると
　　　牛飼いにとっては言いづらいものだったのかもしれない。〈新たな気づき〉
S４：第１、２日曜の語りと、第５日曜の語りを比べると、牛飼いの変化がもっと
　　　わかるかもしれないね。もう一度本文を読んでみよう。

| 6 | 学びを振り返る。 | | ・　学習課題に対する最終判断とその理由を文章表現させる。
・　「キャラクターマップ」に基づいて本時の学びや、新たな見方、自分の考えの変化についても記述させる。 |

（3）見取り
・　単元の終末部で書く最終批評文において、「オツベルと象」の展開や登場人物に対して、本文中の言葉や、対話の中での気づきをもとに自分の解釈を論じることができているか。
・　単元後の振り返りにおいて、「オツベルと象」に対する「ものがたり」の変容から、言葉への認識を捉え直す「自己に引きつけた語り」が生まれているか。

社 会 科

大 和 田 俊 ・ 大 西 正 芳

これからの社会のあり方を自ら考える
民主社会の形成者の育成をめざした
社会科学習のあり方

－「探究的な学びの過程」を通して「今・ここ」を相対化し「社会的自己」を捉え直す－

　過去の研究から、本校社会科で大切にされてきた柱として「確かな社会認識」とそれにもとづい た生徒個々にとっての「学びの意味や価値の実感」の２つがある。その２つを身につけさせる方法 として、「対話」と「内省」を基軸とした様々な手立てが試みられてきた。一方で、前回大会の課 題として「確かな社会認識」を生徒自らが主体的に構築し獲得していく手立てや、何を語り合い（「対 話」）、何を語り直す（「内省」）ことが「学びの意味や価値の実感」につながるのか、といった 課題が明らかになった。

　そこで、今期はこれまでの研究を引き継ぎつつ、（１）生徒が主体的に社会認識を構築する「探 究的な学びの過程」（２）「今・ここ[1]」の自己につながる普遍的な概念を設定し「社会的自己」を 捉え直す単元構成（３）「社会的自己」の捉え直しを「ものがたり」で語り直す工夫、を研究の柱 とし、研究実践を行う。

---

1 「今・ここ」とは、時間的、空間的、制度的視点から捉えた自己の生きている社会のことをさす。

研究主題について

　社会科は、発足当初から「公民的資質」を備えた民主社会の形成者を育成するという目標観に立つ教科である。そのような民主社会の形成者を育成する上で、「今、私が生きている現代とは、どのような時代か」、「今、私が住んでいる地域には、どのような特徴があるか」、「今、私が生きている社会には、どのような制度が形作られているか」、つまり、「今・ここ」を捉えられないと、今後の民主社会を形成していくことはもとより、その方向性を構想することすら、子どもたちにとっては困難だろう。

　このような、「『今・ここ』の社会に生きる私」を「社会的自己」と定義する。

　では、どのようにすれば「社会的自己」を捉えられるのか。その手がかりが、社会科で学ぶ社会的事象である。つまり、世界や日本の諸地域（横軸）、過去の歴史（縦軸）、現代の諸制度（原点）におけるさまざまな人々の営み（社会的事象）を学ぶことで獲得される確かな社会認識が、「今・ここ」をうつす鏡となり、それまで漠然としていた「社会的自己」の捉え直しにつながると考える。（各分野における社会的事象と「社会的自己」の関係は、以下のようになる。）

> ○地理的分野…様々な地域における社会認識を通して、自分の住む地域を捉え直す
> ○歴史的分野…様々な時代における社会認識を通して、自分の生きる時代を捉え直す
> ○公民的分野…現代における様々な社会認識を通して、自分の暮らす社会の仕組みを捉え直す

　社会科では、社会的事象を学ぶこと自体が目的化しやすい。しかし、それは手段である。社会的事象を学ぶことで獲得される社会認識によって、生徒の「社会的自己」が捉え直される。そうすることで、自分が生きている社会（時代や地域）、つまり「今・ここ」を絶対的なものではなく、変わり得るものとして相対化できる。そのことは、生徒の社会科を学ぶ意味や価値の実感につながるとともに、よりよい社会とはどうあるべきかを自ら考える民主社会の形成者の育成につながっていくと考えている。

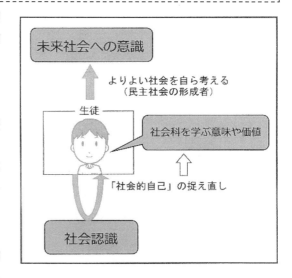

　今、現代社会は、大きく変化している。人工知能に代表される科学技術の急速な発展、「人・もの・カネ」のグローバル化と経済格差の拡大、また、それに伴う民衆の分断、地球環境問題の深刻化、急速に進行する少子高齢化と人口減少社会の到来などである。このような現代社会の大きな変化の中で、今後ますます突きつけられるのは、「人間とは何か」「国家とは何か」「豊かさとは何か」「私たちがつくりたいのはどのような社会か」といった本質的な問いである。そういった本質的な問いに対するこたえを、価値観や文化、宗教、立場や利害の異なる他者と協働して模索し、つくりあげていく姿勢こそ、これからの民主社会の形成者に最も求められる資質・能力ではないだろうか。

　以上のように考えて、研究主題を設定した。

社会科における「ものがたりの授業」とは

（1）　社会的事象を題材とし、資料や既習の社会認識にもとづいて、互いに「ものがたり」を語り合う場面があり、

（2）　語り合うことを通して、異なる他者と協働して、こたえを模索しながら、

（3）　社会的事象に対する新たな見方や考え方を獲得し、自らの「社会的自己」を捉え直す授業のこと

社会科における「自己に引きつけた語り」とは

語り合う中で獲得した確かな社会認識を通して、「社会的自己」を捉え直した語りのこと

研究の目的

これからの社会のあり方をともに考える形成者として生徒を育成するために、

①　生徒が主体的に社会認識を構築する「探究的な学びの過程」

②　「今・ここ」につながる普遍的な概念を設定し「社会的自己」を捉え直す単元構成

③　「社会的自己」の捉え直しを「ものがたり」で語り直す工夫

が必要であると考えた。そのための具体的な手立てについて研究する。

研究の内容

（1）　生徒が主体的に社会認識を構築する「探究的な学びの過程」

（2）　「今・ここ」につながる普遍的な概念を設定し「社会的自己」を捉え直す単元構成

（3）　「社会的自己」の捉え直しを「ものがたり」で語り直す工夫

（1）　生徒が主体的に社会認識を構築する「探究的な学びの過程」

　社会科は内容教科である。したがって、社会科学習において生徒が何らかの社会認識を獲得する場合、それが受動的な形態（例えば教師が教えこむ形）でなされると、生徒は社会科の学びに意味や価値を見いだせず、これからの社会のあり方を自ら考える生徒の育成にはつながらない。社会科を学ぶ意味や価値を生徒が実感するためには、社会認識を生徒自らが主体的に構築し獲得するようにする必要がある。そのためには、「探究的な学びの過程」が有効である。「探究的な学びの過程」として、本校社会科で重視しているのは、次の3点である。

① 学習課題（中心の問い）が生徒のものになること

　問いは探究的な学びの出発点であり、生徒が主体的な学びを展開するためには、生徒に強い問題意識をもたせること、つまり学習課題（中心の問い）が生徒のものになることが前提となる。そのために、教師はまず生徒が何をどう考えているかを探り、それをもとに生徒の「当たり前」を把握することが大切である。生徒がもつ「当たり前」と矛盾する事象や意外性を感じる事象と出会わせたり他の生徒との社会認識のズレを感じさせたりすることで、生徒自身の中に問いを生み、その問いを中核にした学習課題（中心の問い）をつくることによって、生徒がより主体的に探究するようになると考える。

② 課題解決のための手段を生徒自身で考え、それが生徒の求めるものになること

　社会科の授業において課題解決の手段となる代表的なものが資料である。生徒は資料を根拠として、自分なりに解釈し、互いの解釈を吟味することで、主体的に社会認識を構築していく。しかし、その資料が生徒の思考の流れに沿わず、資料の必要性を感じていないまま、一方的に与えられる場合や、資料自体に解釈や評価が含まれており、生徒が特定の考えに導かれる場合、学びが受動的なものになってしまう。そのため教師が提示する資料は解釈が含まれていない事実やデータであることが重要である。また、資料を提示する際も、生徒が学習課題を解決するためにはどのような資料が必要かを分析・検討し、「自分たちの考えを確かめるためには、このような資料が必要だ」となってこそ、生徒は、主体的に資料と向き合い、自分の解釈を作ることができると考える。

③ 根拠に基づいて互いの考えを語り合うこと

　学習課題を追究していく中で、根拠にもとづいて自らの考えを他者と語り合う場を設定する。生徒は互いに語り合うことで、自分で学んだ知識を構成し、自分なりの社会認識を構築していくからである。また、語り合う場面で、教師は答えに導こうとするのではなく、対話の土俵を限定したり、資料や根拠にもとづいて多面的・多角的に語らせたりするようにファシリテートすることで、互いに構成されていた社会認識がさらに擦り合わされ、より確かな社会認識が再構成されていくと考える。

（２）　「今・ここ」につながる普遍的な概念を設定し「社会的自己」を捉え直す単元構成

　「社会的自己」を捉え直すためには、異なる時代、異なる地域における特殊性に対する確かな社会認識を獲得する一方で、「今・ここ」を生きる自己につながる一般性が必要である。その異なる時代、異なる地域と「今・ここ」を生きる自己とをつなげるのが、時代、地域を越えた普遍的な概念である[2]。そして、単元の終末において、もう一度、自己につながる普遍的な概念を組み込んだ単元構成を設定することで、「社会的自己」を捉え直す社会科の学びにつなげたいと考えている。

（３）　「社会的自己」の捉え直しを「ものがたり」で語り直す工夫

　単元の学びによって捉え直された「社会的自己」の変容をより実感させるために、単元を終えた後に、視点を与えて「ものがたり」を語り直すことを行っている。
　具体的には、次のような視点を与えて、単元の学びを振り返らせる。

> 　　　視点の例
> 　単元の学びを通じて、あらためて「現代」（「自分の地域」）について見直したこと、今の自分
> 　（または将来の自分）にとって価値を感じたこと　など

　このような視点を与えることで、生徒は単元で獲得した社会認識をもとに、自らの「社会的自己」の捉え直しにつなげる。そして時間軸を未来にまで向けた生徒は、捉え直した「社会的自己」をもとに、これからの社会について語るのではないかと考えた。

---

2 例えば、室町時代に東アジア海域で倭寇が活動していた歴史的事象を取り上げる。倭寇の構成員は日本人、高麗人、中国人など諸民族を含んでおり、構成員の意識や活動範囲は、現代的な国籍や国境線で理解できるものではない。ここで、この歴史事象のみを取り上げると、異なる時代の特殊性（「昔は今とちがうのだな」）の認識だけに限られてしまう。しかし、「国と国との境界とは？」という、時代が変わっても通用する普遍的な概念から単元を構成し、倭寇を取り上げていくことで、現代の国境線が近代以降の産物にすぎないこと、時代やそのときの国際社会のあり方によって国境の概念が変わることなど「今・ここ」の捉え直しにつながりやすくなる。

実践事例

実践事例1「日米和親条約の物語」実施学年2学年：共通Ⅱ

1　本単元で生まれる「ものがたり」

（学習前の題材に対する「ものがたり」）
　江戸幕府は、ペリー側の圧倒的武力と強硬姿勢に屈して日米和親条約を結び、開国した。その結果、江戸時代の「鎖国」は崩れた。

（学習後の題材に対する「ものがたり」）
　江戸幕府の交渉担当者、林大学頭はペリー側の強硬姿勢に屈せず、冷静な交渉で日米和親条約を結んだ。条約では通商を認めず、米国人の行動を制限するなど「鎖国」維持の内容も盛り込まれている条約だった。

（自己に引きつけた語り）
　今の世界も、米国のトランプ大統領をはじめとして、ロシア、中国など各国がますます自国中心化し、ニュースなどでは外交場面での強硬姿勢が報じられている。大国に囲まれている日本としては、今後、ますます外交力が問われてくる状況の中で、「大国の言いなりにはならず、でも、大国と争いもしなかった」日米和親条約締結における林大学頭の交渉力は、これからの日本の外交を考える上で大事なヒントがあると思った。

2　単元構成（全7時間）

時間	学習課題（中心の問い）と◆学習内容
1	**日米貿易交渉開始。あなたは、米国の要求を受け入れるか？** ◆近年、米国をはじめとして各国が自国中心化しているなかで、今後、ますます日本の外交力が問われる現状を知る。
2	**1853年ペリー来航！もしアメリカと戦争になったら？** ◆ペリーの砲艦外交と黒船の大きさやその軍事力について、江戸幕府のものと比較することを通して知り、圧倒的な武力格差があることを理解する。
3	**なぜ幕府はペリーの開国要求に従わないのか？** ◆圧倒的武力格差にもかかわらず、幕府が開国要求の受け入れに慎重である理由を、「祖法としての鎖国」「アヘン戦争の原因」「大名の意見（世論）」「幕藩体制の支配論理としての武力」などの点から資料に基づいて理解する。
4	**「鎖国」を維持するとしたら、ペリーの要求をどこまで受け入れられるか？** ◆資料に基づいて、これまで幕府が維持してきた「鎖国」の定義を考え、清国の海禁政策との違いや「鎖国」が外国との断絶ではなく幕府による外交統制であったこと、「鎖国」下で出された天保の薪水給与令などから、ペリーの要求を再考する。

5	交渉担当の林大学頭になって、ペリーを説得し、通商を断りなさい。
	◆開国と鎖国維持のジレンマの中で、林大学頭とペリーがどのような経過をたどって日米和親条約の締結にいたったのかを、映像資料や日米和親条約の条文から知る。
6	日米和親条約は「鎖国」維持か？「開国」か？
7	◆林大学頭の交渉力によって通商は断ったものの、新たな開港地を設けた日米和親条約について、既習事項に基づいて「鎖国」維持か、「開国」かを評価する。
	◆伊豆半島の地形的側面から、日米和親条約や江戸幕府の外交交渉力についての新たな物語に気づく。また、単元のはじめに考えた現代の国際情勢について、もう一度振り返ることを通して、自分にとっての日米和親条約の学習の意味や価値について捉え直す。

3　本単元で育成する資質・能力

【知識・技能】	ペリー来航に対する江戸幕府の対応を考える中で、
・我が国の歴史の大きな流れを、世界の歴史を背景に、各時代の特色を踏まえて理解するとともに、諸資料から歴史に関する様々な情報を効果的に調べまとめる技能を身に付ける。	○　「鎖国」下における幕府の対外政策のあり方 ○　幕府の支配体制としての幕藩体制 ○　欧米諸国の近代化とアジア侵略 ○　東アジアの大国「清」とアヘン戦争の結果 ○　日米和親条約の内容 について、諸資料をもとに理解できる。
【思考力・判断力・表現力等】	○　ペリーの要求内容、欧米諸国の軍事力、アヘン戦争の結果、支配体制としての幕藩体制、「鎖国」政策の維持等の視点から、江戸幕府がペリーの開国要求に対して、開国か、「鎖国」維持か、の狭間で厳しいジレンマに陥っていたことが説明できる。
・歴史に関わる事象の意味や意義、伝統と文化の特色などを、時期や年代、推移、比較、相互の関連や現在とのつながりなどに着目して、多面的・多角的に考察したり、歴史に見られる課題を把握し複数の立場や意見を踏まえて公正に選択・判断したりする力、思考・判断したことを説明したり、それらを基に議論したりする力を養う。	○　日米和親条約は「鎖国」維持の条約か、開国の条約か、について、それまでの既習事項や資料にもとづいて論理的に説明できたり、議論できたりする。
【学びに向かう力・人間性等】	ペリーの開国要求に対する江戸幕府の選択について、主体的に追究していく中で、
・歴史に関わる諸事象について、よりよい社会の実現を視野にそこで見られる課題を主体的に追究、解決しようとする態度を養うとともに、多面的・多角的な考察や深い理解を通して涵養される我が国の歴史に対する愛情、国民としての自覚、国家及び社会並びに文化の発展や人々の生活の向上に尽くした歴史上の人物と現在に伝わる文化遺産を尊重しようとすることの大切さについての自覚などを深め、国際協調の精神を養う。	○　地形的側面から捉えた開港地下田の価値 ○　江戸幕府の外交交渉力 ○　我が国にとっての対大国外交の重要性 などについて理解を深め、そのことを通して我が国の歴史に対する愛情や国民としての自覚を深めることができる。

4　本単元で表出した生徒の「ものがたり」　※分析対象：単元を終えた後の生徒の表出物
（1）　題材に対する「ものがたり」の変容について
　Ａ男の日米和親条約に対する語り　実線部：題材に対する「ものがたり」の変容　点線部：獲得した歴史認識

> 日米和親条約を結んだことは、その後の日本の外交の手本になったのではないだろうか。
> 　日本は当時大きな選択を迫られていた。
> ペリーは3つの要求をしてきた。・・・中略・・・③（通商の開始）だけは認めたくなかった。なぜなら、アジアの大国「清」が通商によるトラブルによってイギリスと戦争になり（アヘン戦争）、惨敗し、不平等条約を結ばされたからだ。日本は清の二の舞には、なりたくなかったのだ。また、あっさりペリーの要求をのむと、今まで「鎖国」を祖法として大切にしてきた大名たちが幕府に対して反乱を起こすかもしれない。かといって、ペリーの要求を拒絶すると、ペキサンス砲などといった優れた軍事力を持つアメリカとの勝てない戦争になる可能性があり、それも絶対に避けなければいけない。・・・中略・・・ペリーは、林にすごい圧力をかけながら要求をするが、林はそれに動じず冷静に考え、丁寧に説明したり、ときにはずばりとごもっともという意見をペリーに突きつけたりして、交渉を上手に進め、「アメリカと戦争にならない上にほぼ鎖国」という最善といっても過言ではない道に日本を導いたのだ。

（2）　「自己に引きつけた語り」について
　Ａ男の「自己に引きつけた語り」　実線部：「自己に引きつけた語り」

> 　今回の学びは僕にとって、現代の日本の外交について改めて考えさせられるものだった。なぜなら、日米和親条約は、（1）で述べたように外交の手本ともいえるすばらしい外交で、今まさにその手本が使えるのではないかと思ったからだ。
> 　今、日本はいろいろな外交問題を抱えている。ロシアとの北方領土問題、韓国とのい安婦問題、アメリカとの貿易問題などだ。僕は今までこれらの問題に対して「北方領土返せ」「い安婦問題もう解決しただろ」「なんで関税かけるの」などと考えていた。しかし、今回の学びで相手が納得できる形でできるだけこちらが有利に進めたことが重要だったことが分かったので考えが変わった。
> 　今までの僕のように自国100％で考えていると、相手も納得する訳がなく、解決しないどころか、関係が悪化し、貿易戦争や言葉の戦争（文句などの言い合い）などに発展してしまう可能性があった。ここで日米和親条約の教訓が生きる。自国70～50％で考えることが大切なのだ。そうすれば関係の悪化を防ぎつつ外交を順調に進められるのではないだろうか。
> 　このように日米和親条約の教訓は、今に生かせると思う。この教訓を自分自身が大切にしつつ、まだ知らない人にも伝えていきたいと思った。

【資料にもとづいて考えを語り合っている場面】

【日米和親条約に対する自分の判断を考えている場面】

研究の分析

<歴史的分野>題材：日米和親条約の物語（実施学年2学年：共通Ⅱ）

【実際の単元の流れ】

時間	◆学習の目的と<u>中心の問い</u>	学習前後の生徒の語り
1 教師	<u>日米貿易交渉開始。あなたは、米国の要求を受け入れるか？</u> ◆近年、米国をはじめとして各国が自国中心化しているなかで、今後、ますます日本の外交力が問われる現状を知る 国力に圧倒的な差がある国から厳しい要求をされたとき、日本はどうすべきなんだろう？実は、江戸時代に、今以上に厳しい要求を突きつけてきた人物がいて・・・	【学習前】 断る。関税を10倍に引き上げるなんて一方的だ。そんな要求を受け入れるなんて弱腰すぎる。 【学習後】 確かに、安全保障のことを考えると、アメリカと争いになるのは避けたい。でも、そうなると、日本はどんな要求も受け入れることになるのかな？日本の外交姿勢は弱腰だ。
2	<u>1853年ペリー来航！もしアメリカと戦争になったら？</u> ◆ペリーの砲艦外交と黒船の大きさやその軍事力について、江戸幕府のものと比較することを通して知り、圧倒的な武力格差があることを理解する ペリーの要求は、次の3点でした。①漂流民（米国民）の保護②米国船への燃料や食料の補給③通商の開始。①～③について、ペリーの要求をどこまで受け入れますか？ 手立て（1）①：江戸幕府の方針としては①○②○③×であった事実に出会わせ、次時の問いにつなげた。	【学習前】 ペリーのことは小学校で習った。確か、軍事力で押された江戸幕府は、アメリカの言いなりで条約を結んで、無理矢理、開国させられたんだよね。 【学習後】 船の大きさ、武力からして、戦ったところで勝てそうにない。そうなると、要求を受け入れざるを得なくなる。日本は武力などで追いつめられると、どんな要求に対しても受け入れるしか方法はないのかな。 <生徒の判断> ①の要求：○31人、×1人 ②の要求：○19人、×13人 ③の要求：○29人、×3人
3	<u>なぜ江戸幕府は通商に慎重なのか？</u> ◆圧倒的武力格差にもかかわらず、幕府が通商要求の受け入れに慎重である理由を、「祖法としての鎖国」「アヘン戦争の原因」「大名の意見」「幕藩体制の支配論理としての武力」などの点から資料に基づいて理解する	【学習前】 通商の開始については、日本にとっても利益になるし、外国の進んだ技術が手に入るから、受け入れても問題ない。 【学習後】 19世紀の欧米との通商は恐い。ペリーの軍事力に屈して祖法「鎖国」をやぶるのは日本全体の秩序の崩壊につながりかねない。ペリーの要求にどう対処するか、難しくなってきた。 でも、どうなれば「鎖国」を維持したことになるのだろう？
4	<u>「鎖国」を維持するとしたら、ペリーの要求をどこまで受け入れられるか？</u> ◆資料に基づいて、これまで幕府が維持してきた「鎖国」の定義を考え、清国の海禁政策との違いや「鎖国」が外国との断絶ではなく幕府による外交統制であったこと、「鎖国」下で出された天保の薪水給与令などから、ペリーの要求を再考する	【学習前】 以前、「鎖国」について学習した。たしか欧米との通商はオランダだけに限定していたはず。窓口も長崎だけだ。アメリカと通商を開始するのは、「鎖国」維持ではないだろう。他の要求は、受けれてもいいのかな？

		【学習後】 「鎖国」は通信・通商の禁止ではなく、制限、限定であり外交を幕府の統制下におくことだった。とすると、ペリーの要求の①、②は「鎖国」下でも対応できる。ただし、通商の開始は難しい。新たな開港地も難しいけど、強硬姿勢のペリーは納得するのか…
5	<u>交渉担当の林大学頭になって、ペリーを説得し、通商を断りなさい。</u> ◆開国と鎖国維持のジレンマの中で、林大学頭とペリーがどのような経過をたどって日米和親条約の締結にいたったのかを、映像資料や日米和親条約の条文から知る	【学習前】 通商を断るにしても、ペリーに何と言えばいいのか。ペリーが納得したり、引き下がるような、日本側の交渉に使える強みがなさすぎる・・・もう、頼みこむしかない！？
		【学習後】 強硬姿勢のペリーに対して、一歩も引かず冷静に理屈で交渉し、通商を断った林大学頭の姿勢はすごかった。ペリーと対応した幕府の弱腰イメージは変わった。
	幕府の周到な準備と林大学頭の交渉により、日米和親条約が結ばれました。条約の内容は、要求①〜③、新たな開港地、について〇？×？	①〇②〇③×、新たな開港地〇、だと思う。ということは、「開国」だったのかな？いや、「鎖国」維持なのか？
6 7	<u>日米和親条約は「鎖国」維持か？「開国」か？</u> ◆林大学頭の交渉力によって通商は断ったものの、新たな開港地を設けた日米和親条約について、既習事項に基づいて「鎖国」維持か、「開国」かを評価する	【学習前】 確かに新たな開港地を定めてはいるけど、米国人の行動範囲を7里以内に限定しているから、「鎖国」維持といえるのでは？
		「開国」だと思う。新たな開港地を定めているし、7里は約28km。広すぎて、米国人の行動を幕府が管理できていたとはいえない。
	手立て（1）③：互いの立場を語り、すり合わせることにより、社会認識を深める問いが生まれている。	7里以内の制限で幕府は米国人の行動を管理できたのかな？
	7里以内で管理できたかどうかを確かめるには、どんな資料があれば、いいだろう？	柵のようなものを作っていたことがわかる資料。
		見張りの役人がいた資料。
	なるほど。そういった資料があれば、確かめられそうですね。先生も資料を準備してきました。では、この資料からだと出入り口は管理できたと考えますか？管理できなかったと考えますか？	米国人と日本人のもののやりとりがわかる資料。
	手立て（1）②：教師の提示した資料から自分たちの課題（7里以内で管理できたか）を解決していくようにつなげた。	
	◆伊豆半島の地形的側面から、日米和親条約について、どう評価するか再考し、幕府の外交交渉力についての新たな「ものがたり」に気づく。また、単元のはじめに考えた現代の国際情勢について、もう一度振り返ることを通して、自分にとっての日米和親条約の学習の意味や価値について捉え直す	【学習後】「ものがたり」の一例 「日米和親条約」について、学ぶ前の私は鎖国体制はこの条約で完全に崩れたと思っていたし、日本の歴史の中でも、外交的敗北の歴史であると思っていた。・・・（中略）・・・幕府はこうふくしたわけではないのかもしれない。鎖国70％：開国30％という中途半端は日本を守るものであった。互いにどこかで妥協しなければ見えてこなかった平和を見つけてくれた人に私は感謝したい。

（1）　　生徒が主体的に社会認識を構築する「探究的な学びの過程」

　　過去の実践（H26年度：同題材）では教師から問いを投げかけて理解を進めていく展開であった。それに比べて、**手立て①〜③**の「探究的な学びの過程」を踏むことで、生徒の意見や考えから内容を深めることができた。また、語り合う場面においても、過去の実践時に比べ、生徒が意欲的に語り合い、問い合っているように感じた。学習課題（中心の問い）や学習課題（中心の問い）を解決する手段が生徒の思考に沿っていたためではないかと考えている。一方で、生徒の意見や考えを軸に授業を展開していくため、授業時間が計画通りに進まないことも多かった。そのため、教師から誘導して学習課題（中心の問い）につなげたり、考えを語り合う時間を十分に確保しないまま次の展開に移ったりしてしまい、生徒の思考がついてきてない様子も感じた。

　　以下の表は、生徒の社会認識が構築されたかどうかを単元後のレポートをもとに見とり、過去の実践と比較したものである。

	見とりの指標	Ｒ１年度（N=33）	H26年度(N=38)
A	獲得した歴史認識をもとに、日米和親条約に対しての自分の考えが語られている。	63.6%（21名）	50.0%（19名）
B	日米和親条約に対しての自分の考えやその根拠となる歴史認識が曖昧である。	36.4%（12名）	50.0%（19名）

　　過去の実践と比べると、獲得した歴史認識をもとに自分の考えが語れた生徒の割合が増加した。「探究的な学びの過程」を踏むことの一定の成果であると考えている。一方で、獲得した歴史認識をもとに自分の考えが語れなかったり、根拠となる歴史認識が曖昧だったりする生徒の割合は36.4%と決して少なくない。これは、授業計画を優先するあまり、教師が探究的な学びの時間を十分に確保しなかったため、生徒の中で社会認識がうまく構築されなかったのではないかと考えている。

（2）　　「今・ここ」につながる普遍的な概念を設定し「社会的自己」を捉え直す単元構成

　　本単元では、普遍的な概念を「日本の外交」と設定した。日本という国にとって、大国との外交関係をどうもつかということが時間軸を越えて国の命運を左右するものだからである。

　　設定した普遍的な概念（「日本の外交」）を単元構成に組み込んだ場面が、単元１時間目と単元７時間目の終末である。７時間目の終末では、単元１時間目で取り上げた日米貿易協定の関税問題を再び想起させ、自国中心化していく大国の要求に対し、今後日本はどのように対応していくべきかを問いかけ、「社会的自己」の捉え直し（大国に囲まれた日本の外交のあり方）につなげようと試みた。

（3）　　「社会的自己」の捉え直しを「ものがたり」で語り直す工夫

　　「社会的自己」の捉え直しを表出させるために、本単元を終えた後、以下のような問いでレポートを書かせた。

今回の単元の学習（「日米和親条約」の物語）は、自分にとって、どんな意味や価値がありましたか。学習前と比較しながら書いてください。
　（書き出しの例：「今回の学びは、私にとって・・・（なもの）だった。なぜなら、・・・」）
歴史の学びを通じて、あらためて「現代」や「日本」について見直したこと、今の世の中の出来事に対する自分の見方や考え方が変わったこと、今の自分（または将来の自分）にとって価値を感じたこと　など

　　その結果は、以下の通りであった。

（見取りの指標）

	内容
A	歴史の学びから現代社会についての見え方、感じ方の捉え直しが具体的に語られている。
B	現代社会についての見え方、感じ方の捉え直しはあるが、やや具体性に欠ける。
C	学んだことからの現代社会の捉え直しが曖昧である。

A：歴史の学びから現代社会についての見え方、感じ方の捉え直しが具体的に語られている。

（5名（15.2%）n=33 ※H26年度：2名（5.3%）n=38）　　実践部：現代社会についての見え方、感じ方の捉え直し

> 今回の学びは、私にとって、今の世界の外交を考えさせるものでした。なぜなら、日米和親条約のペリーと林大学頭のやり取りは、今の日本、いや世界の外交を想像させるものだったからです。
>
> 例えば、最近多くニュースで取り上げられている米中貿易摩擦です。貿易の問題が元になって、関税をかけあっています。貿易の問題が元になって、関税をかけ合っています。このような大国が2つ争っていると、世界経済にも大きな影響があります。ここは、話し合い、どちらかが折れるしかありませんが、両国ともに「折れれば国民が反発し、折れなければ世界の危機になってしまう」という状態なのではないでしょうか。・・・（中略）・・・
>
> 日本でも同じような問題があります。最近のことでいうと、アメリカのトランプが、日本にアメリカの関税を減らせといってきています。・・・（中略）・・・また、日本には貿易だけでなく、韓国との竹島問題、中国との尖閣諸島問題、ロシアとの北方領土問題など、様々な外交問題があります。・・・（中略）・・・この件に関しても、日本は「領土を見逃せば、国民からの不満が高まり、領土をとり返そうとすれば、戦争になるか、その国との友好関係がくずれる」という状況です。いつか友好関係をくずさず、外交問題を解決してほしいと思います。
>
> ・・・（中略）・・・ペリー来航時によく似た問題は世界中で今も起きているんだと思いました。このような視点でニュースを見たりして、「あー大変そうだな」という感想で終わらないようにしたいです。

B：現代社会についての見え方、感じ方の捉え直しはあるが、やや具体性に欠ける（10名（30.3%））

> ・・・今、アメリカは、日本の関税を高くしようとしているという部分は、開国を求めていた昔のペリーと重なるようにも思えました。そのことから、今回の学びは、私にとって、日本の現在や未来につながるとても大切な学びでした。なぜなら、昔、ペリーが来航したときに、日本がどのような対応をし、ペリーの要求に応えたのかを知ることによって、今、日本がどのような状況におちいっていて、どのように会談を進めれば良いのかという問題のヒントになれると思うからです。

　→　今回の歴史の学びを通して、どういうヒントがあると感じたのかをもう少し具体的に記述できていてほしい。

C：学んだことからの現代社会の捉え直しが曖昧である。（18名（54.5%）※H26年度：36名（94.7%）n=38）

> 今日本は戦争もないし、昔ほどひどい争いごともおきていないので、これからも今の状態がずっと続いてほしいと改めて思った。

　H26年度の生徒の表出物と比べると、現代社会についての見え方、感じ方の捉え直しがあった割合（45.5%：AとBを合わせた割合）は増加している。H26年度の単元構成には、普遍的な概念（「日本の外交」）を組み込んでいないことを考えると、普遍的な概念を組み込んだ単元を構成することは「社会的自己」を捉え直す上で、一定の効果があると考えている。

　一方で、半数以上の54.5%の生徒で「社会的自己」の捉え直しが曖昧であった。これは、生徒の日常世界と「日本の外交」とに距離感があること、「日本の外交」の捉え直しをねらうにしても、生徒の「日本の外交」に対する考えをどう変えたいのかが漠然としていたことなどがその原因であると考えている。

　さらに、「社会的自己」の捉え直しを語らせる問いについては引き続き課題である。本実践では、社会的事象に対する学び（日米和親条約締結に対する捉えの変容）の自分にとっての意味や価値を学習前後で比較しながら語らせることで、「社会的自己」を表出させようとした。しかし、問いが漠然としており、そのことが具体性に欠ける「社会的自己」の「ものがたり」や捉え直しが曖昧な「ものがたり」が多くなった（84.8%：BとCを合わせた割合）原因の1つでもあったと反省している。「今・ここ」に焦点化する問いで「社会的自己」を語り直す手立てが必要ではないかと考えている。

実践事例2「アメリカの農業の物語」実施学年1学年：共通Ⅱ

1　本単元で生まれる「ものがたり」

（学習前の題材に対する「ものがたり」）
　アメリカの農業は広大な土地を利用して大規模で大量生産が行われている農業だ。世界を担っているアメリカの農業は日本の農業よりも労働生産性・土地生産性ともに高い優れた農業だ。

（学習後の題材に対する「ものがたり」）
　アメリカの農業は、オガララ帯水層から水を搾取する形で成り立っている部分が大きい。いつか地下水が涸れてしまうかもしれないというおそれがあり、長い目で見ると、この農業は優れた農業といえないのではないか。

（自己に引きつけた語り）
　これまでアメリカの農業の方が日本の農業より優れた農業だと思っていた。実際に日本の農業は高齢化や農業人口の減少など多くの課題をもっているし食糧自給率も低い。しかし持続可能という視点で見たときに、私たちが何気なく見てきた水田や水路が流れている景色は、持続可能な水資源が用いられ、何百年も変わらず続いてきた景色であり、世界の中で最も優れた持続可能な農業といえるのではないかと思った。これからはこの日本の農業の良さをふまえた上で、持続するために何をしなければいけないか考えることが大切だと思う。

2　単元構成（全6時間）

時間	学習課題（中心の問い）と◆学習内容
1	**なぜアメリカの農業はここまで大量に生産できるのだろう？** ◆アメリカの農業が世界を担っている農業であることに気づき、「なぜアメリカの農業はここまで大量に生産できるのだろう」という学習課題に対して地形面でどの部分が農業に適しているかを考える。
2	**アメリカのどこで作られているのだろう？** ◆地形面からの予想を語り合う中で、降水量や気温も考えるための資料として必要であることに気づく。年間降水量を州ごとに落としていく作業を通じて、アメリカの気候の分布を大観し、アメリカの主要な農作物がどこで栽培されているか生育条件と降水量を根拠にして予想する。
3	**アメリカのどこで作られているのだろう？** ◆地形・降水量を根拠とした予想を踏まえて、各州の小麦・とうもろこしの生産量を地図に落としていく作業を行う。その中で年間降水量500mm未満の地域でも栽培していることに気づき、なぜ生育限界を超えて栽培が可能なのかという疑問を持ち、予想を立てる。
4	**どうやって乾燥地帯で栽培しているのだろう？** ◆予想を確かめるために、航空写真を用いて乾燥地域で行われている農業を読み解く。センターピボットの巨大さやそれを可能にする地下水の存在に気づく。「アメリカの農業の方が優れているし、アメリカに食料生産を任せてもよいのではないか」という問いに対して考えを持つ。

5	**アメリカに食料生産を任せてもよいのではないか？**
	◆日本とアメリカの土地生産性や労働生産性に関する資料や写真を比較しながらアメリカの農業の大規模で企業的な農業の特質を理解する。単元を通しての学習を踏まえて、「アメリカに食料生産を任せてもよいのではないか？」という問いに対して再考する。
6	**アメリカに食料生産を任せてもよいのではないか？**
	◆アメリカの農業には優れた部分がありつつも、オガララ帯水層の水位の低下から、アメリカの農業は持続可能な農業とは言えないことに気づく。また日本の水田や水路が流れている地図を通して、「持続可能な農業とは」どんな農業なのか改めて意味や価値について語り直す。

3 本単元で育成する資質・能力

【知識・技能】 ・我が国の国土及び世界の諸地域に関して、地域の諸事象や地域的特色を理解するとともに、調査や諸資料から地理に関する様々な情報を効果的に調べまとめる技能を身に付ける。	・アメリカの農業分布を探究する中で、 　○　アメリカの国土の地形的特色 　○　アメリカが大量に生産できる地理的要因 について諸資料をもとに理解できる。 ・アメリカの降水量の分布図や生産量の主題図を作成ことができる。
【思考力・判断力・表現力等】 ・地理に関わる事象の意味や意義、特色や相互の関連を、位置や分布、場所、人間と自然環境との相互依存関係、空間的相互依存作用、地域などに着目して、多面的・多角的に考察したり、地理的な課題の解決に向けて公正に選択・判断したりする力、思考・判断したことを説明したり、それらを基に議論したりする力を養う。	・アメリカの農業分布を探究する中で、 　○　アメリカの国土の地形的特色や降水量の分布図をもとに農業分布を説明できる。 　○　食料自給率の減少に対して自国生産か、他国に依存するかの複数の立場や他者の意見から、それをふまえて、自分の考えを既習事項や資料にもとづいて論理的に説明できたり、議論できたりする。 　○　アメリカの農業の特色について、資料（地下水の水位の低下）にもとづいて説明できる。
【学びに向かう力・人間性等】 ・日本や世界の地域に関わる諸事象について、よりよい社会の実現を視野にそこで見られる課題を主体的に追究、解決しようとする態度を養うとともに、多面的・多角的な考察や深い理解を通して涵養される我が国の国土に対する愛情、世界の諸地域の多様な生活文化を尊重しようとすることの大切さについての自覚などを深める。	・アメリカの農業分布や食料生産における選択について、意欲的に教材や他者とかかわり、学ぶことを通して、 　○　アメリカの農業の特色 　○　「日本」とは、どのような国か 　○　日本の国土に水路が張り巡らされていること などに対する深い理解を通して、我が国の国土に対する愛情を深めることができる。

4 本単元で表出した生徒の「ものがたり」　※分析対象：単元を終えた後の生徒の表出物

学習後のＢ女のアメリカの農業に対する語り

実線部：題材に対する「ものがたり」の変容　点線部：獲得した地理認識
波線部：学びを意味づけ・価値づけした「自己に引きつけた語り」

　アメリカは日本よりも農地面積・農家一人当たりの面積が多く水田10aあたりにかかる労働時間もとても短い。これは全て大型の機械があるからであり、人手が少なくても、大量生産できる。それに対して日本は高齢化や人手不足、若手の減少など様々な問題を抱えており、今後の生産量はもっと減り、食料自給率が10パーセント以下の食材も増えていくと考えられる。これから日本は食料自給率を上げていくべきなのだろうか。私ははじめ農業は大国のアメリカに任せてしまってもいいのではないかと考えていた。しかしアメリカには秘密があったのだ。私は学習する前、山脈以外のすべての広い土地で農業をしていると思っていた。途中、降水量が中央の近くで不足しているので東側のみで農業をしていると予想した。しかし、結果的には中央の近くでさかんに農業をしていて、生産量も多く驚いた。それを可能にするのが地下水である。この地下水が今危険な状態である。増える量よりも農業に使う水のほうが多いのである。機械と共に発展し大量生産できる環境がととのってしまったことが原因であると思う。このことを知ってから考えが変わった。持続するかどうかわからない農業をしているアメリカに任せていては、農産物が食べられなくなるかもしれないのだ。日本は努力をして食料自給率を上げていかなければならない。そこでポイントとなるのが降水量と水の利用量である。日本には、用水路が田畑の周りに張りめぐっている。日本の場合、農地のほとんどが水路で、降水量よりも少ない水の量を使っているため水不足の心配がほとんどないのである。ここがアメリカと日本の農業の違いである。私は、今を豊かにする農業よりも、何十年も何百年も続く農業のほうがいいと思う。なぜなら自然のものには必ず限りがあるからだ。今は、大規模で機械を上手く使いながら動物のえさや世界を支える小麦やトウモロコシを育てている農業大国のアメリカでさえ、将来の農業が心配される。今はアメリカの農業のほうが大量生産できて、とても豊かでよいことがたくさんだけど、自然の恵みには限りがあることを知った前提で行わなくてはこれから何十年、何百年と続く農業にはならないと思う。日本には様々な問題があるが、このことを考えるとかえって良かったのかもしれない。これからはアメリカの農業よりも日本のような持続可能な農業を作り上げていくべきだと思う。農業はたくさん生産してもうかればいいということではなく、生産量は多くなくてもいいから、次の世代につなげることのできるやり方で行うことが一番だと思うからだ。

【資料にもとづいて考えを語り合っている場面】

【アメリカの農業に対する自分の考えを述べている場面】

＜地理的分野＞題材：アメリカの農業の物語（実施学年１学年：共通Ⅱ）

【実際の単元の流れ】

時間	◆学習内容と<u>学習課題（中心の問い）</u>	生徒の思考・反応・振り返り
1	◆アメリカの農業が世界を担っている農業であることを理解する。 資料1 主な輸出品目の国・地域別割合 資料2 日本の食卓における品目別自給率 資料3 日本の農林水産物の主な輸入相手国・地域 なぜアメリカは大量に生産できるの？ （学習課題①）なぜアメリカの農業はここまで大量に生産できるのだろう？ アメリカのすべての土地でできるってこと？	こんなにもアメリカ産は多いんだ。とうもろこしも家畜のえさとして利用されているのか。 土地が広いから？機械を使っているから？（<u>生徒の当たり前</u>） すべては無理じゃないかな？ <u>地形によると思う。</u>
2	◆アメリカの地形の分布にもとづいてアメリカの農業分布を予想する。 （学習課題②）アメリカのどこで作られているのだろう？ 資料4 アメリカの主な地形と標高図 どんな資料があったらもっとはっきりしそう？ ◆地形に加えて降水量・生育条件を根拠としてアメリカの農業分布を予想する。 （学習課題③）アメリカのどこで作られているのだろう？ 資料5 小麦とトウモロコシの生育条件 資料6 アメリカの地点別年間降水量	山脈の方は無理そうだ。中央平原はいけそうかな。グレートプレーンズは…微妙だな…。 <u>降水量とかどうなってるの？</u> アメリカの西側は全然降っていないのか。ということは<u>グレートプレーンズも無理だ！</u>（生徒の社会認識）
3	◆年間降水量 500 mm未満の地域でも栽培していることに気づく。 どこで生産量が多いか確かめてみよう 資料7 州別の小麦・トウモロコシ生産量	最も多いのがグレートプレーンズ？500mmも降らないのに？なぜ生産できるの？（生徒の社会認識とのズレ）
4	◆生育限界を超えて栽培可能な理由を調べ、センターピボットの巨大さやそれを可能にする地下水の存在に気づく。 （学習課題④）どうやって乾燥地帯で栽培しているのだろう？ 資料8 タブレットによる衛星写真 資料9 センターピボットの動画 資料10 オガララ帯水層の分布図	アメリカの農業ってすごい！アメリカの農業に<u>もう任せてもいいんじゃない？</u> 生徒同士の社会認識のズレ この水は地下水を使っているのでしょう？このやり方は<u>ずっと続くのかしら？</u>

総論 国語 社会 数学 理科 音楽 美術 保健体育 技術・家庭 外国語 学校保健 共創型探究

5	◆日本とアメリカの土地生産性や労働生産性に関する資料を比較しながら**学習課題⑤**について考える。 アメリカに食糧生産を任せてたらいいっていう考えがあったんだけどどう思う？ (学習課題⑤)アメリカに食料生産を任せてもよいのではないか？ 　資料11　日本とアメリカの農業比較	アメリカの方が日本よりも土地生産性も労働生産性も高いのか。今と変わらないし任せたらいいんじゃない。 語り合う場の設定 アメリカにもしものことがあったらどうするの。食料自給率はあげるべき。
6	◆オガララ帯水層の水位の低下から、アメリカの農業は持続可能な農業とは言えないことに気づく。 地下水が減っていたらどうする？ 　資料12　オガララ帯水層の水位の変化 　資料13　坂出の水路の地図	地下水ってこんなに減っているんだ。アメリカの農業は続かないかもしれない。

（１）生徒が主体的に社会認識を構築する「探究的な学びの過程」

①　授業実践からの手立ての分析

● 第1時

資料1・資料2・資料3から、アメリカの農業が世界を担っている農業であることを確認した後、生徒の当たり前（アメリカの農業をどう捉えているか）を探るため、教師から「なぜアメリカは大量に生産できるのか」と問いかけた。生徒の中には既有知識もあり、「広大な国土があり大規模な農業をしているから」と答えた生徒が26名、「大きい機械やコンピュータを用いた農業をしているから」と答えた生徒が9名であった。そこで生徒の「広大な国土だから」という考えを取り上げ、「広大な国土すべてでできるのか」と問いかけた。生徒からは「すべてではない」「地形とかによると思う」という反応があったため、地形の面でどこが農業に適しているのかという（学習課題②）へとつないだ（手立て①）。

● 第2時

資料4を根拠として、どこが農業に適しているのかという予想を擦り合わせていった。しかし、グレートプレーンズやアパラチア山脈の評価が生徒の中で分かれ、資料4以外にもっと情報がほしいと生徒が感じるようになっていった。そこで教師から「どんな資料があったらはっきりしそう？」と問うと、生徒から「降水量のデータがほしい」「どれくらいの水で小麦やトウモロコシは育つかの情報がほしい」という反応があったため資料5・資料6を提示した（手立て②）。

第2時の後半では地形だけでなく、降水量と生育条件を加えた考察へと発展していき、35名中35名がグレートプレーンズを栽培不可能だと考えるようになった。

【第2時　地形からの生徒の予想】

```
ロッキー山脈　　　：○1人,△0人,×34人
グレートプレーンズ：○8人,△17人,×3人
プレーリー　　　　：○34人,△1人,×0人
中央平原　　　　　：○35人,△0人,×0人
アパラチア山脈　　：○2人、△25人、×8人
```

【第2時　授業後半の生徒の予想】

```
ロッキー山脈　　　：○0人,△0人,×35人
グレートプレーンズ：○0人,△0人,×35人
プレーリー　　　　：○32人,△3人,×0人
中央平原　　　　　：○35人,△0人,×0人
アパラチア山脈　　：○2人、△25人、×8人
```

● 第3時

前時までの予想を踏まえて、実際に州ごとの生産量を地図に落とし込む作業を行った。作業を行う中で、「500㎜以下だからここらではできないはずなのに」「なぜ乾燥している地域でも生産できているの」という驚く反応が見られた。生徒の予想に反し、生産量が最も多い地域がグレートプレーンズであるという事実と出会わすことで、「なぜ栽培が可能なのか」という問いを自然と生徒の中から生

みだし、その（**学習課題④**）を次時の課題とした（**手立て①**）。

● 第4時

前時で生まれた（**学習課題④**）に対して予想を出しあった。生徒からは「水道水を使っているのでは」「ロッキー山脈から水を引いているのでは」「大きな川があるのでは」「品種改良したのでは」など多様な予想が出た。それらの予想をどうやって検証するのかと問うと、「実際に見てみる」という声が多く上がった。そこで、各班にタブレットを配布し航空写真や衛星写真などからグレートプレーンズの栽培方法を探っていった。（**手立て②**）生徒はセンターピボットが多く広がっていることを発見し「この水はどこから来ているのか」と新たな問いへと発展していった（**手立て①**）。この問いに対しての検証方法を生徒から出すのが困難であったため、教師から 資料10 を提示し、グレートプレーンズに巨大なオガララ帯水層が存在しており、地下水によって、現在の農業が支えられることを押さえた。

第4時を終えた段階での生徒の振り返りには、アメリカの農業を肯定的に評価している生徒が30名おり、中でもこれまでの学びを踏まえてアメリカに食糧生産を任せたらよいという記述をしている生徒が6名いた。一方で、アメリカの農業の持続可能性に疑いを持ち始めている生徒が5名おり、社会認識にズレが生じていることが分かった。そこで次時は生徒の振り返りを紹介し、「アメリカに食糧生産を任せてもよいか」という（**学習課題⑤**）を設定することとした（**手立て①**）。

● 第5時・第6時

これまでの学びを再構成し新たな社会認識を構築させるため、二項対立の「任せるか」「任せないか」（**学習課題⑤**）によって語り合う場を設定した（**手立て③**）。

＜任せてもよいと考えた生徒の記述＞	＜任せるのはよくないと考えた生徒の記述＞
○アメリカは日本と比べて農用地面積もすごく大きく、大型機械で効率的に大量生産するので、アメリカに頼っても良い。 ○アメリカは広く、大きな土地で生産しているので、アメリカで起こった問題によって日本の食料がなくなるとは考えにくい。	●いざという時に食料が足りず困るといけないので、アメリカに頼るのではなく、日本で積極的に食糧自給率をあげていく。 ●アメリカはたしかに大規模で生産量も多いが、もしアメリカになにか災害がおこって、作物がダメになったら輸出どころじゃなくなる。

以上のように（**手立て①～③**）を生徒の反応や振り返りを活用しながら単元に組み込むことが、探究的な学びの過程を生み出す上で、必要不可欠だと考えている。

② 授業後のアンケートからの分析

生徒はこの「探究的な学びの過程」をどのように評価したのかを見ていく。

図1～3 は、単元終了後の生徒による授業評価の一部である。全体として肯定的な評価が多く、単元構成において**手立て①～③**を組み込んだ一定の成果が見られる。

一方で、図2 では否定的な評価も見られる（2：9人　1：2人）。本単元6時間目において、語り合わせるための材料として 資料11 を提示したが、問いを考えるためにどのような資料が必要かを踏まえずに教師から提示したことが要因だと考えられる。

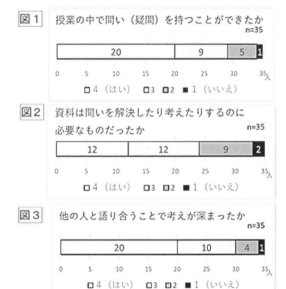

図1　授業の中で問い（疑問）を持つことができたか　n=35
20　9　5　1
□4（はい）　□3　□2　■1（いいえ）

図2　資料は問いを解決したり考えたりするのに必要なものだったか　n=35
12　12　9　2
□4（はい）　□3　□2　■1（いいえ）

図3　他の人と語り合うことで考えが深まったか　n=35
20　10　4　1
□4（はい）　□3　□2　■1（いいえ）

また、図3において肯定的な評価の生徒が多いが、上記の生徒の記述や実際に語り合った場面では、単元を通しての学びや根拠にもとづいていない主張が見られたり、食糧自給率の観点から語り合うことに終始したりする場面が多かった。互いに構成されていた社会認識が、さらに擦り合わさせるための適切な学習課題（中心の問い）を設定することが課題であることが分かる。

③ 単元終了後の表出物からの分析

単元終了後に「アメリカの農業とはどんな農業か」という問いで表出物を書かせた。実際に生徒がどのような社会認識を構築したかを分類したものが図4である。

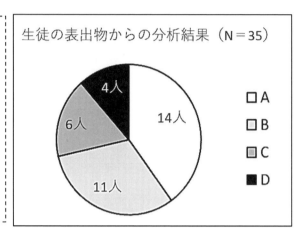

A アメリカの農業に対する地理認識（地形・降水量・農業分布・土地生産性・労働生産性）に加えて、地下水の水位の低下から、アメリカの農業の持続可能性について記述しているもの
B アメリカの農業に対する地理認識は踏まえているが、持続可能性は記述していないもの
C アメリカの農業の優位性（土地生産性・労働生産性）と日本の農業の比較を記述しているもの
D 個別的な知識（センターピボットなど）に対しての感想に近いもの

図4　単元を通して生徒が構築した社会認識の分析結果

単元後の振り返りから、35名全員が、単元を通しての学びや教科の言葉をもとにアメリカの農業を語ることができており、探究的な学びの過程を通して、一定の地理認識が構築されていることが分かる。一方で、表出物の分析結果を見ると、分類のB～Dは新たな地理認識が構築されたというより、アメリカの農業に関して新たな知識が付け加わったという側面も強く、授業者のねらいであったアメリカの農業に対する捉えが変容したとは言い難い。探究的な学びの過程において授業者のねらいを単元にどのように組み込んでいくかが課題である。

（2）「今・ここ」につながる普遍的な概念を設定し「社会的自己」を捉え直す単元構成

本題材では、普遍的な概念を「持続可能性」と設定した。「アメリカの農業」を現在の生産量や輸出量で評価した場合とこれから先の視点で評価した場合とでは、「アメリカの農業」に対する捉えが変容すると考えたためである。またこの概念から日本の農業を捉え直した場合、水田が広がる景色が、何世代にもわたって持続され、無理のない形で水資源が利用されている景色であること、そして「水資源における持続可能性」がある日本において持続可能な農業とは何かについて改めて考え直すことができるのではないかと考えた。

設定した普遍的な概念（「持続可能性」）を単元構成に組み込んだ場面が、単元6時間目の終末である。アメリカの農業における学びを「持続可能性」という概念で捉え直した6時間目の終末において、資料13を提示することで、これまで何気なく見てきた日本の水田風景が、自然に対して持続可能な形で灌漑を行っていること、またそれが日本国土（坂出）を網の目のように走っていることに気づき、「社会的自己」の捉え直し（地域の見え方が変容すること）につながると考えた。

（3）「社会的自己」の捉え直しを「ものがたり」で語り直す工夫

　「社会的自己」の捉え直しを表出させるために、本単元を終えた後、以下のような様式でレポートを書かせた。

> **今回の単元の学習（「アメリカの農業」の物語）は、自分にとって、どんな意味や価値がありましたか。学習前と比較しながら書いてください。**
>
> （書き出しの例：「今回の学びは、私にとって・・・（なもの）だった。なぜなら、・・・」）
> アメリカの農業の学びを通じて、あらためて「日本」や「日本の農業」について見直したこと、自分の見方や考え方が変わったこと、今の自分（または将来の自分）にとって価値を感じたこと　など

（見取りの指標）

段階	内容
A	アメリカの農業の学びから日本（の農業）についての見え方、感じ方の捉え直しが具体的に語られている。
B	日本（の農業）の価値は認識しているが、日本（の農業）についての見え方、感じ方の捉え直しが不明瞭である。
C	学んだことからの日本（の農業）の捉え直しがない。

A：アメリカの農業の学びから日本（の農業）についての見え方、感じ方の捉え直しが具体的に語られている。（9名（27.3%）n=33）

> 　今回の学びは、私にとって、日本の風景が価値あるものだと感じるものでした。なぜなら、日本の農業が持続可能なものだと感じたからです。
> 　たしかに日本の農業は、アメリカとちがって土地がないので大量生産は望めないと思います。・・・（中略）・・・しかし日本の農業はアメリカのように無理に地下水を使ったりしておらず、水の自然な流れを活かした農業を行っていることに気づきました。・・・（中略）・・・せっかく持続可能な国土なのに今田んぼが減少していることこそ日本の危機と思いました。この国土を守ることが日本の農業を持続可能なものにする方法だと思いました。

B：日本（の農業）の価値は認識しているが、日本（の農業）についての見え方、感じ方の捉え直しが不明瞭である。（9名（27.3%）n=33）

> 　日本の農業は「品質が良い」と「水がたくさんある」という2つが良いところで、「農業をする人たちの減少」と「値段が高い」と「生産量が少ない」という3つが悪いところだと思います。まず良いところでは・・・（中略）・・・水をどこでも引いてこれて、降水量が世界と比べて豊かであるということをこの学習で気づきました。悪いところでは、農業をする人たちの減少がありますが、アメリカとほぼ変わらない人数だったので、日本でも機械が増えたりしたら、少ない人数でもできるのではと思うようになりました。・・・（略）・・・

C：学んだことからの日本や自己のとらえ直しが、不明瞭である。（15名（45.5%）n=33）

> 　・・・（略）・・・日本は小さな土地で、アメリカほど機械を使わずに行っている。農家1人の穀物生産高も日本はアメリカの38分の1である。農業人口が少ない上に、生産高も低いので、日本は農業が下手だなと思った。またアメリカは・・・（略）・・・

　日本（の農業）についての見え方、感じ方の捉え直しがあったAは27.3%であり、「持続可能性」の概念を単元に組み込むことで、「社会的自己」を捉え直すことにつながっていることがわかる。一方で、捉え直しが不明瞭であったBや捉え直しが見られないCの分類に当たる生徒の記述には、日米の農業の土地生産性や労働生産性の比較が多く見られた。これは「アメリカに食料生産を任せてもよいのではないか」という問いが、アメリカの農業を探究していた生徒の思考を日米の農業比較へと流し、「持続可能性」という概念に対する視点が弱まったためだと考えられる。

　また、生徒の「社会的自己」を捉え直した語りを分析すると、学習前の自分との比較の視点も弱い。単元を学び終えた今の自分を語るだけでなく、学ぶ前の自分の「ものがたり」をより意識させるような手立て（例えば、単元1時間目に日本の風景を見せ、どのように見えるかを書かせたりする場面を意図的に設け、再度その選択や景色について、もう一度見直すことで、それがどう変容したのかを語り直す、など）を改善する必要がある。

成果（○）と課題（●）

研究内容（1）生徒が主体的に社会認識を構築する「探究的な学びの過程」

○手立て①～③の「探究的な学びの過程」を踏むことで、生徒が主体的に社会科の学習に取り組む姿が見られた。またその過程で構築された社会認識は、単元を通しての学びや教科の言葉をもとに語ることができており、生徒の中で一定の社会認識が構築されていることが分かった。

●「探究的な学びの過程」が不十分で、生徒の筋立ての中に位置づかない場合、生徒の中でうまく社会認識が構築されないことが明らかになった。また、授業者がねらいとする社会認識が構築されないこともあり、「探究的な学びの過程」において授業者のねらいを単元にどのように組み込んでいくかが課題である。

研究内容（2）「今・ここ」につながる普遍的な概念を設定し「社会的自己」を捉え直す単元構成

○「今・ここ」につながる普遍的な概念を設定することで、「社会的自己」を捉え直した生徒は歴史的分野で15名（45.5%）、地理的分野では9名（27.3%）が見られた。単なる社会認識にとどまらず、これからの社会のあり方をともに考える姿勢を育成する社会科学習の在り方としては、一定の成果ではあると考えている。

●どのような概念を設定することが「社会的自己」を捉え直すことにつながりやすいか、またどのように概念を単元に組み込むかが課題である。

研究内容（3）「社会的自己」の捉え直しを「ものがたり」で語り直す工夫

●生徒の「社会的自己」を捉え直した語りを分析すると、学習前の自分との比較の視点が弱い。単元を学び終えた今の自分を語るだけでなく、学ぶ前の自分の「ものがたり」をより意識させるような手立て（例えば、単元1時間目に自分の選択をさせたり、日本の風景を見せ、どのように見えるかを書かせたりする場面を意図的に設け、再度その選択や景色について、もう一度見直すことで、それがどう変容したのかを語り直す、など）を改善する必要がある。

●「社会的自己」の捉え直しを語らせる問いについては引き続き課題がある。「今・ここ」に焦点化する問いで「社会的自己」を語り直す手立てが必要ではないかと考えている。

参考文献

・片岡孝暢・大谷伸一『研究紀要』香川大学教育学部附属坂出中学校、1998　pp.51-60
・安藤孝泰・北岡隆　『研究紀要』香川大学教育学部附属坂出中学校、2002　pp.51-60
・笹本隆志・山城貴彦『研究紀要』香川大学教育学部附属坂出中学校、2012　pp.37-50
・山城貴彦・大和田俊『研究紀要』香川大学教育学部附属坂出中学校、2014　pp.51-64
・山城貴彦・大和田俊『研究紀要』香川大学教育学部附属坂出中学校、2016　pp.55-74
・山城貴彦・大和田俊『研究紀要』香川大学教育学部附属坂出中学校、2018　pp.59-80
・小西正雄『提案する社会科』明治図書、1994
・片上宗二『「社会研究科」による社会科授業の革新』風間書房、2011
・吉永潤　『社会科は「不確実性」で活性化する』東信堂、2015

第2学年2組 社会科学習指導案

指導者　　大和田　俊

1　日　　　　時　　令和2年6月12日（金）11：20〜12：10
2　単　元　名　　日米和親条約の物語
3　学　習　空　間　　情報検索ルーム
4　単元（題材）について

（1）我が国の外交の歴史は、常に「国内事情」と「対外関係」とのバランスをはかる
ジレンマの連続であったのではないだろうか。

　例えば、古代の白村江の戦いにおける豪族集団と対唐緊張関係、中世の2度の
元寇とその後の御家人の恩賞問題、近代の列強との条約改正交渉や日露戦争にお
けるポーツマス条約締結と日比谷焼き打ち事件、そして、昭和の世論の熱狂と対
米譲歩のジレンマからの開戦の選択。国内社会の情勢と諸外国との関係に折り合
いをつけ、どのような選択をしていくかが、我が国の歴史の明暗を大きく分けて
きた。

　現代においてもそれは変わらない。冷戦が終結して以降、「世界の警察官」を
自認した米国は、イラク戦争、アフガニスタン戦争で挫折し、今や「アメリカ・
ファースト」をかかげる北米の一大国に成り下がった。一方で、ロシアや中国が
着々と国力を伸ばし大国としての地位を固めている。PwCが公表した予測によれ
ば、30年後の2050年には、中国は世界一の経済大国となり、我が国の8倍以上の
経済規模（PPPベース）に達するとされている。米国の一極体制が終焉したポスト
「冷戦後」とも呼ばれる現在、自国第一をかかげる指導者が各国で支持を集め、
国際秩序の流動性が高まっている。そのような中、中国、ロシア、米国をはじめ
とする大国と、どのように交渉し、関係を構築していくのか。それは、これから
の我が国を左右する重要な課題となっている。

　一方、我が国の歴史上、近代国家とはじめて出会い、国内体制を揺さぶられる危機を
迎えるのが19世紀のペリー来航である。圧倒的な軍事力をもつ「黒船」を率いて浦賀
に来航したペリーは、砲艦外交によって江戸幕府に強引に開国を迫った。この未曾有
の国難に対し、幕府は、従来の方針を変え朝廷へ報告し、諸大名や幕臣にも意見を求
め、挙国一致の対策を立てようとする。しかし、200年以上続き「祖法」となった「鎖
国」体制のため、国内の開国に対する抵抗感は根強く、1853年時点で大名の63%は開
国に反対する結果となった。また、隣国の清では、イギリスとその支配下にあるインド
との通商が原因でアヘンが国内に流入し、それが引き金となってイギリスとの戦争に
発展した。戦争に惨敗した東アジアの大国清は、不平等条約の締結、さらには巨額の賠
償金の支払いに至る結果となる。欧米諸国の武力を背景にしたアジアの開港、通商関
係構築、そして植民地化の動きが世界史の大きなうねりとなって日本に近づく中、江
戸幕府は、米国を優先する開国か、国内を優先する「鎖国」維持かの難しい選択を迫ら
れていた。そして、そのジレンマの中で締結されたのが、日米和親条約である。

　これまで日米和親条約は、米国のペリー艦隊の武力に圧倒された江戸幕府が強
引に結ばされた条約として語られることが多かった。しかし、近年の研究では、
ペリー来航に対して周到に準備していた幕府が、強大な武力を背景に砲艦外交を
行う米国と渡り合い、国内の枠組み（「鎖国」体制）を維持する内容を盛り込み

総論
国語
社会
数学
理科
音楽
美術
保健体育
技術・家庭
外国語
学校保健
共創型探究

つつ結んだ条約として評価が見直されている。アジア各国が近代化した欧米諸国に次々と植民地、または半植民地にされ、決して対等とは言えない開港、通商関係を強要されていく時代にあって、欧米とアジアとが戦争を伴わない交渉によって締結した条約である日米和親条約の歴史的意義について扱うことは、学習指導要領における「我が国の歴史の大きな流れを、世界の歴史を背景に、各時代の特色を踏まえて理解する」こと、及び「歴史に関わる事象の意味や意義を、時期や年代、推移、比較、相互の関連や現在とのつながりなどに着目して多面的・多角的に考察したり、思考・判断したことを説明、議論したりする力」を育成することにとって意義深いと考える。また、この歴史の学びを通して、難しい外交課題に対して大国と渡り合ってきた我が国のあり方についても改めて考え直すことができ、歴史を学ぶ意味や価値の実感につながるのではないかと考える。

（２）本学級の生徒は、男子18名、女子17名の合計35名である。小学6年の社会科で、1853年にペリーが来航したこと、そして、対外的に「鎖国」政策をとっていた江戸幕府と日米和親条約を結んだことを学んでおり、題材に対する知識はある程度もっている状態である。

　昨年度実施した学習前の生徒アンケート（n＝34）では、「ペリー艦隊の来航に対する江戸幕府の対応」について「おそれた・萎縮した・おびえた」と答えた生徒は11名（約32％）で最も多く、次いで「おどろいた・びっくりした」9名（約26％）、「屈した・降伏した」5名（約15％）であった。また、「日米和親条約後の『鎖国』体制」については、「終了した・崩壊した・廃止した」と答えた生徒は30名（約88％）、「空欄」が4名（約12％）であった。

　以上より、生徒の学習前の題材（日米和親条約）に対する「当たり前」を「日米和親条約は、ペリー側の圧倒的武力と強硬姿勢に屈して結ばされた条約であり、その結果、二百年以上続いた『鎖国』は崩れ、開国した。」と設定した。

　日米和親条約を、開国とするか「鎖国」維持とするかは研究者の間でも意見が分かれるが、近代化した西洋諸国の圧力のなかで、日米和親条約が米国主導で一方的に結ばされた条約ではなく、「鎖国」体制を維持する内容も盛り込まれたものである点から語り直させたいと考える。

（３）本単元（題材）を指導する（個の「ものがたり」を深める）にあたって、次の点に留意したい。

①　生徒の思考に沿った学習課題（中心の問い）を設定し、主体的に歴史認識を獲得させる

　前時の歴ログ（毎時間の授業での気づきや自己の考えを記すノート）の記述や現代的感覚で考える授業中の生徒の発言、素朴な疑問を取り上げ、現在と過去、自分と他者などの考えのズレに出会わせ、生徒の思考に沿った学習課題（中心の問い）の設定につなげる。そうすることで、生徒が受け身ではなく、主体的に歴史認識を獲得することにつなげる。

②　資料にもとづいて問い合い探究させるために、語り合いの土俵を「学びの地図」に限定する

　歴史的事象に対して、互いの考えを語り合う場面（本単元では6、7時間目）で、これまでの単元の学びを1枚にまとめた「学びの地図」を配布し、単元で学んできたことや資料を暗記せずともすぐに振り返られるようにする。また、語り合いの土俵を「学びの地図」に書かれてあることに限定することで、資料にもとづいて互いに問い合い探究する空間づくりにつなげる。

③　歴史的事象と自己とをつなぐ普遍的な概念を組み込んだ単元を構成する

　本単元では、普遍的な概念を「大国と渡り合ってきた日本のあり方」と設定した。日本という国にとって、大国との関係をどう構築するかということが、時間軸を越えて（普遍的に）、国の命運を左右してきた課題であり、生徒の生きる未来において、その課題はより切実なものになると考えたからである。設定した普遍的な概念を単元の1時間目と終末に組み込み、「社会的自己」の捉え直しにつなげる。

④　「現代～未来の私たち」に焦点化した問いで単元全体の学びを振り返る

　歴史を学ぶ意味や価値を実感するためには、歴史で学んだことから「現代～未来の私たち」のあり方や方向性を考えるうえでの何らかの示唆が得られたことが実感できる必要がある。そこで、本単元では、単元終了後に単元全体を振り返る問いを「2050年。44歳のあなたは日本をどうしていきたいと考えていますか？」と設定した。そうすることで、現代の日本を「大国と渡り合ってきた日本」として捉え直すとともに、これからの日本を「大国と渡り合っていく日本」として捉え直すことにつなげたい。

5　本単元の目標

（1）本単元で生まれる「ものがたり」

──── 日米和親条約に対する「ものがたり」の変容 ────

（学習前）
　日米和親条約は、ペリーの圧倒的軍事力と強硬姿勢に屈して結ばれた開国の条約である。その結果、江戸幕府の伝統的な対外政策である「鎖国」は崩れた。

（学習後）
　日米和親条約は、通商を認めず、米国人の行動を7里以内に制限して日本人との接触を極力防ぐなど「鎖国」維持の内容も盛り込まれており、ペリーに屈して結ばれた条約ではなかった。

題材と自己をつなぐ概念
大国と渡り合ってきた日本のあり方

（自己に引きつけた語り）
　自分たちが大人になった時の世界の中で、大国に対して日本はどうしていくかと問われたとき、正直、「どうしようもない…」と思ってしまった。日本は、中国やロシア、米国といった大国に囲まれているし、未来を予測した推計値では、中国や米国と比べるとＧＤＰに圧倒的な差ができていたからだ。

　でも、今回の日米和親条約の歴史を通して、江戸幕府は圧倒的な国力差のある大国に対しても、争わず、あきらめずに渡り合い、交渉したことを学んだ。自分たちが大人になった時、日本はますます少子高齢化し、人口が減って、必ずしも世界の大国ではなくなってしまうかもしれないけれど、大国でなくなった日本なら日本なりに、争わず、あきらめず、解決策を模索し続ける姿勢が大事なのではないかと思った。

（2）本単元で育成する資質・能力

【知識・技能】	・ペリー来航に対する江戸幕府の対応を考える中で、
・我が国の歴史の大きな流れを、世界の歴史を背景に、各時代の特色を踏まえて理解するとともに、諸資料から歴史に関する様々な情報を効果的に調べまとめる技能を身に付けるようにする。	○　「鎖国」下における幕府の対外政策のあり方 ○　幕府の支配体制としての幕藩体制 ○　欧米諸国の近代化とアジア侵略 ○　東アジアの大国「清」とアヘン戦争の結果 ○　日米和親条約の内容 について、諸資料をもとに理解できる。

【思考力・判断力・表現力等】	○ ペリーの要求内容、欧米諸国の軍事力、アヘン戦争の結果、支配体制としての幕藩体制、「鎖国」政策の維持等の視点から、江戸幕府がペリーの開国要求に対して、開国か、「鎖国」維持か、の狭間で厳しいジレンマに陥っていたことが説明できる。
・歴史に関わる事象の意味や意義、伝統と文化の特色などを、時期や年代、推移、比較、相互の関連や現在とのつながりなどに着目して、多面的・多角的に考察したり、歴史に見られる課題を把握し複数の立場や意見を踏まえて公正に選択・判断したりする力、思考・判断したことを説明したり、それらを基に議論したりする力を養う。	○ 日米和親条約は「鎖国」維持の条約か、開国の条約かについて、それまでの既習事項や資料に基づいて論理的に説明できたり、議論できたりする。
【学びに向かう力・人間性等】	・ペリーの開国要求に対する江戸幕府の選択について、主体的に追究していく中で、 ○ 地形的側面から捉えた開港地下田の価値 ○ 江戸幕府の対応 ○ 大国と渡り合ってきた我が国のあり方 などについて理解を深め、そのことを通して我が国の歴史に対する愛情や国民としての自覚を深めることができる。
・歴史に関わる諸事象について、よりよい社会の実現を視野にそこで見られる課題を主体的に追究、解決しようとする態度を養うとともに、多面的・多角的な考察や深い理解を通して涵養される我が国の歴史に対する愛情、国民としての自覚、国家及び社会並びに文化の発展や人々の生活の向上に尽くした歴史上の人物と現在に伝わる文化遺産を尊重しようとすることの大切さについての自覚などを深め、国際協調の精神を養う。	

（２）単元構成（全７時間）と問い

時間	学習課題（中心の問い）と◆学習内容
1	**2050年（あなたは44歳）日本はどうなっている？** ◆30年前（1990年）、現在、30年後（2050年）の国内総生産の国際比較や日本の少子高齢化、人口減少の資料から、自分たちが大人になった時の日本の現状を知り、その時、大国に対して日本としてどう対応していくか互いに語り合う。
2	**1853年ペリー来航！もしアメリカと戦争になったら？** ◆ペリーの砲艦外交に対して、アメリカと戦争になったらどうなるかについて、黒船の大きさや武力を江戸幕府のものと比較して考える。
3	**なぜ江戸幕府は通商に慎重なのか？** ◆圧倒的武力格差にもかかわらず、幕府が通商要求の受け入れに慎重である理由を、「祖法としての鎖国」「アヘン戦争の原因」「大名の意見」「幕藩体制の支配論理としての武力」などの点から資料にもとづいて理解する。
4	**「鎖国」を維持するとしたら、ペリーの要求をどこまで受け入れられるか？** ◆資料にもとづいて、これまで幕府が維持してきた「鎖国」の定義を考え、清国の海禁政策との違いや「鎖国」が外国との断絶ではなく幕府による外交統制であったこと、「鎖国」下で出された天保の薪水給与令などから、ペリーの要求を再考する。
5	**交渉担当の林大学頭になって、ペリーを説得し、通商を断りなさい。** ◆開国と鎖国維持のジレンマの中で、林大学頭とペリーがどのような経過をたどって日米和親条約の締結にいたったのかを、日米和親条約の条文や映像資料をふまえて理解する。
6	**日米和親条約は「鎖国」維持か？開国か？** ◆林大学頭の交渉力によって通商は断ったものの、新たな開港地を設けた日米和親条約について、「鎖国」維持か、開国かを既習事項にもとづいて語る。
7 (本時)	◆伊豆半島の地形的側面から、日米和親条約について改めてどう語るか再考し、幕府の対応についての新たな「ものがたり」に気づく。また、単元のはじめに考えた問い（2050年の世界の中で大国に対して日本としてどう対応していくか）について、もう一度振り返ることを通して、自分にとっての歴史を学ぶ意味や価値について捉え直す。

6　本時の学習指導

（1）目標
・　日米和親条約に対する「ものがたり」の変容を、「鎖国」の定義や伊豆半島の地形的側面の観点から自分の言葉で語り直すことができる。
・　日米和親条約に対する「ものがたり」の変容から、改めて単元の初発の問いを考え直すことで、自分にとっての歴史を学ぶ意味や価値を捉え直すことができる。

（2）学習指導過程

学習内容及び学習活動	予想される生徒の変容	教師のかかわり
日米和親条約は「鎖国」維持か？開国か？		
1　学習課題について単元の学びにもとづいて語り合う。（同質４人→全体）	・　自分はなぜそう考えたか、資料や学んだ歴史認識をもとに考え直している。 ・　自己の考えと相手側の考えの根拠について検討している。	○　考えの根拠を明確に確認していくことで、相手の意見を聴くだけでなく、互いに問うたり、答えたりできるようにする。

＜　　S1、S3：「鎖国」維持である　　S2、S4：開国である　　＞

T　：では、考えを。どうですか？はい、S1さん、どうぞ。

S1：私は、「鎖国」維持したと考えました。なぜなら、日米和親条約では、通商を許していないし、開港地の下田ではアメリカ人の行動範囲も制限されているので、「鎖国」の定義からすると、あてはまると考えたからです。

T　：なるほど。今の意見を聞いて、開国の立場の人、どうですか？

S2：私は、「鎖国」維持できていないと思っています。理由は、これまでの国以外と国交を結んでいるし、新しい開港地が設定されています。また、アメリカ人の行動範囲も７里以内で28ｋｍなので、広すぎて行動を管理できないと思ったからです。

T　：今、相手国、開港地、行動範囲の３点があげられました。「鎖国」維持の立場の人、どうですか？

S3：相手国、開港地については、新しく設定されただけで、制限はされているので、「鎖国」だと思います。

S4：行動範囲については、どうですか。

S1：行動範囲についても、28ｋｍは広くないと思います。幕府が指定しているので、制限できると思います。

S4：でも、前回配られた資料を見ると、坂出から高松あたりまでの範囲なので、けっこう広いと思うんですけど？

T　：今のS4君とS1さんの話って・・・「鎖国」維持かどうかに関わってきそう？どういうこと？対立ポイントを整理してくれる人？

S2：28ｋｍの範囲が、アメリカ人の行動を制限できたかどうか？という話だと思うんですけど？＜新たな気づき＞

T　：ということは、28ｋｍで制限できていたら？

S2：「鎖国」維持。

T　：制限できていなければ？

S2：「鎖国」維持とは言えない。

T　：なるほど。他の皆さんは、28ｋｍ以内で制限できたと思いますか？4人で少し
　　　話し合って。

2　「下田から7里以内は米国人の行動を制限できたか」に論点をしぼり、語り合う。（同質4人→全体）	・　7里の水平的な空間の広がり（距離感覚）から行動制限が可能かどうかを考えている。	○　語り合いで論点が絞られない場合は、前時の歴ログから考えのズレに出会わせ、論点につなげる。
3　資料（伊豆半島の地形図、天城峠映像資料、五色台と天城峠の傾斜比較資料）を配布し、それにもとづいて論点について再検討する。（同質4人→全体）	・　水平的な空間の広がりから考える一方、垂直的な空間の広がり（地形や標高）の視点に気づいている。	○　無知の姿勢でかかわり、生徒が主体的に概念を構成していくように支援する。
4　江戸幕府が開港地に下田を選択した意味や日米和親条約締結による日本側の外交成果について共有し、この条約の歴史的な意味や価値を語り直す。（全体→個人）	・　立場の違いをこえて、開港地を下田にすることで、「鎖国」維持に向けて幕府が最大限外交交渉を行ったことを共有している。 ・　日本の歴史の中での日米和親条約の意味や価値を捉え直している。	○　「なぜ下田だったのか」と問うことで、伊豆半島の地形的側面から一定地域に米国人を制限しようとした幕府の意図を共有できるようにする。
5　単元を振り返り、日米和親条約の学びの自分にとっての意味や価値を捉え直す。（個人）	・　大国と渡り合ってきた我が国のあり方について、今回の歴史の学びをもとに考えている。	○　単元における初発の問いを振り返り、歴史の学びと「自分たちの未来」とを関連づけ、歴史を学ぶ意味や価値の実感につなげる。

（3）見取り
　　・　日米和親条約は、「鎖国」維持か、開国かについて、それまでの既習事項や資料、
　　　特に、「鎖国」の定義や伊豆半島の地形的側面の観点から、自分の考えを語れている
　　　かを単元終了後のレポートで見取る。
　　・　日米和親条約に対する「ものがたり」の変容から、「社会的自己」（例えば、
　　　大国と渡り合ってきた日本のあり方）を捉え直す「自己に引きつけた語り」が
　　　生まれているかを単元終了後のレポートで見取る。

第1学年2組　社会科学習指導案

指導者　　大西　正芳

1　日　　　　時　　令和2年6月12日（金）13：10〜14：00
2　単　元　名　　アメリカの農業の物語
3　学　習　空　間　　情報検索ルーム
4　単元（題材）について

（1）時代が大きく変わりつつある現在、わたしたちは世界の諸地域の様々な事象や問題に対する関心を高めている。それは単に見知らぬ世界への好奇心からというより、わたしたちの現代社会が抱える様々な困難を克服し、生き抜いていくための新たな視座を、世界各地の現実の中から見いだそうとしているからにほかならない。新学習指導要領でも世界の諸地域の学習において地球的課題を取り上げることが明記され、「我が国の国土の認識を深め、持続可能な社会づくりを考える上で効果的であるという観点から設定すること」と定められている。では我が国の国土の認識を深め、持続可能な社会づくりを考えるのに効果的な地球的課題とは何か。一つとして食糧生産が挙げられる。

　本単元で取り上げるアメリカ合衆国は農産物輸出額が1400億ドルを超える農業大国である。雄大な農地において、生産を行う作物の種類を限定し、大型の農業機械を利用する労働生産性の高い農業である。その中でもグレートプレーンズはアメリカ合衆国有数の穀倉地帯であり、小麦をはじめ大豆やとうもろこしを多く生産するこの地域は、しばしば「アメリカのパンかご」（Breadbasket of America）と呼ばれる。19世紀末にこの大平原は、開拓民が流入して小麦地帯へと開拓したが、年間降水量500mm未満と干ばつの連続という厳しい自然環境のために、農業は不安定で人口流出が後を絶たなかった。この降水や地表水の少ない乾燥地帯が大規模な農業地帯へと変容したのは、ひとえにオガララ帯水層の存在である。オガララ帯水層は中西部〜南西部にかけての8つの州にまたがる、総面積450,000km²におよぶ世界最大級の地下水層であり、ハイ・プレーンズ帯水層とも呼ばれる。汲み上げられた地下水は、グレートプレーンズの広大な農地の隅々に水が行き渡るよう、スプリンクラーを用いたセンターピボット灌漑によって大量に散布された。この灌漑方式によって、現在では年間生産額が200億ドルに達し、アメリカ合衆国内の小麦、トウモロコシ、肉牛の5分の2近くがグレートプレーンズで育てられている。

　しかし、一見「豊か」に見えるアメリカの農業も、現在大きな危機に直面している。行き過ぎた灌漑によって、オガララ帯水層の深刻な水面の低下を引き起こすこととなったためである。そこで本単元では、アメリカの農業を「持続可能性」の視点で取り上げたい。短期的な大量生産・大量消費を可能にしたアメリカの農業を、長期的な「持続可能性」の視点で捉え直すことによって、生徒が「豊かさ」とは何かという新たな視座を獲得するのに有効であると考えたためである。また、「持続可能性」の視点で日本の農業を捉え直すことは、新学習指導要領における「我が国の国土の認識を深め、持続可能な社会づくりを考える」上でも効果的で

総論

国語

社会

数学

理科

音楽

美術

保健体育

技術・家庭

外国語

学校保健

共創型探究

ある。我が国の水田が広がる景色は、無理のない形で水資源が利用され、何世代にもわたって持続されたものであり、そのような日本にとって持続可能な農業とは何かについて改めて考え直すことができると考える。

（２）本学級の生徒は、男子16名、女子19名の合計35名である。小学5年の社会科で「食料生産とわたしたちのくらし」という単元を通して、我が国の食料生産の分布や、米づくりや水産業の様子、日本の食糧自給率の低さや食料生産における課題を学習している状態である。昨年度実施した学習前のアンケート（n＝35）でも、「日本の農業における課題とは何か（複数回答可）」では「食糧自給率の低さ」と答えた生徒は29名（約83％）で最も多く、次いで「農業従事者の高齢化・農業人口の減少」20名（約66％）と答えている。また、「日本の農業は持続可能な農業か」では「持続可能」と答えた生徒は5名（約14％）、「持続可能ではない」と答えた生徒は30名（約86％）と日本の農業に対して「食糧自給率の低下」や「農業従事者の高齢化と減少」というマイナスなイメージが定着していることが分かる。

　一方、本単元で取り上げる「アメリカの農業とはどんな農業か（複数回答可）」に対しては、「広大な土地を使った大規模な農業」と答えた生徒が26名（約74％）、「大量生産できる農業」と答えた生徒が26名（約74％）、「大きい機械やコンピュータを用いた農業」と答えた生徒が9名（約25％）、「輸出量が多い農業」と答えた生徒が9名（約25％）であった。

　以上から生徒の学習前の題材に対する「当たり前」を「アメリカの農業とは広大な土地や機械を使った大量生産ができる大規模で世界を担う農業」と設定した。また「優れた農業・良い農業」とは「持続可能な農業」であると答えた生徒は23名（約66％）と他の「大量生産できる農業」「美味しい作物ができる」などと比べて圧倒的に多かったが、日本の農業が「持続可能性」を兼ね備えていることを認識している生徒はおらず、本題材を通じて「水資源における持続可能性」から日本の農業を語り直させたいと考える。

（３）本単元（題材）を指導する（個の「ものがたり」を深める）にあたって、次の点に留意したい。

①　「社会的自己」の捉え直しをより実感させるための単元構成

　　本単元では「持続可能性」の視点から生徒が持つ「豊かさ」観を捉え直させることがねらいである。そこで、単元1時間目に、アメリカと日本の農業の風景（写真）を見せ、どちらが「豊か」に見えるかを書かせる場面を設ける。再度単元を学び終えた際に、同じ風景を見直すことで、見え方がどう変容したかを語り直させ、「豊かさ」とは何かを問い直す場面を設ける。

②　必要性と思考を伴う資料作成の場面設定

　　アメリカの農業を探究するにあたって、単にアメリカの降水量や気温の広がりを表した分布図を教師から提示するのでは、学びが生徒のものになりにくいと考える。そのため、地形の面から「アメリカの農産物はどこで作られているのだろう」という予想し議論を行う中で、地形面だけでは資料が不十分であると感じる状態を作る。また、完成した資料を提示するのではなく、自分たちが地図に降水量を落とし込む作業を通じて、「このように広がっているのか、こちらの方が少ないのか」という生徒の思考が伴った場面を設定していく。

③　予想とのズレから生み出す新たな問いの設定

　　アメリカの気候分布と農産物の生育条件に基づいて、どの作物がどこでさかんに生産されているかを予想させる。実際に生産量を地図に落とし込む中で、「500㎜以下だからここらではできないはずなのに」「なぜ乾燥している地域で生産できているの」という生徒の予想とのズレから新たな問いを設定していく。

④　語り合わせるための問いと焦点化の工夫

　　単元を学習する中で、アメリカの農業の持続可能性に対して疑いを持ち始めた生徒の振り返りや授業内の反応から「アメリカの農業は持続可能なのか」という考えを抽出し、語り合わせるための問いとして設定する。また、語り合う中で、オガララ帯水層（地下水）が減っているか否かを焦点としていく。

5　本単元の目標
（1）本単元で生まれる「ものがたり」

―――― 題材に対する「ものがたり」の変容 ――――

（学習前）
　アメリカの農業は広大な土地を利用して大規模で大量生産が行われている農業だ。世界を担っているアメリカの農業は日本の農業よりも労働生産性・土地生産性ともに高い優れた農業だ。

（学習後）
　アメリカの農業は、オガララ帯水層から水を搾取する形で成り立っている部分が大きい。いつか地下水が涸れてしまうかもしれないというおそれがあり、長い目で見ると、この農業は優れた農業といえないのではないか。

題材と自己をつなぐ概念　豊かさ

（自己に引きつけた語り）
　私は学習する前、アメリカの方が「豊か」だと思っていた。けどそれは現在の生産量など今のことだけを見ていたからだ。この単元を学んだ今、日本の方が「豊か」だと感じている。それは、長い目で見たときに、ずっと続く農業だと思うからだ。これまで私たちが何気なく見てきた水田や水路が流れている景色は、持続可能な水資源が用いられ、何百年も変わらず続いてきた景色であり、世界の中で最も優れた持続可能な農業といえるのではないかと思った。これからはこの日本の良さをふまえた上で、持続するために何をしなければいけないか考えることが大切だと思う。

（2）本単元で育成する資質・能力

【知識・技能】	・アメリカの農業分布を探究する中で、
・我が国の国土及び世界の諸地域に関して、地域の諸事象や地域的特色を理解するとともに、調査や諸資料から地理に関する様々な情報を効果的に調べまとめる技能を身に付けるようにする。	○　アメリカの国土の地形的特色 　○　アメリカが大量に生産できる地理的要因について諸資料を基に理解できる。 ・アメリカの降水量の分布図や生産量の主題図を作成ことができる。
【思考力・判断力・表現力等】	・アメリカの農業分布を探究する中で、
・地理に関わる事象の意味や意義、特色や相互の関連を、位置や分布、場所、人間と自然環境との相互依存関係、	○　アメリカの国土の地形的特色や降水量の分布図をもとに農業分布を説明できる。 　○　食料自給率の減少に対して自国生産か、他国

空間的相互依存作用、地域などに着目して、多面的・多角的に考察したり、地理的な課題の解決に向けて公正に選択・判断したりする力、思考・判断したことを説明したり、それらを基に議論したりする力を養う。	に依存するかの複数の立場や他者の意見から、それをふまえて、自分の考えを既習事項や資料にもとづいて論理的に説明できたり、議論できたりする。 ○ アメリカの農業の特色について、資料（地下水の水位の低下）に基づいて説明できる。
【学びに向かう力・人間性等】 ・日本や世界の地域に関わる諸事象について、よりよい社会の実現を視野にそこで見られる課題を主体的に追究、解決しようとする態度を養うとともに、多面的・多角的な考察や深い理解を通して涵養される我が国の国土に対する愛情、世界の諸地域の多様な生活文化を尊重しようとすることの大切さについての自覚などを深める。	・アメリカの農業分布や食料生産における選択について、意欲的に教材や他者とかかわり、学ぶことを通して、 ○ アメリカの農業の特色 ○ 「日本」とは、どのような国か ○ 日本の国土に水路が張り巡らされていること などに対する深い理解を通して、我が国の国土に対する愛情を深めることができる。

（３）単元構成（全５時間）と問い

時間	学習課題（中心の問い）と◆学習内容
1	なぜアメリカの農業はここまで大量に生産できるのだろう？ ◆私たちの食事の多くが、アメリカからの輸入品であることに気づき、アメリカの農業が世界を担っている農業であることを理解する。また「なぜアメリカの農業はここまで大量に生産できるのだろう」という学習課題に対して地形の面でどの部分が農業に適しているかを考える。
2	アメリカのどこで作られているのだろう？ ◆地形の面からの予想を語り合う中で、降水量や生育条件も考えるための資料として必要であることに気づく。年間降水量を州ごとに落としていく作業を通じてアメリカの気候の分布を大観し、アメリカの主要な農作物がどこで栽培されているか、生育条件と降水量を根拠にして予想する。
3	アメリカのどこで作られているのだろう？ ◆地形・降水量を根拠とした予想を踏まえて、各州の小麦・とうもろこしの生産量を地図に落としていく作業を行う。その中で年間降水量500mm未満の地域でも栽培していることに気づき、なぜ生育限界を超えて栽培が可能なのかという新たな疑問を持ち、予想を立てる。
4	どうやって乾燥地帯で栽培しているのだろう？ ◆予想を確かめるために、航空写真を用いて乾燥地域で行われている農業を読み解く。センターピボットの巨大さやそれを可能にする地下水について理解する中で「このアメリカの農業のやり方は続くのか」という考えを持つ。
5 （本時）	アメリカの農業は持続可能なのか？ ◆アメリカの農業には優れた部分がありつつも、オガララ帯水層の水位の低下から、アメリカの農業は持続可能な農業とは言えないことに気づく。また日本の水田や水路が流れている地図を通して、日本の農業の「持続可能性」に気づき、改めて「豊かさ」とは何かを語り直す。

6　本時の学習指導

（１）目標

- アメリカの農業に対する「ものがたり」の変容を、オガララ帯水層の水位の低下の観点から自分の言葉で語り直すことができる。

- 　アメリカの農業に対する「ものがたり」の変容から、「持続可能性」という視点に気づき、「豊かさ」を捉え直すことができる。

（２）学習指導過程

学習内容及び学習活動	予想される生徒の反応	教師のかかわり
１　新たな学習課題について知る。	・　他の生徒との社会認識のズレを感じている。	○　振り返りの中からアメリカの農業の肯定的な評価と持続可能性に疑いを持った否定的な評価を紹介する。
アメリカの農業は持続可能なのか？		
２　学習課題について立場を明らかにする。（全体）	・　ほかの生徒の立場を見て、自分の考えを捉え直している。	○　ネームプレートを貼り、立場を明らかにさせる。

立場　　　Ｓ１、Ｓ２：持続可能ではない　　　Ｓ３、Ｓ４：持続可能である

T 　：では、考えを。どうですか？はい、Ｓ１さん、どうぞ。
Ｓ１：私は、アメリカの農業は持続可能ではないと考えました。なぜなら、動画でもみたように、センターピボットで使用している水の量はとても多いからです。あれだけの量を散布していると続かないと思います。
T 　：Ｓ２さん、うなずいていましたが、Ｓ１さんの考えについて、どう思いますか？
Ｓ２：私も、持続可能ではないと思います。センターピボットで使用している水は川の水とかじゃなく地下水ですよね。ということは、尽きると思います。
T 　：今のＳ１さんとＳ２さんの話について、Ｓ３さん、どうですか？
Ｓ３：私は、持続可能だと考えています。Ｓ２さんが地下水を使っているといっていましたが、この地下水は日本の面積よりも大きかったですよね。これだけ巨大なのだから、尽きることはないと思います。
T 　：Ｓ４さん、どうですか。
Ｓ４：僕も尽きることはないと思います。Ｓ３が言ったようにこれだけ地下水の面積は広いし、雨が降ったら回復すると思うからです。
T 　：と言っていますが、Ｓ２さん、どうですか。
Ｓ２：少し納得ですが、けどここらへんは年間降水量が 500ｍｍ未満の地域ですよね。ということは、地下水は補充されないんじゃないですか。
Ｓ３：すべての地域が 500ｍｍ未満というわけではないし、500ｍｍ未満だと補充されないっていうのは根拠がないと思います。
T 　：なるほど。今みんなの話は、地下水が補充されるのかどうかって感じかな？どう思う？これまでの資料とか見直しても良いから、４人班で少し話し合って。

T 　：各班でどんな話になった？Ｓ４さんのところは？
Ｓ４：減っていないってことになりました。たしかにオガララ帯水層のあたりは、500ｍｍ未満の地域が多いけど、500ｍｍ以上のところもまあまああって…。あと近くに大きな川もあるので、その水を使うこともあるのかなと。
T 　：なるほど。Ｓ１さんのところは？

S1：私たちのところはやっぱり減っていると思います。オガララ帯水層のあたりも
　　　そうですが、この地下水の水がロッキー山脈から来ていたとしても、ロッキー
　　　山脈の方も降水量が少ないので。
T　：なるほどね。今みんなの話を聞いていると、地下水が減っているかどうかで意見
　　　が分かれましたね。ということは、もしオガララ帯水層が減っていなければ、ア
　　　メリカの農業は続くってことでいいかな？で、もしオガララ帯水層が減ってい
　　　ればアメリカの農業は続かないってことでいいかな？＜論点の整理＞
　　　じゃあどんな資料があればいい？
S1：オガララ帯水層が減っているかどうかの資料。
T　：よし、じゃあ今からオガララ帯水層が減っているかどうかを調べてみよう。

		○　仮に「持続可能ではない」という立場に偏った場合は、教師から根拠を問う。
3　資料「アメリカの地下水の水位の変化」を提示し、それに基づいて論点について再検討する。（4人）	・　水位が低下していることに気づき、アメリカの農業がつづくことが難しいことを認識する。	○　無知の姿勢でかかわり、生徒が主体的に社会認識を構成していくように支援する。
4　アメリカの農業を「持続可能性」の視点から語り直す。（全体）	・　アメリカの農業は「水資源」において持続することが難しいことを認識する。	○　「なぜアメリカの農業は持続可能ではないのか」と問いで概念を再構成させていく。
5　資料（水田を含む水循環システム、坂出の水路図）を「持続可能性」の視点から検討する。（4人）	・　日本の農業は「水資源」において持続可能であることを認識する。	○　「日本の場合はどうなのか」という問いで資料に基づいて日本の農業を「持続可能性」の視点から捉え直させる。
6　単元を振り返り、アメリカの農業の学びや日本の農業を自己に引きつけて語る。	・　「豊かさ」とは何かという視点からアメリカの農業と日本の農業について捉え直し考えている。	○　単元1時間目に提示した日本とアメリカの農業の風景を再度提示して「豊かさ」とは何かという視点で捉え直させる。

（3）見取り
　　・　アメリカの農業に対する「ものがたり」の変容（アメリカの農業が持続可能
　　　ではないという記述）があるかを単元終了後のレポートで見取る。
　　・　社会的自己を捉え直した語り（「豊かさ」を捉え直した語り）を単元終了後
　　　のレポートで見取る。

数 学 科

渡 辺 宏 司 ・ 吉 田 真 人

「数学的な見方・考え方」が豊かな生徒の育成
ー 数学的活動を意識した授業から生まれる「ものがたり」を通して ー

　本校数学科では、生徒が自分にとっての学びの意味や価値に気づく振り返りをすることが「学ぶ意味の実感」につながるのではないかと考え、マインドマップなどを活用した「対話」と「内省」を取り入れた授業（2012）、「数学ものがたり」をつむぐ振り返る活動を取り入れた授業（2014）、数学から学ぶ価値に気づくための数学の本質に気づく「問い」と数学と自己とのかかわりを見つめ直す「語り直し」を取り入れた授業（2016）、他者と学び合うことから生まれた新たな問いや気づきを基に数学化のよさを実感できる授業（2018）について研究を進めてきた。

　今期の研究では、これまでの研究を継承しつつ、単元構成や学習課題、振り返りの在り方など、数学的活動を意識した授業を実践しながら、生徒が自身の「数学的な見方・考え方」が豊かになったことを実感できる手立てについて追究していく。

研究主題について

　これまでの研究実践から、他者と対話し学び合うことで新たな疑問や気づきが生まれることや、振り返りや語り直しを通して、授業前後で生徒や生徒をとりまく世界に対する見え方や感じ方の変容が見られることが分かった。ただ、生徒自身が自分の変容のよさに気づくには至っていないと思われる。現状は、まだまだ機械的に問題を解いている生徒も多く、他者の解法との違いやよさは感じていても、実際は自分の解き方を貫いたり、意味も分からず公式を使ったりしている姿がしばしば見られる。そのような生徒は、「数学的な見方・考え方」が乏しいと思われる。そのため、数学から学ぶことの意味や価値を実感したり、「不思議だな。もっと知りたいな。」などの感性を伴う学びができるようにしたりするために、生徒自身が問題発見・解決の過程を意識できるようにする必要があると考える。その手立てとして、「ものがたりの授業」を数学の授業でも実践し、自分自身の変容に気づかせることで、「数学的な見方・考え方」が豊かになっていることを実感させていく。「新たな数学の問題に出会ったとき、既有知識を思い出し、解決しようと粘り強く取り組む生徒」や「数学の世界の中で、一般的・普遍的に成り立ちそうな事柄を予想しようとする生徒」、「授業だけでなく、日常生活の中で生き生きと「数学的な見方・考え方」を働かせようとする生徒」などを、「数学的な見方・考え方」が豊かな生徒の姿とし、そのような生徒の育成に向けて研究を行っていく。

数学科における「ものがたりの授業」とは

　数学的活動[1]を通して、今までの学習や日常生活での経験と関係づけたり、他者の考えと比較したりしながら自己の「数学的な見方・考え方」を捉え直す授業のこと

数学科における「自己に引きつけた語り」とは

　数学的活動を通して、自己の「数学的な見方・考え方」が豊かになったことを実感した語りのこと

研究の目的

　「数学的な見方・考え方」が豊かな生徒を育成するための手立てとして、「生徒が目的意識をもって学習課題に取り組むことができる授業デザイン」、「生徒が問題解決の過程を意識できるような活動」、「『数学的な見方・考え方』の変容に気づくための振り返り」が重要であると考えた。その具体的な手立てについて研究を進めた。

1　数学的活動とは、次の3つのことをいう。
　ア：日常の事象や社会の事象を数理的に捉え、数学的に表現・処理し、問題を解決したり、解決の過程や結果を振り返って考察したりする活動
　イ：数学の事象から見通しをもって問題を見いだし解決したり、解決の過程や結果を振り返って総合的・発展的に考察したりする活動
　ウ：数学的な表現を用いて論理的に説明し合う活動

研究の内容

（1）　生徒が目的意識をもって学習課題に取り組むことができる授業デザインの工夫
（2）　生徒が問題解決の過程を意識できるような活動の工夫
（3）　「数学的な見方・考え方」の変容に気づくための振り返りの工夫

（1）　生徒が目的意識をもって学習課題に取り組むことができる授業デザインの工夫

　数学の学習において「数学的な見方・考え方」を働かせる機会を意図的に設定することが重要であり、**図1**で示す算数・数学の問題発見・解決の過程のような探究的な学びを1時間の授業に取り入れたり、単元全体を通して探究的な学びとなるように単元を構成したりする。また、「数学的な見方・考え方」は、生徒一人一人が目的意識をもって問題を発見し

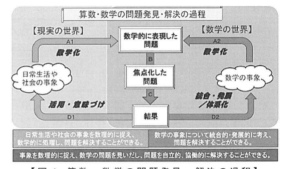

【図1　算数・数学の問題発見・解決の過程】
中学校学習指導要領解説数学編　23P

たり解決したりする際に、積極的に働かせていくものであり、今期の研究では、生徒が目的意識をもって取り組むことができるよう授業デザインの工夫を行うこととした。例えば、**図2**のような日常生活や社会の事象を数学化する場面設定のために、事象（題材）に対する生徒の「当たり前」を把握し、その「当たり前」とのズレやそこから生まれる疑問を生じさせるような授業デザインを行う。さらに、それらを繰り返すことで、生徒の中で新たな問題発見・解決の過程が生まれる。そうすることで、生徒が目的意識をもって取り組むことができる学習課題につながるのではないかと考えた。

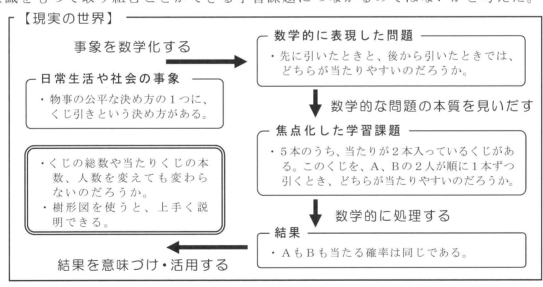

【図2　「確率」を学習する場面での問題発見・解決の過程】

（2）　生徒が問題解決の過程を意識できるような活動の工夫

　図1の「算数・数学の問題発見・解決の過程」において、問題解決の過程を振り返って評価・改善しようとする活動は、「数学的な見方・考え方」を豊かにすることにつながると考える。問題解決から得られた結果を意味づけしたり類似の事象に活用した

りすることや、問題解決の過程や結果を統合的・発展的に考察したりすることがこれにあたる。「どのような方法や考え方が問題解決に有効だったのか」や「文字を使うことにどんなよさがあったのか」、「次は、どんなことを調べたいのか」などの教師の発問によって意識させることも考えられるが、この問題解決の過程を振り返らせる場面において生徒同士の対話の場面を設定することも有効であると考えられる。生徒それぞれが考える問題解決の過程の評価を語らせ合うことで、よりよい問題解決の方法だけでなく、新たな気づきや疑問を生み出すことにつながると考えるからである。また、問題解決に有効であった見方・考え方を今後の問題解決でも働かせられるよう、生徒に分かりやすい表現でまとめて共有したり、見方・考え方を働かせる場面では掲示物等で示したりするなど、生徒の思考を活性化させていく。さらに、これらを繰り返し取り組んでいくことで、生徒自身で「数学的な見方・考え方」が働くようにしたい。

＜問題解決の場面で働かせたい「数学的な見方・考え方」の例＞
「いくつかの場合から予測する」：（帰納的な考え方）
「条件を変えて考える」：（発展的な考え方）
「グラフをかいて考える」、「表にかいて考える」：（関数的な考え方）　　など

（３）　「数学的な見方・考え方」の変容に気づくための振り返りの工夫

　生徒自身がより強く、数学から学ぶことの意味や価値を実感したり、「数学的な見方・考え方」が豊かになったことを実感したりするためには、自分自身が数学とどのようなかかわり方をしているのかを捉え直す必要があると考える。そのためには、「ものがたり」で語り直すことができるよう、図3のように単元内容を学習する前において、「今、自分が分かっていることは何であるのか」や「今、自分はどのような考え方、解き方ができるのか」など「数学的な見方・考え方」に注目して自分自身を俯瞰的に振り返らせておくことが重要である。1枚の振り返りシートに、そのような単元を学習する前の状態を記述できる欄をつくる。そして、単元学習後に生徒は、その学習前の記述と毎時間の振り返りをもとに、「題材に対する考え方や興味がどのように変容したのか」や「問題解決の場面ではどのように考えることが身についたのか」、「自分にとってこの単元での学習がどのような価値があるのか」といった視点で振り返りを行う。そのような題材に対する「ものがたり」の変容だけでなく、その単元を学習することでできるようになったこと、身に付いた「数学的な見方・考え方」を実感させることで、生徒が「自己に引きつけた語り」を生み出し、数学から学ぶことの意味や価値を実感することにつながると考える。

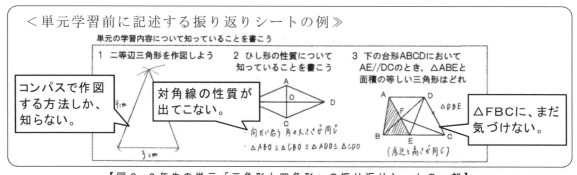

【図３　２年生の単元「三角形と四角形」の振り返りシートの一部】

-112-

実践事例1 「正の数と負の数」実施学年1学年

1　本単元で生まれる「ものがたり」

（学習前の題材に対する「ものがたり」）
　負の数とは、数字の前に－（マイナス）がついた数のことで、0より小さい数のことである。温度計やゴルフのスコアなど、身のまわりで見たことがある。

（学習後の題材に対する「ものがたり」）
　負の数とは、ある基準より小さい数量を表すときに使える数である。負の数があることで、いろいろな数量の表し方ができたり、いつでも減法ができたりする。

（自己に引きつけた語り）
　今まで「－2℃」など負の数があることは知っていたが、今回の学習で負の数を使うことで今までは表現できなかったことが表現できるなど、負の数という数があることのよさが分かった。また、その基準を考えることで0の意味も今までとは変わった。0はある基準であり、負の数が使えることで、その基準を自分の都合の良いように設定することができるようになった。また、負の数があることで減法がいつでも計算できるようになるだけでなく、四則の混じった計算や小学校で学習した様々な計算法則の使える数の範囲が広がった。そのおかげで、効率よく平均を求めることができ、身のまわりの事象で負の数を活用できる場面もあった。今後も上手く負の数をあつかい、負の数の可能性を自分なりに見つけたい。

2　単元構成（全13時間）

時間	学習課題（中心の問い）と ◆学習内容
1・2	**負の数には、どのような意味があるのだろうか？** ◆負の数の意味を理解し、反対の性質をもつ正の数と負の数の関係を考える。 ◆正の数や負の数の大小関係を、数直線や絶対値から考える。
3・4	**負の数のたし算やひき算は、どのように計算するのだろうか？** ◆正の数や負の数の加法と減法の計算のしかたを考える。
5・6	**うまく加法や減法を計算するには、どのような工夫ができるだろうか？** ◆加法の交換法則や結合法則を理解し、その計算方法のよさを考える。 ◆加法と減法を統一的に見られることを理解し、項を並べた式について考える。
7・8	**負の数のかけ算やわり算は、どのように計算するのだろうか？** ◆正の数や負の数の乗法と除法の計算のしかたを考える。
9	**うまく乗法を計算するには、どのような工夫ができるだろうか？** ◆乗法の交換法則や結合法則を理解し、その計算方法のよさを考える。
10	**右上の小さい2には、どのような意味があるのだろうか？** ◆累乗や指数の意味を理解し、指数を使って表された計算のしかたを考える。
11	**四則の混じった計算は、どのようなことに注意すればよいのだろうか？** ◆四則の混じった式の計算のしかたや分配法則について考える。
12	**もし負の数がなかったら、どうなっていたのだろうか？** ◆数の範囲の拡張と四則計算との関係について考える。
13	**もっと簡単に平均を求める方法はないだろうか？** ◆効率よく平均を求める活動を通して、負の数を活用することのよさを考える。

総論
国語
社会
数学
理科
音楽
美術
保健
体育
技術・
家庭
外国語
学校
保健
共創型
探究

3 本単元で育成する資質・能力

【知識・技能】	
・数量や図形などについての基礎的な概念や原理・法則などを理解するとともに、事象を数学化したり、数学的に解釈したり、数学的に表現・処理したりする技能を身に付けるようにする。	○正の数と負の数の必要性と意味を理解できる。 ○正の数と負の数の四則計算ができる。 ○具体的な場面で正の数と負の数を用いて表したり処理したりすることができる。
【思考力・判断力・表現力等】	
・数学を活用して事象を論理的に考察する力、数量や図形などの性質を見いだし統合的・発展的に考察する力、数学的な表現を用いて事象を簡潔・明瞭・的確に表現する力を養う。	○算数で学習した数の四則計算と関連付けて、正の数と負の数の四則計算の方法を考察し表現できる。 ○正の数と負の数を具体的な場面で活用することができる。
【学びに向かう力・人間性等】	
・数学的活動の楽しさや数学のよさに気付いて粘り強く考え、数学を生活や学習に生かそうとする態度、問題解決の過程を振り返って検討しようとする態度、多面的に捉え考えようとする態度を養う。	○正の数と負の数のよさに気づいて、正の数と負の数について学んだことを生活や学習に活かそうとしたり、正の数と負の数を活用した問題解決の過程を振り返って考察しようとしたりすることができる。

4 本単元で表出した生徒の「ものがたり」

○単元学習後のレポートより

○ 「負の数」とは，どのような数ですか？ この単元で学習した内容をまとめよう。
学習前と学習後を比べて，単元の内容に関する考え方が変化したり，再確認できたりしたことも文章で書こう。

☆ 負の数とはそもそも…
└0より小さい数で"-"を使って表せる数。

①負の数 "こんなあるある"
①5kg重い = □5kg軽い?
②負の数では、絶対値が小さいほど大きい
-5 < -1 など…
③加法の時 同符号…共通の符号
異符号…絶対値が大きい方の符号
④減法の時 ひく数の符号をかえてたせばよい!

⑤加法と減法の交じった計算
└全て加法の式へ直す
⑥速く計算したい…A
└加法の 交換法則 を使って…
結合法則
⑦乗法の時 同符号…正の符号を
異符号…負の符号に "-"
⑧除法の時は乗法と同じ →

⑨四則の時
計算する順序を先にせよ? 優先順位
①累乗→②( )の中→③乗法→加法
減法
⑩自然数+自然数 = 自然数
自然数 - 自然数 = 負の数
自然数×自然数 = 自然数
自然数÷自然数 = 負の数
⑪(÷や÷を)0を数えしない
などなど… あるある多数

○ 「負の数」についての学習は，あなたにとって，どのような意味や価値がありましたか？今の自分と学習前の自分とを比較しながら書こう。

この負の数を習う前は、売り上げなどで使うので"-"はよくない数、というイメージがあったけど、負の数の計算について学んで、便利な数なんだなと思いました。符号がちがっても、絶対値が同じだと、打ち消しあえて、計算もらくになるし、ルールさえ知っていれば、自分が計算したい数を、より速く計算できるので、いいこともたくさんあることが分かりました。また、この機会で負の数を使った計算ができるようになったので、計算をより速くできるように工夫したり、気候などのものにもたくさん使っていこうと思いました。また今までは負の数を使ったかけ算(乗法)やわり算(除法)ができることも知らなかったのでこれから活用していきたいと思います。

＊＿＿＿＿＿＿＿の部分：題材に対する「ものがたり」の変容
＿＿＿＿＿＿＿の部分：「自己に引きつけた語り」

実践の分析1

（1）生徒が目的意識をもって学習課題に取り組むことができる授業デザインの工夫

　負の数を具体的な場面で活用する授業として、**図4**のような算数・数学の問題発見・解決の過程を1時間の授業の中で実践した。

事象を数学化する →

数学的に表現した問題
・このペースで、1年間に1000個集めることはできるだろうか。

日常生活や社会の事象
・ペットボトルキャップを1000個集めようとしている。1週間ごとの集めた記録がある。

数学的な問題の本質を見いだす ↓

・平均を求めるときは、基準を上手く決めると簡単に計算できる。
・負の数は、他にどんな場面で使えるだろうか。

焦点化した問題
・8週間の記録から、1週間あたりの集めた個数の平均はいくらだろうか。
・効率よく平均を求める方法はないだろうか。

数学的に処理する ↓

結果
・1週間の平均は16個で、1000個は難しい。

← 結果を意味づけ・活用する

【図4　「正の数・負の数」を学習する場面での問題発見・解決の過程（第13時間目）】

　生徒は平均を考える場合、一般的に（合計）÷（個数）で求める。そこで、その求め方だと時間がかかることを体験させておいて、「もっと簡単に平均を求める方法はないのかな」と学習課題を設定した。「簡単に」とは「計算がしやすい」ということであり、生徒は自分なりに良いと思う方法を探し始めた。また、いろいろな求め方があるため、自分の求め方と他人の求め方をくらべ、それぞれのよさを考える姿が見られた。以下は、その場面の会話と授業後の生徒の振り返りの一例である。

S1：私は、11個を基準にして考えました。そうすると、第1週目から順に＋2、＋3、＋1、0、＋21、＋7、＋5、＋1を基準より多くなります。その数をたし算すると＋40となり、40÷8＝5。つまり、平均の個数は、11＋5で16個になります。

T　：S1さんの考えについて、どう思いますか？

S　：計算が簡単になったと思います。

T　：10個を基準とする場合と比べて、何が違いますか？

S　：一番小さい個数を基準としているので、0ができました。その分計算が簡単になったと思います。

S2：それだったら、12個を基準にする方法もあると思います。12個を基準とすると、第1週目から順に＋1、＋2、0、－1、＋20、＋6、＋4、0とキャップの個数を表すことができます。その合計は＋32です。32÷8＝4なので、平均の個数は、12＋4で16個になります。

T　：S2さんは、なんで12個を基準にしたのかな？

S　：12個を基準にすることで0が2つでき、計算が簡単になるのだと思います。

T　：12個を基準とすると、負の数が出てきましたね。この考え方はどう思いますか。

S3：それだったら、基準をまん中あたりの15個にしたらどうですか。

S　：あ〜。なるほど。

T　：どういうこと？

【自分の求め方を発表する様子】

> S ：基準を 15 個にすると、第 1 週目から順に－2、－1、－3、－4、＋17、＋3、＋1、
>   －3 と表すことができます。この合計は＋8 です。8÷8＝＋1 となり、平均の個
>   数は、15＋1 で 16 個になります。
> T ：この考え方はどうですか？
> S ：平均ぐらいの数を基準にすると、差が小さくなって計算が簡単になると思います。
> S ：＋1 と－1 や＋3 と－3 があって、0 になるから計算しやすい。

【授業後の生徒の振り返り】
- 基準の数を何にするかで、メリット、デメリットがあって、いろんな考え方があ
  ることにおどろいた。
- 負の数を利用すると、今までの平均求め方より簡単で理解しやすくなった。
- 切りのいい数を基準にする方が計算しやすいので、自分に合う求め方をしたい。

（2）生徒が問題解決の過程を意識できるような活動の工夫

　生徒に身につけてほしい「数学的な見方・考え方」を取り上げた授業では、「今日の
授業の大事な考え方は、どの場面だったか」や「どのように考えることが、今日の課
題を解決することにつながったか」など、意識して振り返りの視点を設定した。以下
は、そのような授業後の生徒の振り返りの一例である。

> - 減法はひく数の符号を変えたら加法と同じことが分かった。（統合的な考え方）
> - 数直線で説明すると分かりやすかった。（表現の考え方）
> - 4×（－2）が－8 になる理由を考えたときに、4×2、4×1、4×0、4×
>   （－1）と順番に考え、4 ずつ減っていることを言えばよかった。
>
>   （帰納的な考え方）
> - （－4）×（－2）が表していることは、4×（－2）と同じように歩いている人で
>   説明すればよいことが分かった。（統合的な考え方）
> - 基準を決めるときは、数の大きさだけでなく、計算が簡単になるように考え
>   たい。（基本的性質の考え方）
> - 今日は個数の平均を求めたが、人数や重さの平均を求めるときにも同じよう
>   に考えられると思う。（発展的な考え方）

　単に授業で分かったことを書かせるのでなく、どの場面に注目して、何がよかった
のかという振り返りの視点を設定することで、教師が意識した「数学的な見方・考え
方」に生徒は気づけたと考える。

（3）「数学的な見方・考え方」の変容に気づくための振り返りの工夫

　この単元で変容させたい「数学的な見方・考え方」は、「負の数が存在することに
よって、様々な事象を今までとは違う表し方ができるようになること、計算できる
数の範囲が広がることで、負の数を具体的な場面で活用できるようになること」と
した。そのため、単元学習前では、負の数に関する既有知識や負の数の計算が表す
意味がまだ分からないことを確認させた。

下は、単元の学習前と学習後の生徒の記述の一例である。

○単元学習前

> 1 「負の数」について，どのようなことを知っていますか？
>   －（マイナス）がつく数　　0より小さい数

多くの生徒が「0より小さい数」と答える。

> 2 式が「5×(－3)」となるには，どのような問題を考えればよいですか？

「分からない」ので無記入である。

> 3 「負の数」を学習すると，どのような良いことがあると思いますか？
>   温度だと　うでだけだったら、あたたかい？ってなるから、
>   ーがあるだけで、低いと分かる。

温度など身の回りで知っていることとつなげている。
計算の範囲についての記述は出てこない。

○単元学習後

① Y 女の「自己に引きつけた語り」

> 始め、「負の数」と言われると0より小さい数、ーがつく数きた、「負の数」があれば"温度－0度が表せるとしか思いつかなかったけど、授業で勉強していくうちに、負の数はこんな役割りじゃあったんだ！と思いました。例えば、今までは、「5から3を引くことが出来ても、3から5は引くことができないで、処理されていたのです。当然3から10を引くこともできないのですが、「出来なさ」の程度が違っていて、この「不足」を表現するために、「－」という印をつけて表すと、3－5＝－2、3－10＝－7と表せるようになったり、小学校の時では、0より小さい数は小数でならっていたけど、中学校では、マイナス「－」と言う符号を使って、小さい数が表せるようになったと思いました。

② U 女の「自己に引きつけた語り」

> 負の数は、私にとって、ややこしい数です。理由は、負の数だと、「ー2に減る」と「＋2に増える」と同じで、「ー2に増える」と「＋2に減る」も同じ意味で言葉にするとものすごく難しいからです。それに、負の数といえば、温度と高さ…ぐらいしか出てきませんでした。だから私は、これからも、数学の計算や理科などの授業でしか使わないんじゃないかなと思いました。でも、学習前は思っていなかったけど、今は、負の数って、言葉にするとものすごく難しいけど、それって、いろんな風に表せるってことじゃない？と思ったり、負の数の中に、小数や、分数あって、いろんな、負の数がある！と思ったり、負の数も計算の工夫ができるんだ！などと思い、負の数ってすごいなと思いました。そしてこの勉強をしてから、正の数のすごいところにもいろいろ気づいてややこしいけどすごくたくさんのことに気づいたので、良かったなと思います。

　上のような、「数学的な見方・考え方」の変容に気づいた「自己に引きつけた語り」は 68 名（【65%】 n ＝105）であった。単元学習前の負の数に関する知識や毎時間の振り返りを1枚の用紙に記述し、いつでも見直せるようにしておくことは、生徒が自分の変容に気づくことに対して有効であったと考える。単元学習後でなくても、負の数の乗法について考える授業（7時間目）の中で、「あ！これで最初にあった5×(－3)の説明ができる」と反応する生徒の姿も見られた。単元学習前に何を生徒に記述させておくかということが、単元全体の授業デザインにつながると考える。

実践事例２「資料の散らばり」実施学年２学年

1 本単元で生まれる「ものがたり」

┌─────────────────────────┐
│（学習前の題材に対する「ものがたり」）│
│　テストの点数など、平均値を基に│
│して、データを見ることが多かっ│
│た。第１学年で学習したヒストグラ│
│ムや相関図は、データの散らばり具│
│合がよくわかるグラフである。総合│
│学習ＣＡＮでうまく使ってみよう。│
└─────────────────────────┘

┌─────────────────────────┐
│（学習後の題材に対する「ものがたり」）│
│　２つのヒストグラムを比べると│
│形状は違うのに、既習内容ではその│
│違いを説明できなくて困った。新し│
│く学習した四分位範囲や箱ひげ図│
│を使うと、複数のデータの比較をよ│
│り詳しく説明できることを知った。│
└─────────────────────────┘

┌──┐
│（自己に引きつけた語り）│
│　あらためて、データは人に説明するための根拠として示すものであることを実感した。│
│四分位数という代表値が出てくるだけで、データの散らばり具合を表現することができる│
│範囲がすごく広がるなと思った。また、今回、初めて学習した箱ひげ図は、パッと見ただ│
│けでたくさんの情報を与えてくれるし、示すことができる優れものであると感じた。「本│
│当に中学生の体力・運動能力は低下しているのか？」の授業では、文科省の示すデータに│
│絶望感すら感じたが、実際に自分たちのデータを処理してみるとそこまで危惧することで│
│もないことが分かった。新聞記事やTV報道番組やインターネット上に示されたデータに│
│ついても、今までは、鵜呑みにしていた自分がいるが、「本当にそうなのか（正しいのか）？」│
│という疑問をもって見ていきたい。また、今回の箱ひげ図のように未知のグラフは、おそ│
│らく存在しているだろうし、今後開発されるかもしれない。ビッグデータの時代だからこ│
│そ、データの波にのまれるのではなく、乗りこなしていきたいと感じた。│
└──┘

2 単元構成（全６時間）

時間	学習課題（中心の問い） と ◆学習内容
1	**資料の散らばりにどんな違いがあるのか？** ◆２つの学級の握力測定のデータを基に、資料を比較する。平均値、最頻値、中央値、範囲などの数値が等しいデータのため、自分たちで作成したヒストグラムの形状は違っても説明ができずに困惑する。
2	**資料の散らばりをどうやって比較すればよいのか？** ◆四分位数や四分位範囲を知ることで、前時に説明できなかったデータの散らばり具合を説明できるようになる。
3	**四分位数や四分位範囲をグラフ化するとどうなるのか？** ◆各都道府県の中学校の学校数のデータから、四分位数や四分位範囲を求める。また、四分位数や四分位範囲などを視覚的に表した箱ひげ図を知る。
4	**もし、校内駅伝大会があるならば、どのクラスが優勝するだろうか？** ◆新体力テストのデータから箱ひげ図を作成し、3クラスのデータの散らばりの様子を基に、代表値を根拠に自分の意見を説明する。
5・6	**本当に附坂中の２年生の体力・運動能力は低下しているのか？** ◆ネット上の情報や新聞記事などから、中学生の体力・運動能力低下の事実を知り、自分たちの学校では、どのような変化が起こっているのか探り始める。 ◆前時に集めたデータや作成した箱ひげ図を基に、自分たちの中学校での体力・運動能力の経年変化について議論する。

3　本単元で育成する資質・能力

【知識・技能】	
・数量や図形などについての基礎的な概念や原理・法則などを理解するとともに、事象を数学化したり、数学的に解釈したり、数学的に表現・処理したりする技能を身に付けるようにする。	○四分位範囲や箱ひげ図の必要性と意味を理解することができる。 ○コンピュータなどの情報手段を用いるなどしてデータを整理し、箱ひげ図に表すことができる。
【思考力・判断力・表現力等】	
・数学を活用して事象を論理的に考察する力、数量や図形などの性質を見いだし統合的・発展的に考察する力、数学的な表現を用いて事象を簡潔・明瞭・的確に表現する力を養う。	○四分位範囲や箱ひげ図を用いてデータの分布の傾向を比較して読み取り、批判的に考察し判断することができる。
【学びに向かう力・人間性等】	
・数学的活動の楽しさや数学のよさを実感して粘り強く考え、数学を生活や学習に生かそうとする態度、問題解決の過程を振り返って評価・改善しようとする態度を養う。	○課題解決のためにデータを収集し、処理した箱ひげ図や四分位範囲から解決の過程や結果を振り返って統合的・発展的に考察したりしようとする。

4　本単元で表出した生徒の「ものがたり」

○単元学習後のレポートより

単元学習前は、グラフにあまり興味がなく、表などを分かりやすくまとめたものなどとあいまいなことしか考えていなかった。今回の授業で、今までは、円グラフや棒グラフ、折れ線グラフしか知らなかったけど「箱ひげ図」というものを習った。パッと見た時よく分からなかったが、この図は、いろんなことを1つにまとめたものだと知って普通にすごいと思った。最大値や最小値、中央値など。しかも、横に何個でもならべられるから、比べやすいところも良い。今回は「阪中の生徒の体力は本当に低下しているのか？」というめっちゃ身近なことだったので、図を使って説明するのが、とても楽しく感じた。新しく習った四分位数や、第1、第3四分位数なども、覚えておく。4等分にした間の数のこととか。これからも、今回習ったことを活かしていきたい。

＊_____の部分：題材に対する「ものがたり」の変容

最初、自分はテレビや新聞などで資料（データ）が使われているのを見てもそんなに注目していなかったし、それらの情報を全て信用していました。でも、この6時間の中でそんな自分はダメなんだと気づくことができた。3時間目に学んだ箱ひげ図の良さというのを考えていく中で、ヒストグラムと比べることによってグラフ・表にはそれぞれの特徴があることが分かった。それに、5・6時間目には新聞などで言われていた体力低下について自分達のデータで考えてみた。見ていく中で、テレビなどでは明らかに低下しているようなグラフになっていたが、実際にはほとんど変わらないのではないかと気づくことができた。何より、この単元では「本当に正しいのか？」と考えることを学べたと思う。何でもかんでも信じられる情報だけではない。この先、出会っていくであろう大量のデータ。それを正しく認識するための大切な学びであった。

＊_____の部分：「自己に引きつけた語り」

実践の分析2

（1）生徒が目的意識をもって学習課題に取り組むことができる授業デザインの工夫

本単元の1～3時間目に、箱ひげ図や四分位数の知識・技能を習得したのちに、日常生活の具体的な事象でそれらを活用する授業として、**図5**のような算数・数学の問題発見・解決の過程を授業の中で実践した。

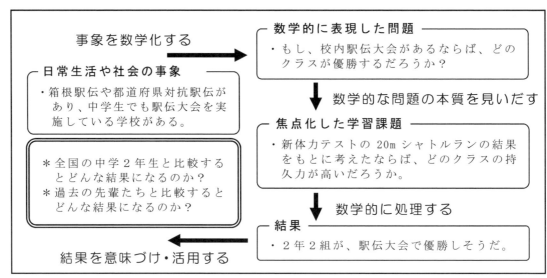

【図5 「資料の散らばり」を学習する場面での問題発見・解決の過程（第4時間目）】

> T ：「もし、校内駅伝大会があるならば、どのクラスが優勝するだろうか？」
> S ：（口々に）「1組が優勝する！」
> T ：「なぜ、1組が優勝するのですか？」
> S1：「足の速いA君がいるから」₁
> T ：「本当に、A君がいれば、1組が勝ちますか？」
> S1：「・・・。」
> S2：「A君一人の力で、駅伝大会を勝てるはずがないのでは...。」
> S2：「運動部の人が多そうだから」₂
> T ：「本当に、1組は他のクラスより運動部の人が多いのですか？」
> S2：「・・・。」
> 　　（グループでの対話）
> T ：「もう一度聞きます。もし、校内駅伝大会があるならば、どのクラスが優勝すると思いますか？」
> S ：「根拠となる資料が無いので、駅伝大会の予想をするために、3クラスの20mシャトルランの結果の資料をください。その資料をもとに予想します。」

実践例の授業での生徒の当たり前は、根拠のない理由（上図　　　　部分）での説明である。生徒の多くは、物事の比較をする際に、個に注目しすぎて予想₁したり、なんとなく感覚的な予想₂をしたりする。自分たちの説明の曖昧さを感じた生徒たちは、自然と、自分たちの予想の根拠となる資料を探し始める。こういった、探究的な学びのきっかけを教師が促すことで、生徒たちは目的意識をもって学習課題に取り組むことができるようになったと考える。また、「全国の中学2年生と比較するとどんな結果になるのか？」や「過去の先輩たちと比較するとどんな結果になるのか？」といった、2サイクル目、3サイクル目を回すきっかけになったと感じている。

（２）　生徒が問題解決の過程を意識できるような活動の工夫

　　生徒が問題解決の過程を意識できるようにするためには、「算数・数学の問題発見・解決の過程」において、いかに、問題解決の過程で自己と他者の解法の違いに気づき、自分にとっての最適解を見いだすことができるかが重要であると考えた。そこで、本実践では、データの活用領域において、「根拠となるデータとして、正しいのか？」、「データを正しく分析できているのか？」といった批判的な問いを投げかけることを意識した取り組みを行った。そのため、生徒の授業後の振り返りからは、以下のような記述例（批判的な考察）が多く見られた。

> ・（Ｎ男）はじめは、男女別の箱ひげ図の経年変化を見ると、箱が上下していたので、あまり変化が無いと思っていた。しかし、〇〇さんが言っていた「第２四分位数が、右上がりのＷ型になっている」という意見から、僕のグラフの見方が変わりました。もっと、過去のデータも分析して、本当に上昇しているのか知りたい。
> ・（Ｍ男）今、世間では、中学生の運動能力が低下していると言われているが、今回の授業で箱ひげ図を見てみると、附坂中は、ほぼ横ばいだと思った。でも、データ数が過去５年間と少ないと感じたので、過信しすぎてはいけないと思った。
> ・（Ａ女）箱ひげ図を利用して、何かを説明するなら、やっぱり箱ひげ図にしかない特徴でしゃべって、箱ひげ図だけでははっきりと分からない部分をヒストグラムなどを利用して説明すると良いかなと思いました。
> ・（Ｓ女）データは同じでも、説明する人の視点によって、良くも悪くも示せるのだと感じた。「本当に正しいのか？」といった疑問をもつと、全てが疑わしく思えた。自分が説明する際のデータとして使うには、切り取り方が重要だと感じた。

　　生徒の記述例を見ると、分析した箱ひげ図の資料について、いろいろな見方をしているのがわかる。特定の見方・考え方に固執せずに議論できた結果だと考える。「本当に正しいのか？」といった問いを単元を通して投げかけたことで、批判的な考察を涵養することにもつながったと感じている。また、授業後の振り返りの際には、「授業での疑問や新たな気づきはありますか？」と言った。各授業における問題解決の過程を意識させた問いを投げかけることも、生徒が学習の過程を省察するきっかけとしては、有効であると考える。

（３）「数学的な見方・考え方」の変容に気づくための振り返りの工夫

　　この単元で変容させたい「数学的な見方・考え方」は、「データの分布を示すには、ヒストグラムだけではなく、様々な代表値が一目でわかる箱ひげ図があることやヒストグラムと箱ひげ図の用途の違いに気づくこと、また、データは自分の説明の根拠として使えるものになること」とした。そのため、単元学習前では、「私にとって『資料（データ）』とは...（単元の学習内容について知っていることを書こう）」と

漠然と記述を促し、1年次に学習したヒストグラムの確認とデータは日常的に見る
ものであって、自ら活用するものでないという生徒の考えを確認させた。

〇単元学習前

・U女の「単元学習前の語り」

私にとって"資料（データ）"とは...

いろいろなところに使われているのだろうけど、私はあまり、
具体例は思いつかない…。
一年生の時に平均値を計算したりするのがすごくめんどう
くさかったので、苦手です。

> 身の回りに使われていることの記述はあるが、
> どこか自分とは遠い存在の記述がなされている。

〇単元学習後

・U女の「自己に引きつけた語り」

私にとって"資料（データ）"とは...　身近にあるなくてはならないものだと思う。
私達がふれている情報は、ほとんど、データを根拠に伝えられている。
たとえば、他の教科で出てくるような、食料自給率の変化や物質を熱した時
の温度の変化もそうだし、よく、ニュースででてくるような、少子高齢化や、地
球温暖化についての記事もデータを根拠に話している。しかし、それが、
正確なデータかと言われれば、分からない。仮に、平均値だけの、
データならば、それは、信用できるデータとは、言えない。記者や話し手は、外れ値
なども入れて、自分の結論づけたいデータに近づけるからだ。例として、テレビ
番組でも、むりやりねじまげたデータがあり、驚いた。しかし、「箱ひげ図」なら、
どうだろう、外れ値ははぶいてくれるし、データのどこに集中しているかも、
一目瞭然だ。真ん中の50%のデータで比べることができるので、　箱ひげ図
変化の様子も正確で分かりやすかった。実際に授業内
で、自分達で、データに落としていくと、ニュースに対して、疑問が
できることも、多々あった。情報を信じるというのも、
良いことだが、うのみにするのでは、なく、「疑う心」も持って、
身近なニュースに親んでいきたい。

　　上のような、「数学的な見方・考え方」の変容に気づいた「自己に引きつけた語り」
は 78 名（【75%】n＝104）であった。多くの生徒が箱ひげ図のよさを知るとともに、
最頻値のようにヒストグラムでしか表せない代表値もあることに気づいた。また、上
記の生徒の記述例にもあるように、単元学習前の自分との比較を促すことで、データ
が、自分の説明の根拠として重要な働きをすることにも気づく記述が多く見られた。
「今までの自分は...」といった記述が多く見られたのも、学習前に記述した資料（デー
タ）に対する思いとの比較をすることで、見いだされたものと考える。

成果（〇）と課題（●）

研究内容（１）生徒が目的意識をもって学習課題に取り組むことができる授業デザインの工夫

〇　単元や題材に対する生徒の文脈を把握し、日常生活や社会の事象、数学の世界の事象を数学化した学習課題は、生徒の学習意欲を高めることに効果的である。特に、算数・数学の問題発見・解決の過程を意識した授業では、授業の振り返りでの生徒の新たな気づきや疑問を次の授業につなげることで、探究的な学びのサイクルが、２周目、３周目と自然に発生することもわかった。さらに、小学校算数科での学びや１、２年時での学びの系統性をうまく活用した単元構成にすると、過去の学びの経験値とつながり、生徒の新たな疑問が生まれやすいことも分かった。（例：１年時に、全国平均と本校の記録データを比較した経験から、２年時の学習で「全国と比較するとどうなるのか？」といった疑問が出てきた。）

●　数学は、系統性の強い教科である。そのため、共通学習Ⅰでの知識・技能の習得が十分になされていない生徒は、共通学習Ⅱのような場面で、問題は発見できても解決の術が分からないことが多い。そのため、目的意識を高めたり、学習意欲を向上させたりしたとしても、解決に至らないこともあった。今後は、学年間や各領域における学びの系統性を考慮しつつ、広い意味での単元構成や授業デザインを行う必要があると思われる。

研究内容（２）生徒が問題解決の過程を意識できるような活動の工夫

〇　少しずつではあるが、「数学的な見方・考え方」が生徒の身に付いてきていることを実感している。それは、「帰納的な考え方」のことを「表をかいて、規則性を見つけたらいい」と表現したり、「一般化の考え方」のことを「文字を使って表して計算してみよう」と表現したりするなど、生徒の言葉で「数学的な見方・考え方」を活用している姿が見られたからである。さらに、いろいろな単元で活用できるよう、「今までに学習した考え方は使えないかな」と助言することで、同じ「数学的な見方・考え方」を活用する場面を統合できるような見方も身に付けさせたい。

●　問題発見・解決の過程に取り組んだ授業後の生徒の振り返りにおいて、「どのように考えることが問題解決につながったのか」という記述はあっても、「他にどんなことに活用できるのか」というような記述は、あまり見られなかった。「条件（場面）を変えてみる」という発展的な考え方にもつながることであり、問題解決の後に、そこから得られた結果を何と統合したり、どう発展させたりするのかということについても考えさせる必要がある。

研究内容（３）「数学的な見方・考え方」の変容に気づくための振り返りの工夫

〇　単元学習前に単元や題材についての記述を促したり、毎時間の振り返りを時系列に並べて１枚の振り返りシートにしたりしたことは、生徒が自分の「数学的な見方・考え方」の変容に気づく手掛かりになったと考える。多くの生徒が、前時の自分の記述を見て、本時の学習に臨んだり、過去の自分との比較をしたりして

いた。振り返りレポート（振り返りシート裏面）の記述を見ても、「今までは～だったが、この単元での授業で～に変わった。」といった記述が多く見られ、授業者としては、「数学的な見方・考え方」の変容が記述されていると考えた。

● 単元学習後のレポートにおいて、題材に対する「ものがたり」の変容の記述は多くの生徒の振り返りにあるが、数学科の「自己に引きつけた語り」としている「数学的な見方・考え方」が豊かになったことを実感している記述数はまだまだ少ない。単元で身につけた「数学的な見方・考え方」を一般化したり、今までの知識と統合したりするなど、単元を超えて振り返られるよう大きな視点が必要である。そのためにも、研究内容（２）でも述べたように、問題解決の過程を振り返る時間を確保し、「条件をどう変えることがよかったのか」や「１次関数だけでなく２乗に比例する関数も学習することで、何ができるようになったのか」など、単元内容の本質的な部分を考える問いを投げかけたい。また、本当に生徒たちが自らが変容したことに対するよさに気づいているかどうかを把握することは難しく、更なる生徒の見取りの手立てを考える必要がある。今後、単元学習後のレポートの記述の視点を改良したり、評価テストを考案したりするなどして、「数学的な見方・考え方」が豊かになったと変容のよさに気づいているかどうかの評価等を行う必要があると考える。

参考文献

・文部科学省『中学校学習指導要領解説数学編』、2008
・文部科学省『中学校学習指導要領解説数学編』、2017
・大前和弘・中西健三『研究紀要』香川大学教育学部附属坂出中学校、2012　51～66Ｐ
・大前和弘・中西健三・大西光宏『研究紀要』香川大学教育学部附属坂出中学校、2014　65～80Ｐ
・大前和弘・渡辺宏司・大西光宏『研究紀要』香川大学教育学部附属坂出中学校、2016　75～92Ｐ
・渡辺宏司・山田真也・大西光宏『研究紀要』香川大学教育学部附属坂出中学校、2018　81～101Ｐ
・根本博『数学教育と人間の教育』啓林館、2014
・江森英世『数学的コミュニケーション論序説』明治図書、2012
・永田潤一郎『数学的活動をつくる』東洋館出版社、2012
・松沢要一『中学校数学科　授業を変える教材開発＆アレンジの工夫38』明治図書、2013
・柗元新一郎『中学校数学科　統計指導を極める』明治図書、2013
・永田潤一郎『中学校　新学習指導要領の展開』明治図書、2017
・片桐重男『数学的な考え方の具体化と指導 -算数・数学科の真の学力向上を目指して-』明治図書、2004
・青山和裕『楽しく学ぶ！　中学数学の統計「データの活用」』東京書籍、2018
・中島健三『算数・数学教育と数学的な考え方』東洋館出版社、2015
・片桐重男『問題解決過程と発問分析』明治書籍、2017
・片桐重男『数学的な考え方の具体化』明治書籍、2017
・石谷茂『図形と論証』啓林館、1957

第3学年2組 数学科学習指導案

指導者　　渡辺　宏司

1　日　　　　時　　令和2年6月12日（金）10：15〜11：05
2　単　元　名　　相似な図形　−平行線と線分の比−
3　学　習　空　間　　3年2組教室
4　単　元　に　つ　い　て

（1）数学的な推論の過程に着目して図形の性質や関係を論理的に考察し表現することの意義は、1つには既習の図形の性質や関係を論理的に整理し、体系付け、組み立てていくことにある。その際、合同と相似は重要な概念である。第2学年では、数学的な推論の過程に着目して、図形の合同に基づいて三角形や平行四辺形の基本的な性質を見いだし、論理的に確かめ説明することを学習している。第3学年では、三角形の相似条件などを用いて図形の性質を論理的に確かめ、数学的な推論の必要性や意味及び方法の理解を深め、論理的に考察し表現する力を養う。私たちの身の回りには、画像の拡大・縮小、地形とその地図、車とその模型など、大きさは異なるが形が同じであるというものが数多く存在する。また、直接測定することが困難な木の高さや、2点間の距離なども、測定が可能な距離や角の大きさを実測し、それらをもとに縮図等を利用し、求めることができる。これは、相似な図形を、角の大きさや線分の比という数学の概念のみで捉えていたところから、より身近な生活の場面に戻そうとするものである。相似の学習は、その内容と実生活との関連が強く、数学的内容の有用性や学習することの意義を実感させられるものと思われる。

　本単元で学習する三角形の角の二等分線と比の定理は、その定理を補助線を活用して、いろいろな証明方法で論証していくことのできる内容である。1つの補助線により、1つの図形の見え方が変わってくるため、生徒の数学的な見方・考え方を豊かにしてくれるものと考える。

（2）本学級の生徒は、男子18名、女子17名の合計35名である。小学校では、縮図や拡大図が形が同じで大きさが異なる図形であることについて学んでいる。これらを基に、中学校では、2つの図形について、大きさが異なっても形が同じであることを相似な関係として学び直す。本単元の学習前に、生徒は相似な図形の性質や三角形の相似条件を学習している。三角形の相似条件を使って、図形の性質を考察し証明したり、1点を中心とした相似な図形のかき方が正しいことを相似な図形の性質を使って証明したりしてきた。

　　　昨年度実施した学習前の生徒アンケート（ n =35）の結果は、以下の通りである。

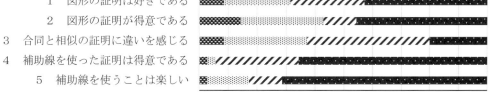

2年時に学習した合同と3年時の相似の証明に違いを感じると答えた生徒は少ない（37%）。その理由の記述を見ると、「合同条件と相似条件は似ているが、2組の角がそれぞれ等しいのように若干言い方が違う」や「合同な2つの三角形は、パッと見でわかるが、相似な三角形の組は見つけにくい」など、相似を学習する意味や価値を実感している内容はなかった。また、ほとんどの生徒が補助線に抵抗感をもっており、補助線を活用した論証には困難さを感じていると思われる。以上より、生徒の学習前の題材（相似な図形）に対する当たり前を「2年生で学習した合同と同様に、三角形の相似条件を使うと、三角形の拡大図や縮図など、2つの図形が相似であるか否かの証明ができるようになるだけである。」と設定した。

（3）本単元を指導する（個の「ものがたり」を深める）にあたって、次の点に留意したい。

- 　単元を学習する前に、「私にとって"補助線"とは」という題目で自分の考えを記述させておくことで、学習後に学習前の自分と比較できるようにしておく。
- 　学習課題が生徒たちのものとなるために、授業での生徒の発言や振り返りシートの記述をもとに新たな学習課題を設定したり、単元構成の編成を生徒の思考に沿ったものに変えたりして、授業デザインの工夫を行う。
- 　色々な図形の見方を促すために、1つの命題に対して、図を描いたり、タブレット端末を使用したりする。また、その際の論証では、根拠をもとに図形の性質に迫れるような質問をし、互いに考えるような対話を取り入れる。
- 　探究的な学びとなるように、直感（観察・実測・実験）→特殊化→一般化のサイクルを意識した授業展開を行う。
- 　生徒が問題解決の過程を意識できるよう、問題解決に有効であった見方・考え方を今後の問題解決でも働かせられるよう、生徒に分かりやすい表現でまとめて共有したり、見方・考え方を働かせる場面で掲示物等で示したりする。
- 　時系列に並んだ、毎時間の振り返りカードの記述を読み直し、単元のまとめレポートを記述させることで、俯瞰的に単元を振り返る活動を取り入れる。また、学習前後にどのように自分が変容したのかを生徒自身に自覚させる。

5　本単元の目標
（1）本単元で生まれる「ものがたり」

――― 題材に対する「ものがたり」の変容 ―――

（学習前）
　2年生の合同で学習した三角形の合同条件や直角三角形の合同条件と同様に、三角形の相似条件を使うと、三角形の拡大図や縮図など、2つの図形が相似であるか否かの証明ができるようになる。

（学習後）
　三角形の合同条件を使った証明では、二等辺三角形の性質や平行四辺形かどうかを確かめることが多かった。しかし、三角形の相似条件を使えば、多くの定理（三角形と比の定理、三角形の角の二等分線と比の定理、中点連結定理など）を見いだすことができ、新しいものを創造している感じがした。

題材と自己をつなぐ概念　補助線

（自己に引きつけた語り）

　今まで、補助線の存在がどちらかと言えば、面倒くさくて、嫌いだった。証明をする際にも、補助線を引くという発想すら出てこないことが多かった。しかし、この単元での学習を通して、特に三角形の角の二等分線の比の証明では、たった１個の定理を証明するのに、こんなにたくさんの証明方法があるということに驚いた。誰でも知っている、平行線や垂線、等しい長さの線分を補助線としてかき加えることで、同位角や錯角はもちろんだが、合同な図形まで生まれてきた。私にとって、補助線は図形の可能性を広げてくれる欠かせない道具である。今思えば、２年生の学習でも、二等辺三角形の底角や星型多角形で補助線を使っていたが、あれらもすべて１つの図形の見方を広げてくれていたのだと再確認できた。また、本単元の学習を通して、なぜ相似な図形を３年生で学習するのかの意味も少しは理解できたような気がする。「合同と相似には、どんな違いがあるの？」と先生から言われたときは、証明をするだけで、正直大きな違いなんてあるのかなと思っていた。だが、三角形の相似条件を使うと、本当にたくさんの定理が生まれてきた。自分のできることがすごく増えたように感じた。おそらく、授業だけでは見つけられなかった自分の知らない法則や定理がまだまだたくさんあるはずだ。補助線を使って図形の可能性を広げて、相似条件や学習した定理をもとに新たな定理を証明していきたい。

（２）本単元で育成する資質・能力

【知識・技能】	
・平面図形の相似の意味及び三角形の相似条件について理解している。 ・基本的な立体の相似の意味及び相似な図形の相似比と面積比や体積比との関係について理解している。	○角形と比の性質やその逆を理解し、それらを使って、線分の長さを求めたり、平行な線分を見つけたりすることができる。 ○中点連結定理を理解し、それを使って線分の長さを求めたり、中点連結定理を使った図形の性質の証明を表したりすることができる。 ○平行線と線分の比の定理を理解し、それを使って、線分の長さを求めることができる。
【思考力・判断力・表現力等】	
・三角形の相似条件などを基にして図形の基本的な性質を論理的に確かめることができる。 ・平行線と線分の比についての性質を見いだし、それらを確かめることができる。 ・相似な図形の性質を具体的な場面で活用することができる。	○三角形と比の性質とその逆が成り立つことを証明したり、三角形の角の二等分線の性質を見いだしたりすることができる。 ○中点連結定理が成り立つ理由を考えたり、中点連結定理を使って図形の性質を証明したりすることができる。 ○平行線と線分の比の定理が成り立つことを証明することができる。

総論

国語

社会

数学

理科

音楽

美術

保健体育

技術・家庭

外国語

学校保健

共創型探究

【学びに向かう力・人間性等】	○三角形の辺に平行に引いた線分の長さに関心をもち、三角形の相似条件などを使って、その性質を調べようとする。
・相似な図形の性質のよさを実感して粘り強く考え、図形の相似について学んだことを生活や学習に生かそうとしたり、相似な図形の性質を活用した問題解決の過程を振り返って評価・改善しようとしたりしている。	○三角形の2辺の中点を結ぶ線分と残りの辺の関係に関心をもち、それを調べようとする。
	○平行線によって分けられる線分の長さに関心をもち、三角形と比の定理などを使って、それらを調べようとする。

（3）単元構成（全7時間）と問い

時間	学習課題（中心の問い）と ◆学習内容
1・2	三角形の1辺とそれに平行な線分にはどのような関係があるのか？ ◆ 三角形の1辺に平行な直線が他の2辺と交わるとき、それぞれの交点は、その2辺を等しい比に分けることを理解する。 ◆ 三角形の2辺を等しい比に分ける点を結ぶ線分は、他の1辺に平行になることを予想し、証明する。 ＊ここで使う補助線：平行線、延長線
3	三角形の2辺の中点を結ぶ線分と残りの辺にはどのような関係があるのか？ ◆ 中点連結定理を見つけ、理解する。
4・5	四角形の各辺の中点を順に結ぶと、どんな四角形ができるだろうか？ ◆ 四角形ABCDの各辺の中点をそれぞれE、F、G、Hとし、四角形EFGHをつくり、四角形が平行四辺形になることを予想し、証明する。 ◆ タブレット端末を使い、四角形EFGHが特別な平行四辺形になるときの四角形ABCDの条件について考察し、その理由を考える。 ＊ここで使う補助線：点と点を結ぶ線
6	平行な3本の直線l、m、nに直線p、qが交わるとき、どんなことがわかるか？ ◆ 補助線を引いて平行線と比の性質に気づき、それらを証明する。 ◆ 平行線と比の性質を利用して線分の長さを求めたり、線分を適当な比に分けたりする。 ＊ここで使う補助線：平行線、延長線
7 （本時）	三角形の頂角を2等分するように折ると、折り目と底辺との交点はどんなところにできるのか？ ◆ 操作や実測により三角形の角の二等分線の性質を見いだし、補助線を活用して三角形の角の二等分線と比の定理の証明方法を考える。 ＊ここで使う補助線：平行線、垂線、等しい長さの線

6 本時の学習指導

（1）目標

- 操作・実測により三角形の角の二等分線の性質に気づく。
- いろいろな補助線を活用して、三角形の角の二等分線と比の定理を証明することができる。

（2）学習指導過程

学習内容及び学習活動	予想される生徒の反応	○ 教師のかかわり
1 学習課題を把握する。		
三角形の頂角を２等分するように折ると、折り目と底辺との交点はどんなところにできるのか？		
2 二等辺三角形を折って実験する。	・ 角を二等分するにはどう折ればいいのかな。 ・ 角の二等分線は、辺と辺が重なるように折ればいいんだったな。	○ 紙でできた二等辺三角形を生徒に配布し、頂角を二等分するので、頂角を挟む二辺が重なるように折ることを確認する。
3 実験結果から、新たな問いを見いだす。		○ 生徒の発言をファシリテートしながら、本時の課題に迫るよう促す。

T ：二等辺三角形を折ると、どんなことに気づきましたか？
S1：折り目と底辺の交点は、底辺の中点になります。
T ：じゃあ辺の比は、何対何になっているの？
S2：もちろん、１：１です。これは、２年生の二等辺三角形の学習の時、証明済みです。
T ：二等辺三角形の頂角の二等分線は、底辺を垂直に二等分するんでしたね。
　　では、みなさんは次にどんなことを考えますか？
S3：普通の三角形でも同じことが言えるのかな...。＜新たな気づき①＞
T ：普通の三角形とは？
S3：二等辺三角形や正三角形みたいな特別な三角形ではなくて、一般的なやつです。
S4：そんなの無理に決まっています。折り目の線は、絶対に中点は通りません。
T ：なぜ、そう言い切れるのですか？
S4：合同な三角形にならないからです。２年生の時に、確か垂線を使って証明したから。
S5：私も２つの三角形が合同じゃないから、底辺は１：１にならないと思います。
T ：じゃあ、この普通の三角形をみなさんに配りますから、折って確かめてみましょう。
　　（生徒たちが、配布された三辺が６ｃｍ、５ｃｍ、４ｃｍの三角形を折ってみる）
S4：やっぱり、中点は通らないです。
S5：合同な三角形にはなりません。
T ：そうですか...。もう一度、学習課題を確認しますね。
　　（何人かの生徒が、定規をつかって実測し始めている）
S3：なんか...、３：２になっている...。
S2：頂角を挟む辺の比と同じで、底辺が３：２になっています。
S4：本当... ？
S5：本当だ、３：２になってる。
S4：先生が仕組んだ三角形じゃないんですか？僕らの知らない特別な三角形。
T ：じゃあ、みなさん自分たちで三角形を作って、折ってみますか？
　　（生徒たちが、個々に三角形を作って折っている）
T ：何か気づきましたか？
S4：う〜ん。みんなの作った三角形は形が違うのに、頂角を挟む辺の比と、底辺の比が同じだ。なんでそうなるのかな？＜新たな気づき②＞

4 新たな気づきから課題を共有し、証明する。 ┌─────────────────────┐ │ △ABC の ∠A の二等分線が辺 BC │ と交わる点を D とすれば、 │ AB：AC＝BD：DC │ であることを証明せよ。 └─────────────────────┘ 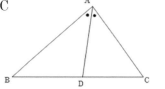 5 全体で証明を確認する。		○ 既習の補助線（平行線・垂線・延長線・等しい長さの線など）を利用することを助言し、黒板に提示しておく。 ○ 発表用ボードを班に配布し、色々な証明方法を考えるよう促す。
（予想される証明図の例） ① 平行線 ② 垂線 ③ 等しい長さの辺 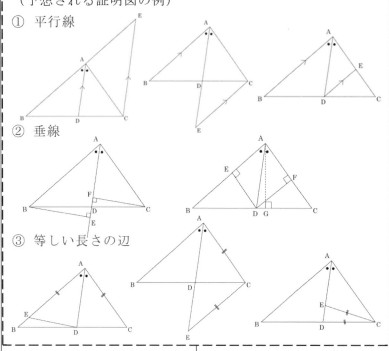		○ 使用した補助線ごとに分類し、黒板に発表ボードを提示していく。 ○ 全体発表の場面では、「なぜ、その補助線を引こうと思ったのか」、「その補助線から、図に何が生まれたのか（発見したのか）」を問い合う場面を設定する。 ○ 証明の際に使われた、補助線や合同な三角形、面積の等しい三角形など、既習内容をもとに統合的に思考できた場面を適宜取り上げ、賞賛する。
6 三角形の二等分線と比の定理を知る。	・ 二等辺三角形の時は当たり前に思っていたけど、不思議な定理だな。 ・ 今後、辺の長さが、簡単に求められそう。	○ 三角形の二等分線と比の定理をまとめ、黒板に提示する。
7 本時の学びを振り返る。	・ 補助線を使うと、一気に図の見え方が広がるな。 ・ 他にも、どんな定理が図形の学習には潜んでいるのかとても楽しみだ。	○ 個々の振り返りを共有する場面を設け、次時へつながる新たな気づきや問いについては、全体で共有する。

（3）見取り
・ 相似の学習に対する「ものがたり」の変容（『相似』を学習する意味や価値を実感した語り）があるかを単元終了後のレポートで見取る。
・ 数学的な見方・考え方が豊かになった語り（『補助線』をキーワードに図形の見方を捉え直した語り）を単元終了後のレポートで見取る。

第2学年3組 数学科学習指導案

指導者　　吉田　真人

1　日　　　　時　　令和2年6月12日（金）13：10～14：00
2　単　元　名　　データの活用
3　学　習　空　間　　2年3組教室
4　単元について
（1）急速に発展しつつある情報化社会においては、確定的な答えを導くことが困難な事柄についても、目的に応じてデータを収集して処理し、その傾向を読み取って判断することが求められる。この領域の内容は、そのために必要な基本的な知識や技能を習得し、統計的な見方や考え方を働かせながら問題解決する力を身につけることできる重要な単元である。中学校数学科において第1学年では、ヒストグラムや代表値について理解し、それらを用いて資料の傾向を読み取ることを学習している。第2学年では、これに加えて四分位範囲や箱ひげ図を学習することで、複数の集団のデータの分布に着目し、その傾向を比較して読み取る力を養う。また、考察の結果としてただ一つの正しい結論が導かれるとは限らないことも、この単元の特徴である。そのため、よりよい解決方法や結論を見いだすに当たって、データに基づいた判断や主張を批判的に考察したり、自他の問題解決の過程を振り返ったりする力も身につけさせたい。ヒストグラムも箱ひげ図も量的データに対して用いる手法であるが、それぞれの利点を正しく理解し、場面や目的によって使い分ける場面を設定することで、生徒の数学的な見方・考え方を豊かにしていくことにつながると考える。生徒にとって身のまわりにある事象を題材に取り上げ、その傾向を考察し、統計的な見方や考え方のよさを実感させることで、今後の日常生活においても不確定な事象に対し、自分なりの予測や判断を行う力の育成につながる単元である。

（2）これまで生徒は、小学校からデータの分析方法について段階的に学習しており、平均値や最頻値などの代表値や表を使って物事をわかりやすく分類、整理する方法、また、数量的な変化や関係を視覚的に捉えるための様々なグラフの表し方についての知識をもっている。以下は、昨年度の2年生を対象としたアンケートの結果である。

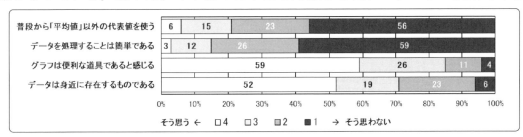

多くの生徒が、様々な代表値を学習していても普段の生活では平均値のみを使用して意見を述べていることがわかる。「データは身近に存在する」、「グラフは便利な道具である」と感じているものの、データを処理することに対して難しさを感じていることも分かる。また、単元を学習前に「私にとって"資料（データ）"とは」という題目で自由に記述にさせると、「実験した結果をまとめたもの」、「そこから読み取ることが難しい」など記述が多かった。ただ一言「便利なもの」とだけ記述している生徒もおり、その便利さを十分に実感できるよう授業を展開していきたい。

（3）本単元を指導する（個の「ものがたり」を深める）にあたって、次の点に留意したい。

・ 単元を学習する前に、「私にとって"資料（データ）"とは」という題目で自分の考えを記述させておくことで、学習後に学習前の自分と比較できるようにしておく。

・ 単元導入時では、既習事項である最頻値などの代表値やヒストグラムでは判断が困難な課題を設定することで、新たなデータの見方の必要性を感じさせる。

・ 生徒が目的意識をもって学習課題に取り組むことができるように、日常生活に関する事象を取り上げながら学習課題を設定する。

・ 1つのデータに対して複数の判断の仕方があることが理解できるよう、異なる判断をしている生徒同士を意図的に班にしたり、ジグソー法を用いて班構成を変えたりすることによって、語り合い、探究する場を設定する。

・ 統計的な課題解決の場面では、「どのように考えることがよかったのか」、「グラフの読み取り方はよかったのか」などの視点で振り返りを行わせることで、批判的に考察する力を養うことにつなげる。

・ 箱ひげ図とヒストグラム、それぞれの利点について考える時間を設定することで、場面や目的によって使い分ける必要に気づかせ、「データの傾向の読み取り方」という概念で「自己に引きつけた語り」を生み出すことにつなげる。

5　本単元の目標
（1）本単元で生まれる「ものがたり」

┌─ 題材に対する「ものがたり」の変容 ──────────

（学習前）
　テストの点や気温、年齢などは平均値を用いて表すことが多く、生活の中で特に不便を感じていない。そんな中、箱ひげ図を学習する必要があるのだろうか。

（学習後）
　箱ひげ図は、複数のデータの散らばりぐあいが一目で分かり、便利である。平均値だけでは、データの様子を表すことができないものもあり、箱ひげ図の有用性を感じた。

題材と自己をつなぐ概念
データの傾向の読み取り方

（自己に引きつけた語り）
　今まではデータの特徴を説明するとき、最頻値などの代表値やヒストグラムなどを使って説明していた。しかし、代表値がすべて等しく、ヒストグラムも大きな違いがないデータを比較するときがあり、そこでデータの「散らばりぐあい」という新たな視点に気づくことができた。箱ひげ図を使ってデータを表すと、その散らばりぐあいが一目で分かるだけでなく、ヒストグラムより多くのデータを比較しやすくなった。「箱ひげ図のよさ」と「ヒストグラムのよさ」がそれぞれにあり、1つのデータに対していろいろな見方ができるようにしたい。また、このデータの活用の学習を通して、「批判的に考察する」ということの大切さやおもしろさを実感した。これからはテレビの報道番組やインターネット上で示された様々なデータを見ていく上で、「本当にそうなのだろうか」と考え、学習した知識をもとに自分なりに正しいデータの分析をしていきたいと思った。

（２）本単元で育成する資質・能力

【知識・技能】	
・数量や図形などについての基礎的な概念や原理・法則などを理解するとともに、事象を数学化したり、数学的に解釈したり、数学的に表現・処理したりする技能を身につけるようにする。	○四分位数や箱ひげ図の必要性と意味を理解することができる。 ○データを整理し、四分位数や四分位範囲を求めたり、箱ひげ図で表したりすることができる。
【思考力・判断力・表現力等】	
・数学を活用して事象を論理的に考察する力、数量や図形などの性質を見いだし統合的・発展的に考察する力、数学的な表現を用いて事象を簡潔・明瞭・的確に表現する力を養う。	○四分位範囲や箱ひげ図を用いて、データの分布の傾向を比較して読み取り、批判的に考察し判断することができる。
【学びに向かう力・人間性等】	
・数学的活動の楽しさや数学のよさに気づいて粘り強く考え、数学を生活や学習に生かそうとする態度、問題解決の過程を振り返って検討しようとする態度、多面的に捉え考えようとする態度を養う。	○四分位範囲や箱ひげ図のよさに気づき、データの分布について学んだことを生活や学習に生かそうとしたり、四分位範囲や箱ひげ図を活用した問題解決の過程を振り返って多面的に考察したりすることができる。

（３）単元構成（全６時間）と問い

時間	学習課題（中心の問い）　と　◆学習内容
1・2	代表値や範囲が同じなら、データ全体の特徴も同じだろうか？ ◆平均値など代表値が等しい２つのデータを考える際に、データを比較する視点として資料の散らばり具合に注目し、箱ひげ図のよさについて理解する。
3	データの数が偶数個でも奇数個でも四分位数の求め方は同じなのか？ ◆データの数が偶数個の場合と奇数個の場合で、四分位数の求め方に違いがあることを理解する。
4	四分位範囲や箱ひげ図から、どのようなことが言えるのか？ ◆ある事象を箱ひげ図で表し、「四分位範囲が大きいと何が言えるのか」、「箱の位置が上側にあると何が言えるのか」など、箱ひげ図から読み取れることについて考える。
5 （本時）	香川県と埼玉県、どちらの方が気候的に過ごしやすいだろうか？ ◆複数の観点で作成した箱ひげ図から、それぞれの傾向を読み取ったり、組み合わせたりすることで、根拠をもって自分の意見を説明したり批判的に考察したりする。
6	４人の●●●選手の中で、どの選手が優勝するだろうか？ ◆データの特徴について、箱ひげ図とヒストグラムの利点に着目することで、より良いデータの分析の方法について考える。

6　本時の学習指導

（１）目標

・　２県のデータの分布の傾向について、箱ひげ図を用いて比較することで、根拠をもって自分の考えを説明したり、他者の考えを批判的に聴いたりすることができる。

（2）学習指導過程

学習内容及び学習活動	予想される生徒の反応	○ 教師のかかわり
1　学習課題を把握する。 　　気象庁（2010年）によると 　・年間晴れ日数1位：香川 　・年間快晴日数1位：埼玉	・　晴れも快晴も、良い天気。よく似た地域だろう。	○　2つの県の違いを「気候的に」という点からみて比較することで、学習課題へとつなげる。

香川県と埼玉県どちらが気候的に過ごしやすいだろうか。

学習内容及び学習活動	予想される生徒の反応	○ 教師のかかわり
2　何のデータで、2つの県を比較するかを決める。 　・扱うデータは次の4つ 　「平均気温」「平均湿度」 　「最高気温」「最低気温」	・　降水量や気温のデータで比較したい。 ・　不快指数という基準もあるぞ。	○　個人の感覚ではなく、基準となる指数（数値）はないかを問う。 ○　比較するデータは教師が準備をしているが、どのようなデータを根拠にするとよいか全体で考えるよう指示する。
3　4つのデータをもとに2つの県を比較する。 （1）4人班で担当するデータを決める。 （2）担当するデータ毎に班に分かれ、2県を比較する。（エキスパート活動） （3）もとの班に戻り、それぞれが分析したことを語り合う。（ジグソー活動） （4）班で統合した結果をもとに全体の場で意見交換する。（クロストーク）	・　自分が責任もって、このデータについて考えないといけない。 ・　平均だけで結論を出してもいいだろうか。 ・　箱の大きさから考えよう。 ・　その箱ひげ図では、そうとも言い切れないよ。 ・　同じデータでも、自分たちの班は反対の意見になった。	○　語り合いの活性化を図るため、ジグソー法による授業を展開する。 ○　生徒がもとの班に戻って、担当したデータに関する考察が説明できるよう、ワークシートを準備しておく。 ○　4つのデータに関する考察を統合的に活用し、最終的にどちらの県を選択するかを班で決めるよう指示する。 ○　生徒同士の発言がつながるように、ファシリテートする。

　　　　立場　　　S1：平均気温　　S2：平均湿度　　S3：最高気温　　S4：最低気温

S1：2県の平均気温を比較すると、どちらも同じような箱ひげ図になったので気候の差はないと思います。
T　：S1さんの意見について、みなさんどう思いますか。
S3：本当にそうでしょうか。たしかに平均気温は同じような箱ひげ図ですが、最高気温は埼玉県の方が夏場は高いという結果になりました。
S4：最低気温も、埼玉県の方が低いという結果になりました。
T　：みなさんの意見をまとめると、どのような結論になりますか。
S2：2県の箱ひげ図を見ると、香川県と比較して、埼玉県の方が範囲が広いということが分かります。つまり、埼玉県の方が寒暖の差が激しいということになり、過ごしにくいのではないかと思います。
S1：たしかに、私は気温の平均値だけを見ていたので、気候の詳しい様子は分かりませんでした。しかし、データを箱ひげ図にすることで、気温の散らばりぐあいが分かりました。＜新たな気づき＞
S2：気温だけではなく、湿度のことも考えてみませんか。それぞれの気温に対して、快適な湿度があります。
S　：聞いたことがあります。不快指数という値ですね。この指数を比べてみませんか。
S3：なるほど！そうすれば、どのくらい快適かどうかもよく分かりますね。
S4：箱ひげ図を見ると、やはり埼玉の方が不快指数の散らばりぐあいが大きいですね。
S1：なるほど。平均値だけではなくて、最大値や最小値などの代表値やその散らばりぐあい考えることで、いろいろな見方ができますね。

学習内容及び学習活動	予想される生徒の反応	○ 教師のかかわり
4　本時の学びを振り返る。	・　箱ひげ図だと、複数のデータをまとめて比較ができる。	○　箱ひげ図のよさや、複数のデータを統合的に活用することのよさに関する記述を全体で共有する。

（3）見取り
　　・　クロストークの場面で、過ごしやすい気候を決定する際に、エキスパート活動で得た情報を統合的に考察し、自分の考えを語れているかを振り返りシートで確認する。

理科

鷲辺　章宏　・　山下　慎平　・　島根　雅史

自然事象から問いを見いだし、
自ら探究できる生徒の育成
－科学する共同体の中でつむがれる「ものがたり」を通して－

　生徒は、科学することを大切にする共同体（科学する共同体）のなかで、自然事象から見いだした問いについて、科学的に対話し、試行錯誤を繰り返すことで、自然の摂理や真理を解明する過程を学ぶとともに、自分をとりまく自然事象や世界について理解を深めていく。そのなかで生まれた学びを過去の自分の経験や考え、感じ方とつなげながら振り返り、自然を改めて見直した時、自然を新たな見方や考え方で捉え直すことができるようになった自分に気づく。そのような経験の積み重ねが、理科を学ぶことの「意味や価値の実感」につながり、生徒の学び続ける意欲を育む。このような考えのもと、前回大会では、探究の過程における対話の質を高め、自然を新たな視点で捉えることのできる生徒の育成をめざし研究を進めてきた。

　それらは一定の効果はあったものの、単なる知識の獲得にとどまり、学びを自己に引きつけられていない生徒の姿も見られた。そこで今期は、学びをより深いものとし、自ら探究できる生徒を育成するため、「自己に引きつけた学びを生むための単元構成」「自然事象から問いを見いだすための教師のかかわり」「題材と自己の自然観の変容に気づく振り返り」の３つを中心に研究を行っていく。

研究主題について

　本校は、自立した学習者を育てるため、学び続ける意欲について研究を行っている。それを受け、理科では「科学する共同体」と「意味や価値の実感」を大切にしている。理科の本質とは「科学する文化の営みに参加し、探究するなかで、自然を捉え直すこと」であると考えている。生徒は、科学する文化を大切にする共同体（科学する共同体）のなかで、自然から見いだした不思議や疑問について、科学的に対話し、試行錯誤を繰り返しながら、自分をとりまく自然事象や世界について理解を深めていく。そして、その学びの過程を過去の自分の経験や考え、感じ方とつなげながら振り返り、自然を見直した時、自然を新たな視点で捉え直すことができるようになった自分に気づく。そのような経験の積み重ねが、理科を学ぶことの「意味や価値の実感」へつながり、学び続ける意欲を育むと考える。

　理科において、学びの出発点は自然事象から「問い」を見いだすことであり、それは自ら探究することのできる生徒を育成する上でも重要である。しかし、**図1**のように自然事象から生まれた疑問から仮説を設定し、探究可能な問いに変える力が、十分に育成されていないのが現状である。また、これまでの実践から自然観の変容が生まれたとしても、それが題材の理解にとどまっており、自分の生き方につながる学びとなっていない様子が見られた。そこで、今期はこれまでの研究を引き継ぎつつ、自ら問いを見いだし、見通しをもって探究する力の育成と探究するなかで生まれた自然観の変容を自己に引きつけて語るための手立てについて研究を行う。

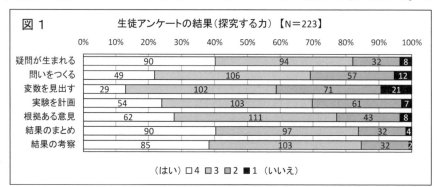

図1　生徒アンケートの結果（探究する力）【N＝223】

	4	3	2	1
疑問が生まれる	90	94	32	8
問いをつくる	49	106	57	12
変数を見出す	29	102	71	21
実験を計画	54	103	61	7
根拠ある意見	62	111	43	8
結果のまとめ	90	97	32	4
結果の考察	85	103	32	2

（はい）□4 ▨3 ▨2 ■1（いいえ）

【研究のキーワード】

科学する共同体とは	自然事象から見いだした不思議や疑問について、主体×主体の関係の中で科学的に聴き合い、問い合いながら探究し、それらを解明していくことに意味や価値を感じることのできる集団
科学的な対話とは	科学的に聴き合い、問い合うこと。科学的とは論理的、客観的、実証的であることとし、本校理科では対話の際、次の2点を大切にしている。 ①科学の法則や観察・実験で得られた事実などの根拠に基づいていること ②その根拠からなぜその結論に至るのかを、自分なりに理由づけることができていること

― 理科における「ものがたりの授業」とは ―

　科学的に聴き合い、問い合いながら探究し、その過程を過去の経験や考え、感じ方とつなげながら振り返ることで、自分をとりまく自然や世界を新たな見方や考え方で捉え直すことのできる授業

― 理科における「自己に引きつけた語り」とは ―

　題材に対する認識が変容することによって獲得された新たな視点で、自己をとりまく自然事象を捉え直した語り

研究の目的

理科としての研究の目的は、次の3点である。

①教科の本質を踏まえた学びを通して、<u>自然を探究する力を育成すること</u>
②自然からの問いを解明するため、<u>科学的に聴き合い、問い合うことのできる集団を育てること</u>
③自然を新たな視点で捉え直す経験を通して、<u>学び続ける意欲を育むこと</u>

今年度は、この①の中でも特に、自然事象から問いを見いだし、見通しをもって探究する力の育成を重点的に取り組む。また、②や③については、単元構成や振り返りを工夫することで、深めていく。

研究の内容

上記の目的を達成するため、理科では研究の柱を次の3つに設定し、研究を行う。

（1）自己に引きつけた学びを生むための単元構成の工夫
（2）自然事象から問いを見いだすための教師のかかわり
（3）自己の自然観の変容に気づく振り返りの工夫

（1）自己に引きつけた学びを生むための単元構成の工夫

理科において、自己に引きつけた学び（やその表れとしての語り）を生むための単元とは、<u>自ら問いを見いだし、探究するなかで、自然事象を新たな目で捉え直すことのできるもの</u>でなければならない。これまで本校理科では、単元構成の視点として、以下のことが重要であることを明らかにしてきた。

●単元構成の視点

ア　生徒の自然事象に対する捉え方を把握し、単元の「ものがたり」が設定できているか

> 生徒の自然事象に対する事前の考えをアンケートや調査問題などで把握する。これによって、現在の生徒の実態が明確になる。それらをもとに、教師は、単元を通してどのような科学の概念を身につけ、自然事象を新たな視点でどう捉え直してほしいのかという「ものがたり」（＝教師の願い、生徒の変容した姿のイメージ）を設定する。この願いなしに単元を構成することはできないと考える。

イ　生徒の自然事象に対する概念を揺さぶり、葛藤や対話を生むような教材が設定できているか

> 教師が教え込むのではなく、生徒が自然事象から気づき、学ぶためには、結果が明確で、生徒の誤概念をくつがえすことができるような教材を設定する必要がある。その際、科学者がどのような考えや手法でその事実を明らかにしてきたのかという歴史を調べ、把握しておくことは、このような教材を見つける手掛かりとなる。また、多様な考えや視点から教材を吟味し、考えを語り合い、対話することで、生徒のもっている概念が揺さぶられたり、葛藤が生まれたりする。そのような、対話の場面やそれを生む問いを設定することも重要である。

ウ　学習のなかで生まれる生徒の文脈を見取り、そこから新たな問いを設定できているか

> 単元の内容を学習していく過程で、生徒の中に新たな問いが生まれてくる。毎時間の表出物などから生徒の気づきや疑問を見取り、それらを問いとして設定していく。個々の気づきや考え、経験が他者とつながったり、別の自然事象と関係付けられたりすることで、学びがより深いものになっていく。

エ　自己の学びを振り返り、経験を再構成させる場面が設定できているか

> 自己の学びを振り返ることで、ありふれた事象として捉えていたことが、違った見方や考え方で捉え直すことができるようになる。また、それらを他者と共有することで、より深い学びとなる。

しかし、このような単元構成を行っても、題材に対する知識・理解にとどまり、学んだことに意味や価値を見いだせていない生徒が見られた。そこで今期は、これまでの単元構成の視点に加え、「題材が自分や自分をとりまく自然事象とどう関係しているのかに気づかせる問いや仕掛け」を設定し、その有効性を検証する。

（2）自然事象から問いを見いだすための教師のかかわり

　『探究（inquiry）は、そもそも問い（question）を立てて、それに対する答えを見いだすことである。』（中山迅，2011）とあるように、問いを立てることが探究の始まりである。理科の知識や概念は受け取り（暗記や知識の注入）ではなく、自然を探究することを通して、原理や法則が発見されてきた文化的営みに参加するなかで構成（獲得）されるべきものであり、その知識や概念が構成されていく過程が理科の学びである。自然事象から問いを見いだす力は、自然を探究するという「科学する文化の営み」に参加するための力であり、学び続けるためになくてはならないものであると考える。これまで本校理科では、問いの視点として以下のことを意識してきた。

●問いの視点

　ア　生徒の知的好奇心を揺さぶる問いになっているか

　　主体的な学びとするためには、生徒が考えてみたいと思えることが必要である。そのためには、「～しよう」「～はどうしてだろうか」といった問いのように、学習のねらいを直接的に問うのではなく、生徒の思考の流れに沿った、知的好奇心を揺さぶるような問いにする必要がある。

　イ　生徒が立場を決められる問いになっているか

　　学びや対話に全員が参加するためには、問いに対して、自分はどう考えるのかという立場が決められなければならない。そこで、教師は「なぜ」「どうして」といった漠然とした問い方をするのではなく、「AかBか」「AかAでないか」というように問いを焦点化したり、選択肢を設けたりするなどの工夫をしなくてはならない。

　前回の実践から問いの視点が、生徒が学びや対話に参加するために有効であるということはわかったが、これらの問いはあくまで教師が設定するものであり、自ら問いを見いだす力を育成するには不十分であることがわかった。

　中山は、理科の授業における「問い」には、『文脈から生まれた素朴な「疑問」＝「文脈的な問い」』と、それらを解決するための観察や実験を行うことを想定した『「科学的」な「問題」や「課題」＝「科学的に解決可能な問い」』の2種類があると述べている。また、『「子どもが問題を見いだす」というとき、身近な事象や、科学と社会が関係するグローバルな出来事の中に疑問をもつことは確かに大切である。しかし、それを観察・実験の対象となるような、「科学の問い」に絞り込むことが、科学的なスキルとしてはもっとも大切なのではないか』と述べており、素朴で日常的な「文脈的な問い（疑問）」を「科学的に解決可能な問い」に置き換えることの重要性を強調している。

　そこで本校理科では、「なぜ」のような大きな問い（文脈的な問い）を「探究課題」と呼び、観察や実験によって科学的に解決可能な問いを「問い」、もしくは「問題」として呼び、区別する。探究の出発点となる「探究課題」を生み出す手立てとしては、これまでもやってきたように、生徒の素朴概念と食い違う現象と出会わしたり、ある現象に対する自分の経験や考えを他の人の経験や考えと比較したりすることで自分の「当たり前」とのずれを生じさせることが有効であると考える。また、「探究課題」を「問い」へ置き換えるための手立てや教師のかかわりとしては、仮説と変数を意識させ、それらを生徒自らが設定することが有効であると考える。これらを授業実践の中で検証していく。

（3）自己の自然観の変容に気づく振り返りの工夫

　自らの学びの過程を振り返り、それらが自分にとってどのような意味や価値があったのかを語らせなければ、獲得した新たな知識や概念は自分のものとならない。これまで本校理科では、単元後に学びを振り返る際、生徒に視点を与え、学びの「ものがたり」を記述させてきた。今期は、題材に対する認識の変容や自分をとりまく自然に対する見方や考え方、感じ方の変容に気づき、自己に引きつけた振り返りとなるよう、生徒に与える「視点」や「表題（タイトル）」、「スライド資料」などの工夫を行い、その効果を検証する。また、毎時間の授業の振り返りでは、単なる感想にならないよう、振り返りを記述する際のルールを示したり、授業中に理科の見方・考え方を働かすことができるように、理科の見方・考え方を明確化して意識させたりするなどの工夫を行い、その効果を検証する。

実践事例

実践事例1 「カビの不思議」実施学年3学年：共通Ⅱ

1　本単元で生まれる「ものがたり」

> （学習前の題材に対する「ものがたり」）
> 　あらゆるものに自然にカビは生える。カビはくさったものの象徴であり汚いもの。人間にとっても不要である。チーズなどにカビを利用したものがあるらしいが、あまり興味はない。

> （学習後の題材に対する「ものがたり」）
> 　カビは胞子と菌糸でできており、胞子がついた場所に水と温度、栄養があればカビは成長する。自然界において、カビなどの菌類や細菌類は、分解者として有機物を無機物に分解し、物質を循環させている。

> （題材に対する変容をふまえた「自己に引きつけた語り」）
> 　私はこれまでカビ（菌類・細菌類）について、チーズなどの食品に利用されていることは知っていたが、あまり興味はなく、むしろ汚くて不要なものというイメージをもっていた。しかし、観察・実験を通して、この空気中に当たり前のようにカビの胞子が漂っており、それらの胞子によって子孫を増やし、自分達と同じように有機物を分解して生きている、1つの生物であることを知った。また、人間は大昔からこのカビを食品や医療などにも利用してきていることも知った。さらに、生物どうしのつながりから考えると、生態系の中で菌類・細菌類は分解者として有機物を無機物に変えるという、炭素循環になくてはならない重要な役割を果たしていることも学んだ。もし、菌類や細菌類がこの地球上からなくなってしまったら、人間が利用しているさまざまなものがなくなってしまうだけでなく、生物間の循環が失われ、地球上の生物も生きていけなくなる。1私達がこうやって地球で生きていられるのも、カビなどの菌類や細菌類がいるからである。そう考えると、私達の命はカビなどの菌類や目に見えない細菌類に支えられていたのだ。2今回の学びを通して、あらゆる生物が互いに支えあって生きており、この地球の中で不必要な生物はいないということを感じた。人間だけのことを考えるのではなく、地球に生きる生物全体を守らなければならないことを改めて実感できた。

※下線が理科の考える「自己に引きつけた語り」である。下線1は自分とカビとのつながりに対する変容を語ったもの、下線2は生物のつながりの視点から捉えた自然観の変容を語ったものである。

【仮説を検証するための変数を考える】

2　単元構成と学習課題（全8時間）

時間	学習課題（中心の問い）と◆学習内容
1	【第1部　カビはどこにいるのか】 カビはどのようなからだのつくりをしているのか ◆カビを顕微鏡で観察し、カビのからだのつくりの特徴について理解する。（比較）

2 3	**探究課題1　カビの生える条件とは何か**	
	◆光や水、温度などの条件によってカビの生え方にどのような違いが生まれるのかを確かめるため、変数に着目しながら実験方法を考え、それらの結果からカビの生えやすい条件について考察する。（比較、条件制御、関係付け）	
4 5	**探究課題2　カビはどこからきたのか**	
	◆カビは胞子がなければ発生しないという考えのもと、その胞子がどこからきたのかについて考える。（推論、多面的思考） ◆空気中にカビの胞子があるのかを検証するため、変数に着目しながら実験方法を考え、その結果から空気中の胞子の有無について考察する。（条件制御、多面的思考、関係付け）	
	【第2部　カビは何をしているのか】	
6 7	**探究課題3　カビは何をしているのか**	
	◆カビが生えた場所のデンプンの変化を実験で確かめ、カビによってデンプンが分解されていることを理解する。（条件制御、比較、関係付け）	
8	**人間はカビ（菌類・細菌類）をどのように利用してきたか**	
	◆菌類を利用した発酵食品や医療や浄水などについて知る。（関係付け、多面的思考） ◆落ち葉や糞にカビが生えている様子から、菌類の分解者としてのはたらきを理解する。（関係付け） ◆学んだことをもとに、地球から菌類や細菌類がなくなれば、人間の生活や地球がどうなるのかについて考える。（推論） （質問5）カビが地球上からいなくなったら、この世界はどうなるか	
課題	◆「私にとってカビとは（　　　）である」というタイトルで自分の学びをレポートにまとめる。	

3　本単元で育成する資質・能力

	理科	本単元
知識・技能	生命や地球に関する事物・現象についての観察、実験などを行い、生物の体のつくりと働き、生命の連続性、大地の成り立ちと変化、気象とその変化、地球と宇宙などについて理解するとともに、科学的に探究するために必要な観察、実験などに関する基本的な技能を身に付けるようにする。	・カビの観察を通して、からだのつくりやその特徴について理解する。 ・カビのからだのつくりや生態からカビが動物とも植物とも違う、菌類に分類されることを理解できる。 ・条件を変えてカビを生育させる対照実験を行うことを通して、カビはどのような生育環境を好むのかを明らかにすることができる。 ・カビが有機物を分解していることを確かめる実験を通して、カビの分解者としての役割やそのはたらきについて理解する。
思考力・判断力・表現力	生命や地球に関する事物・現象に関わり、それらの中に問題を見いだし、見通しをもって観察、実験などを行い、その結果を分析して解釈し表現するなど、科学的に探究する活動を通して、多様性に気付くとともに規則性を見いだしたり課題を解決したりする力を養う。	・環境とカビの生育との関係を明らかにするため、変数を意識して実験を構想し、その結果からカビの好む生育を明らかにすることができる。 ・課題に対する自分の考えを、観察や実験の事実をもとに根拠立てて説明することができる。 ・実験の結果から疑問を見いだし、カビはどこからやってきているのかについて仮説を立て、それを明らかにするための実験の計画し、実施することができる。 ・自分たちの実験が仮説を検証するのに妥当なのかを検証し、またその結果から何が言えるのかについて分析・解釈することができる。

| 学びに向かう力・人間性等 | 生命や地球に関する事物・現象に進んで関わり、科学的に探究しようとする態度と、生命を尊重し、自然環境の保全に寄与する態度を養うとともに、自然を総合的に見ることができるようにする。 | ・カビについて、科学的な視点から観察したり、探究したりすることを通して、カビについての興味関心を高め、カビを多面的、多角的に見る力を養う。
・カビを利用してきた人類の歴史や分解者としてのはたらきを学ぶことを通して、日本文化や自分の生きている世界とカビとのつながりに気づくことができる。
・カビの生物としての営みや生態系における役割を知り、生物の共通性・多様性を感じ、地球上のあらゆる生物が互いに深くつながっていることに気づくことができる。 |

4 本単元で表出した生徒の「ものがたり」

【Y子の場合】　　　　　　　　　　　　　　　　　　　　【学習前】

質問1_カビ（菌類・細菌類）について興味はありますか
　　　　　　　→（はい）4－3－②－1（いいえ）
質問2_その理由は　　→おもしろさがまだ分からないから。
質問3_カビや菌類・細菌類について知っていることを教えて下さい
　　　　　　　→キノコ
質問4_あなたにとってカビ（菌類・細菌類）とはどういうものですか
　　　　　　　→なるべく見たくないもの、発生してほしくない。

タイトル：　私にとってカビとは（なくてはならないもの）である。

【学習後】

　カビについて、はじめ自分は汚いイメージがあり、カビは良くないものという印象が強かった。しかし、今はカビは人間の生活にとても役立っていて、なくてはならないものなのだと思っている。カビについて学ぶ過程で、カビはデンプンを糖に分解する働きを持っていることを知った。カビが根を広げていくのは、カビが生きるために、デンプンなどを養分として取り入れているからだと予想していたが、実験を通して、デンプンをカビが分解する働きをしているということに驚いた。その分解したブドウ糖を栄養とせず残していてびっくりした。また、コウジカビが出している消化酵素には4つあり、カビは優秀なのだなぁと発見できた。また、初めの方の授業では、カビはどのような場所に生きられるのかを実験で学んでいった。はじめ自分は薄暗くてジメジメしたところに多いというイメージを持っていた。そして、実験をしていくにあたり、そのような実験をしたらよいのかということを自分たちで考えなければならなかった。対照実験とするために、何を独立変数とすればよいのか。はじめ自分が考えていた独立変数では、求めたい問いに答える実験とはならないと気付いた。どうしたらいいのかという葛藤があった。しかし、全体で意見交換をすることで、正しい独立変数がわかった。意見を発表する場のありがたさを感じられた。
　カビは人間の生活において、なくてはならないもの。このことは、この単元を学ばなければ知ることはなかった。自分の生きている世界

学習の前後でのカビに対する見方や考え方の変容（題材の変容）

自分の感性とつなげながら自己の学びを振り返る

カビに対する見方や考え方の変容（題材の変容）

困難や葛藤のあった探究の過程を自分の言葉で語り直す（学びの語り直し）

カビに対する見方や考え方の変容（題材の変容）

※＿＿は学習前、＿＿は学習後の題材に対する「ものがたり」、＿＿は獲得した知識や事実、＿＿は「自己に引きつけた語り」

においてカビの存在は大きいと学んだ。今まで生活で食材にカビがついていると、「嫌だな」と思い、食べられなくなるからもったいないと感じていた。しかし、例えばミカンについているアオカビなどは抗菌物質が含まれている。それは抗生物質として利用でき、感染症を防ぐ力がある。このように、カビの見方が変化した。また、発酵食品に用いられているカビは、特定の種類であるということを学んだ。確かに食べ物に使うと危険なカビもあると思う。しかしながら落ち葉や動物のフンにいるカビは有機物を分解し、植物の肥料や光合成に使うCO_2や水にしている。私はこのことから、カビは種類によって働きが変わり、分解して、それぞれよいものを生み出しているのかなと思った。良い働きをもっていないカビは存在しないのではないだろうか。いろんな種類のカビについて調べたいと思った。もし存在しないのだとしたら分解者としての意味を果たしていないのかなと思う。分解は、ただ単に分解しているのではなく、良いものに変えるために分解をしているのだと思う。

　自分にとって、この学習は身の回りにあるカビの見方や価値観を大きく変えさせるものだった。一見、汚いと感じるカビにも人間にとって大きな存在で本当に役立っている。もし、この世からカビがなくなったら、世界は終わるのではないだろうか。生産者と消費者の間をうまくつないでいってくれていることで、良い循環となっていると思う。これからは、カビに感謝しながら生きていきたい。そして、カビのように、大きな役割を果たしているものは他にもたくさんあると思う。身の回りのものに関心を向け、自分の世界観、自然観を広げていきたい。

（右側の吹き出し）
- カビを利用してきた人の歴史からの捉え直し（題材の変容）
- 生態系におけるカビの役割からの捉え直し（題材の変容）
- 学びから生まれる新たな疑問や仮説（自己に引きつけた語り）
- 自己の学びを俯瞰し、自分なりの学びの意味や価値を語り直すなかで、自分を取り巻く自然観の変容を語る（自己に引きつけた語り）

※＿＿は学習前、＿＿は学習後の題材に対する「ものがたり」、＿＿は獲得した知識や事実、＿＿は「自己に引きつけた語り」

研究の分析（実践事例１）

（1）自己に引きつけた学びを生むための単元構成の工夫

　図1は今回の単元における生徒の学びの文脈とそれをふまえて教師が設定した問いを表したものである。「ものがたり」が変容するような自己に引きつけた学びとするためには、まず、生徒の「当たり前」を把握し、その当たり前をどう変容させたいのかを教師が明確にもつことが必要である。また、途中には自ら問いを立て、それを明らかにするために試行錯誤しながら真理を追究していくという、困難や葛藤をともなう探究が重要であると考える。そして、最後にはその題材が自分を取り巻く自然や自分という存在そのものにどう関係しているのかに気づかすための問いや仕掛けが必要であると考える。

　また、今回のカビという題材は身近にありながらあまりよく知らない（生徒から遠い）存在であるため、「まずカビを身近なものにする」（旅立ち）→「科学の世界でカビを探究」（困難・葛藤）→「人間とカビとのつながり」（転換・拡張）→「自分とカビとのつながり」（帰還）というイメージで単元を構成した。なお、単元を構成した手順は以下のとおりである。
- ⓪　カビに対しての教材研究（教師がまずその教材の魅力を徹底的に探る）
- ①　カビに対する生徒の考え、捉え方の把握（アンケート）
- ②　①をもとに、単元でつむがせたいカビの「ものがたり」と大きな単元の流れを設定
- ③　②を達成するために獲得すべき知識とその知識の獲得につながる探究活動を設定

総論 国語 社会 数学 理科 音楽 美術 保健体育 技術・家庭 外国語 学校保健 共創型探究

図1

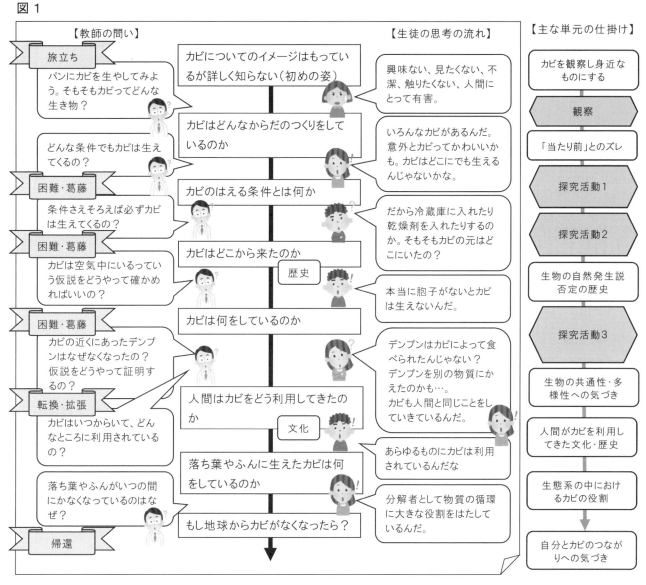

ア　授業後のアンケートの結果からの分析

　単元終了後、振り返り用紙に**図2**のような質問を印刷し、授業の簡単な評価を行った。

　図3は質問①〜③に対する、生徒アンケートの結果をまとめたものである。生徒の自己評価による簡単なアンケートであるが、興味関心、内容理解、自然観の広がりの3項目とも肯定的評価がほ

図2

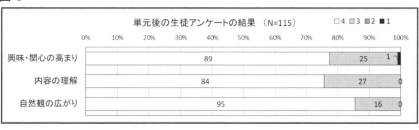

図3

ぼ100％であった。今回の単元構成や学習内容が生徒の興味関心を高め、自然観の広がりを実感させるのに有効だったということがわかる。

イ　単元後の振り返りからの分析

　図4は、3年118名の単元後の振り返りを分類したものである。

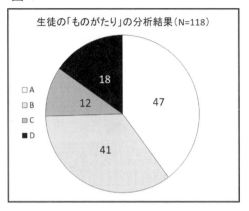

図4

生徒の「ものがたり」の分析結果（N=118）

- A　自然観の変容（共通性・多様性、つながり）
- B　自然観の変容（カビと自分とのつながり）
- C　題材の変容はあるが、自分とつながりが弱い
- D　題材の変容はあるが、感想に近いもの

　単元後の振り返りから、119名の生徒全員からカビに対する捉え方の変容は見られた。ただ、なかには題材に対する変容がみられるものの、自己とのつながりが弱いものや感想に近いもの（語りが浅い）も全体の1／4程度あった。下は、単元終了後に生徒が自己の学びを振り返って記述したDとAの「ものがたり」である。

※波線が学習前の題材のとらえ、下線が学習後の題材のとらえ、点線が事実や獲得した知識、太い下線が自己に引き付けた語り

【題材の変容はあるが、感想に近い（自己に引きつけられていない）語り】

タイトル：　私にとってカビとは（　この世界の救世主　）である。　M子（興味4、内容4、自然観4）

　この授業受けた始めのとき、カビは害悪だと思っていました。カビが生えた食べ物は食べられなくなるし、生えたら掃除しないといけなくなる。とてもめんどくさく厄介な存在でした。しかし、カビのことを学んでいるうちに、カビは世界になくてはならないものだと知りました。それにカビがあったからこそ、チーズやみそ、しょうゆなど新しい食べ物を作ることができたと分かったからです。この地球が落ち葉などで埋め尽くされないのもカビのおかげです。始めは本当にカビは気持ち悪いとしか思ってなくて、カビの生えてしまったものの変わり果てた姿すら「見たくない」と思っていました。けど、カビがその物を分解するために、光合成をしたりしていて、二酸化炭素が増えずにいるのはやはりカビという存在なんだなと知りました。自分にとってはいままでカビは未知の存在だったので、今回の授業でよく知ることができて良かった。このことを知らない人にも教えてあげたい。

※波線が学習前の題材のとらえ、下線が学習後の題材のとらえ、点線が事実や獲得した知識、太い下線が自己に引き付けた語り

【題材の変容をふまえて自己をとりまく自然を捉え直している語り】

タイトル：　私にとってカビとは（　縁の下の力持ち　）である。　T子（興味4、内容4、自然観4）

　カビについて、私ははじめ良いイメージはもっていなかった。カビといえばお風呂場に生えている水カビや食べ物を腐敗させるものだと思っていた。そのため、カビは人間にとって害のあるもので汚いものだと思っていた。しかし、今はカビは「縁の下の力持ち」だと思っている。カビはとても役に立つもので、カビが存在していなければ、地球が命として存在することもできなかったことを知ったからだ。

　酵母が発酵食品に使われているというのは知っていたが、酵母＝カビという概念はあまりなかった。みそ、納豆、お酒、醤油、どれも普段から身の回りにある食べ物だ。カビの分解の力でアルコールができているというのにもとても強い衝撃を受けた。しかし、それ以上の衝撃もあった。カビが「薬」に利用されているということだ。学習前の私は、カビ

を汚いものととらえていたので、カビと薬は相反するものにしか思えなかったからだ。**ア**
オカビに抗生物質があるということを初めて知り、衝撃だった。

　その他にも、私は今回の授業を通して、たくさんのことについて学ぶことができた。その一つがカビの生態だ。カビはどこかにあるとは考えていたが、当たり前のように今私たちが吸っているこの空気の中にも潜んでいるということがわかった。カビはどこか遠い場所の話のようで、あまり身近には感じていなかったが、カビはとても身近なものだったのだ。光の有無には関係がない、水が必要、温度は常温、加熱するとカビは死んだ。これらのこともとても驚きの連続だった。カビといえばじめじめしているイメージがあったが、そのイメージどおり、カビには水が必要だった。

　そして、デンプンをとかした寒天もカビの手にかかればデンプンはなくなり麦芽糖やブドウ糖と化していた。そのこともとても衝撃だった。私たち人間とカビは遠い存在だと思っていたのに、人間はアミラーゼによって麦芽糖やブドウ糖に分解、カビもアミラーゼやグルコアミラーゼによって麦芽糖やブドウ糖に分解、思わぬ共通点に身震いした。

　これから味噌を食べるとき、醤油を使うとき、チーズを食べる時、その片隅にいつもカビがいるだろう。地球はカビによって成り立っている。素晴らしい授業だった。

　今期、単元を構成するうえで、新たに取り入れたのが「題材が自分や自分をとりまく自然事象とどう関係しているのかに気づかせる問いや仕掛け」である。この実践では、単元の終末に「人間はカビをどう利用してきたのか」という問いからカビの働きやカビのもつ消化酵素を利用した発酵食品や薬剤を紹介（題材の文化・歴史的文脈）することで人とカビとのつながりに気づかせたり、落ち葉や糞に生えているカビの姿を観察させた後、「落ち葉や糞に生えたカビは何をしているのか」と問うことで、分解者としてのカビの働き（題材の生態的文脈）や自分とカビとのつながりに気づかせたりする場面を設定した。また、単元の最後には「もし、地球からカビがなくなったら？」と問いかけることで、自分たちの生活を含めたこの地球環境そのものがカビなどの分解者のはたらきによって成り立っており、自分が今生きていることがカビなどのはたらきと無関係ではないということに気づくようにした。

　単元後の生徒の振り返りでは、これらの学習内容をふまえて、題材であるカビと自分との関係や生物同士のつながりという視点で自分をとりまく自然事象を新たに捉え直している生徒の記述が見られた。このことからも、単元の終末に設定した「題材が自分や自分をとりまく自然事象とどう関係しているのかに気づかせる問いや仕掛け」は、題材に対するものがたりを変容させ、自己に引きつけた学びや語りを生み出す上で必要不可欠であったと考えている。

（2）自然事象から問いを見いだすための教師のかかわり

　今回の実践事例では、探究的な学びの部分と、探究の両方が含まれている。その違いは、問いが生徒から生まれたものかどうかである。単元1時間目の「カビはどんなからだのつくりをしているのか」や2時間目の「カビの生える条件とは何か（探究課題1）」の問いは、どちらかというと教師が設定したものであるため、探究的な学びである。しかし、これらの探究的な学びを通して、生徒のなかに「なぜカビは自然にはえてくるのか（カビはいったいどこからやってきたのか：探究課題2）」「なぜカビが生えると腐るのか（パンに生えたカビは何をしているのか：探究課題3）」という疑問（なぜ）が生まれてくる。これが、探究の始まりとなる文脈的な問いである。

　しかし、この問いではどのように実験すればいいのか見通しをもつことができない。そこで、必要になってくるのが仮説と変数である。生徒は探究課題2について対話する中で「空気中にカビの胞子があったのではないか」という仮説を導き出す。この仮説を立てることで初めて、どうやって実験で検証すればよいか、何を変数に設定すればよいのかという対話が生まれる。つまり「なぜカビは自然に生えてくるのか」という文脈的な問いが「空気中にカビの胞子があるのか」という科学的に解決可能な問いになるのである。

同様に、「なぜカビが生えると腐るのか」という生徒から生まれた文脈的な問いも、対話することを通して生まれた「別の物質に作り変えているのではないか」という仮説と2年生で学習したデンプンが麦芽糖やブドウ糖に分解されるという既習事項から、「カビはデンプンを別の物質に変えることができるのか」という科学的に解決可能な問いになり、生徒の間にデンプンを含む寒天培地を使って、何を変数にどのような実験を組み立てればよいのかという新たな対話が生まれる。

　これまでも言われてきたように、自然から疑問（なぜ）を見いだすためには、生徒の素朴概念と食い違う現象と出会わしたり、ある現象に対する自分の経験や考えを他の人の経験や考えと比較したりすることで自分の「当たり前」とのズレを生じさせることが有効である。しかし、今回の実践の中で確かめたように、ズレを生じさせるだけでは、生徒はその疑問（なぜ）をどのように検証していけばよいのか見通しをもつことができず、自ら探究することは難しい。生徒が自ら探究するためには、教師が疑問（なぜ）に対する仮説を設定するような対話を促し、その仮説から生まれた科学的に解決可能な問いに対し、その仮説を検証するためには何を変数として設定すればよいかという次の対話に導くことが有効である。

（3）題材と自己の自然観の変容に気づく振り返りの工夫

　単元終了後に生徒が自分の学びを振り返る際、題材に対する見方や考え方、感じ方の変容や自己の自然観の変容について振り返ることができるように、次の3点で工夫を行った。

①振り返りの視点を与える

　単元の最後に書かせるレポート用紙に**図5**のような視点を印刷し、生徒に与えた。

　視点1は時間軸を入れた語りになるように、視点2は教科の学びをふまえた語りになるように、視点3は日常とつなげた語りになるように、視点4は自己の学

図5

> 単元を通して、何を感じ、何を学び、何が変容（＝成長）したのか。自分の学びのものがたりをつむいでみよう。
>
> ＜以下の1〜4の視点をいれて自分の学びを振り返ってみませんか＞
> 1　学習前後での自分の考えの変容（＝成長）を語る。（例文：〇〇について、はじめ自分はこう考えていたが、今は…）
> 2　自分の感性（驚き、発見、葛藤）と結びつけて学びを語る。（カビについて学ぶ過程で、印象にのこったことは？どんなことに悩んだり、驚いたり、おもしろいなぁと感じたり、はっとしたりしましたか？そして、そのような経験を通して、何に気づきましたか？）
> 3　自分の自然観の広がりや変化を語る。（学習したことこれまでの様々な経験を結びつけながら、新たな見方や考え方で身近な自然現象を説明したり、疑問を見つけたり、もし、こうだったら・・・こうなるんじゃないかといった仮説を立ててみたりしよう。）
> 4　学びを意味づけて語る。（「自分にとってこの学習は〇〇であった。その理由は…。」最後は「・・・たい」で終われるといいね。）

びを俯瞰し、意味や価値について見つめ直した語りになるように意識して入れている。生徒にはこれらの視点を参考に、自分の学びを振り返って、15行以上書くように伝えている。

②タイトルの工夫

　今回の振り返りのタイトルを「**私にとってカビとは（　　　　　　）である**」とした。タイトルをこのようにすることで、カビに対する自己の捉えがキーワード化され、今自分がカビをどう捉えているのかが生徒本人に明確になり、その変容が一層自覚できると考えた。また、このようなタイトルにすることで、この後に続けて書かれる語りがカビと自分との関係の語りになると考えた。

③授業の流れがわかるスライド一覧を配布

　今回の授業は、単元の流れをスライドに落としながら授業を行った。振り返りの際に、これらのスライドを一覧にして配布した。これにより、生徒は授業でどんなことをしたのか、その時どんなことを考え、感じたのかを思い出しやすくなると考えた。今回の実践でそれが有効だったかどうかの調査はできていないが、生徒からは振り返りをしやすいと好評であった。

　また、スライドの作成は教師にとっても有効であった。授業をスタートする前に大まかな単元の流れを教師が構想するが、実際に授業を行っていると生徒の思考の流れとのズレが見つかり、単元の途中で発問を追加したり、授業の流れを変更したりすることも多い。そういう場合も、スライドにしておくことで、教師が単元の流れを整理したり、その後の生徒の思考の流れをイメージしたりするのに有効であると感じた。

実践事例2「摩擦力」実施学年1学年：共通Ⅱ

1 本単元で生まれる「ものがたり」

> **（学習前の題材に対する「ものがたり」）**
> 何かと何かがこすれるとはたらく力が摩擦力であり、物体の動きを止めるのに役立っている。その大きさは、物体の重さや接する面積、接する面の種類などが変わると変化しそう。

> **（学習後の題材に対する「ものがたり」）**
> 物体同士が接していて、その運動を妨げる向きにはたらく力が摩擦力で、物体の動きを止めるだけでなく、物体が動き出すのにも役立っている。その大きさは物体の重さや接する面の種類によって変わるが、接する面積には関係しない。

> **（自己に引きつけた語り）**
> 自分は今まで、摩擦力について、運動の邪魔をして止める力だから、別になくても困らないと思っていた。しかし、この学習を通して、摩擦力は生活に欠かせない、なくてはならない力だと考える。なぜならば、人が歩く、車が走る、止まるという当たり前のことも、摩擦力があるから成り立っているからである。驚いたのは、摩擦力は面と面が接してはたらく力なのに、その大きさは接する面積には関係しないということだ。面積が大きくなるほど、摩擦力も大きくなると思っていたが、違っていた。なぜそうなるのかという疑問を自分たちで解決できたのはうれしかった。また、コロを使うと摩擦力がものすごく小さくなることにも驚いた。昔の人たちや科学者たちの知恵と工夫はすごい。<u>摩擦力がなくなってしまえばいいと思ったが、そうはいかない。摩擦力は生活に必要不可欠な力だからだ。もしかしたら、世の中にはたらいている力はどれも世の中を成り立たせているために欠かせない力なのかもしれない。</u>　　　※下線部は「自己に引きつけた語り」

2 単元構成（全7時間）

時間	学習課題（中心の問い）と◆学習内容
1	**摩擦力はどんなときにはたらく力か？** ◆面に接しているときと接していないときの力の大きさを比べ、摩擦力は物体同士が接触して、その運動を妨げる向きにはたらく力であることを理解する。（比較）
2	**摩擦力の大きさは何に関係するのか？** 問い　接する面の種類が変わると、摩擦力の大きさは変わるのか？ ◆紙やすりの上で木片を動かす実験を通して、接する面の種類と摩擦力の大きさは関係することを見いだす。（条件制御、関係付け）
3	問い　物体の重さは、摩擦力の大きさに関係するのか？ ◆物体の重さと摩擦力の大きさの関係を調べる実験を通して、物体の重さと摩擦力の大きさは比例することを見いだす。（条件制御、関係付け）
4 （本時）	問い　接する面積は、摩擦力の大きさに関係するのか？ ◆接する面積と摩擦力の大きさの関係を調べる実験を通して、接する面積と摩擦力の大きさは関係がないことを見いだす。（条件制御、関係付け）
5・6	**なぜ接する面積は関係しないのか？** ◆対話を通して、単位面積にはたらく力が小さくなっているのではないかという仮説を立て、それを検証するための方法を自分たちで考え、その結果から、その理由を明らかにする。（比較、多面的思考）
7	**昔の人はどうやって重い物を運んだのか？** ◆摩擦力をできるだけ小さくする方法を考え、その方法を確かめる実験を行うことで、先人たちの知恵や技術にふれる。（比較、多面的思考） ◆摩擦力がなくなると、自分の生活や世の中はどうなるかについて考える。（多面的思考）
課題	◆タイトルをつけて単元の学びを振り返る。

総論　国語　社会　数学　理科　音楽　美術　保健体育　技術・家庭　外国語　学校保健　共創型探究

3　本単元で育成する資質・能力

	理科（1分野）	本単元
知識・技能	物質やエネルギーに関する観察、実験などを行い、それらの事物・現象について理解するとともに、科学的に探究するために必要な観察、実験などに関する基本的な技能を身に付ける。	・摩擦力とは運動を妨げる向きにはたらく力であることを理解することができる。 ・力の矢印で、摩擦力を表すことができる。 ・摩擦力の大きさを、ばねばかりを用いて計測することができる。 ・検証結果を記録し、グラフ化することができる。
思考力・判断力・表現力	物質やエネルギーに関する事物・現象について規則性を見いだしたり、課題を解決したりする方法を身に付け、思考力、判断力、表現力等を養う。	・摩擦力の大きさに関係しそうな変数を見いだし、関係性を検証する方法を考えることができる。 ・得られたグラフから関係性を見いだし、結論を導き出すことができる。 ・実施してきた実験方法やその結果を振り返り、その妥当性を考えることができる。
学びに向かう力・人間性等	物質やエネルギーに関する事物・現象に進んで関わり、自然を科学的に探究する活動を行い、科学的に探究しようとする態度を養うとともに、自然を総合的に見ることができるようにする。	・物体にはたらく力という視点で、物体の運動を捉え直したり、力について関心を持ち、自分で探究しようとしたりする。 ・あらゆるところで働いている摩擦力の存在を実感し、その必要性や不思議さに気づくことができる。

4　本単元で表出した生徒の「ものがたり」
　次に、表出した単元後の振り返りの1つを例として示す。

Kさん　タイトル：私にとって「摩擦力」とは「世界を変えるパワー」である。

　正直最初は、摩擦力が身近の当たり前のものの動きなどに作用しているなんて思いませんでした。しかし、この学習を通して、摩擦力の偉大さを感じました。物が止まっているとき、動いているとき、いろんなときに摩擦力がはたらいていることを知りました。また、「大きさは何によって変わるのか」という疑問に対して、日々の生活からの経験を生かして、予想を立てたりしました。その予想をくつがえす実験結果に何度も驚き、学びがありました。私の考えと全く違うクラスの人や同じ人、1－2みんなで話し合って、考えて、課題に向き合うことがとても楽しかったです。摩擦力とは「1つで世界が変わる」。このことに気づけたのも、今までの学びを通してだと思います。もし、摩擦力がなくなればいいと考えると、今の当たり前が消えると思ったからです。食事中も運動中もすべて、摩擦力があって成り立っていることがおもしろく、偉大だな思いました。そして、この学習を通して、新しい疑問も生まれました。それは、よく乗り物がすごいスピードで走っているとき、急にストップ（ブレーキ）をかけると、火花が散って熱くなること、それが疑問になりました。なぜ運動を急に止めると、温度が上がるのか、それを今までの摩擦力の知識と関係付けて、検証してみたいです。自分なりの考えや発見を見つける楽しさが、本当の勉強の楽しさかなあとこの機会で感じるようになりました。これからの理科の授業でも、今回のように変化や関係、見方を大事にしてのぞみたいです。次の単元も楽しみです。

※点線が学習前の題材に対する「ものがたり」の部分、下線が学習後の題材に対する「ものがたり」の部分、太い下線が自己に引きつけた語りの部分

研究の分析（実践事例2）

（1）自己に引きつけた学びを生むための単元構成の工夫について

　自己に引きつけた学びを生むためには、次の①～④の要素が必要であると考え、単元構成を行った。図6は、それぞれの要素をふまえた単元の流れを図で示したものである。
①生徒の思考の流れにそった単元構成
②「当たり前」とのズレとの出会い
③題材の歴史にふれる場面の設定
④題材と自己との関わりに気づかせる問いかけ

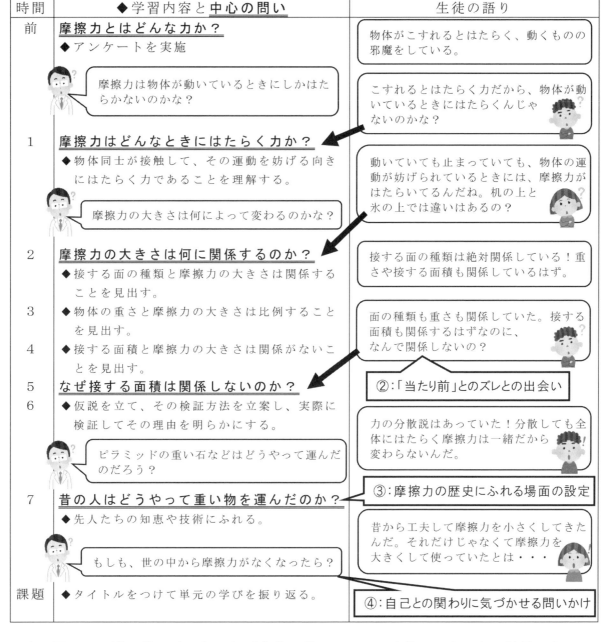

図6

時間	◆学習内容と**中心の問い**	生徒の語り
前	**摩擦力とはどんな力か？** ◆アンケートを実施 摩擦力は物体が動いているときにしかはたらかないのかな？	物体がこすれるとはたらく、動くものの邪魔をしている。 こすれるとはたらく力だから、物体が動いているときにはたらくんじゃないのかな？
1	**摩擦力はどんなときにはたらく力か？** ◆物体同士が接触して、その運動を妨げる向きにはたらく力であることを理解する。 摩擦力の大きさは何によって変わるのかな？	動いていても止まっていても、物体の運動が妨げられているときには、摩擦力がはたらいてるんだね。机の上と氷の上では違いはあるの？
2	**摩擦力の大きさは何に関係するのか？** ◆接する面の種類と摩擦力の大きさは関係することを見出す。	接する面の種類は絶対関係している！重さや接する面積も関係しているはず。
3	◆物体の重さと摩擦力の大きさは比例することを見出す。	面の種類も重さも関係していた。接する面積も関係するはずなのに、なんで関係しないの？
4	◆接する面積と摩擦力の大きさは関係がないことを見出す。	②：「当たり前」とのズレとの出会い
5	**なぜ接する面積は関係しないのか？**	力の分散説はあっていた！分散しても全体にはたらく摩擦力は一緒だから変わらないんだ。
6	◆仮説を立て、その検証方法を立案し、実際に検証してその理由を明らかにする。 ピラミッドの重い石などはどうやって運んだのだろう？	③：摩擦力の歴史にふれる場面の設定
7	**昔の人はどうやって重い物を運んだのか？** ◆先人たちの知恵や技術にふれる。 もしも、世の中から摩擦力がなくなったら？	昔から工夫して摩擦力を小さくしてきたんだ。それだけじゃなくて摩擦力を大きくして使っていたとは・・・
課題	◆タイトルをつけて単元の学びを振り返る。	④：自己との関わりに気づかせる問いかけ

次の**図7**は、単元終了時に行った要素③、④についての生徒アンケートの結果である。

図7

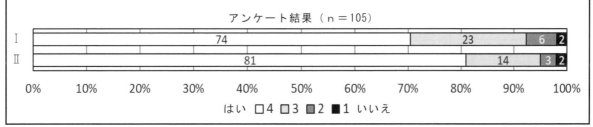

Ⅰ．人々が摩擦力とかかわってきた歴史にふれることは、自分と摩擦力とのつながりを実感したり、摩擦力のとらえ方が変わったりするのに有効でしたか？
Ⅱ．「もしも、世の中から摩擦力がなくなったら？」という問いかけは、自分と摩擦力とのつながりを実感したり、摩擦力のとらえ方が変わったりするのに有効でしたか？

アンケート結果（n＝105）

	はい □4 ■3 ■2 ■1 いいえ
Ⅰ	74 / 23 / 6 / 2
Ⅱ	81 / 14 / 3 / 2

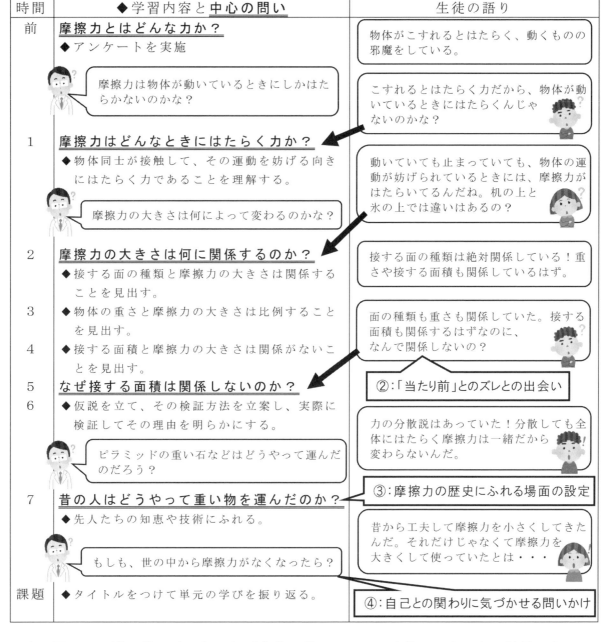

総論
国語
社会
数学
理科
音楽
美術
保健体育
技術・家庭
外国語
学校保健
共創型探究

図7の結果から、題材の歴史にふれる場面の設定や自己との関わりに気づかせる問いかけは、摩擦力に対する捉え方を変容させるのに有効だったと思われる。しかし、有効でないと答えた生徒の記述を分析すると、Ⅰに関しては、「コロやベアリングについてはもともと知っていた」、「これだけでは摩擦力とのつながりを実感するのは難しい」といった記述が、Ⅱに関しては、「捉え方が変わるの意味が少しわかりにくい」といった記述が見られた。このことから、自分と摩擦力とのつながりをより実感するような具体例を示したり、質問項目の意図や内容をもう少し説明したうえでアンケートを実施したりするなど、さらなる工夫をしていく必要があると考える。

　次の表は、自己に引きつけた学びが生まれたかどうかを生徒の単元後の振り返りをもとに見取ったものである。また、下の文は、AとBの生徒の振り返りの例である。

	見取りの指標	％（ｎ＝35）
A	自己に引きつけた語り（題材と自己をつなげた語りや題材にとどまっていない語り）が見られる。	51％（18名）
B	自己に引きつけた語り（題材と自己をつなげた語りや題材にとどまっていない語り）が見られない（曖昧である）。	49％（17名）

【Aの例：題材の変容をふまえて、自己と自然との関わりを捉え直した語り】
○さん　　タイトル：私にとって「摩擦力」とは「とっても大事なもの」である。

　学習前、正直摩擦はこの世にいらないと思っていました。摩擦があるから地面（氷以外）がすべれないからです。（すべれたら超楽しそうです）しかし、今では摩擦はとても大切なものだと思っています。学習前に考えていた床をすべるということも、よく考えれば摩擦力がないと、すべれはするけどとまれません。こういう考えを持った理由として、次のことがあります。「摩擦のない世界を想像する」ということです。頭の中で想像すると、様々なことがわかりました。まず、人が歩けません。摩擦を使って一歩一歩を踏み出しているからです。そのほかにも、どんどん加速するすべり台などが想像できました。やっぱり摩擦って大事なんですね。今回の単元の学習で特に印象に残っているものは、"物体の重さ"と"摩擦力の大きさ"の関係を確かめる実験です。僕は関係性を見いだしたり、比例と関係付けるようなものが好きなので、比例づけ、グラフにしたりしたこの実験は特に印象に残っています。これを通して、「この世界にあるものはすべて必要なのではないか？」と思いました。いらないと思っているものも実は意味があるのでしょう。その例として、僕は"二酸化炭素"を思い浮かべました。地球温暖化の原因は二酸化炭素だからいらないと思いました。実は必要だったのです。その一つとして挙げられるのが"植物"です。植物の光合成は二酸化炭素を取り入れ酸素を排出します。つまり、二酸化炭素がなくなるということはじきに酸素も失うことになりますね。もっと知りたいと思ったこともあります。摩擦を使った製品です。摩擦をネガティブに利用したものでなく、ポジティブな方向に利用したものにはどんなものがあるんでしょう？

※点線が学習前の題材に対する「ものがたり」の部分、下線が学習後の題材に対する「ものがたり」の部分、太い下線が自己に引きつけた語りの部分

【Bの例：題材の変容は見られるが、自己に引きつけた語りが見られない】
Sさん　　タイトル：私にとって「摩擦力」とは「生活にかかせないもの」である。

　学習前は摩擦力なんてない方がいいと思っていた。なぜなら摩擦力がなければ重い物も簡単に運べるし、けがをすることもなくなるからです。しかし今はこう思います。それは摩擦力がないと生きていけない。摩擦力がないと車は止まれないし、歩くことすらできないようになるからです。今回の学習は、驚きや発見がありました。それは、摩擦力が何に関係しているかです。物体の重さ、接する面の種類、面積すべて比例すると思っていたけれど、実際は接する面積の大きさは、小さくても大きくても摩擦力は変わらないです。どうしてこうなるかは、どれだけ面積が 2 倍、3 倍となっても、一枚当たりの摩擦力は2分の1、3分の1となるから摩擦力は結局変わらなくなる。これは自分にとって大きな発見となった。もう一つ大きな発見があった。それは、コロというものを使うと摩擦力はとてつもなく小さくなるということです。これも大きな発見ですし、これを編み出した人もすごいと思いました。

※点線が学習前の題材に対する「ものがたり」の部分、下線が学習後の題材に対する「ものがたり」の部分

　表の結果から、今回の実践で行った単元構成は、自己に引きつけた学びを生むために一定の効果があったといえる。しかし、約半数の生徒の記述から自己に引きつけた語りが見られなかった。原因として、生徒主体で探究していく場面が7時間中2時間ほどしかなかったことや、摩擦力の歴史にふれる部分が生徒の思考の流れにそったものではなかったことなど

が考えられる。疑問を生むための手立てを講じたり、生徒の中に生まれた疑問を探究する場面を増やしていったりするなど、単元構成を改善していきたい。

（２）自然事象から問いを見いだすための教師のかかわり

生徒自身が自然事象から問いを見いだすためには、まず生徒が自然事象に対して疑問をもつ必要がある。そこで、下のようにして、生徒の素朴概念や予想を覆すような事象（「当たり前」とのズレ）と出会わせた。

生徒の素朴概念・予想		実験結果		生徒の中に生まれた疑問（探究課題）
ア：接する面積と摩擦力は関係する⇒35人 イ：接する面積と摩擦力は関係しない⇒０人	⇒	接する面積と摩擦力は関係しない。	⇒	なぜ接する面積と摩擦力は関係しないのか？

この実践では、授業前に生徒全員が「接する面積と摩擦力は関係する」と考えていた。実験を通して、事実が明らかになることで生徒は驚いた様子を見せていた。3割程の生徒が授業後の振り返りの中に上記のような疑問を記述していたことや授業中に多数の生徒が上記のような疑問をつぶやいていたことから、この実験によって、自然事象に対して疑問をもたせることができたと考える。

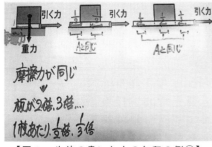

【図8　生徒の書いた力の矢印の例①】

しかし、このままでは生徒はその疑問（探究課題）をどう解明していけばよいのかの見通しをもつことができない。そこで、接する面積を変えた図を用意し、その図の中に力の矢印を書かせながら、単位面積あたりにはたらく力について考えさせた（図8、9）。その結果、「物体がのっていないところにも重さが分散されているから、面積が大きくなっても摩擦力の大きさが変化しないのではないか」という仮説が立てられた。次に、この仮説を検証するための方法を考えさせた（図10）。生

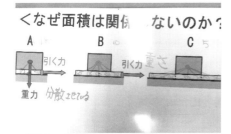

【図9　生徒の書いた力の矢印の例②】

徒が考えた方法で仮説を検証した結果、「仮説は正しい」ということが立証され、「なぜ接する面積と摩擦力の大きさは関係しないのか？」という疑問（探究課題）に対する生徒なりの結論が得られた。図に力の矢印を記入させたり、その記入の仕方を工夫したりしたことで、考察しやすくなり、今回の仮説を生み出すことにつながったのではないかと考える。しかし、課題として、図に力の矢印を記入し、仮説を設定する段階で思考がついてきて

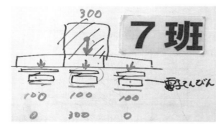

【図10　考案した仮説を検証する方法】

いない生徒が見られたことが挙げられる。「なぜそう考えたか、どんな結果になれば、どんなことが言えるのか」といった問いかけを行い、班や全体で生徒に説明させるなどの教師の工夫が求められる。生徒全員が探究に参加し、考えを深めていくことができるように改善していきたい。

（３）題材と自己の自然観の変容に気づく振り返りの工夫について

自己に引きつけた学びになるために、振り返りの場面において次のような工夫を行った。
①視点を与える

単元終了後、振り返り用紙に以下の振り返りの視点を示し、視点について説明したのち、本単元の学びについて記述させた。学習前後の自分を比較したり、学んだことと感性や経験などを結びつけたりすることで、題材と自己を見つめ直し、自然観の変容に気づきやすくなると考えた。また、今回は今まで視点に含んでいた視点4「単元全体を振り返り、自分の学びを意味づけて語る（「自分にとってこの学習は〇〇であった。その理由は…」）」を含ま

ず、口頭で伝えた。

> 1. 時間軸（過去−現在−未来）を意識して語る（学習前、僕は○○について、こう思っていた、しかし、今はこう思う。それは…）
> 2. 自分の感性（驚き、発見、葛藤）と結びつけて学びを振り返る（印象に残っていることやそのときあなたが感じたことは？）
> 3. 学習したこととこれまでの様々な経験を結びつけることで、自分の自然観の広がりや変化を語る（「説明できるようになった身近な自然現象」「新たな疑問」、「新たな自然現象の見方や考え方」、「考えられるようになった仮説や逆説」など。）

②タイトルの工夫

　振り返りのタイトルを「**私にとって「摩擦力」とは「○○○○○」である。**」のようにした。タイトルをこのようにすることで、摩擦力に対する自分の捉えがキーワード化され、今の自分の摩擦力の捉えが明確にわかるようになり、自分と摩擦力をつなげて記述することを促すと考えた。

③スライドを配布する

　振り返りの際に、単元の流れを示したスライドを一覧にして配布した。これにより、生徒は単元の中で学んだことや感じたことなどを思い出しやすくなり、振り返りの内容が充実すると考えた。

④書く時間を授業の中で十分に確保する

　今回は、単元後の振り返りを授業の中（約40分間）で記述させた。こうすることで、文量を書く時間が確保され、題材と自己の自然観の変容に気づきやすくなると考えた。

　これらの工夫について、有効だったかどうかを生徒アンケートにより検証した。**図11**がその結果である。

図11

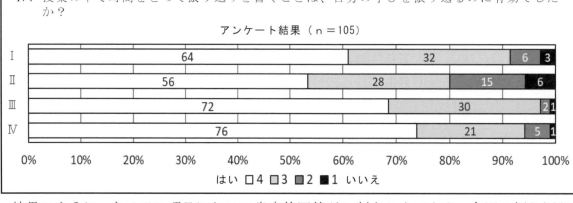

　Ⅰ．振り返りの視点があることは、自分の学びを振り返るのに有効でしたか？
　Ⅱ．「私にとって摩擦力とは『○○』である」というタイトルをつけることは、自分の摩擦力のとらえ方がどう変わったかを自覚するのに有効でしたか？
　Ⅲ．単元の流れをスライドで配布したことは、摩擦力のとらえ方や自分の学びを振り返るのに有効でしたか？
　Ⅳ．授業の中で時間をとって振り返りを書くことは、自分の学びを振り返るのに有効でしたか？

アンケート結果（n＝105）

	はい 4	3	2	1 いいえ
Ⅰ	64	32	6	3
Ⅱ	56	28	15	6
Ⅲ	72	30	2	1
Ⅳ	76	21	5	1

　結果のように、すべての項目において肯定的回答が8割をこえており、今回の振り返りの工夫が自己の学びを振り返るのに有効だったと思われる。特に、Ⅰ、Ⅲ、Ⅳの項目に関しては、肯定的回答が9割以上であるため、今後も継続して続けていきたい。Ⅱの項目に関しては、否定的回答が2割あった。その記述を分析すると、「事前にもこのタイトルで書いておいて、それと比べた方がよかった」という記述が多くみられた。今後は、単元前に同じタイトルで記述させて、それと比較しながら学びを振り返ることができるようにしていきたい。また、①の工夫において、視点4を与えなかったことで、振り返りの記述に独自性がなかったり、記述内容のほとんどが学んだ事実の羅列である生徒がいたりした。このことから、視点4は自己の学びを俯瞰し、振り返るきっかけとなる重要な視点ではないかと思われる。次は視点4を与えて、生徒の振り返りを比較し、その効果について検証していきたい。

成果（○）と課題（●）

研究内容（1）
○　これまでの単元構成の視点に加え、「題材が自分や自分を取り巻く自然事象とどう関係しているのかに気づかせる問いや仕掛け」を行うことは、題材に対する認識を変容させ、題材と自分とのつながりに気づいたり、自分をとりまく自然事象を新たな見方や考え方で捉え直したりすることに有効であることがわかった。

●　単元の中に教師が設定した課題がいくつかある。生徒の「当たり前」とのズレから疑問を生み、問いが設定できるような工夫をすることで、生徒主体の探究活動をさらに設定できるように単元構成を再検討していきたい。

研究内容（2）
○　生徒の素朴概念や予想（生徒の「当たり前」）をくつがえす自然事象に出会わせることは、生徒のなかに疑問（文脈的な問い）を生み出すことにつながったと考えられる。

○　生徒が自ら探究するためには、生徒の中に生まれた疑問（文脈的な問い）に対して、仮説を設定するよう対話を促すことが有効である。そして、その仮説を検証するために、何を変数として、どのような実験を行う必要があるのかを考えさせることで、生徒は疑問を科学的に解決可能な問いに変え、生徒主体の探究ができるようになることがわかった。

●　今回の実践では、文脈的な問いを科学的に解決可能な問いへと変える力を生徒に育成できたのかどうかについては十分な検証ができていない。今後の実践でその力の変容を見取っていきたい。

研究内容（3）
○　振り返りの視点を与えることやタイトルをつけさせること、単元の流れのスライドを配布することなどの工夫は、題材に対する認識や自己の自然観の変容に気づかせたり、自分が学んできた過程を俯瞰し、振り返らせたりするのに有効であった。

○　振り返りの視点のなかに、自分の学びを俯瞰し、意味づけたり価値づけたりすることを促すような視点を入れることは、自己に引きつけた語りを生む仕掛けとして有効である。

●　生徒の記述から、「題材に対する「ものがたり」の変容」と「自己に引きつけた語り」を区別することが難しい。教科として、分析の視点をさらに検討していきたい。

●　毎時間の授業の振り返りのあり方については、今回十分な実践や検討ができなかった。今後の課題としたい。

探究する力の育成について
　図12、13は、昨年（H31）の1月と今年（R2）の2月に、同じ生徒（H31の1、2年生とR2年の2、3年生）に対して同じアンケート調査を行った調査項目とその結果をまとめたものである。今期の理科の実践によって、重点的に意識した「疑問が生まれる」「問いをつくることができる」「変数を見いだすことができる」と感じている生徒の割合（4と3の割合）がそれぞれ10%近く上昇している。これは今回の実践が探究する力の育成に一定の効果があったということではないかと考えられる。また、問いを生み出すことを重点的に取り組んだが、それ以外の実験を計画したり、結果をまとめたり、考察したりすることができると感じている生徒の割合も上昇している。これは、生徒から問いを生み出し、その問いをもとに仮説を立て、実験を計画し、結果から何がわかるのかを繰り返す探究的な学びを行った成果だと考えている。しかし、この結果はあくまで生徒の自己評価であり、本当にそのような力がついたかどうかは別の客観的な調査を行う必要がある。また、生徒は結果を考察できると自分では評価しているが、実際に授業を行っていると、結果を自分でまとめたり、考察したりする力が不十分だと感じることも多い。結果を分析、解釈し、考察する力の育成も今後の課題であると考えている。生徒が主体的、科学的に探究できる力の育成に向けて、ものがたりの授業だけでなく、普段の授業から試行錯誤と評価、分析を行っていきたい。

図 12

理科アンケート　日付 2020 年　　月　　日　コード(　　　　)名前(　　　　　)

●成績には関係しません。1～15 の質問について、自分の気持ちに近いものを 1 つ選んで〇で囲みなさい。また、16 の質問については、自分の考えを記述しなさい。

	質問内容	はい← →いいえ
1	理科で、自然の原理や法則を学ぶのは楽しい	4 － 3 － 2 － 1
2	理科で、自然の原理や法則を学ぶのは大切だと思う	4 － 3 － 2 － 1
3	理科で、実験や観察をすることは楽しい	4 － 3 － 2 － 1
4	理科で、実験や観察をすることは大切だと思う	4 － 3 － 2 － 1
5	理科で、自分と違う意見を聞くことは楽しい	4 － 3 － 2 － 1
6	理科で、自分と違う意見を聞くことは大切だと思う	4 － 3 － 2 － 1
7	理科で、学んだことを振り返ることは楽しい	4 － 3 － 2 － 1
8	理科で、学んだことを振り返ることは大切だと思う	4 － 3 － 2 － 1
9	理科の授業のなかで、疑問が生まれることがある	4 － 3 － 2 － 1
10	疑問から、検証可能な課題や問いをつくることができる	4 － 3 － 2 － 1
11	自然の現象から変数を見出すことができる	4 － 3 － 2 － 1
12	課題を明らかにするために実験を計画できる	4 － 3 － 2 － 1
13	根拠(経験や実験、観察の結果など)を示しながら自分の考えや意見を言うことができる	4 － 3 － 2 － 1
14	実験結果や観察した結果をグラフや表にまとめることができる	4 － 3 － 2 － 1
15	課題について、実験結果をもとに考察することができる	4 － 3 － 2 － 1
16	自分にとって、理科を学ぶ意味(何のために理科を学んでいるのか)とは何ですか。簡単に書きなさい。	

図 13

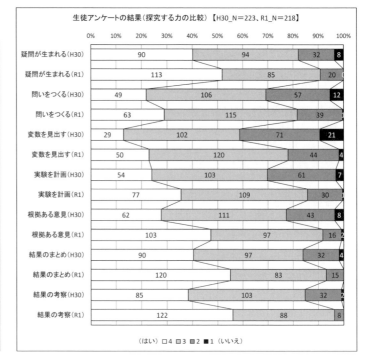

生徒アンケートの結果（探究する力の比較）【H30_N＝223、R1_N＝218】

（はい）□4 ▨3 ▨2 ■1 （いいえ）

参考文献

・榎本博明『＜ほんとうの自分＞つくり方～自己物語の心理学～』講談社現代新書、2002.1
・榎本博明『＜私＞の心理学的探求』有斐閣、1999.9
・仮説実験授業研究会・編集『科学教育研究〔1〕〔2〕』国土社、1982.10
・仮説実験授業研究会・編集『授業書力学編 4』国土社　1982.10
・国立教育政策研究所『資質・能力　理論編［国研ライブラリー］』東洋館出版社　2016.1
・佐伯胖『「学ぶ」ということの意味』岩波書店、1995.4
・佐伯胖/藤田英典/佐藤学－編『科学する文化』東京大学出版会、1995.8
・佐伯胖『「わかる」ということの意味』岩波書店、1995.9
・佐伯胖『「わかり方」の探究』小学館、2004.1
・猿田裕嗣・中山迅　編著『思考と表現を一体化させる理科授業』東洋館出版社、2011.11
・嶋野道弘『学びの哲学』東洋館出版、2018.1.20
・戸山田和久『「科学的思考」のレッスン』ＮＨＫ出版新書、2011.11
・中山迅『理科の教育 10』東洋館出版社、2018.10
・中山迅・稲垣成哲　監訳『子供の学びを探る』東洋館出版社、1995.2
・奈須正裕『「資質・能力」と学びのメカニズム』東洋館出版社、2017.5
・鳴川哲也・山中謙司・寺本貴啓・辻健『イラスト図解ですっきりわかる理科』東洋館出版社、2019.2
・藤井千春『アクティブ・ラーニング授業実践の原理』明治図書、2016.7
・村山哲也『「自分事の問題解決」をめざす理科授業』図書文化、2013.11
・森本信也　編著『理科授業をデザインする理論とその展開』東洋館出版社、2017.3
・若林教裕・鷲辺章宏『研究紀要』香川大学教育学部附属坂出中学校、2014、pp.81-94
・若林教裕・鷲辺章宏『研究紀要』香川大学教育学部附属坂出中学校、2016、pp.93-113
・鷲辺章宏・山下慎平『研究紀要』香川大学教育学部附属坂出中学校、2018、pp.103-116

第3学年3組 理科学習指導案

指導者　　島根　雅史

1　時　　　　　間　　令和2年6月12日（金）　11：20〜12：10

2　単　元　名　　カビの不思議（自然界のつりあい）

3　学　習　空　間　　理科Ⅱ教室

4　単元（題材）について

（1）この単元は、微生物の働きを調べ、植物、動物及び微生物を栄養の面から相互に関連づけて理解するとともに、自然界ではこれらの生物がつり合いを保って生活していることを見いだし、理解することをねらいとしている。菌類や細菌類などの微生物は、生物の遺体や排出物中の有機物を摂取しており、生態系の中では消費者であると同時に分解者としての役割も担っている。自然界では、分解者の働きによって、植物などの生産者が作り出した有機物が、最終的に無機物に分解され、再び植物などの生産者に利用されている。このような炭素の循環は、この地球で様々な生物が生きていく上でなくてはならないものであり、人間もこの循環の中で生かされている。このような生物のつながりの中で我々は生かされているという認識は、これからの地球環境を考え、持続可能な社会を築いていくことが求められる現代において、大変重要なものである。しかし、この単元は第3学年の学習の終末に扱われ、他の単元と比べて実験や観察も少なく、単なる知識の教え込みになりがちであり、単元を学ぶ意味や価値を実感しにくく、ものの見方や感じ方の変容にいたるような学びとなっていない。そこで、今回は分解者の代表として、生徒が必ずどこかで目にしているパンに生えるカビを中心の題材とし、単元を新たに構成した。また、自身の生活経験からカビのような微生物は自然発生することもあるのではないかという誤概念をもっていることも多い。科学者たちは、それを科学的に検証し、否定してきた。この単元は、そのような科学の歴史にも触れることのできる単元である。

（2）本学級の生徒は男子18名、女子17名の合計35名である。理科に対する興味・関心が高く、学んだ事を生活経験や他の現象とつなげて考えたり、他者の考えに対して思ったことをつぶやいたり、質問できたりする生徒も多い。しかし、全体での発言になると一部の生徒に偏りがちで、根拠も示されないまま思いつきで発言していることも多くみられる。小学校では、5年の「植物の発芽、成長、結実」で、植物の発芽には水と空気、温度が関係していること、植物の成長には日光や肥料などが関係していることを学習している。しかし、菌類や細菌類などの微生物については、小中を通してまったく学習していない。昨年度実施した学習前の生徒アンケート（n＝40）によると、カビに対して興味をもっている生徒は20名（50％）いるが、「カビに対するイメージ」を聞くと汚いとか不潔、危険といった

ネガティブなイメージをもっている生徒が32名（84%）である。また、「条件がそろえば、カビのもとがなくてもカビは自然に生えてくると思うか」という問いに対し、「自然に生えてくることはない」と答えた生徒はわずか９名（23%）で、31名（77%）の生徒がカビはもとになるものがなくても自然に発生する場合があると考えており、生活経験から微生物は自然発生することもあるという誤概念を多くの生徒がもっていることがわかる。

（３）本単元を指導する(個の「ものがたり」を深める)にあたって、次の点に留意したい。

・ 生徒の語りや学習記録から、カビや菌類に対する生徒の学びの文脈やそこから生まれる新たな疑問を把握し、生徒の文脈に沿った問いとなるよう課題や発問を設定する。

・ 生徒同士の対話を活性化させるため、学習課題に対する個の考え方を把握し、そこから「AorB」、「AなのかAではないのか」といった２項対立的な問いを設定したり、選択肢を用意したりして、立場を決めやすくし、全員が対話に参加できるようにする。

・ 全体の対話の場面では、あえて自分の考えを多く出させずキーワード化させる。それによって、自分の考えを端的にまとめ、相手に伝える力を育成するとともに、お互いの考えをもっと詳しく聞きたいという必然性をつくる。また、生徒へのかかわりとしては、教師が表に出るのではなく、生徒の表情や生徒のつぶやきなどから生徒の内面を推察し、生徒同士をつなぐよう心がける。さらに、全体での対話が停滞するときには小グループにもどして個別に関わる。

・ 探究していく過程の中で、生物の共通性や多様性といった見方や比較、関係づけ、条件制御、多面的思考などの考え方も働かせことができるように、単元の中に観察や実験、対話の場面を意図的に設定する。

・ 資質・能力（科学的に探究する力）を育成するために、自然事象から仮説を設定したり、変数に着目して実験を構想したりする場面を設定する。教師は、仮説を検証するための実験を構想する視点を示し、その実験で本当に検証できるのかを生徒に問いかけ、その理由について互いに語らせ、思考が深まるようにかかわる。

・ 授業の中でお互いの語りを出し合い、そこから生まれる新しい視点や異なる考えを踏まえた語り直しを行うことで、カビや菌類・細菌類について新たな視点で捉え直すことのできるようになった自分を自覚させる。（自己の変容をメタ認知させる）それによって、単元を学ぶ意味や価値を実感させる。

・ 自己に引きつけた語りを生むために生徒の日常経験や誤概念を取り上げるだけなく、自分をとりまく自然と自己とのつながりに気づけるように単元を構成する。

5　本単元の目標

（1）本単元で生まれる「ものがたり」

題材に対する「ものがたり」の変容

（学習前）
　　カビは腐ったものの象徴であり汚いもの。チーズなどにカビを利用したものがあるらしいが、あまり興味はない。

（学習後）
　　私達が生きていられるのも、カビなどの菌類や細菌類のおかげであり、私達の命は菌類や目に見えない細菌類に支えられていたのだ。

題材と自己をつなぐ概念
生態系におけるカビの役割

（自己に引きつけた語り）
　　生態系の中で菌類・細菌類は分解者として有機物を無機物に変えるという、炭素循環になくてはならない重要な役割を果たしていることを学んだ。もし、菌類や細菌類がこの地球上からなくなってしまったら、人間が利用しているさまざまなものがなくなってしまうだけでなく、生物間の循環が失われ、地球上の生物も生きていけなくなる。今回の学びを通して、あらゆる生物が互いに支えあって生きており、この地球の中で不必要な生物はいないということを感じた。人間だけのことを考えるのではなく、地球に生きる生物全体を守らなければならないことを改めて実感できた。

※下線が理科の考える「自己に引きつけた語り」である。

（2）本単元で育成する資質・能力（2分野）

【知識・技能】	
・生命や地球に関する事物・現象についての観察、実験などを行い、生物の体のつくりと働き、生命の連続性、大地の成り立ちと変化、気象とその変化、地球と宇宙などについて理解するとともに、科学的に探究するために必要な観察、実験などに関する基本的な技能を身につけるようにする。	・カビの観察を通して、からだのつくりやその特徴について理解する。 ・カビのからだのつくりや生態からカビが動物とも植物とも違う、菌類に分類されることを理解できる。 ・条件を変えてカビを生育させる対照実験を行うことを通して、カビはどのような生育環境を好むのかを明らかにすることができる。 ・カビが有機物を分解していることを確かめる実験を通して、カビの分解者としての役割やそのはたらきについて理解する。
【思考力・判断力・表現力等】	
・生命や地球に関する事物・現象に関わり、それらの中に問題を見いだし、見通しをもって観察、実験などを行い、その結果を分析して解釈し表現するなど、科学的に探究する活動を通して、多様性に気付くとともに規則性を見いだしたり課題を解決したりする力を養う。	・環境とカビの生育との関係を明らかにするため、変数を意識して実験を構想し、その結果からカビの好む生育を明らかにすることができる。 ・課題に対する自分の考えを、観察や実験の事実をもとに根拠立てて説明することができる。 ・実験の結果から疑問を見いだし、カビはどこからやってきているのかについて仮説を立て、それを明らかにするための実験を計画し、実施することができる。 ・自分たちの実験が仮説を検証するのに妥当なのかを検証し、またその結果から何が言えるのかについて分析・解釈することができる。
【学びに向かう力・人間性等】	
・生命や地球に関する事物・現象に進んで関わり、科学的に探究しようとする態度と、生命を尊重し、自然環境の保全に寄与する態度を養うとともに、自然を総合的に見ることができるようにする。	・カビについて、科学的な視点から観察したり、探究したりすることを通して、カビについての興味関心を高め、カビを多面的、多角的に見る力を養う。 ・カビを利用してきた人類の歴史や分解者としてのはたらきを学ぶことを通して、日本文化や自分の生きている世界とカビとのつながりに気づくことができる。 ・カビの生物としての営みや生態系における役割を知り、生物の共通性・多様性を感じ、地球上のあらゆる生物が互いに深くつながっていることに気づくことができる。

（3）単元構成（全8時間）と問い

時間	学習課題（中心の問い）と◆学習内容
1	【第1部　カビはどこにいるのか】 カビはどのようなからだのつくりをしているのか ◆カビを顕微鏡で観察し、カビのからだのつくりを理解する。（比較） （質問1）自然界でカビはどう分類されるのか
2 3	カビの生える条件とは何か ◆光や水、温度などの条件によってカビの生え方にどのような違いが生まれるのかを確かめるため、変数に着目しながら実験方法を検討し、カビの生えやすい条件について考察する。（比較、条件制御、関係づけ） （質問2）①～③の条件をととのえれば、必ずカビは生えるのか
4 5 （本時）	カビのもとはどこからきたのか ◆カビは胞子がなければ発生しないという考えのもと、その胞子がどこからきたのかについて考える。（推論、多面的思考） ◆空気中にカビの胞子があるのかを検証するため、変数に着目しながら実験方法を考え、その結果から空気中の胞子の有無について考察する。（条件制御、多面的思考、関係づけ） （質問3）なぜカビは生えなかったのか（仮説の設定） （質問4）仮説を検証するためには、何を変数とし、どのような実験を行えばよいか（検証計画の立案）
6 7	【第2部　カビは何をしているのか】 カビは何をしているのか ◆カビが生えた場所のデンプンの変化を実験で確かめ、カビによってデンプンが分解されていることを理解する。（条件制御、比較、関係づけ） （質問1）なぜBのシャーレのデンプンは反応しなかったのか（仮説の設定） （質問2）仮説を検証するためには、何という試薬を使って、どのような実験を行えばよいか（検証計画の立案） （質問3）この実験だけで仮説は証明できたと言えるのか （質問4）コウジカビはなぜデンプンを糖（麦芽糖、ブドウ糖）に変えることができるのか
8	人間はカビ（菌類・細菌類）をどのように利用してきたか ◆菌類を利用した発酵食品などについて知る。（関係づけ、多面的思考） ◆落ち葉や糞にカビが生えている様子から、菌類の分解者としてのはたらきを理解する。（関係づけ） ◆学んだことをもとに、地球から菌類や細菌類がなくなれば、人間の生活や地球がどうなるのかについて考える。（推論）
課題	（質問5）カビが地球上からいなくなったら、この世界はどうなるか ◆「私にとってカビとは（　　　）である」というタイトルで自分の学びをレポートにまとめる。

6 本時の学習指導

（1）目標

・ 自分たちで仮説を設定し、変数の視点からそれを明らかにする実験を構想することができる。
・ 対話や実験結果から、カビの胞子が自分たちの身の回りのあらゆる所に存在しているという新たな見方で、自分の生きている世界を捉え直すことができる。

（2）学習指導過程

学習内容及び学習活動	予想される生徒の反応	○教師のかかわり
探究課題：カビのもとはどこからきたのか		
1 仮説を設定する。（全体）	・ カビのもとである胞子は空気中にあったのではないか。 ・ 空気にカビの胞子があるなんて信じたくない。	○ 視覚的にも理解できるように空気中にカビの胞子があるとなぜパンにカビの胞子がつくのかを図に示す。
仮説：空気にカビの胞子があって、それがパンについていた		
2 仮説を検証する実験を考える。（班→全体） （1）班で独立変数、シャーレの数、固定変数について考える。 （2）班で決めたシャーレの数を発表する。 （3）班で決めた独立変数を発表する。 （4）独立変数は「空気」か「空気中の胞子」かを語り合う。	・ 今回の実験は空気が独立変数になるんじゃないかな。 ・ シャーレは空気のあるものとないものの2つになるな。 ・ 空気がないシャーレってどうやって作ればいいのかな。 ・ 固定する変数は水や温度、時間なんじゃないかな。 ・ 空気がないシャーレにカビが生えない場合、空気中に胞子がある証明になるのかな。	○ 教師が対話の様子を確認できるようにホワイトボードを使って対話させる。 ○ 対話が停滞している班に教師が関わる。 ○ すでに変数が設定できた班には、本当にそれでいいのか教師が揺さぶる。 ○ 教師は生徒の表情や様子を観察し、意見をつないだり、戻したりする。

＜S1とS3：「空気（ある・ない）」　S2とS4：「空気中の胞子（ある・ない）」＞

T ：今、独立変数が「空気（ある・ない）」と「空気中の胞子（ある・ない）」の2つが出ています。どちらが、この実験の変数としてふさわしいの？だれか自分の考えを言ってくれる？

S1：空気を調べるための実験だから、変数は空気になると思います。だから、実験では空気のあるシャーレと空気のないシャーレの2つを用意すればいいと思います。

T ：空気のないシャーレはどうやって作るの？

S1：真空ポンプとかを使って、空気を抜いたらいいんじゃないかなと思うんですけど。

T ：それに対して何か意見がある人いる？はい、S2さんどうぞ。

S2：もし、空気を抜いてカビが生えないとしても、それは空気に胞子がないという証明にならないと思います。

S3：なんで空気を抜いたシャーレではだめなの？それでいいと思うんだけど。

S2：それって変数が2つあるような気がする。仮にカビが生えなかったとして、それは胞子のある・なしが原因じゃなくて、空気がないからかもしれないし。

T ：Ｓ１さん、なんか難しい顔しているね。Ｓ２さんの言っていることはわかった？
Ｓ１：よくわからないです。
T ：Ｓ２さんの言っていることを自分なりに言い換えてくれる人はいる？
Ｓ４：えっと、カビが生えるにはそもそも空気がいるから、空気を抜いたらパンにカビが生えなかったのは胞子がないからというより、空気がないことが原因になるということじゃないかな。＜新たな気づき＞
T ：Ｓ２さん、そういうこと？
Ｓ２：そういうことです。
Ｓ１：じゃあ、空気を抜いてから酸素を入れたらいいんじゃないですか？
Ｓ２：それだったら、僕の言っている「胞子のない空気」ということで、独立変数は「空気」じゃなくて「空気中の胞子」になるんじゃないですか？
T ：どう？みんなは言っていることがわかった？少し時間をあげるから独立変数はどっちになるのか、もう一度班で話し合ってみて。
T ：〜１、２分　班で振り返る〜　はい、やめてください。何か言いたい人はいますか？
Ｓ３：Ｓ２さんの話はわかったけど、そもそもどうやってそんなシャーレを作るんですか？そんなことできないと思うんだけど。
Ｓ２：空気中に胞子があるとして、その胞子を殺せばいいと思うんだけど。
Ｓ３：どうやって殺すの？無理じゃないですか？
T ：ちょっと待ってくれる？独立変数は「空気（ある・ない）」じゃなく「空気中の胞子（ある・ない）」でいいというのはみんな納得できたんだね。もし納得できていない人がいたら手を挙げて。
T ：いないようですね。では、どうやったら空気中の胞子（ある・ない）のシャーレをつくることができるかな。だれかその方法を思いついた人はいませんか？じゃあ、少し時間をあげるので、どうやれば作れるか考えてみて。

（5）シャーレを作る方法を考える。	・　加熱すれば空気を殺菌できるのではないか。	○　思いつかない班には、前時の実験でなぜカビが生えなかったか思い出させる。
（6）固定変数を全体で確認する。	・　加熱後に外の空気を入れたらいいんじゃないか。	○　1つの実験だけで結論づけることはできないので、資料を用意して、実験結果を補足する。
3　結果を確認する。（全体）	・　外の空気を入れただけで、こんなにも違うのか。	
4　カビの話を読む。（全体）	・　ということは、この部屋の中にもカビの胞子が飛んでいるってことなの？	○　パスツールの実験について理解できるように、スライドを用意する。
5　自然発生説を否定したパスツールの実験について知る。（全体）	・　人間にカビは生えないの？ ・　パスツールも僕たちと同じように実験を工夫して、仮説を証明しようとしたんだな。	○　わかったことだけでなく、この時間での自分の見え方や感じ方の変化や新たな疑問など書くよう促す。
6　学びを振り返る。（個人）		

（3）見取り
・　授業後のレポートにおいて、変数の視点から振り返りが記述できているか。
・　授業後のレポートにおいて、カビに対する「ものがたり」の変容から、自己をとりまく自然についての捉え直しができているか。

第１学年１組 理科学習指導案

指導者　　山下　慎平

1　日　　　　時　　　令和２年６月12日（金）13：10〜14：00
2　単　元　名　　　不思議な力「摩擦力」
3　学　習　空　間　　　理科Ⅰ教室
4　単元（題材）について

（１）本単元では、摩擦力に関する実験を通して、摩擦力は物体と他の物体が接触しているとき、物体の運動を妨げる力であることを理解させ、摩擦力の大きさと物体の重さや接触面積との関係性を見いださせる。また、摩擦力と人との関わりの歴史に触れるような実験を通して、生徒の摩擦力に対する捉え方を変容させることをねらいとする。摩擦力とは、物体が他の物体と接触しながら運動するとき、または運動しようとするとき、その接触している面に生じる運動を妨げようとする力である。この力は、日常のいたるところで働いており、ありとあらゆる運動を成り立たせている重要な力である。自動車や電車のブレーキなど、動いているものを止める働きをしているだけでなく、物体が動き出すのを陰で支えているのもこの力である。例えば、歩くときには足で地面を後ろに蹴ることで前に進むが、このとき地面を後ろに蹴る力に対して、その動きを妨げる摩擦力が働く。この摩擦力が働いて、足が後ろに滑らないようにしているからこそ、前に進むことができる。このように、私たちにとって最も身近な物理現象の１つであるため、人々は、はるか昔から摩擦力を大きくしたり、小さくしたりしてうまく利用しようと試行錯誤を重ねてきた。ピラミッドづくりなどにも用いられたと考えられるコロは重い物体を運搬しやすくし、さらなる工夫により生み出されたボールベアリングは摩擦力を飛躍的に小さくすることができ、移動手段の発展に大きく貢献した。自動車のタイヤや運動靴の底部分はゴムでできているが、これは摩擦力がより大きく働くように工夫されたものの例の１つである。このように、摩擦力を工夫してうまく利用するとともに、摩擦力に関する科学的な研究が進められてきた。アモントンとクーロンにより、摩擦力は垂直抗力に比例すること、摩擦力は接触面積に関係しないこと、動摩擦力と静止摩擦力があり、動摩擦力は静止摩擦力より小さく、速度に関係しないことが発見された。その後も摩擦力に関する研究は進められているが、この関係性が成り立つ仕組みについては諸説あり、まだ解明されていない部分もある。このように、世の中を成り立たせている力であり、謎めいた不思議な力である摩擦力について学ぶことは、生徒の自然観の捉え直しにつながると考える。

　　さらに、単元の中で摩擦力に関する変数を扱い、その関係性を探る場面を取り入れることで、条件制御や関係付けなどの理科の見方・考え方を働かせることができ、理科における資質・能力を育成することができると考える。学習指導要領の改訂により、第１学年の物理分野において変数を扱う内容が減少し、自然現象を科学的に探究することができる場面が少なくなった。このことからも、探究する力の基礎を培うべき第１学年で、変数を扱いながら摩擦力を探究していくことは大変意義深いと考える。

（2）本学級の生徒は、男子16名、女子19名の合計35名である。小学校では、第3学年で風やゴムの力と物体の動きを、第6学年のときにてこの原理を学習しており、力の概念は少しずつできてきているところである。

　　昨年度実施した事前のアンケート調査（n＝35）では、「力の学習は面白いと思いますか」という問いに対して、肯定的回答が80％だった。その理由として、「身近なものだから」「生活の役に立っているから」というものが一番多く、このことから、力の学習に対する興味・関心は比較的高いといえる。しかし、「力の学習は得意ですか」という問いに対しては、肯定的回答が42％だった。否定的回答の理由として、「単語が多い」「計算が入る」といった力だけにあてはまらないものや「見えない、わかりづらい」といった回答が多かった。このことから、苦手と感じる生徒は、物理学全般にあてはまるような理由から、目に見えない力を理解することは難しいと感じていることがわかる。「摩擦力とはどのような力ですか」という問いに対しては、「こすれる力」や「動きを止める力」といった回答が66％であった。「摩擦力は必要な力だと思いますか」という問い対しては、肯定的回答が80％だった。その理由として、一番多かったのが「なかったら物が止まらないから」といったもので、その次に多かったのが「生活に使われてそうだから」といったものであった。また、単元を進める中で、摩擦力の大きさに関係しそうな変数を考えさせると、「接する面の種類」「接する面積」「物体の重さ」を挙げる生徒が多数見られた。

　　以上より、生徒の学習前の題材（摩擦力）に対する当たり前を「何かと何かがこすれるとはたらく力が摩擦力であり、物体の動きを止めるのに役立っている。その大きさは、物体の重さや接する面積、接する面の種類などが変わると変化する。」と設定した。

（3）本単元（題材）を指導する（個の「ものがたり」を深める）にあたって、次の点に留意したい。
- 生徒の思考を表出させるために、学習記録（OPPシート）の毎時間の振り返りの欄に視点を示しておく。学習記録を活用することで、摩擦力に対する生徒の思考の流れやそこから生まれる疑問を把握し、発問や課題を設定しながら単元を進めていく。
- 対話を活性化させるために、課題や問いは選択肢のあるもの（多くても3つの選択肢）にし、考えをもちやすいようにする。
- 物体に働く力を図示するなど、自分の考えを図で表すことで、相手に自分の考えを簡潔にわかりやすく説明する力を育成するとともに、他者の説明を聞く必然性をつくる。
- 全体の対話の場面では、生徒のつぶやきを拾ったり、生徒の意見を言い換えさせたりすることで、生徒同士の対話になるようにファシリテートする。対話が停滞するときには小グループにもどして再考させたり、教師が個別に関わったりする。
- 理科で重視する資質・能力を育成するために、摩擦力に関する実験を行う過程で、摩擦力の大きさに関係しそうな変数を抽出し、その変数と摩擦力との関係性を検証する実験を考えたり、結果をグラフ化し、解釈したりする場面を設ける。その際に、比較・関係付け・条件制御・多面的思考などの理科の見方・考え方を

働かせることができるように工夫する。

・　摩擦力を科学的に探究するだけでなく、摩擦力をうまく利用してきた歴史に触れる。その中で、先人たちの知恵や技術を知ったり、その工夫を再現する実験を行ったりすることで、摩擦力と人との関わりを実感させる。

・　単元の最後に「もし摩擦力がなかったら？」と問いかけ、世の中の様々な運動が摩擦力によって成り立っていることを改めて実感させながら振り返りを書かせることで、自己の自然観の変容につなげる。

5　本単元の目標
（1）本単元で生まれる「ものがたり」

題材に対する「ものがたり」の変容

（学習前）
　何かと何かがこすれるとはたらく力が摩擦力であり、物体の動きを止めるのに役立っている。その大きさは、物体の重さや接する面積、接する面の種類などが変わると変化する。

（学習後）
　物体同士が接していて、その運動を妨げる向きにはたらく力が摩擦力で、物体の動きを止めるだけでなく、物体が動き出すのにも役立っている。その大きさは物体の重さや接する面の種類によって変わるが、接する面積には関係しない。

題材と自己をつなぐ概念　　力の世界の広がり

（自己に引きつけた語り）
　自分は今まで、摩擦力について、運動の邪魔をして止める力だから、別になくても困らないと思っていた。しかし、この学習を通して、摩擦力は生活に欠かせない、なくてはならない力だと考える。なぜならば、人が歩く、車が走る、止まるという当たり前のことも、摩擦力があるから成り立っているからである。驚いたのは、摩擦力は面と面が接してはたらく力なのに、その大きさは接する面積には関係しないということだ。面積が大きくなるほど、摩擦力も大きくなると思っていたが、違っていた。なぜそうなるのかという疑問を自分たちで解決できたのはうれしかった。また、コロを使うと摩擦力がものすごく小さくなることにも驚いた。昔の人たちや科学者たちの知恵と工夫はすごい。<u>摩擦力がなくなってしまえばいいと思ったが、そうはいかない。摩擦力は生活に必要不可欠な力だからだ。もしかしたら、世の中にはたらいている力はどれも世の中を成り立たせているために欠かせない力なのかもしれない。</u>　※下線部は「自己に引きつけた語り」

（2）本単元で育成する資質・能力

【知識・技能】	
・物質やエネルギーに関する観察、実験などを行い、それらの事物・現象について理解するとともに、科学的に探究するために必要な観察、実験などに関する基本的な技能を身に付ける。	・摩擦力とは運動を妨げる向きにはたらく力であることを理解することができる。 ・力の矢印で摩擦力を表すことができる。 ・摩擦力の大きさを、ばねばかりを用いて計測することができる。 ・検証結果を記録し、グラフ化することができる。

【思考力・判断力・表現力等】	・摩擦力の大きさに関係しそうな変数を見いだし、関係性を検証する方法を考えることができる。
・物質やエネルギーに関する事物・現象について規則性を見いだしたり、課題を解決したりする方法を身に付け、思考力、判断力、表現力等を養う。	・得られたグラフから関係性を見いだし、結論を導き出すことができる。
	・実施してきた実験方法やその結果を振り返り、その妥当性を考えることができる。
【学びに向かう力・人間性等】	・物体にはたらく力という視点で、物体の運動を捉え直したり、力について関心を持ち、自分で探究しようとしたりする。
・物質やエネルギーに関する事物・現象に進んで関わり、自然を科学的に探究する活動を行い、科学的に探究しようとする態度を養うとともに、自然を総合的に見ることができるようにする。	・あらゆるところで働いている摩擦力の存在を実感し、その必要性や不思議さに気づくことができる。

（3）単元構成（全7時間）

時間	学習課題（中心の問い）と◆学習内容
1	摩擦力はどんなときにはたらく力か？ ◆面に接しているときと接していないときの力の大きさを比べ、摩擦力は物体同士が接触して、その運動を妨げる向きにはたらく力であることを理解する。（比較）
2	摩擦力の大きさは何に関係するのか？ ◆摩擦力の大きさに関係しそうな変数を見いだす。（関係付け） 接する面の種類が変わると、摩擦力の大きさは変わるのか？ ◆紙やすりの上で木片を動かす実験を通して、接する面の種類と摩擦力の大きさは関係することを見いだす。（条件制御、関係付け）
3	物体の重さは、摩擦力の大きさに関係するのか？ ◆物体の重さと摩擦力の大きさの関係を調べる実験を通して、物体の重さと摩擦力の大きさは比例することを見いだす。（条件制御、関係付け）
4 （本時）	接する面積は、摩擦力の大きさに関係するのか？ ◆接する面積と摩擦力の大きさの関係を調べる実験を通して、接する面積と摩擦力の大きさは関係がないことを見いだす。（条件制御、関係付け）
5・6	なぜ接する面積は関係しないのか？ ◆対話を通して、単位面積にはたらく摩擦力が小さくなっているのではないかという仮説を立て、それを検証するための方法を自分たちで考え、その結果から、その理由を明らかにする。（比較、多面的思考）
7	昔の人はどうやって重い物を運んだのか？ ◆摩擦力をできるだけ小さくする方法を考え、その方法を確かめる実験を行うことで、先人たちの知恵や技術にふれる。（比較、多面的思考） ◆摩擦力がなくなると、自分の生活や世の中はどうなるかについて考える。（多面的思考）
課題	◆「私にとって『摩擦力』とは『○○○○○』である。」というタイトルで、単元の学びを振り返る。

6　本時の学習指導
（1）目標
- 接する面積と摩擦力の大きさの関係を検証する実験を構想し、実施することを通して、2つの変数の関係性を見いだすことができる。
- 摩擦力の大きさと接する面積には関係がないことを見いだす中で、自然事象に対して疑問をもち、探究していくことを通して、新たな見方で自然を捉えることができる。

（2）学習指導過程

学習内容及び学習活動	予想される生徒の反応	○教師のかかわり
接する面積は、摩擦力の大きさに関係するのか？		
1　学習課題に対するそれぞれの立場の意見を共有する。（全体）	・面積が大きくなると、摩擦力が働く部分が広くなるから大きくなる。 ・面積が変わっても、重さが変わっていないから変わらない。	○前時までの学びを掲示物として示しておくことで、自分の考えの根拠を明確にしたり、現象を説明したりしやすくする。
2　検証実験を行う。 （1）実験で扱う変数について考える。 （2）実験方法を確認し、実施する。	・入力変数は面積、結果の変数は摩擦力だ。固定する変数は面の種類、重さとかかな。 ・データを3回ずつはとろう。	○条件制御を意識させるために、各変数を確認しておく。 ○より信頼性のあるデータを取らせるために、「データは何回取ればいい？」と問いかける。
3　実験結果から、2つの変数の関係性を見いだす。	・ほとんど変わっていないということは、面積と摩擦力の大きさは関係ないんじゃないのかな。	○すべての班のデータを1つのグラフに集約し、関係性を見いだしやすくする。
4　実験結果のようになった理由について考える。（班→全体）	・なんで面積は関係しないんだろう。	○考えを力の矢印で図示させることで、表現しやすいようにする。

S1：板1つあたりの摩擦力はこうなっている（1枚と同じずつ）と思いました。
T　：質問はないですか？
S2：それだったら、摩擦力がたくさん働いているってことにならない？
S1：そうか・・・
T　：じゃあ正しいと思う表し方は？
S2：面積が2倍のときは2分の1ずつ、3倍のときは3分の1ずつになると思います。
　　これだったら、足すと1になるから摩擦力が変わらないんだと思います。
T　：納得？じゃあ、なんで2分の1ずつ、3分の1ずつになるの？

-165-

Ｓ３：押す力が分散されるんじゃない？

Ｓ４：どういうこと？

Ｓ３：面積が倍になると、押す力が半分に分散されて、２分の１になります。だから、摩擦力も２分の１になるんだと思います。

Ｓ５：でも、物体が上にない部分も力は働くの？

Ｓ３：物体はないけど、力は分散されていると思います。

Ｓ５：ん〜・・・

Ｔ　：Ｓ５さんはまだ納得いかない様子だね。そういえば〇班さんも似たような考えだったよね。説明してくれる？

Ｓ６：僕たちの班は、物体の重さが分散していると考えました。<u>物体が板の上にない部分でも、重さが分散されていたら力も分散してはたらくんじゃないのかな・・・</u>
　　　＜新たな気づき＞

Ｓ５：あ〜なるほど。

Ｔ　：納得？みんなはどうでしょう。納得しているようですね。じゃあ、Ｓ６さんその根拠は？

Ｓ６：根拠は・・・わかりません。

Ｔ　：ということはそれは仮説だね？じゃあみなさん、この仮説を明らかにするにはどうすればいい？

5　本時の振り返りを行う。	・　摩擦力は不思議だけど面白い力だな。 ・　摩擦力が小さくなっているものってほかに何があるんだろう。	〇　生徒の記述が学習内容のみにならないように、新たな気づきや疑問を振り返りに記述するように促す。

（３）見取り

・　単元後のレポートにおいて、摩擦力とはどのような力か（摩擦力に対する「ものがたり」の変容）について、学んだ事実や学びの過程をふまえて語れているか。

・　単元後のレポートにおいて、摩擦力に対する「ものがたり」の変容から、自分の自然観（例えば、自分と摩擦力との関係性）を捉え直した「自己に引きつけた語り」が生まれているか。

音 楽 科

堀 田 真 央

音や音楽の意味を見いだし、
音楽とのかかわりを深める学習のあり方
－音楽観の捉え直しや変容からつむがれる「ものがたり」を通して－

　本校音楽科では、音楽のよさや美しさを味わうことのできる学習のあり方について研究を進めてきた。その中で、〔共通事項〕を支えとして思いや意図を伝え合い、音楽そのものに対するよさや美しさについて語ることについて成果が得られた。

　今期は、これまでの研究を継承しつつ、生徒が音や音楽がもつ意味を見いだし、音楽とのかかわりを深めることができる学習をめざしている。その手立てとして、①音や音楽がもつ意味を見いだすための視点の設定、②教材曲にかかわり続ける意欲を高めるための手立て、③音楽観の捉え直しをしたり、変容に気づいたりするための手立ての3点について研究を進めていく。

研究主題について

　私たちが音や音楽を耳にすることはごく自然なこととなっている。現在、技術の進歩とともに、音楽とのかかわり方も多様となり、生徒自身が楽曲をダウンロードして楽しむことや、自ら作曲活動をして作品を発表することが容易となっている。そのなかで、私たちはこれまでの経験によって育んできた価値観によって楽曲を評価し、無意識に音や音楽の意味を見いだしている。音や音楽の意味を見いだすことは、芸術として新たな価値を見いだすことでもあるといえる。

　学校では、普段の生活の中で出会えない楽曲が扱われることもあり、音楽の多様性や固有性に気づくことができる。また、他者と表現及び鑑賞活動を行うことによって、音楽での感動体験を共有し、実感を伴った音楽の新たなよさや美しさに気づくことができる。これらの積み重ねが、学習指導要領の音楽科の目標の中に提示されている、「豊かな情操を培う」こととなり、豊かな人生を歩むことにもつながっていく。

　学習においては、そこで鳴り響く音や音楽の特徴を知覚し、それによって自己や他者がどのような感受をしたのかを関係づけていくことが必要である。そして、自己の表現の工夫を考え試行錯誤を行ったり、作曲者や演奏者の意図について語り合ったりする中で、音や音楽がもつ意味を見いだせるように学習を工夫することが必要である。「なぜ休符が必要だったのか」、「なぜこの楽器でなければいけなかったのか」などと、音や音楽の意味を考え、それを見いだしていくことは、そこで鳴り響く音や音楽にこだわることになり、その中で得た新たな気づきが生涯にわたって音楽とのかかわりを深めることにつながっていくと考えている。

　また、音や音楽の意味を見いだす中で得た気づきは、これまでの自己の音楽観（音楽に対する価値観）と異なることがある。授業の中で得た新たな気づきをもとに音楽観を改めて捉え直し、その変容に気づくことも、音楽とのかかわりを深めることにつながると考えている。音楽観の捉え直しや変容を意識させるために、「ものがたり」によって、過去の経験や学び、自己の未来を見つめ、音楽とのかかわりを深めさせていきたいと考え、本研究主題を設定した。

── 音楽科における「ものがたりの授業」とは ──

　表現及び鑑賞の活動の中で見いだした音や音楽がもつ意味を、これまでの経験と関係づけ、また、知覚したことと自己や他者が感受したことを結び付けながら語ることを通して、自己の音楽観を捉え直す授業のこと

── 音楽科における「自己に引きつけた語り」とは ──

　音や音楽がもつ意味を見いだした過程をふまえて、自己の音楽観を捉え直した語りやその変容についての語りのこと

研究の目的

　音や音楽の意味を見いだし、音楽とのかかわりを深めるためには、授業の中で教材曲にかかわり続け、その中で自己の音楽観を意識していくことが必要だと考えている。そのために有効な手立てとして、今期は、①音や音楽がもつ意味を見いだすための視点の設定、②教材曲にかかわり続ける意欲を高めるための手立て、③音楽観の捉え直しをしたり、変容に気づいたりするための手立ての3点について研究を進めていく。

研究の内容

（1）　音や音楽がもつ意味を見いだすための視点の設定のあり方

（2）　教材曲にかかわり続ける意欲を高めるための題材構成及び問いの工夫

（3）　自己の音楽観の捉え直しや変容を意識させるための振り返りの工夫

（1）音や音楽がもつ意味を見いだすための視点の設定のあり方

　教材曲がもつ音楽の特徴のどこに着目し、題材をどのように構成していくかは、教師に任される部分が多々ある。どの特徴に着目しても、音や音楽についての意味を見いだすことができ、教材曲や題材に対して価値を感じることができる。しかし、それが生徒との「当たり前」とかけ離れていたら、生徒にとって教えられたものとなり、自ら音や音楽の意味を見いだすことは難しい。そこで、教材曲がもつ数々の音楽の特徴から1つ取り上げ、それを音や音楽がもつ意味を見いだすための視点として設定する。設定する際には以下の手順をふむこととする。

　①　教材曲の分析、教材曲に関する情報の収集

　②　生徒の「当たり前」の把握

> 「当たり前」を把握する際の項目
> ア　音楽の特徴について生徒の感じ方や特徴の捉え方
> イ　生徒が知覚している教材曲の音楽の特徴
> ウ　教材曲の背景（文脈）と生徒がすでにもっている知識のずれ
> エ　教材曲における必要な表現の技能と現在身についている技能の到達度

　「当たり前」の把握には、上記の4項目のいずれかを教材曲に合わせて適宜使用し、アンケートを作成・実施したり、題材と関連する過去の授業の生徒の様子等をもとに分析したりする。教材曲がもつ魅力や、「当たり前」の把握から明らかになったことをもとに、生徒が何気なく、そして漠然と捉えていることを考慮しながら音や音楽がもつ意味を見いだすための視点を決定していく。

（2）　教材曲にかかわり続ける意欲を高めるための題材構成及び問いの工夫

　教科書で取り上げられている教材曲は、音楽史上価値があるために、教材曲を教える傾向があったり、これまで学んできたこととのつながりが希薄になったりする傾向

があった。そのことが原因で、生徒は授業で扱う教材曲と生活でふれる楽曲とは別物であると感じてしまい、学習への意欲が高まらないことがあった。それらを打開するために、自己の音楽経験をふまえて生徒自身から疑問が生まれてくるようにすることが必要であると考えている。(「音楽経験」とは、普段の生活の中で経験してきた音楽にかかわる全ての活動と学校の中で活動してきた音楽にかかわる経験を含むものとする。)

研究の内容（1）の視点を土台として、生徒の普段の音楽とのかかわりの中の事柄や行為について題材を貫いて考えられるように題材を構成していく。そして、題材構成と合わせて取り上げる事柄や行為にかかわる、題材を貫く問いを設定する。

そして、題材を貫く問いについては、以下の要件を満たすようにしておく。

○　研究の内容（1）で定めた視点で語ることができる

○　問いの答えが新たな経験や新たな気づきによって変化する

○　問いには、題材と自己とをつなぐ概念が含まれている

（3）　自己の音楽観の捉え直しや変容を意識させるための振り返りの工夫

音楽とのかかわりを深めるためには、生徒が音や音楽の意味を見いだした過程を振り返り、これまでの自己の音楽観を見つめたり、どのように変容したのか気づいたりすることが大切である。そこで振り返りシートを作成し、毎時間の振り返りの記述できる欄と研究の内容（2）で設定した題材を貫く問いに対する考えを書く欄を設ける。学習終了時にはそれを見返して、その変容を自分で気づくことができるようにしておく。また、以下のように学習最初（または学習前）、学習中、学習終了時において振り返りを書く視点を提示し記述をさせていく。学習終了時はレポート用紙を作成しそれに記述させる。

学習最初 （学習前）	・題材を貫く問いに対する考え ・教材曲に対してどのような知覚・感受をしているか ・教材曲に対してどのような思いをもっているか
学習中	・題材を貫く問いに対する考え ・授業の振り返り 　授業中に他者の意見を聞いて感じたこと考えたことについて 　教材曲や表現活動・鑑賞活動における新たな気づきについて
学習終了	・題材を貫く問いに対する考え ・題材全体に対する振り返り 　これまでの記述を見返して感じていることについて 　教材曲で今回どんな学びがあったのかについて

実践事例

実践事例「感情と音楽～オペラ「アイーダ」通して～」

実施学年3学年：共通Ⅱ

1　本題材で生まれる「ものがたり」

┌─ 題材に対する「ものがたり」の変容 ─┐

（学習前）

　オペラは、日本語でないために理解ができないし、歌っているだけのものだろう。オペラ歌手の歌声はすごく響いてすごいと思うが、堅苦しく、聴いていて飽きてしまう。どこが面白いのかが分からない。

（学習後）

　オーケストラの伴奏が場面や登場人物の反応を表しているからこそ、物語が生き生きと伝わってきた。歌の音程が高いのも感情の高まりを表していて、ただ音が高いわけではなかった。音が高くてもそこに含まれる意味は違うので、内容を理解しながら感情移入することができたと思う。いつの間にか「アイーダ」の世界に引き込まれた。

（自己に引きつけた語り）

　漫画や小説の実写化は最近映画やテレビドラマにおいてたくさんされており、見る機会があったけど、そのとき必ず音楽はBGMなどとして使われていた。もし、セリフだけだったらその物語の世界に引き込まれなかったのではないかなと思う。例えば、テーマ音楽だけでも、はっきりとその物語の内容を表していて、聴いただけでもドラマの内容を思い出し、内容に引き込まれているから、音楽って本当に大事なんだなと改めて実感した。

　今回の授業でオペラの中の音楽は登場人物の感情を生き生きと表していて、テレビドラマと同じように感じた。効果音だったり、BGMだったりと、そのときの様子をイメージしやすくしていて作曲者による工夫がたくさんあるなと思う。もしかしたら、ドラマや映画でも音楽を作ったり選んだりする人が物語とのかかわりをしっかり考えているのだろうなと思う。内容に気をとられていたけれど、これからドラマとか見るときには音楽がより効果的に感じるかもしれない。自分たちで作っていたときの送別芸能祭も音響のタイミングとか難しかったけど、音楽があるからこそ雰囲気が生まれ、演技を助けていたのかもしれない。

2　題材構成（全4時間）

時間	学習課題（中心の問い）と◆学習内容
1	オペラとはどういうものか？ ◆オペラ「アイーダ」の第2幕第2場を鑑賞し、オペラを構成する要素や総合芸術と言われている理由を理解する。また、歌やオーケストラが何を表現しているのかを理解する。 ◆「アイーダ」のあらすじや登場人物の関係を理解し、恋の苦しみを味わった人物について考える。
2	恋の苦しみは音楽でどのように表現されているのか？

3・4	◆選んだ登場人物に焦点を当て、映像で状況を理解し、音楽の特徴の変化をもとに苦しみがどのように表現されているか考えながら鑑賞する。 恋の苦しみが一番高まった瞬間はどこか？ ◆歌詞の内容から考えられる感情の変化と音楽の特徴の変化とのかかわりを捉え、登場人物の恋の苦しみについて再考する。
家庭 学習	物語を実写化した際に音楽はどんな役割を果たすのか？ ◆これまでの学びを振り返り、考えたことや感じたことを記述する。

3 本題材で育成する資質・能力

【知識・技能】 　曲想と音楽の構造や背景などとの関わり及び音楽の多様性について理解する。	旋律やリズム、強弱などの特徴と、オペラの要素である文学とのかかわりについて理解しようとする。
【思考力・判断力・表現力等】 　音楽のよさや美しさを味わって聴くことができるようにする。	オペラ「アイーダ」やオペラそのもののよさや美しさについて、知覚したことと感受したこととをかかわらせ、音楽による感情の表現の共通性や固有性について考え、味わって聴くことができる。
【学びに向かう力・人間性等】 　音楽活動の楽しさを体験することを通して、音楽を愛好する心情を育むと共に、音楽に対する感性を豊かにし、音楽に親しんでいく態度を養い、豊かな情操を養う。	鑑賞の楽しさを体験することを通して、オペラのよさや美しさを見いだそうと主体的に取り組み、オペラに親しもうとする。

4 本題材で表出した生徒の「ものがたり」

　以下は生徒Ａの記述であり、下線部は題材に対する「ものがたり」の変容、二重線は「自己に引きつけた語り」である。

　私は初め、「オペラ」と言えば高音を歌っている女性のオペラ歌手のイメージしかなかった。「アイーダ」の授業が始まった。初めてオペラを映像で見て驚いたことがたくさんあった。オペラはずっと歌っているイメージだったけれど、実際は、ミュージカルのように衣装を着たり舞台を作ったりして、オペラ歌手の人が登場人物になりきっていた。また、オーケストラや指揮者、合唱団もいて、ミュージカルのセリフが全て音楽になったような感じだなと思った。初めは歌だけにしか注目していなかったけれど、授業をしていくうちに、オーケストラの役割も大切なのではないかと思うようになった。このオペラはイタリア語だったので、音楽だけを聴いて、登場人物の気持ちを考えるのは難しかったけれど、言葉が分からなかったからこそ、音楽の特徴に注目して考えることができたのかなと思った。音楽だけで聴いてみると、登場人物の気持ちによって歌の音の高さや速さ、強弱、オーケストラのリズムや強弱が違っていることが分かった。今まであまり劇やドラマなどの途中にある音楽に興味をもって見たことはなかったけど、今回音楽の役割や重要性を学んで、これからは音楽にも注目

して見てみたいと思うようになった。また、登場人物の気持ちを考えるのに苦しい悲しい等の言葉が出てきたけれど、気持ちを表現するのに国語も繋がってくるんだなと思った。そしてオペラだけに限らず、音楽などの日常生活にある様々なことに興味をもって生活したい。

研究の分析

（１）　音や音楽がもつ意味を見いだすための視点の設定のあり方
〇実践事例における音や音楽がもつ意味を見いだすための視点の設定までの流れ

①教材曲分析、教材曲に関する情報の収集
〇「アイーダ」の分析
（ａ）「アイーダ」について
・この作品で完全な３管編成のオーケストラを使用、しかし歌の旋律や声が優位
・強弱の指示としてはほとんどｐ（ピアノ）から始まる・ライトモチーフの活用
・ソロが与えられている登場人物は２名、「ロマンツァ」、「シェーナ」としての扱い→歌が物語と密接に関係
・「アイーダ」の敵役である「アムネリス」の葛藤も同等に描かれており、第４幕はアムネリス中心
（ｂ）作品の背景（情報）について
・作曲の依頼を受け、何度か断ったが概要を読んで心変わりをし、作曲。登場人物の心の葛藤に惹かれた。
・劇が重視され、「シェーナ」が使用されている。→シンプルであるが力強く劇的な「歌」が要求される（後期作品）
（ｃ）作曲者ヴェルディについて
・人間の性格や心理を音にすることを追求しそのために表現や声域を開拓。ズボン役のメッゾ・ソプラノに生身の女性の役を与える
〇オペラの基本的情報
・オペラ＝「声」の芸術。声の響きこそが人間の心を動かし、歌手によって描きだされる人物への関心を目覚めさせる
・オーケストラは舞台上の登場人物によって起こっている物事、役柄、状況、行動と反応などを表現

②生徒の「当たり前」の把握
質問：「歌に込められた感情を表現するために必要なこととは何か」
回答の形式：自由記述
分析の仕方：記述内に表れる音楽の特徴を表す言葉を集計（複数回答有り）
分析結果　：「強弱」27名、「歌詞」16名、「音程」・「旋律」（6名）
質問：「オペラについてどんなイメージをもっていますか。」
回答の形式：自由記述
分析の仕方：記述内で多く見られる言葉をキーワードとして集計（複数回答有り）
分析結果　：声について（声が高い、声の響きがすごい　等）26名、難しい・自分の好みでない　4名
　　　　　　他　お金持ちがみるもの、外国語である、大変そう　等

音や音楽がもつ意味を見いだすための視点⇒旋律

登場人物の音楽の特徴を知覚し、自己の感受を関係づけながらオペラのよさや美しさを味わってもらいたい。声に着目しながらも、音楽の特徴へと鑑賞の視点が移るよう、音や音楽がもつ意味を見いだすための視点を「旋律」として題材構成しよう。

　上記の①は今回の分析において、情報等をまとめた一部である。情報等から声を視点として設定することも可能と考えた。しかし、作曲者が登場人物の心の葛藤に惹かれたというところから、その葛藤（物語）と音楽とのかかわりを味わうことを取り上げることを決めた。オペラ（教材としてはモーツァルト作曲「魔笛」）は、小学校の教科書で取り上げられていることもあり、生徒がオペラについてどんな印象をもっているのか、また、感情と音楽表現とのかかわりについてどのように考えているのか把握しようと考えた。②に記述してある質問を行った結果、上記の通りとなった。オペラの「声」についてはすでに意識をして聴いており、感情について考えていく際には強

弱に着目していくことが伺えた。しかし、オペラを題材として取り上げ、物語と音楽とのかかわりを考えていくことをふまえると、旋律に視点を設定する方がその意味を見いだすことができるのではないかと考えた。

○授業における生徒の反応

　2時目に「恋の苦しみは音楽でどのように表現されているのか？」という学習課題のもと学習を進めた。学習活動としては、生徒それぞれが選んだ人物が歌唱している場面を聴き、どのような音楽の特徴によって苦しみが表現されているか班で話し合うことを行った。そうすると、様々な要素が出た中で、2時目後では「旋律」（音の高さ、音程なども含む）に着目したのは31名（77.5％）となり、旋律への着目に繋がったと考えている。3時目では自ら見いだした苦しみを表すために必要な音楽の特徴をもとに「恋の苦しみが高まった瞬間はどこか」という学習課題に取り組む際の視点にもなった。

　しかし、「音が高い＝苦しみが高まった」とは言えず、オーケストラについてもより知覚する必要があるのではないか、苦しみの質にどの程度生徒がかかわっていたのかという点に関して見直さなければならないと考えている。

（2）　教材曲にかかわり続ける意欲を高めるための題材構成及び問いの工夫
○実践の大まかな流れ

時	◆学習の目的と 中心の問い など	生徒の語り
	☆視点は旋律に。「恋の苦しみ」をキーワードにすると「アイーダ」の内容に興味をもちながら物語と音楽との関係を考えていくことにつながるのではないか？	【事前のアンケート】 オペラは高い声が印象的。一人で歌っている。感情が伝えるには歌詞や強弱が大切だ。
1	オペラとはどういうものか？ ◆オペラ「アイーダ」の第2幕第2場を鑑賞し、オペラを構成する要素や総合芸術と言われている理由を理解する。また、歌やオーケストラが何を表現しているのかを理解する。 ◆「アイーダ」のあらすじや登場人物の関係を理解し、恋の苦しみを味わった人物について考える。	【学習後】 衣装や舞台のセットなどとても豪華。歌はオーケストラの伴奏で歌っている。急に音楽が変わっていたりするから場面が変わったというのがわかりやすいかもしれない。「アイーダ」の内容を見てみると面白そうだな。
	選んだ人物が苦しんでいるって音楽のどんなところに着目すればわかるの？	【学習前】 強弱が大切なのでは？
2	恋の苦しみは音楽でどのように表現されているのか？ ◆選んだ登場人物に焦点を当て、映像で状況を理解し、音楽の特徴の変化をもとに苦しみがどのように表現されているか考えながら鑑賞する。	歌詞や強弱と思っていたけれど、音程の変化が激しいことに気づいた。歌詞を音楽にのせているのだから旋律に着目していくことが大事だと気づいた。旋律が高くなった時に感情が高まっているように思う。
	つまり苦しみは変化している？していない？	苦しみは変化していて、高まっているように思う。

"1" />

3	恋の苦しみが一番高まった瞬間はどこか？ ◆歌詞の内容から考えられる感情の変化と音楽の特徴の変化とのかかわりを捉え、登場人物の恋の苦しみについて再考する。	【学習前】 旋律の音程の変化、音が高くなった時を見つけてみよう
	意見の中でオーケストラという着目があったけどオーケストラについてはどう？	2分ごろ　　　5分ごろ 歌の旋律だけでなくてオーケストラもなんか違うような・・・
4	（学習課題は前時と同じ） 高まった瞬間と考えたところの30秒前後でオーケストラの旋律はどのようになっているの？	確かにオーケストラも変化していて、歌詞と密接に関係していそうだ。
		同じような伴奏を続けていていたのに、急に変わって、オーケストラが休みになっているところがある。この違いに意味があると思う。
家庭学習	物語を実写化した際に音楽はどんな役割を果たすのか？ ◆これまでの学びを振り返り、考えたことや感じたことを記述する。	【学習後】 歌ばっかり注目していたけれど、オーケストラも重要な役割を担っていて、すごく密接に関係していると気づいた。

　題材であるオペラに対する変容を生み出すためには、まずは教材のオペラ「アイーダ」の鑑賞に対して生徒が意欲的に取り組み続けることが大切である。そこで、「アイーダ」の物語にのめり込み、物語と共に音楽を味わうためのキーワードとして「恋の苦しみ」を設定し、学習課題中にこのキーワードを使用した。この設定においては、研究の内容（1）の音や音楽の意味を見いだす視点で記述したように、物語の内容を味わいながら音楽にも関係していること、そして、自分の考えが解釈の仕方で変わっていくのではないかと考え設定した。そして、題材と自己とをつなげる概念として、「物語と音楽との関係」を設定した。そこから、題材を貫く問いとして「物語を実写化した際に音楽はどんな役割を果たすのか？」と設定した。

　授業後にアンケートを実施し、「恋の苦しみ」というキーワードに対して興味をもって学習することができたかどうか質問し、以下の通りの結果となった。

「恋の苦しみ」というキーワードに興味をもち学習することができたか

0%　10%　20%　30%　40%　50%　60%　70%　80%　90%　100%
■4（はい）　■3　■2　■1（いいえ）

　結果より、約9割近くの生徒が興味をもち学習を進めることができたと回答した。また、題材を貫く問いについては、授業前の記述と比較し、授業後において音や音楽の意味について、記述内容が増加しているか、または、変化しているかどうか調べた。すると18名（45.0％）が、記述内容の増加や変化が見られた。内容として変化はなかったものの、具体的な例を挙げながら、詳しく音楽の役割について記述しているのは15名（37.5％）であった。

　次は生徒Bの記述である。

| 事前 | 登場人物の表情や、気持ちを表す。人物像を表している。 |

| 事後 | 　物語を実写化する際に、音楽で会場の雰囲気を作る役割があると思います。物語をそのまま音楽なしで作るのであれば、その人の登場人物の心情がわかりにくいと思います。送別の練習でも、役者だけの練習に比べて音響と一緒に練習をすることによっ |

総論
国語
社会
数学
理科
音楽
美術
保健体育
技術・家庭
外国語
学校保健
共創型探究

> て、その場面ごとの登場人物の様子や心境を分かりやすくなったことがあると思います。役者だけでは作ることができない会場の雰囲気が音楽によって作られたり迫力が出たりします。迫力や音楽によって会場に来てくれたお客様を飽きさせないような工夫がされているのではないかと思いました。役者が言葉を発するだけでは飽きてしまって、あまり興味をもつことはないけれど場面ごとに様々な音楽が使われることによってよりオペラを楽しいものにするのだと思います。

　生徒Bの記述を見ると、事後では「会場の雰囲気」を一番に出しており、オペラを学習したことによって観客の視点で音楽の意味や役割を考えていることが想像できる。また、これが学校行事の送別芸能祭と結びつけて語ることに繋がっていると考えられる。（点線部）しかし、オペラだからこそ気づくことができた音楽の役割かという点では授業の見直しが必要である。「場面ごとに様々な音楽が使われる」という記述は、他の総合芸術でも考えることが可能である。（波線部）

　事前アンケートで質問していた「歌に込められた感情を表現するために必要なこととは何か」についても授業後に記述させた。生徒Bの記述は以下の通りである。

> 　歌詞やオーケストラとのバランスが必要だと思います。歌詞で心境を表していて、オーケストラでそのときの状況や物事を表したと分かったので、最初は、歌詞だけあればいいと思っていたけどオーケストラも重要だと思いました。また、歌詞だけ、オーケストラだけでももう一方の心境や状況が分からないので、バランス良くいると思います。心境で盛り上がった時、オーケストラでさらに盛り上げると見ている人も登場人物がどういう気持ちなのかを知ることができると分かりました。どちらか一つでも無くなるとバランスが崩れてしまってオペラとして成り立たなくなってしまうと思います。歌に込められた感情を表現するためには、歌詞やオーケストラとのバランスが最も重要になると思うようになりました。

　題材に対する「ものがたり」の変容でねらっていた、オーケストラに対する記述が見られたが、こちらの記述においても、授業中の知覚したことと感受したことに関する記述が見られない。内容としてもう一歩踏み込んだ具体的な音楽の特徴が表出するような工夫が必要かもしれない。

（3）　自己の音楽観の捉え直しや変容に気づくための振り返りの工夫

　今回の実践においては、次のように記述させた。

学習最初 （学習前）	・題材を貫いた問いに対する考え：振り返りシート最上部 ・オペラに対しての予備知識および印象：1時目のノート
学習中	・題材を貫いた問いに対する考え：振り返りシート（毎時間） ・学習課題についての考えや感じたこと：振り返りシート（毎時間）
学習終了	・題材を貫いた問いに対する考え：授業後レポート ・題材全体をとおした振り返り：授業後レポート

　学習終了時のレポートの問いや書くときの視点については以下のように示した。視点については全部ふれながら書かなくてもよいと助言し記述させた。

> 問い：　ワークシートなどを振り返りながら、私は（僕は）という書き出して今回の学びを振り返りましょう。
> 　　　　○以前の自分・学習中の自分・今の自分を意識して
> 　　　　○「オペラ」、「アイーダ」の捉え方の変化について
> 　　　　○これまでの経験と結びつけて
> 　　　　○友だちの発言から気づいたことについて

①　オペラ（題材）に対する変容について

学習終了時のレポートを以下の３点で分析し、結果は次のようになった。（n＝40）

A：　オペラに対する捉え方の変容について記述している。	62.5%（25名）
B：　教材曲の知覚したことと感受したことを関係づけ、文学などとのかかわりに関する記述をしている。	37.5%（15名）
C：　A、Bのどちらも含んでいない。	10.0%（4名）

　どの生徒の記述内容にも、オペラというものを深く知らなかったという趣旨の記述や、オペラの基本的な事柄で未知から既知になったことに関する驚きなどが多かった。そのため、オペラに対する捉え方の変容や、オペラを構成する他の芸術とのかかわりに関する記述は多くないと言える。しかし、オペラに対する捉えについての記述からは、堅苦しいイメージから意外と面白いものだというイメージへと変容していることがうかがえた。

○　生徒の語りの例

A：　オペラに対する捉え方の変容を記述している。（太線部）

　僕は、これまで、オペラというものをあまり深く知りませんでした。知っていたものといえば、声が高い、踊ることだけでした。始めの授業でオペラを聴いた時、僕はしょうげきをうけました。こんな音楽もあるのだということです。展開や流れ、物語があるのだということやオーケストラの演奏によってそれが導かれていることを見て、「オペラ」ってこんなにすごいだって思いました。（中略）オーケストラは、状況、物事、行動、反応を表しており、最後の授業では、これが一番大切なのではないかと思い始めました。オーケストラがあることによって、高低差をよりはっきり表すことができたり、大きさを表すことができるなど初めはあまり必要ないと思っていたが、オーケストラもとても大切なものだと気づくことができた。僕は、このオペラ・アイーダの授業を通して、オペラのかっこよさや恋を表現しているアイーダのすごさがとても分かりました。はじめは何でもない、ただの音楽だと思っていたオペラには、音楽の工夫の様々が施されているのだと気づきました。

B：　教材曲の知覚したことと感受したことを関係づけ、文学とのかかわりに関する記述をしている。（点線部）

　僕はこの学習をする前はオペラは難しくて登場人物が多すぎて物語が理解できていないと思っていました。だけど声の高さとかでその登場人物がどんな役なのかが分かるということを聴いて少し理解しやすくなりました。（中略）「恋の苦しみをどのように表現しているのか」という授業でアムネリスとアイーダを比較したりして面白かったです。声が高いというのは同じだったけれど、他はけっこう違うような気がしました。この違いは何だろうと思って自分なりに考えてみました。強弱も違うような気がしました。アムネリスはきいていると起こっているような声にきこえたりもするから苦しみと言えるかはよく分かりませんでした。これらから僕は、強弱や一つひとつの音の重さが関係しているのではないかなと思いました。恋の苦しみが一番高まった瞬間を考える授業で、Ｎさんが５分10秒あたりから６分ぐらいのところで言い合いみたいになっているからこのあたりじゃないと言っていて納得しました。歌うときに声を強めて重ねることで苦しんでいる感じや起こっている感じが伝わってくるなと思いました。（後略）

② 自己の音楽観の捉え直しや変容に関する記述について

自己の音楽観の捉え直しや変容に関する記述については、次の３点で分析し、その結果は次のとおりとなった。（ｎ＝40）

D： 音楽による感情表現、「物語と音楽との関係」にかかわる自己の音楽観の変容について記述している。	22.5%（ 9名）
E： 過去の音楽経験と結びつけて学びの意味や価値を記述している。（音楽観の捉え直しを含む）	30.0%（12名）
F： D、Eのどちらも含んでいない。	60.0%（24名）

物語と共に音楽を味わうために、「恋の苦しみ」をキーワードとして学習課題を設定し題材構成を行い、「物語と音楽との関係」を概念として設定していたが、それにかかわる自己の音楽観の変容については記述が少なかった。過去の音楽経験については、本校の送別芸能祭と比較したり、日常のテレビ番組での音楽の使い方を例に挙げたりしながら、新たな音楽の捉え方ができたと語っている生徒がいた。

○ 生徒の語りの例

D： 音楽による感情表現、「物語と音楽との関係」にかかわる自己の音楽観の変容について記述している。（二重線部）

> …（略）この学習を通して、オペラの見方が大きく変わりました。でも、それだけでなくオペラで気持ちや感情を伝えるにはどのような歌い方をすればいいのかということも分かりました。私は歌手の人たちがその情景や状況を思い浮かべて歌っているということを聴いたことがあったので、そのようにすればいいと思っていました。でもオペラは、声だけで伝えることが大切なので、強弱や声の太さに気をつけていると分かりました。（中略）オペラの歌は普通の歌とは違っていますが、そこが魅力だと感じました。歌だけでなく芸術や演劇などもとてもきれいですごいものだと思いました。

E： 過去の音楽経験と結びつけて学びの意味や価値を記述している。（波線部）

> …（略）この学習を通して、オペラの見方が変わり、なにより歌だけでなく美術や舞踊など様々な要素で一つの作品を作っていくという、送別でしたようなものなので遠いものではないと分かりました。全く関係ないものだと思ってオペラについて考えたことなどなかったけど学習すれば自分と意外なかかわりに気づくことができるので、何事も関係ないと思わず、学ぶことが大切だと思いました。そこから見方が変わると身近なものに対する見方も変わると思います。

③ 授業後アンケートからの分析

授業後にアンケートを実施し、オペラに対する捉えの変容について質問したところ以下の通りとなった。

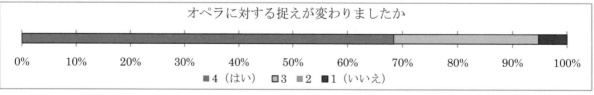

オペラに対する捉えが変わりましたか

■4（はい） ■3 ■2 ■1（いいえ）

捉えが変わっていると肯定的に答える生徒は多かったものの、レポートの分析か

らは多く見取ることができなかった。振り返りシートには、生徒全員が学習課題にある「恋の苦しみ」という言葉を用いながら授業中に感じたことや考えていたことを記述しており、教材曲に対する興味・関心はうかがえた。その一方で、オペラそのものに対する記述は少なかった。また、題材を貫く問いを振り返りシートに毎時間書かせていた時、生徒の反応として、「前と考えが変わっていないけど書くのか」という質問があった。

成果（〇）と課題（●）

研究内容（１）音や音楽がもつ意味を見いだすための視点の設定のあり方について

〇　生徒がもつ題材に対するイメージと、音楽経験の中で意識して聴いたり、歌ったりしていたことをもとに分析し設定した視点は、授業中に生徒の思考の流れから見いだされた視点と一致し、次時の授業の鑑賞の視点となった。今後も「当たり前」の把握は継続して行う。

●　設定した視点が音や音楽がもつ意味とどのようにかかわってくるのかをより具体的に想定し、音や音楽がもつ意味について授業中に迫ることができる場面を設定することが必要だった。また、知覚させたいこととの関連も含め、どのような音や音楽の意味が見いだせるかさらに明確にしていく。

研究内容（２）教材曲にかかわり続ける意欲を高めるための題材構成及び問いの工夫について

〇　授業中における題材と生徒の具体的なかかわりを想定した上で、キーワードを設定し、学習課題の中に組み込むことは有効であった。

●　題材を貫く問いについては、学習課題との関連をより考慮して設定していくことが必要だった。また、題材を貫く問いにつながる場面を題材構成の中や授業中により含まれるようにしていく。

研究内容（３）自己の音楽観の捉え直しや変容に気づくための振り返りの工夫

〇　学習中の振り返りにおいて、学習課題に対する考えや感じたことを書く視点として与えたことは、題材を通して教材曲について考えることにつながった。

●　自己の音楽観の変容が生まれるためには、研究の内容（２）において設定した題材構成と題材を貫く問いとの関連が大切である。自己の音楽観の変容を意識できるように、書かせ方やタイミング等を再考していく。

参考文献

・堀田真央『研究紀要』香川大学教育学部附属坂出中学校、2018、pp.127〜142
・堀田真央『研究紀要』香川大学教育学部附属坂出中学校、2016、pp.115〜124
・可児智恵子『研究紀要』香川大学教育学部附属坂出中学校、2014、pp.95〜103

・可児智恵子『研究紀要』香川大学教育学部附属坂出中学校、2012、pp.81〜88
・可児智恵子『研究紀要』香川大学教育学部附属坂出中学校、2010、pp.47〜52
・文部科学省『中学校学習指導要領解説音楽編』、2017
・副島和久（編著）『新学習指導要領の展開　音楽編』明治図書、2017
・中島寿・髙倉弘光・平野次郎『音楽の授業で大切なこと〜なぜ学ぶのか？何をどのように学ぶのか？』東洋館出版社、2017
・筑波大学附属小学校音楽科教育研究部（編著）『音楽の力×コミュニケーションでつくる音楽の授業』東洋館出版社、2016
・小島律子（編著）『音楽科　授業の理論と実践』あいり出版、2015
・橋本美保・田中智志（監修）『音楽科教育』一藝社、2015
・フィリップ・ボール（夏目大訳）『音楽の科学—音楽の何に魅せられるのか？[新装版]』、河出書房新社、2018
・岡田暁生『音楽の聴き方』中央公論新社、2009
・公益財団法人音楽鑑賞振興財団『季刊　音楽鑑賞教育 Vol.21』、2015
・伊福部昭『音楽入門』全音楽譜出版社、2003
・渡邊學而『音楽鑑賞の指導法—子どもの可能性を引き出す』音楽之友社、2004

第３学年３組 音楽科学習指導案

指導者　　堀田　真央

1　日　　　　時　　　令和２年６月12日（金）13：10〜14：00
2　題　材　名　　　音楽が伝えるもの〜オペラ「アイーダ」を通して〜
3　学　習　空　間　　音楽室
4　題材について

（１）音楽は、時と場合によってサインやシンボルとなり、様々な意味をもつようになる。文学などと結びついた総合芸術において、音や音楽は効果音や場面を示し、様々な感情を伝えるようになる。そして、聴衆である私たちは展開される物語をもとに音や音楽に意味を見いだし、総合芸術を楽しんでいるのである。

　　今回取り上げるオペラは、総合芸術の１つで、音楽だけでなく、演劇、舞踊、文学、美術など様々な要素で構成され、歌を中心にして物語が進行していくものである。オペラにおいてオーケストラが表現する音楽は、登場人物そのものを表すもの、場面を表すもの、バレエ音楽、動きや心情の変化を表す効果音の役割をもつものなど、様々な役割を担っている。また、オペラ歌手が歌う歌は、台詞そのものが歌詞となり、曲想と歌詞のかかわりから心情を想像できるものになっている。

　　オペラ「アイーダ」は、作曲者ヴェルディの後期作品にあたり、豪華な舞台芸術で、大勢の出演者など、視覚的な要素も強く、エンターテインメントとしても楽しめるものである。「アイーダ」の大まかな内容は、敵国に生まれた者同士が恋に落ち、それぞれの立場で苦悩し、最終的には主人公は恋人と永遠の愛を誓いながら息絶えるというものである。恋心を中心に、愛国心、嫉妬心、復讐心といった人間感情が率直に音楽によって描かれている。

　　教材として取り上げる第２幕第２場は、グランドオペラとしての要素がふんだんに盛り込まれており、各登場人物の感情が表現される場面である。また、①凱旋行進曲と大合唱およびバレエ音楽、②凱旋式典の場、③シェーナとアンサンブルフィナーレの３つの部分から成る。有名な旋律が含まれる凱旋行進曲をはじめ、バレエ音楽、独唱、合唱、オーケストラを十分に味わうことができ、場面の変化や登場人物の心情の変化も分かりやすい場面でもある。登場人物の心情の変化について、音楽の特徴の変化を知覚し、登場人物の心情と照らし合わせながら鑑賞することは、「オペラとは何か」と考え、そのよさや美しさを味わうことにつながっていくと考えられる。また、場面の変化や登場人物の心情を捉え、その時々の音楽の役割を考え音楽の意味を見いだすことも可能である。そして、生徒の生活の中で聴く音や音楽が何を伝えているのか改めて考えることにもつながると考え、本題材を設定した。

（２）本学級の生徒は男子18名、女子17名である。これまで、音楽の特徴の変化について歌詞や楽譜、作曲者の背景等を根拠にしながら楽曲について考えることを行っている。表現領域の合唱活動においては、歌詞をもとに心情を想像し、声部の役割を大切にしながら表現の工夫を行うことができるようになってきている。

　　昨年度第３学年において、本題材で教材とするオペラについて事前のアンケー

トを行った。その結果は以下の通りである。（ n ＝39）

> ・オペラについて（複数回答）
> ① 言葉を聞いたことがある　55%　② 見たことはないが知っている　22.5%
> ③ 直接（生で）みたことがある 25%　④ 映像で見たことがある　60%
> ⑤ 曲を聴いたことがある　57.5%　⑥ 小学校の授業で触れたことがある 35%

　アンケートより、これまでにオペラに触れた経験がある生徒が多くいることが分かった。また、オペラに対するイメージを自由記述させたところ、声に関する記述をした生徒が６割以上おり、「声がよく響く」、「高い声」という記述が見られた一方で、「難しい」、「眠くなる」というマイナスイメージをもつ生徒も少数であるがいた。そして、本校では、３月に行う送別芸能祭でミュージカルを取り上げることが多いため、以下の質問もした。

> ・ミュージカルとオペラが同じだと思いますか
> ① はい　２名　　② いいえ　28名　　③ どちらとも言えない　９名

　上記のように答えた理由については、「はい」と答えた生徒は、「どちらも歌が使われている」と答えている。「いいえ」と答えた生徒は「何か違いがあるはず」とオペラを構成する要素そのものに触れていない回答や、「オペラには踊りがない」、「オペラには劇（物語）の要素がない」、「歌うだけ」といった回答がみられた。オペラに触れた経験がある者が多くいるにもかかわらず、オペラの構成要素やオペラにおける歌の役割、また、オーケストラが奏でる音楽の役割を捉えていないことが明らかとなった。

（３）本題材を指導する（個の「ものがたり」を深める）にあたって、次の点に留意したい。

・　第２幕第２場の鑑賞を通してオペラについての基本的な知識を理解させる。その際、生徒自身が視聴した中で驚いたことや、すでに知っていたことなどを取り上げることで、自分の経験と結びつけながらオペラの構成要素や音楽で物語を進めることを理解できるようにする。

・　オペラ「アイーダ」の物語に対する理解を深めるために、あらすじを読み、一文で物語を表現する活動を取り入れる。その上で、どのように音楽で物語や登場人物の感情を表現しているかについて探究を進めていく。

・　自分の根拠となる音楽の特徴が表れた瞬間等を伝えやすくするために、カウントアップタイマーを用意し、その瞬間の時間をメモさせる。さらに、自分や他者の意見を語り合う際には、音源と楽譜を用意し、どのような特徴があるのか、根拠を視覚的にも共有できるようにする。

・　題材と自己とをつなぐ概念として、「音楽が伝えるもの」と設定し、題材を貫く問いとして「音楽は何を表現するのか」という問いを設定する。題材を通して、音楽の特徴に着目しながら、聴衆である自分が音楽のどんな要素を受け取って判断しているのか振り返り、音楽について考えていくことにつなげていく。

・　各授業の振り返りにおいては、記述する視点を与え、授業中に感じたことを記述するよう振り返りシートに明記しておく。また、書き出しを「私（僕）は（が）〜」として、新たな気づきや授業中に感じたことを表出しやすくする。

5 本題材の目標
（1）本題材で生まれる「ものがたり」

────── 題材に対する「ものがたり」の変容 ──────

（学習前）

　オペラは、日本語でないために理解ができないし、歌っているだけのものだろう。オペラ歌手の歌声はすごく響いてすごいと思うが、堅苦しく、聴いていて飽きてしまう。どこが面白いのかが分からない。

（学習後）

　歌だけでなく、オーケストラの伴奏が場面や登場人物を表しているからこそ、物語が生き生きと伝わってきた。歌を強調したり、支えたり、効果音的な役割をしたりしているから内容を理解しながら感情移入することができたと思う。いつの間にか「アイーダ」の世界に引き込まれた。

題材と自己をつなぐ概念
音楽が伝えるもの

（自己に引きつけた語り）

　これまで映画やテレビを見ていると、いつの間にか登場人物に感情移入して話にのめり込んでいたけれど、音楽によって、よりいっそうその物語の世界に引き込まれていたのだろうなと思う。

　オペラで演奏されていたどの楽曲も登場人物の感情を生き生きと表していた。そして、楽曲によっては効果音やBGMの役割を担ったり、登場人物の感情を率直に表したりしていた。授業の中で繰り返し楽曲を聴いていたが、自分が気づいていない音があることに気づき、そこから作曲者による工夫がたくさんあるなと思った。もしかしたら、ドラマや映画でも音楽が使われているけれど、気づいていない音や音楽があって、それによって雰囲気や感情を想像しやすくなっていたのかもしれない。送別芸能祭も音響のタイミングとか難しかったけど、見ている人が気づいていない音や音楽であっても、演技と音や音楽がマッチしなければ意味がないと改めて思う。生活の中には色々な音や音楽がたくさんあふれていると思うけど、もしかしたら聴き逃している音や音楽がたくさんあるのかもしれない。

（2）本題材で育成する資質・能力

【知識・技能】 ・曲想と音楽の構造や背景などとの関わり及び音楽の多様性について理解する。	旋律やリズム、強弱などの特徴と、オペラの要素である文学とのかかわりについて理解しようとする。
【思考力・判断力・表現力等】 ・音楽のよさや美しさを味わって聴くことができるようにする。	オペラ「アイーダ」やオペラそのもののよさや美しさについて、知覚したことと感受したこととをかかわらせ、音楽による感情の表現の共通性や固有性について考え、味わって聴くことができる。

【学びに向かう力・人間性等】	
・音楽活動の楽しさを体験することを通して、音楽を愛好する心情を育むと共に、音楽に対する感性を豊かにし、音楽に親しんでいく態度を養い、豊かな情操を養う。	鑑賞の楽しさを体験することを通して、オペラのよさや美しさを見いだそうと主体的に取り組み、オペラに親しもうとする。

（3）題材構成（全4時間）と問い

時間	学習課題（中心の問い）と◆学習内容
1・2	あなたなら『オペラ』をどのように説明するか？ ◆オペラ「アイーダ」の第2幕第2場を鑑賞し、オペラを構成する要素や総合芸術と言われている理由を理解する。 ◆オペラ「アイーダ」の大まかな内容を理解し、登場人物がどんな心情であったか想像する。
3	第2幕第2場で恋の苦しみは表現されているのか？ ◆第2幕第2場後半の中で恋の苦しみが表現されたタイミングを考え、音楽の特徴をもとに判断し、歌詞とのかかわりについて根拠をもって説明する。
4 （本時）	第2幕第2場の音楽では誰の思いを表現しているのか？ ◆歌詞（文学）と音楽の特徴とのかかわりをふまえ、オーケストラの役割について考えを深める。
家庭学習	音楽は何を表現するのか？ ◆学習を振り返り、気づいたことや学んだことをもとにしながら、自分の考えを記述する。

6　本時の学習指導

（1）目標

- ・オーケストラの旋律に着目し、各登場人物の旋律とのかかわりを根拠にしながら誰の思いを表した音楽であるか説明することができる。
- ・オーケストラの旋律をもとにその場面で音楽が何を表現しているか考えを深め、オペラにおけるオーケストラの役割に気づく。

（2）学習指導過程

学習内容及び学習活動	予想される生徒の反応	○教師のかかわり
1　学習課題に対する自分の考えを確認する。（グループ）	・　前時までの気づきをもとに考えたことを班で共有している。	○　同じ登場人物を選んだ者同士で班を構成し、根拠や意見を共有しやすくする。
第2幕第2場の音楽では誰の思いを表現しているのか？		
2　それぞれの立場の意見を聴く。（全体）	・　発表者は楽譜や音源を使用しながら説明している。	○　グループごとにＭＰ３プレーヤーとポータブルスピーカーを用意し、発表する際に意見を聴いている生徒にも分かりやすくする。

Ｔ　：では、アモナズロの意見から聴いてみましょう。はい、Ｓ１さん、どうぞ。

Ｓ１：私は、アモナズロだと考えました。なぜなら、一人で歌う所が多く、歌うときの歌詞を見てみると色々な感情をもっていそうで、その感情に合わせて雰囲気が変化していたと思います。

Ｔ　：Ｓ３さん、Ｓ１さんの考えについて、共感できるところありましたか？

Ｓ３：僕は、誰であると決め切れていないのですが、アモナズロはこの場面で初めて出てきて、一人で歌うところも確かに多いなと思っていました。ただ、この第２幕第２場は合唱が多いことが気になっています。他のところは一人とか、二人とかで歌唱する場面があるけれど、第２場はそれほど多くないので、判断が難しいなと思っています。

Ｔ　：Ｓ３さんが合唱について少し語ってくれましたが、Ｓ２さん、どうですか？

Ｓ２：Ｓ３さんが語ったように合唱が多いことに気づきました。合唱ということは、エジプトの人々、捕らえられた人々、神官たちなど個人名がついていない人々が歌っていることになります。楽譜をみても、合唱の人たちが登場することが多いので、誰か特定の人よりは、民衆などの大勢の人々かなと思っています。

Ｔ　：Ｓ１さん、今のＳ２さんの意見を聴いていて疑問とか共感したこととかありますか。

Ｓ１：確かに合唱が多いなと思っています。楽譜の○ページを見てください。ここの合唱においては、アイーダやアムネリス、エジプト王など、個人名が出てきます。だから、合唱があるからと言って、民衆などの大勢の人々とは言い切れないような気がします。

Ｓ３：僕もそれについても悩んでいます。確かに合唱が多いので、Ｓ２さんのように民衆の人々かなと思っていましたが、色んな人が、色々な歌詞で歌っているのでどう判断すればいいのかと迷っています。

Ｔ　：私から質問いいですか。今みなさんが、特に着目をしている要素は何ですか？

Ｓ１：それぞれの人の歌の旋律に着目していますよね。

Ｓ３：僕もＳ２さんも同じように歌の旋律ですよね。

Ｓ２：はい。

Ｔ　：Ｓ３さんが悩んでいるのですが、もうちょっと考えを深めるためにできそうなことはありませんか？

Ｓ１：合唱のところのそれぞれの歌詞が違うので、どんな内容を歌っているのか確認したいです。同時に歌っていても違う内容かもしれません。〈新たな気づき〉

Ｓ２：オーケストラの旋律もどのようになっているか、各登場人物の旋律との関係があるのか考えてみたいです。同じ旋律を演奏していたような・・・〈新たな気づき〉

Ｔ　：では、班で確認してみましょう。

3　合唱の部分について２つの視点で確認する。（グループ→全体） （1）　歌詞に着目する。 （2）　オーケストラと登場人物の旋律の関係に着目する。	・　楽譜と歌詞を見ながら、何度も同じ言葉を繰り返していることから、同じ感情を異なった旋律で表現していることに気づく。 ・　オーケストラの楽器の中に主要な場人物と同じ旋律を演奏している楽器があることに気づく。 ・　敵対関係の登場人物や民衆等が同じ旋律を歌っていることに気づく。	○　全員が登場する部分（ラダメスの"Il dolor che in quel volto favela"から"O Re: pei sacri Numi,・・・"の前まで）を取り上げる。 ○　楽譜については、登場人物ごとに分け、横に長くつなげたものを用意する。また、オーケストラだけの楽譜も用意する。

（3）　班で確認して気づいたことを共有する。	・　班で気づいたことについて楽譜を見ながら再度音源を聴き確かめる。	○　登場人物を比較する際に分かりやすくするために小節番号を書き込んでおく。 ○　オーケストラと歌の旋律との関係について気づきやすくするために同じ旋律にはマーカーで色を付けておく。
4　再度、学習課題についての考えを記述する。（個人）	・　本時の気づきをもとに考えを深め、意見の根拠としてオーケストラと旋律のかかわりについて触れながら自分の考えを記述している。	○　第2幕第2場ではバレエの場面もあることを思い出させるために、本時で取り上げた場面が第2幕第2場の中の1つの場面であることを確認しておく。本時の気づきをもとに、根拠を明確にして考えを記述するよう助言する。
5　本時の振り返りを記述する。（個人）	・　ノートを見返し、自分の意見の変容などをもとに、本時を終えて感じていること、考えていることを記述している。	○　本時に確認した場面を視聴してから本時の振り返りを行う。 ○　振り返りの記述の視点として「オーケストラの役割」も挙げておく。

（3）見取り
- 　「第2幕第2場の音楽では誰の思いを表現しているのか？」に対して、歌詞や旋律、オーケストラとのかかわりを根拠に挙げながら、自分の考えを記述しているか。
- 　オペラにおけるオーケストラの役割について考えを深め、音楽が何を表現しているかについて新たな気づきが振り返りの記述の中で見られるか。

美 術 科

渡 邊 洋 往

創造活動の喜びを見いだす美術の学び
—仲間と深め合う創造活動を通した新たな見方・感じ方を獲得する授業の提案—

　過去の研究から、本校美術科では表現、鑑賞両方の活動を「創造活動」とし、創造活動の喜びを見いだすことができる生徒の育成のために、思いを語り、互いの表現のよさを認め合う活動を授業に取り入れてきた。また、自分らしい表現や味わい方ができるよう、学習過程の工夫や支援の方法を探ってきた。

　そこで、今期はこれまでの研究を引き継ぎつつ、（1）「非言語的・感覚的経験」に基づく鑑賞と表現の一体化を意識させる単元構成の工夫（2）題材との出会いから生まれる生徒の「当たり前」を融合し、新たな見方・感じ方を生み出す題材の工夫（3）自ら美を探し求める視点を養う活動の工夫、を研究の柱とし、研究実践を行う。

総論 国語 社会 数学 理科 音楽 美術 保健体育 技術・家庭 外国語 学校保健 共創型探究

研究主題について

　美術科では、創造活動の喜びを見いだすことができる生徒の育成のために、思いを語り、互いの表現のよさを認め合う活動を授業に取り入れてきた。また、自分らしい表現や味わい方ができるよう、学習過程の工夫や支援の方法を探ってきた。

　創造活動とは、表現と鑑賞の両方をさす。表現では、自分の思いを自分らしい方法で作品に表すことができたとき、鑑賞では、自分の見方や感じ方を大切にし、作品に対する見方が深まったときにその喜びを味わうことができる。また、そうして創造することや、創造したものが心を豊かにすると感じたり、他者に認められたと実感したりしたとき、心から創造活動の喜びを見いだすことができる。

　創造活動の喜びとは、人が共通して本来もっている力であり、よりよく生きるために必要な要素であると考える。また、他者のその喜びを認め、共有すること、違った価値観を持つ他者に対しても多様性として受け入れる力となり、これからの社会において必要な要素であると考える。

　創造活動の喜びを見いださせるために、これまで、互いの表現や思いを語り合い、自分らしい表現や味わい方につながる学習過程の工夫や支援の方法を研究してきた。しかし、「自分らしい表現や味わい方ができる」＝「どんな表現でも味わい方でもよい」という捉えに留まり、そこには自らが主体的に喜びを見いだそうとする姿が見られない。

　主体的に美術と関わり、その喜びを見いだすためには、より深い学びが必要である。そのために以下の３つの視点を提案する。

---

①自分の見方、感じ方をもつ
②他者との関わりの中で自分の考えを深める
③自分にとっての意味・価値を見いだす

---

①自分の見方、感じ方をもつ

　西村[1]は近年の鑑賞教育について「見る対象を情報の集積としてしか見ることができず、作品そのものへの素朴な見方、感じ方が極めて希薄になった」と指摘している。美術科は非言語的な要素をもつ教科であり、それを教科の優位性として重視してきた過去がある。学習指導要領の改訂によって言語活動が重視されるようになったが、非言語的、感覚的なものが美術の学びにおいて重要な要素を持つことは変わりない。自分はどのように見るか、感じるかを自覚、言語化し、学びの後でそれがどのように変化したのかを知ることが、より深い学びにつながると考える。

②他者や社会との関わりの中で自分の考えを深める

　西村[1]は、マイケル・J・パーソンズの認知発達理論から、図工・美術教育における表現・鑑賞活動で現れる子どもの姿について段階的に論じているが、その中で中学段階を、「統合・創作・批評」「自分にとっての意味を見いだす（意味づけ・価値づけ）」と説明している。その視点から考えると、「自分らしい表現や味わい方ができる」＝「どんな表現でも味わい方でもよい」という考え方は、「統合・創作・批評」的な要素も見られない。それらを伴うには、他者や社会との関わりを通して様々な視点から見た対象の捉えに触れ、自身の対象に対する捉えを客観視する視点が必要である。

1　西村徳行『「みる」と「つくる」をつなぐ　〜鑑賞教育の１０年/その成果と課題〜』　教育美術　2016年6月号　pp40-43

③自分にとっての意味・価値を見いだす

　生徒は「作者の意図を理解すること」が正解だと捉えがちである。しかしルネ・マグリットは、作品とあえて無関係な題名をつけ、鑑賞者に作品の意味を考えさせる、という手法を取っている。また、ピカソはゲルニカにおいて、「作品に意味などない」とも述べている。情報の集積として作品を見、作者の意図を理解することのみが作品を理解することではなく、作品のコンセプトや作者の情報、他者の意見、自分の見方、感じ方などを統合し、自分にとっての意味・価値を見いだすことが必要である。また、そうして得られた意味・価値は、他者と違っていても、それらを認め、受け入れることができるのではないかと考える。また、横浜美術館館長の逢坂は講演において鑑賞教育の可能性について「わからないことがあるということを受け入れる」ことができると述べている。作品とは多面的な捉え方のできるものであり、自分にとっての意味・価値がその作品の意味・価値の全てではない。そのため、より一層、「自分にとって」その作品はどのような意味・価値を持つのかを知るということが重要である。

美術科における「ものがたりの授業」とは

　非言語的、感覚的な経験から発した見方、感じ方を基盤とし、みること、つくることを通して、周囲と関わることで学びを深め、他者や社会、自分にとって創造活動とはどういう意味や価値を持つのかを捉え直す授業のこと。

美術科における「自己に引きつけた語り」とは

　創造活動を通して、作品の情報、他者の意見（表現）、自分の見方、感じ方などを統合し、創造活動に対する自分にとっての意味や価値をとらえ直すこと。

研究の目的

以下のことを明らかにすることを本研究の目的とする。
・非言語的、感覚的な経験が作品の見方、感じ方にどのような変化をもたらすのか
・生徒のもつ題材への素朴な見方・感じ方を生かすことが学習後に自分の見方・感じ方をもつことに効果的であるか
・自ら美を探し求める活動が、創造活動の喜びを見いだすことにつながるのか

研究の内容

（1）　「非言語的・感覚的経験」に基づく鑑賞と表現の一体化を意識させる単元構成の工夫
（2）　題材との出会いから生まれる生徒の「当たり前」を融合し、新たな見方・感じ方を生み出す題材の工夫
（3）　自ら美を探し求める視点を養う活動の工夫

（1）　「非言語的・感覚的経験」に基づく鑑賞と表現の一体化を意識させる題材構成の工夫

　素朴な見方、考え方から出発し、学習を通して考えを深め、新たな見方、考え方で対象を捉えるために、鑑賞と表現の一体化を意識した題材構成を考える。鑑賞活動と表現活動は独立したものではなく、互いに密接に関連していることは、以前から指摘されてきたことであるが、特にその基盤として非言語的、感覚的な体験を伴った学びを取り入れる。題材の中に鑑賞と表現の活動を取り入れるが、それぞれを独立したものとして活動するのではなく、それらを繋ぐ手立てとなる活動を取り入れ、鑑賞と表現が一体となるようにする。

（2）　題材との出会いから生まれる生徒の「当たり前」を融合し、新たな見方・感じ方を生み出す題材の工夫

　題材と出会ったときの素朴な見方、考え方はこれまでの生徒の経験に基づいたものになると考えられる。それらは生徒の素直な感性の表出である一方で、生徒の「当たり前」に基づいた感性の発露であるとも言える。美術科では、題材と出会った時の見方・感じ方、そこから表現される作品を生徒の「当たり前」と捉え、仲間の作品を鑑賞したり、全体の感じ方を交流させることで自分の感じ方に対する疑問や、他者の感じ方への興味が生まれ、客観性をもって自己の感じ方を振り返ることができ、新しい感じ方や、より深い感じ方ができるのではないかと考える。

（3）　自ら美を探し求める視点を養う活動の工夫

　創造活動には、自らが主体的に美を探し求める姿勢が必要である。美しさとは、漫然と対峙していても美の方から鑑賞者に働きかけてくるものではないと考える。また、美しいものとは遠くの名作や美しい風景だけでなく、日々の生活の中にも数多く発見できるものである。そのような美を普段から意識して主体的に探し求める活動を実践する視点を養うため、「美術ノート」の活動に取り組んでいる。生徒は毎回授業のある日までに日常の中で発見した「自分が心惹かれたもの」をノートに貼って提出する。そこには①それは何か（そのものの情報。どこで見つけたか、それは何かなど自分の知っていること）、②なぜ自分がそれに心惹かれたか、を記入するようにしている。自分の好きなものをテーマとして毎回取り上げる生徒もいれば、生活の中で心に留まったものを記録していく生徒もいる。学期の終わりには、ノートを授業で回し読みをして、仲間がどのようなものに心惹かれたかを鑑賞し合う。この活動を通して、自分はどのようなものに心惹かれるのか、自分が心惹かれた理由は何かに気付くことができる。1年をかけてつくられたノートは、その生徒の心惹かれたものばかりが記録された資料となり、見応えのある雑誌のようになる。このような活動を継続していくことで、自ら美を探し求める視点を日頃からもつ基礎的な力を育むことができる。

生徒の作成した美術ノート

実践事例

実践事例　「世界を変えるデザイン」実施学年３学年：共通Ⅱ

1　本単元で生まれる「ものがたり」

（学習前の題材に対する「ものがたり」）
　デザインとは見た目を重視したものものこと。閃きで生まれる。お金に余裕のある人が見た目のよさを求めて付加価値をつけるものであり、なくても変わりのないもの。

（学習後の題材に対する「ものがたり」）
　デザインによって、発展途上国の人や、災害に苦しむ人の生活を変える活動がある。デザインの力は上記のような人たちも含めた全ての人に恩恵を与えることができる力がある。デザインとは、全ての人の生活をよりよくしようするための問題解決の考え方であり、人々の問題に目を向けてアイデアを出すことが大切だ。

（自己に引きつけた語り）
　デザイン的な考え方は人々の生活を変える力がある。自分たちのデザインでも、自分たちの身の周りの問題を解決していく提案をすることができた。班ではメンバーで分業してアイデアを出したり、企画書を書いたり、試作品を作ったりした。完成した作品を学級で鑑賞・評価したとき、良いデザインにも出会えた。このように、問題を解決するデザインは、多くの人が関わって解決していくものだ。アイデアを出したり、試作品を作ったり、それを広めたり、評価したり。関わり方は様々であり、自分も人々の生活をよりよくしていく力のひとつになれる。

2　題材構成（全５時間）

時間	学習課題（中心の問い）と◆学習内容
1	デザインは誰のためのものなのか　＜鑑賞＞ ◆マイン・カフォン、Qドラム、命のメジャーを鑑賞し、社会問題をデザインの力で解決しようとする活動について考える。
2	社会問題を自分たちのデザインの力で変えられないか　＜表現と鑑賞をつなぐ＞ ◆身の周りの社会問題について考える。 ◆グループで取り組む問題を１つ選び、問題を分析、問題のどの部分を解決するか焦点化する。
3	どのような視点でアイデアを出せばよいか　＜表現＞ ◆グループで問題解決のデザインを考え、企画書、立体模型に表す。
4	現実的な案にするには、どのような視点で改良すればよいか　＜表現と鑑賞をつなぐ＞ ◆社会問題を解決するデザインを見る視点をもとに、他の班のアイデアを見て改善点を考える。
5	どうすれば自分たちのデザイン案の説得力が増すか　＜表現＞ ◆他の班から指摘された改善点をもとに、自分たちのデザインを再考する。 ・自分たちのアイデアに不足していた視点は何か ・さらに案を現実的にするにはどのようにアイデアを改善すればよいか ◆デザイン案を完成させる。
課題	各班のデザイン案の展示を鑑賞し、評価、レポートにまとめる。

3　本単元で育成する資質・能力

【知識・技能】 　対象や事象を捉える造形的な視点について理解するとともに、意図に応じて自分の表現方法を追求し、創造的に表すことができるようにする。	・デザイン作品の鑑賞を通して 　○問題を解決するデザインの特徴 　○問題を解決するデザインの社会における価値 について、作品や資料を見て理解できる。 ・デザインの制作を通して 　○アイデアを他者に伝える時の表現方法 　○立体模型をつくる時に適した素材、道具の使い方 について、表現意図に応じて的確に利用することができる。
【思考力・判断力・表現力】 　自然の造形や美術作品などの造形的なよさや美しさ、表現の意図と創造的な工夫、機能性と洗練された美しさとの調和、美術の働きなどについて独創的・総合的に考え、主題を生み出し豊かに発想し構想を練ったり、美術や美術文化に対する見方や感じ方を深めたりすることができるようにする。	・デザイン作品の鑑賞を通して 　○社会問題を解決するデザインに共通した視点を考えることができる。 ・学校の問題を解決するデザインを考えていく中で、 　○学校の抱える問題を発見し、その原因を分析する中で、問題の本質に気づき、それを創造的に解決するデザインのアイデアを考えることができる 　○デザインのアイデアを企画書に書いたり、立体模型を作りながら、より効果的に、美しい造形を考えることができる。
【学びに向かう力・人間性等】 　主体的に美術の活動に取り組み創造活動の喜びを味わい、美術を愛好する心情を深め、心豊かな生活を創造していく態度を養う。	・問題を解決するデザインを鑑賞したり、学校の問題を解決するデザインの企画を仲間と考えていく中で 　○問題を解決するデザインの価値 　○人々と創造的に問題を解決するデザインの力 　○問題を解決するために考えられたデザインの造形的な美しさ などについて理解を深め、社会を豊かにする美術の働きについて興味をもち、大切にする態度をもつことができる。

4　本単元で表出した生徒の「ものがたり」　【A子の場合】

　授業の中でマインカフォンや命のメジャーなど、ちょっとした発想から生まれたデザインが、それこそ世界を変えていることに驚きました。特に感じたのはこれらに無駄がないというところです。例えばマインカフォンなら材料が手に入りやすい、風で動くなど、1つのよさだけでなく、複数の良さを合わせもっているのは本当にすごいなと思いました。もっと他のデザインも知りたいなあとすごく興味がわきました。それを踏まえて、各班で社会問題を解決するアイデア制作の授業に入りました。まず、どの問題にするのか、そこから悩んでいました。よく考えてみると社会を取り巻く問題はいろいろありました。私たちの班はあえて難しい問題を選ぶことにしました。一種のチャレンジです。「歩きスマホ」。思っていた以上に考えるのは苦労のかかるものでした。聴覚に訴えればいい、という軽い発想で始めは、シンプルなロボットを考えていました。しかし、さらなる問題点として「耳に音が入ってきたところで歩きスマホをやめる気になるか」と感じました。絶対やめないと思う。満場一致でその意見でした。そこからまた発想を膨らませ、少し圧のある「目」を取り入れたデザインへと変えてみました。一瞬で私たちの班らしいアイデアになったように思えました。他の班の制作案も、その班ならではの発想が盛りだくさんで魅力的なものばかりでした。考えるって面白い、と思ったし、それを表現することにも価値を感じることができました。

　私は始めに「デザインとは何か？」と問われたとき、答えることができませんでした。「デザイン」というものの価値を知らなかったこともあるし、どこか堅苦しいようなイメージがあったからだと思います。私は今回の授業を通して、デザインをすごく身近に感じることができました。

　私の中で変わったのは日常の中でのものの見方です。私は（たぶんほとんどの人は）日常生活の中でデザインを意識することはほとんどありません。この学習をしながら、自分の身の周りのデザインに視点を置くようにしました。そうすると世界が違って見えました。この文具はこんな点で便利にするためにこの形なんだとか、非常口のピクトグラムもデザインの要素の1つなんだとか。探してみると思ったよりもありました。つまり私たちは気付いていないだけで、私たちはデザインに囲まれている生活を送っていると言えそうです。デザインはそのくらい意味のあるものだと私は思います。もしもこの世界からデザインが消えてしまったとしたら。全てが単純化されて、生活がきっと不便になってしまいます。デザインを工夫し、進化させることで世界的に進展している技術革新も起こらないに決まってます。このようなことからも私たちの生活はデザインの中にあって、欠かすことのできない特別な価値を持っているのがデザインなのだと考えることができると思います。これからもデザインは人間にとって利便をもたらしてくれるものであり続けるはずです。そんなデザインのよさがあることを常に忘れず過ごしていきたいです。

※　学習前の題材のとらえ　　　　学習後の題材のとらえ　　　　自己に引きつけた語り

研究の分析

（1）「非言語的・感覚的経験」に基づく鑑賞と表現の一体化を意識させる題材構成の工夫

①　世界を変えるデザイン

　デザイン事例の鑑賞〔鑑賞〕、身近な社会問題の解決に取り組む活動〔表現〕、途中の企画の改善点を他のグループからもらう活動〔表現〕、他グループの評価を行う活動〔鑑賞〕と、表現と鑑賞を交互に繰り返しながら学びが進むように題材を構成した。鑑賞と表現の活動をつなぐ仕掛けとして、鑑賞で学習したデザインの手法が実際に自分たちの生活を変える力になるか検証する「社会問題を自分たちのデザインの力で変えられないか」という問いを設定した。

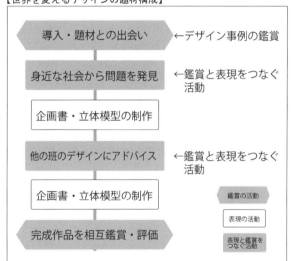

【世界を変えるデザインの題材構成】

- 導入・題材との出会い　←デザイン事例の鑑賞
- 身近な社会から問題を発見　←鑑賞と表現をつなぐ活動
- 企画書・立体模型の制作
- 他の班のデザインにアドバイス　←鑑賞と表現をつなぐ活動
- 企画書・立体模型の制作
- 完成作品を相互鑑賞・評価

（凡例）鑑賞の活動／表現の活動／表現と鑑賞をつなぐ活動

学習後の振り返り（ものがたり）からの分析

　3年生38名の学習後の振り返りを分類した。

A　デザイン観の変容（自分とのつながり、見方・感じ方の変容）が経験などの根拠をもとに語られている。

B　デザイン観の変容があるが、根拠が弱い。

C　題材の変容はあるが、知識・理解、表現または鑑賞の感想に近く、自分とのつながりが不明瞭。

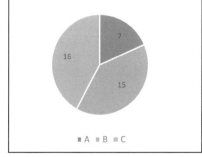

生徒の振り返り（ものがたり）の分析（n=38）

7　15　16

■A ■B ■C

　振り返りからは、どの生徒からも題材に対する捉え方の変容は見られた。自己とのつながりや見方・感じ方の変容が語られているものが18%、表現と鑑賞の経験から自己とのつながりや見方・感じ方の変容が語られているが、その根拠が弱く、自己とのつながりも弱いものが40%、表現と学習した知識、理解（鑑賞）の記述に留まるもの、自分たちの表現の感想に留まるものが42%見られた。下はAとCの「ものがたり」である。

A：題材の変容をふまえて自分や社会におけるデザインの見方、感じ方を捉え直している語り

(7名（18%）n=38)

　・・たとえ発想力がなくても、何人かが集まることで様々な視点から見て、問題や問題解決のアイデアが出てくることがわかりました。・・（中略）・・自分たちの考えたデザインは拙いものであっても、デザインの本質は同じであり、自分たちが考えた過程こそに本当の価値があるとわかりました。これからはデザインに対して、「誰のためか」ということを考えたいと思います。

C：設定した問題に対しての取り組みの記述に留まっている。

(16名（42% n=38)

　すぐに高齢者ドライバーについて解決したいと思った。方法も意外とすぐ思いついた。デザイン性のない免許証に何か工夫をしようと思った。情報化する社会においては、この案ならよくなると感じた。正直、最も苦労したのは模型作りだった。直線だけでなく、曲線も使ったので作業が難しかった。

えて形にすることに達成感を感じた」「サンプルを作ることで、自分たちでも問題を解決していける感じがした」などの面白さを感じることにつながり、鑑賞したようなデザインの実際の手法を追体験する手立てとして有効であった。

　身近な社会問題に取り組むことで、遠い知らない地域の問題を解決したデザインの鑑賞を自分ごととして考える手立てとして設定したが、中学生の社会に対する認識や、社会問題に相対した経験は少なく、自分ごととして考えるにはまだ遠い題材であった。学校における問題の解決など、生徒にとってさらに身近な題材の設定にすることが改善策として考えられる。

　問題を解決するには、問題を発見する活動、問題の要因を見極める活動が重要である。問題発見にはフィールドワーク、要因分析には思考ツールなどを用いる活動を題材の中に組み込むことで、経験に基づく発想を促すことでより深まりのある学びにつなげることができるのではないか。

　当初は企画書のみの作成の予定だったが、自然発生的にサンプルを制作するグループが現れ、それに刺激を受けて最終的には9グループ全てが、立体サンプルないしは、設計図などの別添資料を作成した。学習後の「題材のどこに面白さを感じたか」という質問に、多くの生徒が、「社会問題に対して自分たちでアイデアを出し、実際の形に表すこと」と挙げ、困難を感じるのではないかと予想していたことが、実は「題材の面白さ」なのではないかということに気づいた。サンプル制作を題材の醍醐味として設定することで、より生徒に題材のよさを実感させることができたのではないかと考える。

②　なりきり鑑賞

　「なりきり鑑賞」の題材では、生徒はグループで有名作品になりきった写真作品を制作する。作品になりきった写真を撮影する行為は表現活動であるが、なりきるには元の作品の身体の動き、構図、光の効果などについて深く鑑賞する必要がある。生徒は、自分たちがなりきった写真と元の作品とどこがどう違うのかを比較鑑賞する活動を通して、作品のもつ工夫を見つける視点を発見する。

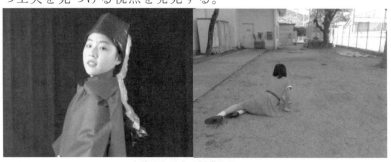

生徒のなりきり鑑賞作品

作品撮影の様子

本題材では、鑑賞、表現を交互に繰り返すような題材構成を設定した。

ア　なりきりの視点（鑑賞の視点）を段階的に与える

①身体の動き　②構図　③光の効果の視点を与えた。これらを段階的に与えることで、次第に写真が作品に近づいていくことを実感でき、作品の特徴に気付くことができた。

生徒Aの毎時間の振り返りより

・撮影①と作品を比較

今日の授業で、①で撮ったのと、本物では、距離感や世界観が違うことがわかりました

視点②「構図」から作品を見ることで、自分たちのイメージより実際の作品の構図は遠いことに気づく。しかし世界観の違いの理由はまだわからない。

・撮影②

今日は、近さに重点を置いて取りました。前回は遠かったので、近くにしました。

作品との比較から見つけた点をもとに表現を続ける。

イ　作品の情報を資料として与えるか

造形的特徴による鑑賞に限定する目的で、作品に関する情報は作者名、題名、制作年のみを与えた。作品の情報を与えた場合、作品理解の深まりや、現れるなりきり作品に変化が現れるのかは検証の必要がある。

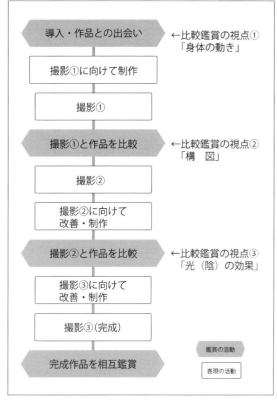

【鑑賞と表現を繰り返す題材構成】

導入・作品との出会い　←比較鑑賞の視点①「身体の動き」

撮影①に向けて制作

撮影①

撮影①と作品を比較　←比較鑑賞の視点②「構　図」

撮影②

撮影②に向けて改善・制作

撮影②と作品を比較　←比較鑑賞の視点③「光（陰）の効果」

撮影③に向けて改善・制作

撮影③（完成）

完成作品を相互鑑賞

鑑賞の活動
表現の活動

作品の変化　比較鑑賞視点②「構図」の視点を与えた前後

（2）題材との出会いから生まれる生徒生徒の「当たり前」を融合し、新たな見方・感じ方を生み出す題材の工夫

① JAPANタンブラーを作ろう

「JAPANタンブラーを作ろう」の題材では、日本の美しさを題材としたタンブラーの制作を通して「日本の魅力とは」という問いに迫る。学習前に生徒は制作に使用する素材を集めて自分なりの「日本の魅力」をレポートにまとめる。制作後に相互鑑賞を行い、まとめとして、学級全体で「日本の魅力とは」をもう一度考察する掲示物を制作した。生徒は仲間の他の表現や、日本の魅力を考察する活動の中で、自分が素朴に感じていた美しさは日本の魅力の一面であり、また、他学級と自学級の掲示物を比較しても、一言では語れない魅力を日本は秘めていることに気づく。

JAPANタンブラー作品

学級でまとめた掲示物

　　日本の文化は、直線というよりは曲線、寒色というよりは暖色という感じで、全体的に優しくて温かみがあり、優しいという感じがします。私ははじめ日本文化といえば和紙とか、そういうものにいっていたけど、みんなのタンブラーを見て、直線よりも曲線が多く入っていることに気がつきました。それは日本人のやさしい部分の現れなのかな、と思いました。
　　・・中略・・自分の作品と相手の作品を比べるのはおもしろかったです。また、組（で考えた日本）の魅力を比べてみても、クラスそれぞれが考えた、全く別の日本の魅力があり、とても面白い授業だったと思います。

学習後の生徒の振り返り

ア　個人の素朴な見方・感じ方を集める

　「日本の美しさ」に対する素朴な見方・感じ方は生徒それぞれで大きく違っている。作品制作を通してその見方・感じ方を深め、制作後の鑑賞、掲示物の作成でそれらを統合することで見方・感じ方を広げることにつながった。

イ　学習事項の活用

　個々人の日本の美の見方・感じ方がそれぞれであったため、それらを貫く視点を設定することが難しかった。結果、見方・感じ方は広まりはあったが、深まりという点では、課題が残った。生徒の見方・感じ方をより把握することで、どのような視点を提示することが有効か研究する必要がある。

ウ　個人の「当たり前」を統合する手立て

　　それぞれが考えた日本文化の魅力の「当たり前」を統合するために、１枚の模造紙にそれぞれが素材を貼っていくという手法を取った。はじめは白い模造紙も、次第に生徒の貼った素材で埋められていく。生徒がテーマや規則性を見いだせるよう「色、形、題材など、どこか似ていると思う場所に置いてごらん」という指示を出した。貼られていく素材は、緩やかな関連性で配置され、全体が１つの画面に統合されていく。その画面を見ながら、生徒は「私の考える日本の魅力」を振り返りで見いだしていく。

「私の考える日本の魅力：多種多様な色彩」

　　クラス全員の思う「日本らしさ」を一つの紙に貼っていくうちに、日本の魅力はたくさんの色彩によるものだということに気づきました。・・中略・・日本の風情ある風景は、様々な色彩でできているからこそ、「美しい」と感じるのだろうなと思いました。

「私の考える日本の魅力：昔から親しまれている自然」

　クラスのみんなが感じた日本には、花火という人工的なものもあったけど、それも花をモチーフにしているので、自然の魅力ということに入るのではないかと思う。

「私の考える日本の魅力：木の美学」

　みんなで貼った円を眺めていると「木」にまつわるものが多いなと感じられたからです。やはり日本といえば桜なので、桜にまつわるものが多かったです。針葉樹林の写真を見ると木が多いなあとも思いました。また、木そのものでなくても、木が関係しているものも見つけました。

> それは「紙」です。あの円を見ていると紙を使った日本の文化が多いなあと思いました。まず
> は絵です。貼られていたのは浮世絵でしたが、他にも日本には水墨画などの味わい深い絵が多
> くあります。そして折り紙も紙を使った独自の文化です。私は作品作りに折り紙を使ったので
> 強い思い入れがあります。

　個人の「当たり前」を視覚的に統合するために１枚の紙に集約することは、言葉として統合す
るための手立てとして有効であったと考える。しかし、個人から全体への集約は難しく、個人か
らグループへ、グループから全体へと、要素を次第に集約していく活動を間に入れるなどの改善
策が考えられる。

② 世界を変えるデザイン
ア　話し合う中で考えを深める
　「自分たちの身近な社会問題に取り組む」課題を設定し、自分たちで社会問題の要因や取り
組むポイントを焦点化しながら企画書の作成を進めた。はじめは「交通事故」や「少子高齢化」
など、生徒の社会問題や解決のアイデアは素朴な捉え方から発せられており、大きなくくりで
の社会問題の捉えであった。グループで取り組み、話し合っていく中で問題を焦点化し、どの
部分が要因で、どの部分に自分たちのデザインは働きかけるのかを次第に深めていくことがで
きた。
イ　問いを深める手立て
　素朴な見方、考え方から問い（課題）を設定したが、その後に問いを深めていくための手立て
が不足していた。生徒の社会経験は非常に少なく、生徒の問いをつなげてさらに深く学習を進
めていくには手立てが必要であった。他のデザイン事例の紹介や、思考をまとめ、深める思考
ツールの活用が必要であると考える。

成果（〇）と課題（●）

研究内容（１）
〇　表現と鑑賞の２つの活動をつなぐ活動を取り入れたことは、２つの活動が関連してい
　ることを生徒に気づかせる手立てとして有効であった。
〇　表現と鑑賞を繰り返すことで、それぞれの活動が影響し合い、より一体となってテー
　マに迫ることができた。鑑賞→表現や表現→鑑賞などの一方向の題材構成ではなく、鑑賞
　と表現が車の両輪となって学びを深める題材構成の実践を今後も継続していきたい。
●　表現と鑑賞の一体化をより図るために、題材を貫く問いの設定など
研究内容（２）
〇　生徒が題材と出会ったときの見方・感じ方や、そこから表現される作品を「当たり前」
　の発露として捉え、その統合によって新たな価値を生み出す手法は、「当たり前」の否定
　ではなく、深め広げるという捉え方として有効であったと考える。
●　生徒の「当たり前」を広げ深めるために、個人の見方・感じ方を統合するには、思考を
　キーワード化、視覚化し、視覚的に操作する活動が必要である。思考ツールを活用するな
　どして、それぞれの見方・感じ方を分類、統合するなどし、そこから感じられることを掴
　ませることが有効ではないか。
●　生徒の「当たり前」を統合し深めるには、語り合う場の設定が不可欠であるが、語り
　合いの中で生徒の意見の活発化に課題が残った。言語的に活動する語り合いでは、イメー
　ジや感じ方を言葉で表現することに生徒は困難を感じていた。生徒の振り返りからは、そ

もそも生徒には「ものの見方・感じ方は人それぞれである」という認識があることが窺え、自分と違う見方・感じ方を交流させることは難しいと考えているのではないかと考えられる。そこで、今後は、作品から読み取れる情報を、①誰もが共通して認識できること（事実・根拠・特徴）、②個人差はあるが、おおよそ①から感じ取れること（理由・効果・印象）、③自分が感じること、考えること（結論、意味づけ、価値づけ）に分け、①に関しては生徒が共有し、②について語り合い、③について問いに迫るような手立てを考えることが効果的ではないかと考えられる。

研究内容（3）

【美術ノートの取り組みより】

○　取り組みはじめは自分の好きなものについて嬉々として紹介する生徒が多いが、次第にネタが尽きてくる。そこから改めて、自分は何に心惹かれるのだろうかと考えて生活の中から美を探す生徒が見られた。これまで生活の中で目に止めなかったものに美しさを感じて紹介したり、自分の好きなものから感じ方を広げ、他のものにも同様の美を発見したりする生徒がいた。

○　1年生では、文字の学習後に、文字の美しさに気づき、新聞から気に入った書体を探す生徒がいた。学習した美しさを自分の日常に広げ、主体的に美を探す姿勢が見られた。また、構成美の要素の学習では、美術ノートの中から構成美の要素を探す活動を取り入れた。その中である生徒は、自分が心惹かれるものには、シンメトリーが多いことに気づき、シンメトリーで美しいものをもっと探してみたいと思うと同時に、対立する要素であるムーブメントの美しいものも探してみたいという希望を持った。

●　なかなか提出できない生徒への支援が必要だった。また、期限ギリギリになって近くにあるものをを雑に貼り付けてまとめて一気に提出する生徒も見られた。普段から主体的に美を探す視点を持たせるという目的に合わない実態であり、これらの生徒への支援が必要である。

●　生徒の中には、テーマを自分で決めて毎回同じ様式で取り上げる者もいる。自分の好きなことをコレクションしていくことは喜びである一方で、自分の世界の中だけで同じ美を見続けているようにも感じる。自分の見方・感じ方を広げ、違った視点から対象を見えるようにする工夫が必要である。

●　蓄積した美術ノートはその生徒にとっての貴重な記録であり、学習資料となる。今回は、学期末のノートの回し読み、構成美の要素をノートから探すなどの活動を行なった。課題の提出だけの活動で終わらず、授業での活用をさらに研究していきたい。

参考文献

参考文献
・西村徳行『「みる」と「つくる」をつなぐ　〜鑑賞教育の10年/その成果と課題〜』　教育美術　2016年6月号　pp40-43
・長尾万樹子『研究紀要』　香川大学教育学部附属坂出中学校　2012　pp93-100
・田尾亜紀『研究紀要』　香川大学教育学部附属坂出中学校　2014　pp105-113
・田尾亜紀『研究紀要』　香川大学教育学部附属坂出中学校　2018　pp143-152
・ロンドン・テートギャラリー編　奥村高明/永田謙一　訳　『美術館活用術』美術出版社、2012
・帚木蓬生　『ネガティブ・ケイパビリティ　〜答えの出ない事態に耐える力〜』
・エレン・ラプトン『問題解決ができる、デザインの発想法』BNN新社、2013
・シンシア・スミス『世界を変えるデザイン』英治出版　2009

第3学年1組 美術科学習指導案

指導者　　渡邊　洋往

1　日　　　　時　　令和2年6月12日（金）13：10～14：00
2　単　元　名　　世界を変えるデザイン
3　学　習　空　間　　美術室
4　題材について

（1）　本題材は2007年にクーパー・ヒューイット国立デザイン博物館（アメリカ）で開催された「残りの90％のためのデザイン展」にて紹介された作品群から着想を得た。本展では、これまでデザインのターゲットとされてこなかったが、世界の多数（展によると人類の90％）を占める発展途上国の人々、難民、貧困者に向けたデザインに焦点を当てた提案性の高い展覧会であった。本展以降、マイノリティに向けたデザインが多数考案されるようになり、それを支援しようという人々の活動も盛んになっている。それらのデザインは日本でも紹介され、東京ミッドタウン・デザインハブで「世界を変えるデザイン展」、21_21 design sight（東京都港区）で「活動のデザイン展」として開催され、そこで展示されたQドラム、マイン・カフォンは大きな反響を呼んだ。また、デザインを「問題解決」として捉え、デザイン的思考を様々な分野に応用する動きも近年盛んである。（問題解決ができる、デザインの発想法/エレン・ラプトン/BNN新社、なぜデザインが必要なのか/エレン・ラプトン他/英治出版）

　　本題材を通して生徒たちには、デザインによる自分と他者、社会との関わりを考え、デザインには自分や他者、社会、ひいては世界を変えていける力があることを学ばせたい。また、デザインの本質は発想と問題解決の過程（美術Ⅱ/光村図書/p72）であり、問題解決のアイデアを形づくることは、美術の力であり、美術を学ぶ意味や価値につながることを伝えたい。

　　本校美術科で伝えたい教科の面白さとは、作品に対する自分なりの意味や価値をもつことである。本題材において、自分と社会の関わりをデザインを通して考えることで、デザインと自分との関わりにも思いを馳せることにつながるのではないかと考える。

　　デザインによる人との関わりの歴史を辿ると、デザインと呼べる初期のものは、自分が使っているものを自分にとってより使いやすく、気に入ったものにするために色や形を工夫するところから始まったと考えられる。そこから身近な他者、さらには自分を含めた社会のためのデザインが考えられるようになった。そして本題材は、自分からは遠い他者のためにデザインされたものたちであり、自分と他者、社会と美術の関わりを学ぶという視点では、最終地点として捉えられる。本題材を扱うことは、義務教育の最終学年として、広い視野を持って美術と自分、社会の関わりを考える上で適していると考える。

（2）　3年生までの学習で、生徒たちはパッケージデザインを鑑賞し、デザインには表現者だけでなく、見る人の視点、受け手にどのような効果があるのかが重要であることを学んだ。次に、ユニバーサルデザイン（以下UD）について学習し、自分たちだけでなく、自分を含めた多くの他者のことを考えたデザインがあることを学んだ。

　　去年度行った実践において、学習前に行ったアンケートでは（男子20名、女子20名）以下の通りであった。

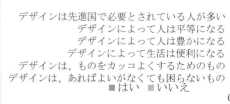
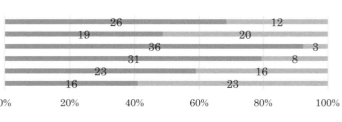

「デザインによって人は生活が便利で豊かになる」と考えている生徒は全体の80％以上を占めており、デザインは人々の生活を豊かにすることは多くの生徒が考えているようであった。反面、「デザインは先進国で必要とされている人が多い」と約70％の生徒が考えており、その豊かさは先進国での豊かな生活を送る人々のイメージとも考えれられる。そのためか、「デザインによって人は平等になれる」はほぼ50％ずつで拮抗しており、生徒の中でも意見が別れていると考えられる。これは、これまでの生活経験から得た「お洒落でかっこいい」デザインのイメージと、UDの学習によって得た「みんなの生活を豊かにする」というイメージが両立していることによるものではないかと予想される。そのため、「デザインはあればよいがなくても困らない」に対しては、4割の生徒が肯定的、6割の生徒が否定的であり、デザインはなくてはならないものだとおぼろげに考えるが、確証や実感はないという全体像が浮かび上がる。

　本時の生徒も、このようなものがたりを学習前には持っているのではないかと予想される。

（3）本題材を指導する（個の「ものがたり」を深める）にあたって、次の点に留意したい。
・　導入で生徒の考えるデザインとその対象、目的について話し合った上でQドラムなどのデザインに触れさせることで、生徒たちの今までの考えの範囲になかった人々に向けて作られたデザインと出会わせる。
・グループでひとつの問題に取り組むことで、話し合いながら次第にアイデアを充実させていく、デザイン的な思考過程を取り入れる。
・　他グループとアイデアを交流し、意見を取り入れられるような様式の企画書を用いる。
・　取り組む問題がそれぞれ違っていても、共通の根拠をもってデザインについて語り合えるようにするため、他グループ、自グループのデザインを見る視点を提示する。
・　制作の途中で案を相互に鑑賞し、意見を交流する場を設定することで、より現実味のあるデザイン案になるようにする。
・　企画書を校内に展示し、他者の評価をもらう（する）ことで、客観的に自分たちや他者のデザインを見る視点をもつ。

（4）「自己に引きつけた語り」を生むための手立て
・　単元構成に、自分たちで社会問題に取り組む活動を取り入れ、問題解決のための発想を追体験する。
・　自分たちが取り組む社会問題を、話し合いの中から発見し、さらに問題のどの部分に取り組むかを焦点化する活動を取り入れる。
・　答えのない問題に取り組む探究活動と関連づけるため、終末でQドラムが実は普及が進んでいないことを紹介し、社会問題に取り組むデザインの実現には、さらに様々な問題を解決する必要があることを伝える。

5 本題材の目標

（1）本題材で生まれる「ものがたり」

——— 題材に対する「ものがたり」の変容 ———

（学習前）
　デザインとは見た目を重視したものものこと。考えて作られるというより閃きで生まれる。お金に余裕のある人が見た目のよさを求めてしている感じ。付加価値をつけるものであり、なくても変わりのないもの。

（学習後）
　デザインによって、これまで相手にされていなかった、発展途上国の人や、災害に苦しむ人の生活を変える活動がある。問題を解決するデザインは上記のような人たちも含めた全ての人に恩恵を与えることができる大きい力を秘めたものだ。実際に自分たちも学校の問題を解決するデザインを考えたが、自分たちが注目することでその問題の解決に向けたアイデアを提案することができた。

| 題材と自己をつなぐ概念 | 自分を取り巻く問題を解決する |

（自己に引きつけた語り）
　デザインとは付加価値的なものであり、あれば生活は豊かになるけど、なくても困らないものだと思っていた。しかし、デザインとは、「問題を解決する」考え方のことであることがわかり、どれも使う人の生活の問題を解決してよりよい暮らしをつくっていくことが目的だと考えると、なくてはならないものかもしれない。デザイン的な考え方は人々の生活を変える力があり、多くの人が関わって解決していくものだ。そうしたことを理解することで、自分も、自分なりの力になれる方法があり、人々の生活をよりよくしていく力のひとつになれる。そして、問題を解決するために考え抜かれたデザインの形は、美しい。このような美しさもあることに気づき、自分の「美しさ」に対する考え方が広がった。

（2）本題材で育成する資質・能力

【知識・技能】	
対象や事象を捉える造形的な視点について理解するとともに、意図に応じて自分の表現方法を追求し、創造的に表すことができるようにする。	・デザイン作品の鑑賞を通して 　○問題を解決するデザインの特徴 　○問題を解決するデザインの社会における価値 　　について、作品や資料を見て理解できる。 ・デザインの制作を通して 　○アイデアを他者に伝える時の表現方法 　○立体模型をつくる時に適した素材、道具の使い方 について、表現意図に応じて的確に利用することができる。
【思考力・判断力・表現力】	
自然の造形や美術作品などの造形的なよさや美しさ、表現の意図と創造的な工夫、機能性と洗練された美しさとの調和、美術の働きなどについて独創的・総合的に考え、主題を生み出し豊かに発想し構想を練ったり、美術や美術文化に対する見方や感じ方を深めたりすることができるようにする。	・デザイン作品の鑑賞を通して 　○社会問題を解決するデザインに共通した視点を考えることができる。 ・学校の問題を解決するデザインを考えていく中で、 　○学校の抱える問題を発見し、その原因を分析する中で、問題の本質に気づき、それを創造的に解決するデザインのアイデアを考えることができる 　○デザインのアイデアを企画書に書いたり、立体模型を作りながら、より効果的に、美しい造形を考えることができる。

【学びに向かう力・人間性等】 　主体的に美術の活動に取り組み創造活動の喜びを味わい、美術を愛好する心情を深め、心豊かな生活を創造していく態度を養う。	・問題を解決するデザインを鑑賞したり、学校の問題を解決するデザインの企画を仲間と考えていく中で 　○問題を解決するデザインの価値 　○人々と創造的に問題を解決するデザインの力 　○問題を解決するために考えられたデザインの造形的な美しさ などについて理解を深め、社会を豊かにする美術の働きについて興味をもち、大切にする態度をもつことができる。

（2）題材構成（全6時間）と問い

時間	学習課題（中心の問い）と◆学習内容
1	これらのデザインを美しいと思うか デザインは何のためにあるのか ◆マイン・カフォン（地雷除去機）、Qドラム（水運搬機）、命のメジャー（健康状態チェックツール）、プロジェクトダニエル（義手制作プロジェクト）を鑑賞し、社会問題をデザインの力で解決しようとする活動について考える。 ◆社会問題を解決するデザインにはどのような視点が必要か考える。
2	自分たちの身の回りの問題もデザインで解決できるか ◆学校生活で抱える問題を思考ツール（フィッシュボーン）を使い構造化する。 発見した問題の原因は何か ◆問題の原因や背景を思考ツール（クラゲチャート）を使って考察する。
3 4	問題の原因をデザインの力でどう解決するか ◆考察した原因の解決に有効なアイデアを考える。 ◆アイデアをもとに企画書・立体模型をつくる。
5	自分たちのデザインの価値を評価できるか ◆各班のデザイン案の掲示を鑑賞し、評価、レポートにまとめる。
6 （本時）	どこからどこまでがデザインの過程と言えるのか ◆多くの人が関わっている義手制作プロジェクトのデザイン作品を鑑賞し、社会問題を解決するデザインについて再考する。 デザインに「美しさ」は必要か ◆問題を解決するデザインに「美」という要素が必要かを考える。
授業後	◆本題材を振り返り、ものがたりを記述する。 ◆発展課題として、学校生活から問題を自分で発見し、解決するデザインの企画書を考える

6　本時の学習指導

（1）目標

・　義手制作プロジェクトと自分たちの制作をつなげて考えながら、デザインの範囲を考えることを通して、自分のデザイン観を捉え直すことができる。

・　題材を振り返りながら、デザインにおける「美しさ」について考えることを通して、自分の「美しさ」観を広げることができる。

（2）学習指導過程

学習内容及び学習活動	予想される生徒の反応	○教師のかかわり
1　前時の振り返りを行う ・意見交換をする。　（全体）	・A班のデザインは、誰も考えていなかった方法で問題に取り組もうとしているところが評価できる。形や機能を工夫すれば、問題の解決のアイデアとして素晴らしいのではないか。	○他者が見ると、自分たちでは気づかなかったデザインの可能性に気づいてもらえることを伝える ○グループの作品の優れたところを共有する。 ○美しさの観点に着目した生徒を取り上げる

学習課題：どこからどこまでがデザインの過程と言えるのか

学習内容及び学習活動	予想される生徒の反応	○教師のかかわり
2　義手制作プロジェクトの作品を再度鑑賞する 3　自分たちのデザインと、プロジェクトダニエルを比較しながら、デザイン過程の範囲について語り合う （個人、グループ→全体）		○プロジェクトダニエルのデザイン過程と、自分たちのデザイン過程をチャートと写真で図示したものを提示する。 ○提示を見て、類似点に着目させる。 ・多くの人が関わっていること ・分業で開発が進んでいること ・意見をもとに改良を繰り返している

> S1：やはりデザイナーが実際に形を作るところがデザインの中心じゃないのか。
> S2：ダニエルと出会って、何とかしたいと思ったところが、私たちの作品で言うと、この問題に取り組もうと思ったところと同じなので、問題を発見したところもデザインの始まりじゃないかな。
> S1：問題を発見したり、専門家をつなげたりすることも大事だけど、何も形を作っていないことを、デザインと考えることは変だと思う。
> S3：S1さんは、デザインの中心は形を作ることって言ってるけど、じゃあ、形を作る人以外はデザインに関わっていないってこと？
> S4：S1さんが言いたいのは、「中心は形を作ること」であって、それはそうかもしれないけど、いろいろな立場人たちが関わってるんだったら、「どこからどこまでが」と聞かれたら、もっと多くの範囲が入ると思う。
> T：ではどこからデザインが始まるだろうか
> S5：エベリングさん（発起人）がダニエルが困っていることに気づいてなんとかしたいと思ったところ？
> S6：ひょっとしたら、ダニエル君と主治医の人が雑誌に載ったところからかな。
> S7：そこはまだデザインじゃないと思う。主治医の人は医療でダニエル君をなんとかしようとしているから。やはり、<u>デザインの力で解決しようという活動の始まりがデザインの始まりだと思う。</u>
> ＜新たな気づき＞

総論　国語　社会　数学　理科　音楽　美術　保健体育　技術・家庭　外国語　学校保健　共創型探究

	S8：僕たちで言うと、問題に取り組み始めたところから、だね。 T ：ではどこまでがデザインと言えるのでしょうか S8：ダニエルに義手が渡ったところ？ S9：そのあとも、多くの人に義手が渡るように活動は続いているから、終わりはないんじゃないかな。 S10.：では私たちのデザインも、これが作られたら終わりじゃなくて、使われてからも続くのかもしれない。 T ：始まりは問題に取り組むところから、終わりは本当に問題が解決するまで続くんですね。では、皆さんがデザインを評価したり、世界の人々がプロジェクトダニエルに賛同したりすることが途中でありますが、これも含まれるのですか。 S1：何もアイデアを出していないから、含めるのはなんか変な感じだけど、今までの話だと含まれるのかな。 S11：デザインの中心かどうかはわからないけど、<u>大勢の人が関わるデザインの大きな中の、ひとつだと思う。</u>＜新たな気づき＞ S12：私は中心に近いと思う。賛同する人がいないとプロジェクトが進まないから。	

4　デザインに「美しさ」は必要か、という問いについて語り合う。		立場　　S1：美しさは必要　　S2：美しさは不要
	T ：作品の評価項目にもあったが、デザインに美しさは必要だろうか。 S1：必要だと思います。やっぱり、使う人もいるから、見た目はいい方がいいから。 S2：必要ないと思います。問題を解決するためにデザインされているのであって、美しさを考えていたら、機能が弱くなるかもしれない。 T ：では、美しさの要素が増すと、機能が弱くなるということ？反比例の関係でしょうか？ S1：反比例ではないけど、両立させることはできると思う。 S2：でも、無理して両立させる必要はないんじゃ・・ T ：みんなの考えた作品や、プロジェクトダニエルは、見た目と機能を両立させようとしてこんな形になったのだろうか。 S1：そうではないけど。 T ：じゃあ、これらは美しく（かっこよく、可愛く）はない？ S1：そんなことはない。 S2：<u>このデザインの美しさって、美しくしようと思って出したというより、いろんな人が関わる中で、機能や形が改良されていって、結果的に美しくなったという感じがする。</u> S1：私もそう思います。見た目の美しさだけでなく、<u>こういう形も「美しい」と言えるんじゃないかな。</u>＜新たな気づき＞	

5　本時を振り返る。 （個人→全体）		○終末に題材のまとめとして行う。

（3）見取り

・単元後のレポートにおいて、世界を変えるデザインに対する「ものがたり」の変容から、「自分とデザインとのかかわり」を捉え直す「自己に引きつけた語り」が生まれているか。

・単元後のレポートにおいて、世界を変えるデザインに対する「ものがたり」の変容から、自分の「美しさ」の捉えを見つめ直す「自己に引きつけた語り」が生まれているか。

保健体育科

石 川 敦 子 ・ 徳 永 貴 仁

運動・スポーツの面白さに浸り、
豊かなスポーツライフの実現へつなぐ保健体育学習
― 運動・スポーツの本質を問い続ける共同体づくりを通して ―

　保健体育学習を包括する問いを「運動・スポーツの本当の面白さとは何か？」とし、特に運動の苦手な子に着目した単元構成を含めた学習課題や教材の工夫を通して、教師主導の授業ではなく生徒とともに創る授業をめざし研究を進めてきた。

　今期は、これまでの研究をふまえ、「する・みる・支える・知る（調べる）」等の運動・スポーツや健康との多様なかかわり方や他者とかかわりながら問題を解決していく過程でつむがれる「ものがたり」を通して、豊かなスポーツライフの実現ができる生徒の育成をめざした保健体育学習のあり方について研究する。

研究主題について

　本校保健体育科のめざす生徒像を「生涯にわたって健康を保持増進し、豊かなスポーツライフを実現するために、仲間とともに運動やスポーツの本質を問い続ける生徒」としている。体育授業の「わかる」「できる」「かかわる」という３つの力を身に付ける学習過程を通して、将来の予測が困難な社会の中でも、他者と協同しながら主体的に未来を切り開き、豊かなスポーツライフの実現を図る生徒の育成という願いが込められている。

　その願いを実現するためには、ペアやグループでの語り合いや対話をしながら学習することで、他者と協同して学ぶ価値に気づき、ともに伸びていく喜びを実感できる協同的な学習を設定する必要がある。仲間とともに運動が「できる」ようになるためには、チームで「勝つ」ための生徒に共通した課題や集団で解決しなければならない課題が設定されなければならない。さらにその課題は、運動が得意な生徒も苦手な生徒も対等に学習できるものである必要がある。このような課題を解決する学習を通して、運動が得意な生徒も苦手な生徒もそれぞれが一緒に「わかり、できるようになっていく喜び」を求めて、主体的な学習が実現される。そして、さらに次の新しい課題に向かって、より良い姿をめざし学び続けることができる生徒を育成していきたい。

　このような授業をめざし、前回の研究では、特に運動の苦手な生徒に着目した単元構成や問いを設定することや、個やチームでの深い学びが具現化するための教師のかかわり方について実践を行ってきた。その結果、試行錯誤しながら自ら知識や技能を活用して課題解決を行う姿が多く見られた。その一方で、わかり、できるようになっていく楽しさを感じながらも、自らの課題やチームの課題を分析することができなかったり、解決に向けての筋道が分からないまま単元を終えたりするなどの姿が見られた。そこで、今回の研究では、教師が学ぶべき教科内容を教えるために意図的につくった「学習集団」ではなく、学び（わかる・できる・かかわる）によっていっそう結びつきが強くなり、集団の質が高くなることによってもう一段階高いレベルの集団「共同体」づくりを目指していきたい。そのためには、これまで以上に教師の運動やスポーツへの技術的、教育的な信念の深まりが必要であると考える。

【研究のキーワード】

運動・スポーツの面白さとは	運動やスポーツのもつ特性や魅力に触れ実際にプレイすることを通して、スポーツライフを豊かにしてくれる仲間とのかかわりや経験、学習などを通して感じることができる、幅広い範囲の「楽しさと喜び」の両方を含んでいるもの。
運動・スポーツの本質とは	運動やスポーツができることと同時に、運動やスポーツの仕方、または運動やスポーツの原理の法則やそれらの社会的な意味や文化的意義を理解すること。
共同体とは	今までの自分とは異なる「できる」や「わかる」とかかわりながら仲間たちが結びつくこと、共通の目的に向かって力と心を合わせて課題を解決していこうとすることで、教え合う集団から学び合う集団へ変わること。
豊かなスポーツライフとは	「する」だけでなく、「見る」「支える」「知る（調べる）」からの視点をもち、運動やスポーツを自分の生活の中に正しく位置付け、健康で生きがいをもった生涯を生き抜いていくこと。

保健体育科の「ものがたりの授業」とは

　生徒一人一人が主人公となり、「ひと・もの・こと」にかかわり、つながりながら運動やスポーツという文化に様々な視点（「する、みる、支える、知る（調べる）」「批判的、道徳的、探究的、創造的」など）から問い続け、運動やスポーツにかかわる新たな自己を形成することのできる授業。

保健体育科の「自己に引きつけた語り」とは

　仲間とともに運動やスポーツ・健康の本質を問い続けるという学習を通して、自己と運動やスポーツ・健康との関係性を捉え直した語りのこと。

研究の目的

　生涯にわたって心身の健康を保持増進し、豊かなスポーツライフを実現できる生徒を育成することをめざし、運動やスポーツの本質や特性を学ぶことの意味や価値が実感できるような単元構成や問いについて研究する。また、性差や能力差、異質集団等の集団での生徒同士のかかわり方や、教師の指導や支援のあり方を明らかにする。

研究の内容

（1）運動・スポーツの面白さにつながる単元構成と問いの工夫
（2）多様なかかわりの中で学びの意味や価値を実感していく共同体づくり
（3）豊かなスポーツライフへとつながる「ものがたり」が生まれるための教師のかかわり

（1）運動・スポーツの面白さにつながる単元構成と問いの工夫

①　運動が苦手な生徒の学びの履歴（長所・短所・成功・失敗・達成・不安・思い・願い等）やその運動やスポーツに対して、これまでの「ものがたり」をあらかじめ表出させ、教師が把握しておく。

②　運動が苦手な生徒の実態に応じた「教材・教具」を用いて、わかる・できるといった成功体験を実際にプレイしながら経験できるようにする。そうすることで、「私にもできそうだ」「もっとこうしたい」という意欲が生まれるようにする。

③　生徒やチームにとって切実感のある問いを設定する。その際、運動・スポーツの本質に迫る発問を行い、客観的なデータより生徒に新たな気づきを促し、考えを深めさせたい。単元が進むにつれ、生徒の実態や体育ノートの内容に応じて、単元を再構成したり修正したりする。

④　単元の中に体育理論を意図的に組み込み、「する・みる・支える・知る（調べる）」などの様々な視点から運動・スポーツにかかわっていけるようにするだけでなく、運動やスポーツの仕方、歴史や原理の法則など知的な部分から運動やスポーツを捉えることができるようにする。

⑤　体育理論の単元の中にパラスポーツを組み込み、実際に競技を体験することでこれまでの運動・スポーツに対する当たり前を覆し、新たな見方や考え方ができるようにする。

（2）多様なかかわりの中で学びの意味や価値を実感していく共同体づくり

①　単元を通してペアやチームで話し合う場面を授業後半に設定し、練習の目的や内容、次

時に向けた修正点など、意見交換する場を設ける。その際、マインドマップを使用し全員が考えを発言したり伝えたりできるようにし、自己やチームの変容を感じられるようにする。

② 常に客観的にチームを分析できる試合のデータや視覚情報等を活用することで、対等な立場をつくる。そうすることで、個やチームの特徴や課題を発見することができたり、それまでの考えや捉え方が変わり、作戦や戦術が変わったりし、ただのチームから共同体へと変容していくと考える。

③ 男女共習や異学年交流の学習を取り入れることで、より自分とは違った「できる」や「わかる」とかかわりながら学習を進めていくことができる。特に、1年生は最初何も分からず授業に参加するが、1年間学習してきた2年生のかかわりが入ることで安心して学習に参加することができ、その運動の面白さに触れやすくなり運動の魅力に誘われ夢中になりやすくなると考える。

（3）豊かなスポーツライフへとつながる「ものがたり」が生まれるための教師のかかわり

① 体育ノートに自分の思いや考え、次時への展望がもてるような視点（1できる　2わかる　3かかわる　4疑問・困っていること　等）から振り返らせる。また、単元の終わりには、単元全体を通して振り返り、自分の考えやパフォーマンスの変容、新たに気づいた運動やスポーツの面白さなどについて書かせる。さらに、日常生活とつなげて書かせることで、自分の成長（可能性）を実感し、単元を終えてからも積極的に運動やスポーツにかかわっていこうとするのではないかと考える。

② 教師が一方的に教え込むのではなく、生徒の「上手になりたい」「できるようになりたい」という素直な思いに寄り添い、そのために必要な知識や技能面においての指導を確実に行う。また、運動の苦手な子がチームの課題を解決しやすくするため、理想の動き（ゴール）を提示しながら、PDCAサイクルを定着させる。

実践事例

実践事例1 「球技　シッティングバレーボール」実施学年1、2学年女子：共通Ⅱ

1　本単元で生まれる「ものがたり」

――― 題材に対する「ものがたり」の変容 ―――

（学習前）
　バレーボールというスポーツは知っていたが、シッティングバレーボールは知らなかった。バレーボールは普通にプレイするのも難しいのに、座ってなんて本当にできるのだろうか・・・不安しかない。

（学習後）
　パラリンピック種目であり、性別も年齢も障がいも関係なく誰もが一緒に楽しむことのできるスポーツである。移動能力の制限があることで、チームで戦術通りに攻撃が組み立てやすく、誰でも得点することができて楽しい。1人では決してできないスポーツであり、チームワークがとても大切である。

（自己に引きつけた語り）
　私はこれまでバレーボールというスポーツについて、小学校でキャッチバレーをした時、全然ラリーが続かなかったし、ボールが当たると痛かったし、あまり面白くなくて、できればやりたくないスポーツだと思っていた。しかし、今回シッティングバレーボールを通して、バレーボール部の子も運動神経の良い子も座った状態でするので、苦手な私でもみんなと同じようにスパイクやブロックを決めることができた。だから、チームみんなで1つのボールをつなぎ合って、いかに相手が返球できないボールを狙って点を取るかというネット型特有の面白さが分かった。また、試合中にミスをしてしまった時、先輩が「ドンマイ！次1本！」と声をかけてくれたり、点が決まった時にはみんなでハイタッチをしたりと、始めは先輩と授業をすると聞いて気まずく緊張していたが、今は一緒にプレイできて良かったと思うし、私も来年先輩という立場になったら、体育の授業だけじゃなくて部活動でも、今の先輩と同じようにかかわっていきたいと思った。また、アタックの打ち方や作戦の立て方など先輩を見て学べたことも異学年で学ぶ価値なのだと思った。今回の学びを通して、<u>健常者も障がい者も年齢も性別も関係なく一緒にスポーツを楽しむことができるんだということを知って、障がいがあるからできないのではなくて、そういう考えや環境ができなくさせていることに気づいた。</u>だから、授業で習ったものだけが正規の競技やルールじゃなくて、<u>ルールや道具などを自分たちで自由に工夫したり独自のスポーツを編み出したりして、これからも楽しく運動やスポーツにかかわっていきたいと思う。</u>また、来年は、東京オリンピックだけでなく、パラリンピックにも注目してみようと思った。　※下線部は「自己に引きつけた語り」

2　単元構成（全13時間）

時間	学習課題（中心の問い）と◆学習内容
1	シッティングバレーボールってどんなスポーツ？ ◆シッティングバレーボールというスポーツが生まれた歴史や特別ルール、特性などをバレーボールと比較しながら学ぶ。
2	座ってボールをつなげるために必要なことは？ ◆座って移動したり、ミニゲームを取り入れたりして、座ってプレイする感覚を覚える。同時に、チーム内のコミュニケーションの大切さにも気づく。

総論 / 国語 / 社会 / 数学 / 理科 / 音楽 / 美術 / 保健体育 / 技術・家庭 / 外国語 / 学校保健 / 共創型探究

3	たくさん点を取るためには何が必要だろう？
4	◆試しのゲーム
	◆試しのゲームをデータや映像などをもとに分析する。
	・相手チームの空いたスペースにボールを落としたり、弱点を狙ったりと意図的に攻撃することを学ぶ。また、いかにミスを減らすかについても考え出す。
5	強いチームの特徴は？
6	◆リーグ戦Ⅱ（前半）
	◆リーグ戦Ⅱ（後半）
7	効率の良い攻めとは？
	◆リーグ戦Ⅱをデータや映像などをもとに分析する。
	・自チームの攻撃を組み立てるスピードを速くすることやセッターはネット際からトスを上げることが効率の良い攻めにつながることを学ぶ。また、対戦相手によってフォーメーションを考え出す。
8	相手より１点でも多く取るためには？
9	◆リーグ戦Ⅲ（前半）
	◆リーグ戦Ⅲ（後半）
10	◆リーグ戦Ⅲをデータや映像などをもとに分析する。
	・点をとられないための守り方（ブロック）について考えたり、カバーリングやフォローの大切さに気づいたりする。
11	附坂中シッティングバレーボール大会を開催しよう
12	◆体育部を中心に運営・進行を行う。
13	◆「スポーツの始まりと発展」「スポーツへの多様な関わり方」について学び、シッティングバレーボールを通した学びを振り返る。

※□で囲んでいる時間が、体育理論を組み込んだところである。

3　本単元で育成する資質・能力

【知識・技能】 ○ボールや用具の操作と定位置に戻るなどの動きによって空いた場所をめぐる攻防をすること。	○臀部を床から離さずにプレイすることができる。 ○ネット近くから勢いのあるボールやコースを狙ったボールを打つことができる。 ○相手が返球できないようなアタックを打つために、自チームで攻撃を組み立てることができる。
【思考力・判断力・表現力等】 ○攻防などの自己の課題を発見し、合理的な解決に向けて運動の取り組み方を工夫するとともに、自己や仲間の考えたことを他者に伝えること。	○映像やデータを基にゲームを分析し課題を見つけ、適切な練習方法や作戦・戦術を考え他者に伝えることができる。 ○誰もがネット型の楽しさや喜びに触れることができるように、ルールを提案したり選んだりすることができる。
【学びに向かう力・人間性等】 ○積極的に取り組むとともに、フェアなプレイを守ろうとすること、作戦などについての話し合いに参加しようとすること、一人一人の違いに応じたプレイなどを認めようとすること、仲間の学習を援助しようとすること。	○ルールを守り、審判や対戦相手を尊重することができる。 ○フェアプレイをゲームの中だけでなく、日常生活にもつなげて考えようとすることができる。 ○自分で自由に道具やルールを工夫して、運動やスポーツに楽しくかかわっていこうとすることができる。

4 本単元で表出した生徒の「ものがたり」

タイトル：私にとってシッティングバレーボールとは『誰もができる素晴らしいもの』

　　私は授業を受けるまで、シッティングバレーのことを知りませんでした。でも、始めの授業でシッティングバレーの歴史や特性、映像などを観て、どういう競技なのかを知ることができて少し興味がわいてきました。

　　始めの方は、２人組パスも全然返すことができませんでした。しかし、アタックは構えや腕の振り方がバドミントンと似ているところがあるので、<u>パシッと強く打つことができました。私でもこんなに打てるんだ！と感動した</u>のを覚えています。小学校でやったバレーボールの授業では、上手な子だけがアタックを打っていました。その時、<u>私もアタッカーになれるかもと思い、早く試合がしたいと思いました。</u>

　　リーグ戦Ⅰが始まりました。私たちチームの目標は「優勝する」でした。結果は４位・・・ショック過ぎました。でも、リーグ戦Ⅱをやると聞いて、先輩たちと次こそは「優勝する」と誓い合いました。結果は、なんと、「優勝」！！なぜ４位だった私たちが優勝することができたのか？この場をかりて振り返りたいと思います。（中略）小学校のバレーボールの授業と完全に違っていたのは、根拠に基づいてチームで指摘し合っていることでした。上手な子だけに発言権があるわけじゃなかったのです。「<u>データを取り分析する</u>」これは優勝するために必要なことでした。実際にデータを分析することで、自分たちの成果や課題などがチーム全員で共有できたからです。また、なぜ私たちのチームは勝てないのか、強いチームと何が違うのか疑問でしたが、それもデータを見るとはっきりしました。強いチームは"アタック決定率が高い"のです。だから、アナリストを中心にどうすればアタック決定率が上がるのか分析しながら練習や作戦をたてることができました。しかし、それらをなかなかゲームで実践できず悔しい時もありました。例えば、２年生のスパイクをブロックされてコートに返って来たとき、どうカバーするかです。映像を確認して、カバーに入る位置を確認したりチームの苦手なコースを練習できたりしたので、実際の試合で上手くカバーすることができました。この時に、勝ち負けだけじゃなく、先生が教えてくださった"PDCAサイクル"が大事なのだと実感しました。

　　次は「先輩」についてです。とにかくカッコイイです！M先輩・I先輩・Y先輩は私の憧れです！でも、始めは緊張しかありませんでした。なぜ２年生と体育の授業をしなきゃいけないのか疑問でした。（中略）先輩は私たち１年がミスした時いつも励ましてくれました。また、誰がトスを上げて誰がアタックを打つか、どこを狙うか、どこで守るか、分かりやすくアドバイスくださいました。<u>私が始めてアタックを決めた時に先輩たちがかけ寄って来てくれてハイタッチしたことはこの先一生忘れないと思います。</u>シッティングバレーを楽しめる環境を作ってくださった先輩たちに感謝です。そして、<u>私も来年異学年の授業があるか分からないけど、あった時は先輩のように後輩に接してあげようと思います。</u>

　　最後に、シッティングバレーを通して学んだことは"障がい者スポーツの大変さや楽しさ"です。（中略）<u>障がい者だからどうだなどという差別的な縛りはないのだと改めて感じました。また、フェアプレーの精神も同じスポーツとして変わらないのだと思いました。障がいをもっているから可能な範囲が狭くなるのではなく、逆に自分にできる範囲内で新しいことを始めて世界を広げていっている障がい者アスリートの方たちはカッコイイと思いました。私もルールなどを工夫して、いろんな人といろんなスポーツを楽しんでいきたいです。パラリンピックにも興味をもったので東京オリンピックで観戦したいです。</u>

※<u>下線部</u>・・・題材に対する「ものがたり」の変容

※<u>二重線</u>・・・「自己に引きつけた語り」

研究の分析

（1）　運動・スポーツの面白さにつながる単元構成や問いだったのか

　バレーボールに関する事前のアンケートを実施した結果、１・２年生のほとんどの生徒が「難しい」「痛そう」といったマイナスのイメージをもっていることが分かった。さらに、運動の苦手な生徒は「なるべくボールに触りたくない」「迷惑をかけてしまう」など消極的な意見が多くあった。また、シッティングバレーボールのことを知っていた生徒は０人であった。しかし、「バレーボールの授業を通して学びたいこと、できるようになりたいこと」の質問では、ほとんどの生徒が「強いスパイクが打てるようになりたい」と答えた。そこで、身体能力の差が出にくくジャンプなどの高度な技能を使わずにバレーボールの面白さを体験することができ、パラリンピック種目でもある

シッティングバレーボールを教材に選んだ。

授業後に「①バレーボールに対する興味や関心は高まったか」「②単元を通して、分かりできるようになったか」「③自分の運動やスポーツに対する見方や考え方を広げるのに有効だったか」の3項目について3段階でアンケート調査を行った。どの項目においても肯定的評価が見られた。特に②については、全員が「スパイクが打てた」と答えている。また、スパイクを打つ位置も「相手のいない場所」「ラインギリギリ」「フェイントを入れる」などのバレーボール特有の戦術的な記述が見られた。③についても、「パラリンピック種目にも興味をもった」「障がい者と共に楽しめるスポーツがあることを知った」「1つの競技から多くの人が楽しめるようにルールなどを変えて楽しめる方法を知った」「同じスポーツでも少し視点を変えたら、また違った楽しみ方ができる」などの記述が見られた。これらのことから、シッティングバレーボールを通して、バレーボール特有の自陣で攻撃を組み立て相手が返せないボールを相手コートに返す戦術的な面白さを実感したり、運動やスポーツに対する見方や考え方を広げたりするのに有効だったのではないかと考える。

n＝３４

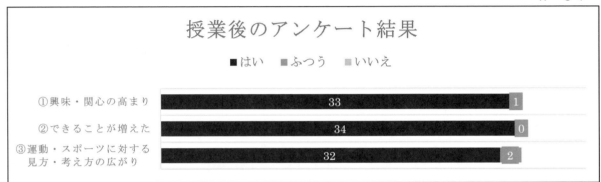

（２）　多様なかかわりの中で学びの意味や価値を実感していく共同体づくり

①　データやマインドマップを話し合いの場面で使用することは有効だったのか

単元を通して、マインドマップやゲームデータを基に話し合いを行った。『たくさん得点するには』について、新たな気づきや大事なポイントをマインドマップに書き足していくことで、運動が苦手な生徒も一緒に共有することができた。また、攻撃データ（アタック決定率）に着目してデータを分析することで、強いチームの特徴や自チームの成果や課題が明確になり、課題分析の仕方や解決方法を考えやすくなったのではないかと考える。

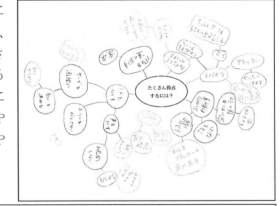

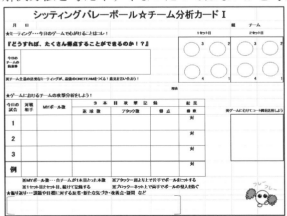

【ゲームデータ用紙】　　　【チームで共有するためのマインドマップ】

② 異学年交流学習を通して学びの意味や価値を実感することができたのか
　質問：異学年の学習は必要だと思いますか？

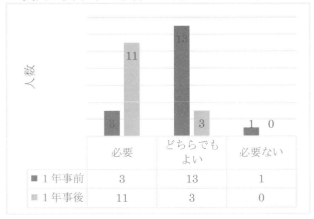

	必要	どちらでもよい	必要ない
■ 1年事前	3	13	1
■ 1年事後	11	3	0

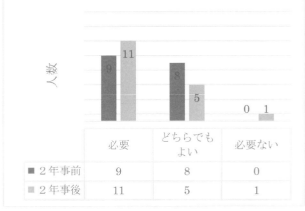

	必要	どちらでもよい	必要ない
■ 2年事前	9	8	0
■ 2年事後	11	5	1

《事前と事後で変容した生徒の理由より》

【必要な理由】	【必要でない理由】
・私たちでは思いつかない作戦を考えてくれた。（1年） ・身近にお手本の先輩がいるので、真似しやすい。（1年） ・部活とは違った絆が生まれた。（1年） ・後輩のために頑張ろうって気持ちが芽生えた。（2年） ・実際体を動かしながら異学年と交流すると、CANの時とは違って夢中になれた。（2年） ・こんな私でも、1年生に感謝されて素直に嬉しい。（2年） ・去年の自分と比べて、社会性が身に付いたと感じている。（2年）	・お互いに慣れるのに時間がかかる。始めから楽しみたい。（2年）

　アンケート結果を見ると、異学年での学習が必要であると感じている生徒が多く、理由からも異学年の学習はどちらの学年にも効果があったと考える。特に、多くの1年生が学習後に必要であると考えが変容した理由として、アンケートや体育ノートなどの記述から、2年生の1年生に対するかかわりが大きく影響していると考える。2年生の記述からも、昨年度の異学年交流学習の経験から、先輩としての態度やかかわり方（リーダーシップやチームマネジメント力）が身に付いたおかげであると答えている生徒が多く見られた。異学年交流学習を通して、学びに向かう力・人間性の育成にもつながったと考える。

（3）　豊かなスポーツライフへとつながる「ものがたり」は生まれたのか
　単元後に、「私にとってシッティングバレーボールとは」というタイトルで、学んだことやその過程を振り返り、自己の変容に気づいたり、学びを自己に引きつけたりできるようにした。

【振り返りの視点】　　　　　　　　　　　　　　　　　　　　　　　　　　n＝34
①学習前後での自分の変容（＝成長）が語れているか・・・34名（100％）
②自分の感性と結びつけて語れているか・・・2年10名、1年8名（53％）
③自分の運動・スポーツについてのイメージや考えの広がりや変化が語られているか
　　　　　　　　　　　　　　　　　　　　　　　　・・・2年12名、1年14名（76％）
④異学年学習を通しての学びが語られているか・・・34名（100％）

　全員の生徒が、学ぶことによる自己の変容（成長）や異学年学習を通しての学びについて記述できていた。また、運動・スポーツについて新たなイメージや考えの広がりについても多くの生徒が記述できていた。しかし、自分の感性と結びつけて語る生徒が比較的少ないことから、毎時間の体育ノートでの振り返りの視点を工夫たり、教師のかかわり方を改善したりする必要があると考える。

◆単元学習前後の記述内容の変容が見られた生徒の「ものがたり」例
【運動が苦手な１年Ｍさん】

シッティングバレーを学ぶ前
身長が低く、どんくさい私は、また小学校の時みたいに、何もできずに終わるのだろう・・・。

学んだ後
バシッと強いアタックが打てました！なんとブロックもできました！こんな快感があるんですね！私は運動をすることが苦手でしたが、シッティングバレーでチームで戦うことの楽しさが分かったように思います。そして、運動ができる・できないに関係なく、声かけや励まし合うなどのチームワークも試合には大きくかかわるのだと新たに知ることができました。スポーツには苦手意識がありましたが、これをきっかけに、スポーツについてよく知りたい、もっといろんなスポーツをやってみようと考えるようになりました。　これから、体育の授業で難しいと思うことがあっても、チームワークを大切に作戦や練習をがんばっていきたいと思います。

> 運動やスポーツを「する」楽しさを実感できた語り。

【運動が苦手な１年Ｈさん】

シッティングバレーを学ぶ前
「バレー」は苦手。そして嫌い。だって難しい。しかも「異学年」でするのも気が乗らない。

学んだ後
すごく楽しい、嫌いじゃなくなった。そうなれた理由は、チームの雰囲気が良かったこと。それは先輩方のおかげ。何でも言い合える環境をつくってくれたから。だから、どんな練習がしたいか言い合えて全ての練習ができた。このとき初めて１勝することができた。あの時の感動は忘れないと思う。先輩ありがとうございました。私も先輩のようになります！

> 異学年で学習する意味や価値が実感できた語り。

【運動をすることが好きな１年Ｔさん】

シッティングバレーを学ぶ前
石川選手みたいなかっこいいスパイクをバンバン打ちたい。

学んだ後
シッティングバレーを通して１番印象に残っていることは、アタッカーよりトスをする人の方が大切なんだと分かったことです。２回目のリーグ戦が終わった時に優勝したチームのデータと自チームを比較したことがきっかけでした。１本目のミスは少ないのにアタック決定率が最低でした。私たちのチームは背の高い人がそろっているのになぜだろうと不思議でした。理由はゲームの映像を観ればすぐに分かりました。セッターが遅い、いる位置もネットから離れている。これではダメだとチーム全員が気づきました。そこからセッター練習を多く取り入れました。すると最後のリーグ戦で３位になることができました！　バスケでもデータをとっているけど、これからはもっと大事にしなきゃと思いました。

> ＰＤＣＡサイクルの大切さに気づき、自己にも引きつけられた語り。

【運動・スポーツにあまり興味がない２年Ｔさん】

シッティングバレーを学ぶ前	学んだ後
なんでわざわざ座ってバレーボールをするんだろう？	今は、普通のバレーよりもシッティングバレーの方が面白いと思えています。理由は、障がいがある人もいろんな年代の人でもできる人がたくさんいるからです。私もその一人です。最後は最下位から３位になることができました。３位に上がれたのはチームで協力し合えたからです。来年は異学年学習はないけれど、スポーツを通しての人とのかかわりも大切にしたいです。

運動やスポーツを捉え直した語り。

【スポーツに対してマイナスのイメージをもっている２年Ｍさん】

シッティングバレーを学ぶ前	学んだ後
小学校で行ったバレーボールは「勝ち」にこだわり過ぎてチーム内の雰囲気はギスギス状態・・・だからスポーツに対しては、主に体力主義で勝利にこだわり過ぎると人間関係をも変えてしまう非常に難しいものだと感じている。	今回の授業でもやはり「勝つためには？」といったテーマで活動していった。しかし、小学校の時とは雰囲気が全く違っていた。「何が違うのか？」・・・決定的に違うのは、根拠に基づいて指摘し合っている所だった。「データをとり分析する」これは非常に大事なものであった。実際にデータを分析することで、改善点や自分たちの成長など全てがチーム内全員で共有できた。だが、それがなかなかゲームで実践できず悔しい時もあった。例えば、私たち２年生のスパイクをブロックされてコートに返って来たとき、どうカバーするかである。映像を確認して、カバーに入る位置を確認したりチームの苦手なコースを練習したり、実際の試合で上手くカバーすることができた。この時、初めて勝ち負けではなく、そのための内容が大事なのだと実感した。後違ったことは「チームのみんなを思いやった声かけ」である。その声かけは先輩・後輩関係なく互いに言い合うことで、より異学年の溝は浅くなっているように感じた。 　これらのことから、スポーツは年齢を越えて人々を結びつけ、それぞれに大事なことを改めて気づかせてくれる人々にとってとても重要なものだと考えるようになった。昔から人々に親しまれてきた「スポーツ」その理由がよく分かった。そして、次の体育の授業は何をするのか今から楽しみだ。

豊かなスポーツライフの実現へつながるであろう語り。

【バレーボール部の２年Ｋさん】

シッティングバレーを学ぶ前	学んだ後
普段からバレーボールをしているので、シッティングバレーもある程度できるだろう。	体の自由・不自由、性別、年齢とか関係なく、みんなが平等にできるパラスポーツ。このシッティングバレーを通してパラスポーツとのつながりができた。香川にはまだチームがない？ようだけど、機会があれば経験も生かして参加したいと思った。すべての人が同じようにスポーツをプレイできるというのは本当にすばらしいことだと思う。これからもっとパラスポーツについてたくさん知っていきたい。 　また、現在バレー部に１年生はいないため、私にとって数少ない後輩との交流だった。先輩としてバレーを通して１年生とかかわることができて良かった。チームみんなで支え合いながら共にスポーツをする・・・だからこそ新たな人間関係も生まれてくるんだと実感した。

多様なかかわりの中でバレーボールを学ぶ意味や価値を実感した語り。

実践事例2「国際的なスポーツ大会とその役割～ブラインドサッカーを通じて～」

実施学年3学年：共通Ⅱ

1　本単元で生まれる「ものがたり」

（学習前の題材に対する「ものがたり」）
　来年東京でパラリンピックが開かれるのは知っているし、興味も少しある。しかし、観ていても迫力がないし難しそう。プレーしている人はすごい。障害者スポーツをしている人は特別だ。

（学習後の題材に対する「ものがたり」）
　障害者スポーツは様々な工夫があり、健常者でも楽しむことができるスポーツである。ブラインドサッカーを経験し、周りの指示があれば視覚が遮断されていてもある程度動くことができた。

（自己に引きつけた語り）
　今までは障害者スポーツなんてあまり聞いたこともないし、やっている人は特別で、自分には関係ないと思っていた。でも、ブラインドサッカーを通して、視覚が遮断されている中でも仲間の声があれば自分にも動くことができた。もしかしたら他の障害者スポーツも仲間の支えがあればできるかもしれない。今回、する側だけではなく指示を出して動かす、支える側も経験し、その重要性に気づくことができた。障害があっても、いろいろな工夫をすればどんなスポーツでもできるかもしれないと思った。それに障害者スポーツであれば、運動が苦手な自分でもあの子よりうまくできるかもしれない。ブラインドサッカーであればサッカー経験者の子よりも活躍できるかもしれない。障害者スポーツはそんな可能性が満ち溢れている！2020東京オリンピックで「多様性」という言葉が使われているが、これは障害者スポーツのことも指していると思う。今回、経験することによって、少しでも「多様性」について考えることができた。これからのスポーツは、この「多様性」を考えて取り組んだり関わったりしなければならないと思う。誰もが楽しめるスポーツにこれからも関わっていきたい！

2　単元構成（全8時間）

時間	学習課題（中心の問い）と◆学習内容
1	パラリンピックはなぜ始まったのか？　（体育理論） ◆パラリンピックが始まったきっかけを考え、障害者スポーツについての知識を深める。
2	視覚に頼らず動くために必要なことは何？ ◆ブラインド状態でウォーク＆ランを体験し、視覚が遮断された場合は聴覚だけではなく触覚やイメージも使って動くことが必要であることに気づく。
3	具体的な指示とはどんな指示か？ ◆ブラインド状態でボール操作を体験することによって、具体的な指示を出さなければならないこと、それには数値や方向などを情報として与えると効果的であることに気づく。
4	ブラインドサッカーをしている人は何を考えてプレーしているのだろう？　（体育理論） ◆ブラインドサッカーを実際にしている人の動画を観て、何を考えてプレーしているか知り、自分たちにも生かそうとする。 イメージするとはどういうことだろう？ ◆ドリブルやシュートなどのボール操作をする上で、音は1つの情報であること。あとは場やボール、人をイメージして動く必要性に気づく。

5 | シュートに必要な情報とは？
◆シュートを成功させるには、ガイドからの角度や距離などの情報が必要であることを理解し、適切な指示を出せるようにする。

6 | シュートゲームで点を取るためには何が必要か？
◆ハーフコートゲームを行い、攻めに必要な情報、守りに必要な情報を指示し、点を取るために必要なことを考え、実践する。

7 | どんな指示がチームを勝利に導くのか？
◆ハーフコートゲームを通して、自分の指示や動きでチームに貢献できることを見つけ、実践する。する側だけではなく支える側の指示が勝利に大きく関係していることに気付く。

8 | スポーツはどのような世界とつながっているか？（体育理論）
◆スポーツは様々な違いをこえてつながる可能性をもっていることを知る。さらに、障害者スポーツの魅力、ひいてはスポーツの魅力と重要性に気づく。また、単元のはじめに考えた障害者スポーツについて、もう一度振り返ることによって、「私にとってスポーツとは何か？」ということを考え、レポートにまとめる。

3　本単元で育成する資質・能力

【知識】 ・文化としてのスポーツの意義について理解することができる。 　○　スポーツは、文化的な生活を営みよりよく生きていくために重要であることを理解することができる。 　○　オリンピックやパラリンピック及び国際的なスポーツ大会などは、国際親善や世界平和に大きな役割を果たしていることを理解することができる。 　○　スポーツは、民族や国、人種や性、障害の違いなどを超えて人々を結び付けていることを理解することができる。	・国内外にはスポーツの文化的意義を具体的に示した憲章やスポーツの振興に関する計画などがあることを理解できる。 ・オリンピックやパラリンピックなどの国際的なスポーツ大会などは世界中の人々にスポーツのもつ教育的な意義や倫理的な価値を伝えたり、人々の相互理解を深めたりすることで、国際親善や世界平和に大きな役割を果たしていることを理解できる。 ・スポーツには、民族や国、人種や性、障害の有無、年齢や地域、風土といった違いを超えて人々を結び付ける文化的な働きがあることを理解できる。
【思考力・判断力・表現力等】 ・文化としてのスポーツの意義について、自己の課題を発見し、よりよい解決に向けて思考し判断するとともに、他者に伝えることができる。	・マインドマップを活用し、スポーツがどのような世界とつながっているかを考え、他者に伝えることができる。 ・ブラインドサッカーにおいて、チームの状況に応じた指示をプレーヤーに送ることができ、チームの課題を話し合うことができる。
【学びに向かう力・人間性等】 ・文化としてのスポーツの意義についての学習に自主的に取り組むことができる。	・ブラインドサッカーを通して、ブラインドサッカーでしか得ることができないスポーツの魅力に気付き、自主的にチームに関わることができる。

4 本単元で表出した生徒の「ものがたり」

　私にとってスポーツとは、人と人との関係を築きあげて、誰でも参加することができる文化である。その理由は、学習前は障害者スポーツに対して関心がなくて、スポーツって普通の人のためにあると思っていたからだ。しかしブラインドサッカーについて学ぶことでたくさんのことが分かった。オリンピックにおいてはたくさんの種目があってとても世界が興奮するものだが、パラリンピックにおいても注目を浴びるものであると思う。今回は授業でブラインドサッカーをした。その中でプレーヤーだけではなく、<u>プレーヤーをサポートする人の重要性に気付いた</u>。私は初め、まったく動くことができなかった。しかし、サポーターが「もっと右！」「今シュート打てるよ！」と言ってくれたおかげで少し動くことができ、シュートも打つことができた。自分がサポーターになった時も、具体的に指示をして男子に動いてもらうことができた。<u>障害者スポーツは私にはできないと思っていたけど、支えがあればできることが分かった。</u>

・・・（略）・・・

　世の中にはいくつものスポーツがあり、自分が知っているのはその一部だけなんだと思った。<u>世界中でいくつのスポーツがあるのか、世界中で通用するスポーツがいくつあるのか調べてみても面白いかもしれないと思った</u>。また、これからは<u>自分がスポーツをする側だけではなく、選手を応援する側にも興味をもっていきたい</u>。障害者スポーツも見てみたい。来年の東京オリンピックではスポーツが私たちにどのような影響をもたらしてくれるのかとても楽しみである。

※実線部：題材に対する変容　　　　波線部：「自己に引きつけた語り」

研究の分析

（1）運動・スポーツの面白さにつながる単元構成と問いの工夫について

学習前の語りや体育ノート（振り返りノート）に個の文脈を表出させ、把握した。
○学習前の語りは下の通りである。（n=39）

① パラリンピックを知っていますか？	「知っている」24人 「よく知らないが聞いたことはある」15人
② パラリンピックについて知っていることをすべて書いてください。	・障害をもった人が出るオリンピック ・世間の注目度としては低い ・障害の重さによってクラス分けがある
③ オリンピックに興味がありますか？	「ある」26人 「少しある」11人 「ない」2人
④ パラリンピックに興味がありますか？	「ある」4人 「少しある」28人 「ない」7人
⑤ パラスポーツを知っているだけ挙げてください。	回答省略
⑥ 障害者スポーツについて、自分の思っていることを自由に書いてください。	・難しそう ・迫力がない ・プレーしている人はすごい　　　　など

○体育ノート（振り返りノート）の個の文脈の抜粋

・上手く動けている人はどう動いているのか知りたい。
・「もっと」や「こっち」などといった指示は具体的ではないので、具体的な指示をしたい。
・本当に音だけを頼りに動いているのか。他に何が頼りになるのか。
・シュートのタイミングが分からない。ガイド頼むぞ！
・いつも点をとる人を防ぎたい。どうすればできるのか、チームで話し合いたい。

生徒の学習前の語りを表出させることによって、「当たり前」の把握を、体育ノートの記述から問いを設定した。また、単元構成の中にパラスポーツを取り入れることによって、運動が得意な生徒も苦手な生徒も対等な条件になり、運動・スポーツの面白さにつながったのではないかと考える。しかし、体育理論の中にパラスポーツを組み込んだ後、また体育理論の目指すところに戻ってくることが難しく、生徒の表出物も技能に関する記述にとどまることがあった。

（2）多様なかかわりの中で学びの意味や価値を実感していく共同体づくりについて

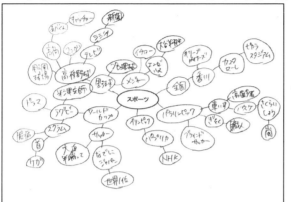

「スポーツはどのような世界とつながっているか？」というテーマのもと、全員がマインドマップを描く。変容が見られるように事前にも描いておくとよかった。

女子のブラインドサッカーを男子が「支える」ことによって、自分とは違った「できる」や「わかる」と関わりながら学習を進められる。

客観的にチームを分析できるデータ（映像）の活用。運動が得意な生徒も苦手な生徒も対等な立場になるため有効的である。どのデータ（映像）を与えるか、精選する必要がある。

（3）「豊かなスポーツライフへとつながる『ものがたり』が生まれるための教師のかかわり」について
①題材に対する「ものがたり」の変容について・・・ 分析対象：生徒の表出物

①　ブラインドサッカーを体験して、障害者スポーツへの捉え方はどう変わりましたか？
【記述の視点】
○　学習前と学習後を比べながら記述しましょう。
○　単元の学習を振り返り、学んだ内容（教科の言葉）をできるだけたくさん使って記述しましょう。

問い
（見取りの指標）

段階	評価基準
A	学んだスポーツの文化的意義やブラインドサッカーの体験から、題材に対する「ものがたり」（障害者スポーツ観）の変容が語られている。
B	題材に対する「ものがたり」の変容（障害者スポーツ観）は語られているが、その語りの根拠が曖昧である。
C	題材に対する「ものがたり」の変容（障害者スポーツ観）が曖昧または不明瞭である。感想のようになっている。

Ａ：学んだスポーツの文化的意義やブラインドサッカーの体験から、題材に対する「ものがたり」（障害者スポーツ観）の変容が語られている。

【１０名（２５％）n＝４０】

> 　私は以前から東京オリンピックに興味がありましたが、パラリンピックにはあまり興味がありませんでした。なぜなら、勝手な固定概念であまりおもしろくないと思っていたからです。そんな私の考えが変わったのは、初めの授業でエンブレムの意味やパラリンピックを行う意味、願いを学んだ時です。・・・（略）・・・自分でどうにかしようと思わなくてもガイドの人の声を頼りにして動けばいいことに気がつきました。それからはガイドの人の声を気にすることで動きが速くて正確になり、不安な気持ちもなくなっていきました。・・・（略）・・・ブラインドサッカーの体験を通して、パラリンピックの面白さが分かったように思います。たとえ障害があって恐怖心があっても勝利に向けて勇気を出して戦っている選手達はとてもかっこいいと思いました。また、障害者スポーツは一人の力ではできず、チームでの協力が何よりも大切だということを実感し、学びました。

Ｂ：題材に対する「ものがたり」の変容（障害者スポーツ観）は語られているが、その語りの根拠が曖昧である。

【１１名（２７．５％）n＝４０】

> ・・・（略）・・・この授業を受けて、障害者のスポーツと思っていたが、誰でも楽しめるスポーツという風に印象が変わった。障害者スポーツは一度経験していないといけないものだと思った。一度経験してみるとどのようなものかが分かるし、楽しいものだということに気づけるのではないかと思う。時間があれば他の障害者スポーツをやってみたいし、プロがやっているのを見てみたいと思う。

Ｃ：題材に対する「ものがたり」の変容（障害者スポーツ観）が曖昧または不明瞭である。感想のようになっている。

【１９名（４７．５％）n＝４０】

> ・・・（略）・・・オリンピックもパラリンピックもアスリートの頂点を決める必要不可欠な競技であることが分かりました。今度の東京パラリンピックでは、少し競技を見てみたいと思います。そしてもっとオリンピックも見たいと思いました。オリンピック選手やパラリンピック選手と関わる機会があれば関わりたいと思いました。

② 「自己に引きつけた語り」について・・・ 分析対象：生徒の表出物
問い

> ① あなたにとってスポーツはどのようなものか、書きましょう。
> 書き出し例）「私にとってスポーツは・・・ものである。なぜなら・・・」
> 【記述の視点】
> ○ 学習前と学習後を比べながら記述しましょう。
> ○ 今回の単元の学習で感じた意味や価値も含めて書きましょう。もし、新たな疑問も生まれれば、それも書きましょう。
> ○ 今までのスポーツの経験も含めて書きましょう。

（見取りの指標）

段階	内容
A	学んだスポーツの文化的意義やブラインドサッカーの体験からスポーツについての見え方、感じ方の捉え直しが具体的に語られている。
B	スポーツについての見え方、感じ方の捉え直しが曖昧である。
C	学んだことからのスポーツについてや自己のとらえ直しが、不明瞭である。

Ａ：学んだスポーツの文化的意義やブラインドサッカーの体験からスポーツについての見え方、感じ方の捉え直しが具体的に語られている。　　　　　　　　　　　　（１０名（２５％）n＝４０）

> 　私にとってスポーツとは、互いに支え合いながら成長していくものである。・・・（略）・・・ブラインドサッカーはガイドの指示があるからサッカーができるのだと分かった。実際にプレーしてみると自分の力だけでボールの位置を把握しシュートするのは困難だった。でもガイドの指示があるとボールの位置や的の位置、どれくらい動いて蹴ればシュートできるのかなど、自分の力だけでは得られなかった情報を得ることができた。このことを通して私は、自分一人だけではできないことでもガイドの指示のように支えがあればできるようになると気づくことができた。・・・（略）・・・（部活をしていた）当時は気付かなかったが今、こうして考え直すことができているのは、ブラインドサッカーなど障害者スポーツを通して支え合うことの重要さに気付けたからだと思う。支え合うことの意義を実感している今だからこそ、私はもっと周りの人を支えられるような行動をとるべきだと感じている。

Ｂ：スポーツについての見え方、感じ方の捉え直しが曖昧である。　　　（１３名（３２．５％）n＝４０）

> 　・・・（略）・・・スポーツとは、スポーツをする際に支えてくれる側、一緒にプレーする人、教えてもらう人との交流ができる、つまり誰とでも交流ができる場だと思いました。学習前はスポーツ＝個人のものと思っていたけれど、今回の学習を通してスポーツ＝多くの人のものという考えに変わりました。障害者スポーツを体験することによって、スポーツにおける人との交流について知ることができました。また、人との交流は絶対に欠かせないものだと思いました。

Ｃ：学んだことからのスポーツについてや自己のとらえ直しが、不明瞭である。
　　　　　　　　　　　　　　　　　　　　　　　　　　　　　　（１７名（４２．５％）n＝４０）

> 　・・・（略）・・・障害をもった人も、もっていない人も全力でスポーツを取り組めることができるスポーツは本当にすごいものだとあらためて感じることができました。

　題材に対する「ものがたり」の変容も「自己に引きつけた語り」も２５％の生徒が、こちらが設定したＡ評価の記述ができていた。しかし、体育理論の内容におとしこむことを考えると、ブラインドサッカーについての技術面の記述が多かったことから、体育理論の内容にかえせていないと感じた。

成果（〇）と課題（●）

研究内容（１）

　〇　毎時間の体育ノートやチームファイルなどから生まれる生徒やチームの「ものがたり」を意識し、構成した単元によって、運動やスポーツに対する関心を高めたり、そのスポーツ特有の面白さを実感したりすることができた。

　〇　単元の中にパラスポーツを組み込むことで、運動やスポーツに対して新たな見方や考え方が生まれている生徒が多くみられた。

　●　生徒のつぶやきや体育ノートの記述内容から、生徒が今課題だと感じていることやできるようになりたいこと等の切実な願いを読み取り、運動やスポーツの面白さにつながる学習課題や問いに修正する必要がある。

研究内容（２）
- ○　異学年学習は、１、２年生共に技能面だけでなく、学びに向かう力・人間性（共生）の部分でも学びを深めるかかわりになったのではないか。
- ○　チームの課題を見つけたり、共有したり、振り返ったりする場面で、客観的なデータや映像を基に分析させることで、技能や運動経験等の違いに関係なく、対等に意見が言い合える環境が作れたのではないか。
- ○　マインドマップに「多く得点するためには」についてキーワードを毎時間書き足していくことで、チームで大切にすることや意識することをチーム全員で共有することができた。
- ●　マインドマップでも自己の変容が分かるように、授業前の記述も必要だった。

研究内容（３）
- ○　単元後に学びを振り返る際、視点を提示することで、過去の自分と学んできた過程で成長してきた自分とをつなげて振り返ることができた。
- ●　題材についてのものがたりの変容が、教師のねらいと違う部分があったので、「かかわる」立場からの視点を与えながら毎時間の振り返りを書かせたい。
- ●　運動やスポーツに対しての新たな見方や考え方は広がったかもしれないが、それが自分の過去の経験や考え、価値観とつなげながら振り返り、これからの自己と運動やスポーツとのかかわり方や関係性までを捉え直す生徒の割合は低かったのではないか。さらに研究を進めていく必要がある。

参考文献

- ・森由加里・三宅健司「運動の魅力を実感し、生涯にわたって運動に親しむ生徒を育成する保健体育学習」『研究紀要』香川大学教育学部附属坂出中学校、2014、115〜128頁
- ・三宅健司・石川敦子「運動の魅力を実感し、生涯にわたって運動に親しむ生徒を育成する保健体育学習」『研究紀要』香川大学教育学部附属坂出中学校、2016、129〜148頁
- ・石川敦子・德永貴仁「運動・スポーツの面白さに浸り、豊かなスポーツライフの実現へつなぐ保健体育学習」『研究紀要』香川大学教育学部附属坂出中学校、2018、157〜180頁
- ・坪内道広・古澤龍也「豊かなスポーツライフの実現に向けて主体的に運動実践できる力の育成」『研究紀要』愛媛大学教育学部附属中学校、2017、115〜128頁
- ・増田一仁・倉山佳子「運動・スポーツの魅力や楽しさ、健康・安全の意義を実感する保健体育学習」『研究紀要』香川大学教育学部附属高松中学校、2019、94〜103頁
- ・岡野昇・佐藤学『体育における「学びの共同体」の実践と探究』大修館書店、2015
- ・出原泰明『異質協同の学び』創文企画、2004
- ・日下裕弘・加納弘二『生涯スポーツの理論と実際』大修館、2001
- ・西岡加名恵『逆向き設計で確かな学力を保障する』明治図書、2008
- ・高木展郎『「これからの時代に求められる資質・能力の育成とは」アクティブな学びを通して』東洋館出版社、2016
- ・真野嘉久『輝け！日本女子シッティングバレーボール−思いつづければ夢はかなう−』講談社、2008
- ・平田竹男・河合純一・新井秀樹『パラリンピックを学ぶ』早稲田大学出版部、2016
- ・新井博・榊原浩晃『「スポーツの歴史と文化」スポーツ史を学ぶ』道和書院、2018
- ・新井博　他『新版　スポーツの歴史と文化』道和書院、2019
- ・田里千代・渡邉昌史『「ひと・もの・こと・ば」から読み解くスポーツ文化論』大修館書店、2019

共通学習Ⅱ

第１学年１組 保健体育科学習指導案

指導者　石川　敦子

1　日　　　時　　令和２年６月12日（金）11：20〜12：10
2　単　元　名　　球技「シッティングバレーボール」
3　学　習　空　間　　体育館
4　単元（題材）について

（１）球技「ネット型」とは、ネットで区切られたコートの中で攻防を組み立て、一定の得点に早く達することを競い合うゲームである。その中でも「バレーボール」は、ボールをコントロールして、味方のコートには落とされないように、チームでうまくその間を組み立てて、相手コートに落とすことができるかの攻防が面白いスポーツである。しかし、絶えず移動しているボールを止めることなくボレーし続けなければならないため、プレーヤーはボールの行方を予測して素早く落下地点に入るなどの高度な運動技能や判断力が必要である。さらに、１人が２回続けてボールにヒットすることができないため、よりボールを持っていない人の次の展開への動きや声かけが重要となる。そこで、今回は「シッティングバレーボール」を題材とした。大きな特徴として、臀部をコートから持ち上げることができない。つまり、座った状態で行わなければならない。そのため、プレーヤーの動きがある程度制限されることから、身体能力による差が見えにくくなり、全員が対等な状態で行うことができる。さらに、空いた場所に狙って返すことができれば得点になりやすいことから、全員がバレーボールの面白さを体験することができるのではないかと考える。また、パラリンピック種目でもあるシッティングバレーボールを通して、スポーツがもつ多様性の尊重や共生の考え方を育んだり、共生社会の実現に向けたスポーツの役割を学んだりできるのではないかと考える。そして、身体能力や運動経験、考え方も差がある男女共習で授業を行うことで、差があるからこそ多様な意見や疑問が生まれやすくなったり、女子は男子の良い動きを間近で見ることができたりしながら、バレーボールの面白さに迫ったり、自分や仲間とのかかわりも今までとは大きく違うものになるのではないかと考える。

（２）本学級の生徒は、男子16名、女子19名の合計35名である。附属坂出小学校出身の生徒は、５・６年生の時にキャッチバレーボールを履修しているが、シッティングバレーボールは全員が初めてである。

　昨年度、異学年女子で実施した学習前の生徒アンケート（n=34）では、「体を動かすことは好きですか」という項目に対して、「ふつう」または「いいえ」と答えた生徒が２年生６名、１年生８名、計14名いた（図１）。理由は、「得意じゃないから」「上手にできないから」「苦手だから」であった。しかし、それらの生徒は、「体育の授業は好きですか」という項目に対して計７名が「はい」と答えた（図２）。理由は、「友達と動くことは楽しいから」「勝負できるから」「みんなで１つになれる時があるから」と答えた。そのことから、苦手意識を感じている生徒たちが、仲間と楽しくかかわりながら学習を深めることができるような教師の手立てが重要

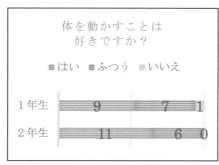

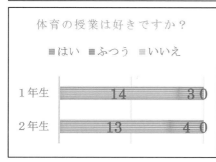

図1（上）、図2（下）

だと考える。また、「バレーボール」に対するイメージについては、ほとんどの生徒が「痛い」「怖い」「難しい」といったマイナスのイメージをもっており、プラスのイメージは「点を取った時みんなで喜べる」「スパイクやすべり込んでとるのがかっこいい」であった。そして、シッティングバレーボールという競技を知っている生徒は1人もいなかった。また、「シッティングバレーボールを通して学びたいこと」としては、ほとんどの生徒が「アタック（スパイク）が打てるようになりたい」と答えた。

　以上より、生徒の学習前の題材（シッティングバレーボール）に対する「当たり前」を「座った状態でバレーボールをすることは難しいのではないか。」と設定した。

（3）本単元（題材）を指導する（個の「ものがたり」を深める）にあたって、次の点に留意したい。

- 　1、4、7、11、13時間目に体育理論を導入し、知識と技能を相互に関連させて学習を行う。
- 　授業用のボールをソフトバレーボールにすることで、ボールへの恐怖心を無くし、誰もがボールに触りやすくしたり、キャッチやワンバウンドを可能にすることで、ラリーやアタックまでの組み立てがしやすくなったりし、誰もがバレーボールの面白さを実感できるようにする。
- 　生徒の語りや振り返りから、シッティングバレーボールに対する生徒の学びや文脈やそこから生まれた新たな疑問を把握し、生徒の文脈に沿った問いとなるよう課題や発問を設定する。
- 　男女混合でチームを組み、ゲームを中心とした単元の中で、チームの課題を見つけたり、共有したり、振り返ったりする場面を設定することで、男女共習で学ぶ意味や価値を実感させる。
- 　ゲームの振り返り場面や次戦への話し合いの場面で、運動の得意な生徒や発言力のある生徒の考えだけで対話が進まないように客観的な資料・データを用意し、対等な話し合いの場を設定する。
- 　単元後に、「する」「みる」「支える」「知る（調べる）」などの視点から授業を振り返り、自己とチーム、自己と運動やスポーツとのかかわり（関係）についてのレポートを書かせ、豊かなスポーツライフへとつながる学びにする。

5　本単元の目標

（1）本単元で生まれる「ものがたり」

──── 題材に対する「ものがたり」の変容 ────

（学習前）
　バレーボールという競技は知っていたが、シッティングバレーボールは知らなかった。バレーボールは普通にプレイするのも難しいのに、座ってなんて本当にできるのだろうか・・・不安しかない。

（学習後）
　パラリンピック種目であるが、性別も年齢も障害も関係なく誰もが一緒に楽しむことのできるスポーツである。移動能力の制限があることで、チームで戦術通りに攻撃が組み立てやすく、誰でも得点することができて楽しい。1人では決してできないスポーツであり、チームワークがとても大切である。

題材と自己をつなぐ概念
運動やスポーツへのかかわり方

（自己に引きつけた語り）

　私はこれまで、バレーボールというスポーツは、小学校でキャッチバレーをした時、全然ラリーが続かなかったし、ボールが当たると痛かったし、あまり面白くなくて、できればやりたくないスポーツの１つだった。しかし、今回シッティングバレーボールを通して、バレーボール部の子も運動神経の良い子も座った状態でするので、苦手な私でもみんなと同じようにスパイクやブロックを決めることができた。だから、チームみんなで１つのボールをつなぎ合って、いかに相手が返球できないボールを狙って点を取るかというネット型特有の面白さが分かった。また、試合中にミスをしてしまった時、チームメイトが「ドンマイ！次１本！」と声をかけてくれたり、点が決まった時にはみんなでハイタッチをしたりと、始めは男子と一緒に授業をすると聞いて少し緊張していたが、男子の力強いプレイを間近で見ることができたし、自然な身体の使い方を教わることもできて良かったと思う。今回の学びを通して、健常者も障害者も年齢も性別も関係なく一緒にスポーツを楽しむことができるんだということを知って、障害があるからできないのではなくて、そういう考え方や環境ができなくさせていることに気がついた。だから、授業で習ったものだけが正規の競技やルールじゃなくて、ルールや道具などを自分たちで自由に工夫したり独自のスポーツを編み出したりして、これからも楽しく運動やスポーツにかかわっていきたいと思う。また、東京オリンピックは来年に延期されたけれど、今からパラリンピックにも注目していろいろ調べてみようと思った。

（２）本題材で育成する資質・能力

【知識・技能】 ・ボールや用具の操作と定位置に戻るなどの動きによって空いた場所をめぐる攻防をすること。	○臀部を床から離さずにプレイすることができる。 ○ネット近くから勢いのあるボールやコースを狙ったボールを打つことができる。 ○相手が返球できないようなアタックを打つために、自チームで攻撃を組み立てることができる。
【思考力・判断力・表現力等】 ・攻防などの自己の課題を発見し、合理的な解決に向けて運動の取り組み方を工夫するとともに、自己や仲間の考えたことを他者に伝えること。	○映像やデータを基にゲームを分析し課題を見つけ、適切な練習方法や作戦・戦術を考え他者に伝えることができる。 ○誰もがネット型の楽しさや喜びに触れることができるように、ルールを提案したり選んだりすることができる。
【学びに向かう力・人間性等】 ・積極的に取り組むとともに、フェアなプレイを守ろうとすること、作戦などについての話し合いに参加しようとすること、一人一人の違いに応じたプレイなどを認めようとすること、仲間の学習を援助しようとすること。	○ルールを守り、審判や対戦相手を尊重しようとする。 ○フェアプレイをゲームの中だけでなく、日常生活にもつなげて考えようとする。 ○自分で自由に道具やルールを工夫して、運動やスポーツに楽しくかかわっていこうとする。

（3）単元構成（全13時間）

時間	学習課題（中心の問い）と◆学習内容
1	シッティングバレーボールってどんなスポーツ？ ◆シッティングバレーボールというスポーツが生まれた歴史や特別ルール、特性などをバレーボールと比較しながら学ぶ。
2	座ってボールをつなげるために必要なことは？ ◆座って移動したり、ミニゲームを取り入れたりして、座ってプレイする感覚を覚える。同時に、チーム内のコミュニケーションの大切さにも気づく。
3	たくさん点を取るためには何が必要だろう？ ◆試しのゲーム
4	強いチームの特徴は？ ◆試しのゲームをデータや映像などをもとに分析する。 ・相手チームの空いたスペースにボールを落としたり、弱点を狙ったりと意図的に攻撃することを学ぶ。また、いかにミスを減らすかについても考え出す。
5	効率の良い攻めとは？ ◆リーグ戦Ⅱ（前半）
6	◆リーグ戦Ⅱ（後半）
7 （本時）	アタック決定率を今よりもUPさせるためには？ ◆リーグ戦Ⅱをデータや映像などをもとに分析する。 ・自チームの攻撃を組み立てるスピードを速くすることやセッターはネット際からトスを上げコート内の選手全員で攻撃を仕掛けるなど効率の良い攻めにつながることを学ぶ。また、対戦相手によってフォーメーションを考え出す。
8	相手より1点でも多く取るためには？ ◆リーグ戦Ⅲ（前半）
9	◆リーグ戦Ⅲ（後半）
10	◆リーグ戦Ⅲをデータや映像などをもとに分析する。 ・点をとられないための守り方（ブロック）について考えたり、カバーリングやフォローの大切さに気づいたりする。
11 12	附坂中シッティングバレーボール大会を開催しよう ◆体育部を中心に運営・進行を行い、クラスのみんなが楽しめるような大会にする。
13	◆「スポーツの始まりと発展」「スポーツへの多様な関わり方」について学び、シッティングバレーボールを通した学びを振り返る。

※□で囲んでいる時間は体育理論の内容を含む。

6　本時の学習指導
（1）目標
・　効果的な攻撃を行うために、セッター位置と相手チームの前衛選手に注目し、チーム全員で攻めることの必要性に気づく。
・　フェアなプレイを守りながら、練習やゲーム、ミーティングに積極的に参加することができる。

（2）学習指導過程

学習内容及び学習活動	予想される生徒の反応	○教師のかかわり
1　準備運動・補助運動を行う。 　(1)体操・ストレッチ 　(2)スキルアップドリル 　　①対人パス 　　②スパイク 　　③三段攻撃 2　本時の学習課題を把握する。	・　寒いからケガをしないようにしっかりストレッチしておこう。 ・　前に来たボールが取れるように、股関節を軟らかくしておこう。 ・　右や左に来たボールもしっかりキャッチしよう。 ・　スパイクをいろんなコースへ打っておこう。	○　上手くパスや捕球、ボールミート等ができていない生徒に対してアドバイスを行う。 ○　スパイクが右斜め前で打てていない生徒にアドバイスする。 ○　セッターとアタッカーの距離が遠いチームやネット際からトスを上げていないチームに助言する。
	アタック決定率を今よりもUPさせるためには？	
3　これまでのゲームから大切なポイントを確認する。 　(1)効果的な攻撃のために、セッター以外の選手はどう動くのかを考える。	・　自チームのミスを減らそう。 ・　3本目やサーブは空いた所やライン際を狙って返そう。 ・　速い攻撃をしよう。 ・　ブロックを活用しよう。 ・　予測の声や指示の声を意識して出そう。	○　これまでしてきたゲームをもとに「たくさん得点するために」必要なことを共通理解させる。 ○　強いチームの攻撃映像を見せ、効果的な攻撃を考えさせる。

【全体での対話】
　　（アタック成功率（数）低下および、ブロック成功率（数）向上のデータを提示）
T　：リーグ戦Ⅱが終わって、みんなゲームにも慣れてきて上手になってきたしブロックにつくチームも増えてきて、前みたいにアタックが決まらなくなってない？どうすれば、今よりもアタック決定率を上げることができるのだろう？
S1：ブロックをかわして打つ。
T　：どうやって？
S　：・・・・・。
　　（ブロックの成功場面（アタッカーがマークされている）の映像をスローで流す）
T　：見事にブロックが決まっているね。どうして決まるんだろうか？
S2：アタックを打つ前から、アタッカーがマークされているから。
T　：なるほど。では、アタックを打つ前にアタッカーがマークされなければ、アタックを決めることが出来そうですね。じゃ、どうやってマークを外したらいいんだろう？
S　：・・・・・。
　　（囮を使った攻撃の成功例、素早い攻撃の成功例の映像を流す）
T　：では、少し時間を取ります。チームでアタック決定率をアップさせる攻撃の方法についてミーティングを行ってください。

| (2)「チームミーティング①」
・ゲーム映像からセッター以外の動きを確認する。 | ・　セッター以外の人はアタックを打つ準備をしておこう。
・　1本目はなるべくネットの中央辺りに返そう。 | |

・今日のゲームで心がけることを共有する。	・フォーメーションを工夫しよう。	

【ミーティング中の対話】　立場　Ｓ１・２：運動の得意な子　Ｓ３：運動の苦手な子
Ｓ１：Ｄくんはきっとマークされるだろうから、映像で観たＦチームみたいにＤくん以外が打っていこうよ。
Ｓ２：じゃー、誰が、どうやって打ってく？
Ｓ３：私打てるか自信がないな・・・やっぱりＤくんが基本、前衛でも後衛でもアタックを打っていった方がいいと思うな。
Ｓ２：それがやっぱり早いかな。
Ｔ　：でも、Ｄくんは前衛でも後衛でもマークされるんじゃない？さっき観たＦチームの攻撃方法をヒントに考えてみて。ＦチームのエースＲくん以外の人はゲーム中どう動いていた？
　　　（Ｆチームの映像をもう一度確認している）
Ｓ１：ブロックのついていない場所に開いてアタックする！〈新たな気づき〉
Ｓ３：セッターがいつもネット中央にいるよ！
Ｓ２：なるほど。じゃ、セッターのトスも大事になってくるね。始めのフォーメーションを工夫しよう！（作戦ボードで説明する）
Ｓ１：じゃ、１本目とったボールはできるだけセッター位置に返そうね。
Ｓ３：よし、今日はみんながアタッカーのつもりで頑張ろう！

4　ゲームを行う。 (1)練習試合①を行う。 「チームミーティング②」 ・セッター以外の選手が攻撃にかかわれたか考える。 ・ゲームを振り返り、攻撃に着目しながら課題解決の方法を考えたり、新たな課題を見つけたりする。 (2)練習試合②を行う。	・パスを速く回して、相手が準備する前に攻撃しよう。 ・前回ブロックされることが多かったので、ライト側の選手もアタックに参加しよう。 ・セッターはセンター位置からトスを上げるようにし、常に前衛の２人は攻撃に参加するようにしよう。 ・相手チームの前衛選手を見て、ブロックについたり、ボールが来るコースを予測したりしておこう。 ・攻撃が成功した時は、チーム内で思いっきり喜ぼう。	○　２本目のセットアップが遅いチームや３本目の攻撃が短調になっているチームに助言する。 ○　うまく動けていない生徒に対しては、なかまからのアドバイスを促すとともに、予測することや状況判断することを個別に助言する。 ○　チームミーティング②では、今日のゲームで心がけることができているかに焦点をあてて振り返るように促す。
5　本時の振り返りを行う。 (1)まとめのミーティング ・本時のゲームを映像やゲームデータ等を用いて振り返り、次時に向けて課題と解決方法を考える。 (2)個の振り返り	・チーム内でのアドバイスやデータや映像確認などを通して、自己やチームの成果や課題に気づく。	○　振り返りを通して、新たな発見や疑問などを全体で共有させる。

（３）見取り
・　シッティングバレーボール対する「ものがたり」の変容（バレーボール特有の面白さの実感）があるかを単元終了後のレポートで見取る。
・　自己と運動やスポーツとのかかわり（関係性）を捉え直した語りを単元終了後のレポートで見取る。

第3学年2組 保健体育科学習指導案

指導者　　徳永　貴仁

1　日　　　　時　　　令和2年6月12日（金）13：10～14：00
2　単　　元　　名　　　文化としてのスポーツ～ブラインドサッカーを通じて～
3　学　習　空　間　　　体育館
4　単元（題材）について

（1）この単元は、パラスポーツであるブラインドサッカーを体験することでスポーツへの
関わり方を再認識し、自己を取り巻くスポーツを文化として捉えられるようになること
をねらいとしている。

　現在、新型コロナウイルス（COVID-19）により世界中が混乱の渦中にあり、スポーツ
の世界にも多大なる影響が出ている。国内ではオリンピック予選の中止や、戦争以外で
初めての中止となった選抜高校野球大会がその例である。中でも、日本中、世界中が待
ちに待っていた2020東京オリンピック・パラリンピックの延期が1番大きなものであろ
う。開催が延期され、2021年夏に開催予定となった東京オリンピック・パラリンピック。
その大会の3つのコンセプトの中の1つに「多様性と調和」がある。これは、あらゆる
面での違いを肯定し、自然に受け入れ、互いに認め合うことを指している。多様性の中
の「障害」に関して、世界最高峰の大会に位置づけられているのがパラリンピックであ
る。オリンピックは、ピエール・ド・クーベルタンが世界的なスポーツの祭典を提唱し
て始まったのに対し、パラリンピックは元々、第二次世界大戦で負傷した兵士のリハビ
リテーションのために始まった。初めは「ストークマンデビル大会」と名付けられてい
たが、1964年の東京オリンピックで初めて「パラリンピック」という言葉が使用され、
この東京大会から「東京パラリンピック」という呼び名がスタートした。2020東京パラ
リンピックの開催で、世界初の同一都市2回目のパラリンピックになることからも、日
本とパラリンピックは深いつながりがある。

　本単元で扱う障害者スポーツの1つである「視覚障害者5人制サッカー」は、別名「ブ
ラインドサッカー」と呼ばれ、視覚を遮断し、聴覚と感覚のみで行われるスポーツであ
り、パラリンピックの競技種目でもある。視覚を遮断した状態で歩行することは非常に
困難なことであり、ましてボールを扱うことは、サッカー経験者であっても困難を極め
る。しかし、グループの他者と関わることで聴覚がさらにプラスされ、サッカー経験の
ありなしや運動が得意不得意関係なく、ほぼ対等な関係でスポーツを楽しむことができ
るのではないか。また、自己に引きつけることでこれまで経験してきたスポーツを再認
識したり、これからのスポーツのあり方を考えるきっかけになったりするのではないか
と考えた。

（2）本学級の生徒は、男子18名、女子17名の合計35名である。異学年学習で男子のみサッ
カーを学習している状態である。

　昨年度実施した学習前のアンケート結果（n=39）から、2020年の東京オリンピックに
ついての知識はあるが、パラリンピックにおいては名前とイメージのみもっている生徒
が大半である。「パラリンピックを知っていますか？」の問いに対して「知っている」
と回答した生徒が24名（約62%）、「よく知らないが聞いたことはある」と回答した生

総論　国語　社会　数学　理科　音楽　美術　保健体育　技術・家庭　外国語　学校保健　共創型探究

徒が15名（約38％）であった。また、パラリンピックについて知っていることを書かせると、「障害をもった人が出るオリンピック」と書いた生徒が35名（約88％）であり、他には「世間の注目度としては低い」「障害の重さによってクラス分けがある」などの回答があった。次に、「パラリンピックに興味がありますか？」の問いに対して「少しある」と回答した生徒が28名（約72％）、続いて「ない」が7名（約18％）、「ある」が4名（約10％）であった。さらに、「障害者スポーツについての自分の思いを書いてください」の問いに対しては、「難しそう」「迫力がない」「プレーしている人はすごい」など、自己とのつながりはなく、さらにマイナスのイメージをもっている生徒が多く見られた。

　以上より、生徒の学習前の題材（ブラインドサッカー）に対する「当たり前」を「難しそう（目隠ししてプレーできない）。障害者スポーツは障害をもった人がするスポーツだ」と設定した。

（3）本単元（題材）を指導する（個の「ものがたり」を深める）にあたって、次の点に留意したい。
　①　生徒の文脈に沿った問いになるような学習課題の設定
　　　生徒の語りや体育ノートの記述から、ブラインドサッカーを通じて感じたことや新たな疑問を把握し、生徒の文脈に沿った問いになるような学習課題を設定する。
　②　授業の中でコミュニケーションを多く生み出す場面設定の工夫
　　　男女でペアとグループをつくって活動させる。ブラインドサッカーを体験させることで必ず指示を出すことが求められ、普段の授業よりもコミュニケーションをとることができる場面を設定する。
　③　「自己に引きつけた語り」を生むための手立て
　　　体育理論でパラリンピックや障害者スポーツの内容を扱い、ブラインドサッカーの実技を伴うことで、実際に障害者スポーツを体験し、視覚がない中で動く困難さに出会わせる。また、その中で指示する役も担うことで、支える立場の重要性や困難さにも気づかせることによって、スポーツへの関わり方の多様性に気付き、それがこれからの自分とスポーツとの関係を再認識させるようにしている。

5 本単元の目標

（1）本単元で生まれる「ものがたり」

― 題材に対する「ものがたり」の変容 ―

（学習前）
　ブラインドサッカーというのを聞いたことはあるが見たことはない。目隠ししてサッカーなんてできない。他の障害者スポーツも、障害をもった人だけがするものだ。

（学習後）
　障害者スポーツは得意、不得意に関わらず、誰もが対等にできるスポーツだ。スポーツにおいて、指示をするなどの仲間を支える重要性を認識することができた。

題材と自己をつなぐ概念
スポーツへの関わり方

（自己に引きつけた語り）
　授業の初めに、「スポーツは世界共通の人類の文化である」という言葉を見た時は全く何のことか分からず、自分にとってスポーツはしたり見たりするものだと思っていた。また、これまでの人生で、スポーツは苦手で、どちらかと言えば避けてきたものだった。体育の授業ではボールに触れる回数が少なく、チームにも迷惑がかからないようにしてきた。今回ブラインドサッカーを体験して、自分の「声」でスポーツ万能の友だちが動くところを見て、支える立場がこんなにすごい力をもっているのかと思った。自分は、動きでは他の人に劣るかも知れない。でも、支える立場なら他に負けない気がしてきた。他のスポーツならどうだろうか？やってみたい！でも、今はコロナの影響でどのスポーツも自粛している。せっかく授業で感じたことを他のスポーツでも実践してみたいのに！
　支える立場の力を実感し、マインドマップに書き出してみると、いろいろな関わり方があることに気がついた。私たちだけではなく、世界中のスポーツがたくさんの人やものに支えられていることが分かった。そして、これこそが「スポーツは世界共通の人類の文化である」ということが分かった。これからはスポーツを文化として捉え、関わっていきたい。スポーツは私たちの生活になくてはならないものだ。

（2）本単元で育成する資質・能力

【知識】	
・文化としてのスポーツの意義について理解することができる。 　○　スポーツは、文化的な生活を営みよりよく生きていくために重要であることを理解することができる。 　○　オリンピックやパラリンピック及び国際的なスポーツ大会などは、国際親善や世界平和に大きな役割を果たしていることを理解することができる。 　○　スポーツは、民族や国、人種や性、障害の違いなどを超えて人々を結び付けていることを理解することができる。	・国内外にはスポーツの文化的意義を具体的に示した憲章やスポーツの振興に関する計画などがあることを理解できる。 ・オリンピックやパラリンピックなどの国際的なスポーツ大会などは世界中の人々にスポーツのもつ教育的な意義や倫理的な価値を伝えたり、人々の相互理解を深めたりすることで、国際親善や世界平和に大きな役割を果たしていることを理解できる。 ・スポーツには、民族や国、人種や性、障害の有無、年齢や地域、風土といった違いを超えて人々を結び付ける文化的な働きがあることを理解できる。

【思考力・判断力・表現力等】	・マインドマップを活用し、スポーツがどのような世界とつながっているかを考え、他者に伝えることができる。
・文化としてのスポーツの意義について、自己の課題を発見し、よりよい解決に向けて思考し判断するとともに、他者に伝えることができる。	・ブラインドサッカーにおいて、チームの状況に応じた指示をプレーヤーに送ることができ、チームの課題を話し合うことができる。
【学びに向かう力・人間性等】	・ブラインドサッカーを通してスポーツへの関わり方を再認識し、これからの自分とスポーツを結び付けて考えようとする意欲が見られる。
・文化としてのスポーツの意義についての学習に自主的に取り組むことができる。	

（2）単元構成（全7時間）と問い

時間	学習課題（中心の問い）と◆学習内容
1	**自分にとってスポーツはどのようなものか？**（体育理論） ◆自分とスポーツの関係についてマインドマップに書き出して考える。「スポーツ基本法」において、「スポーツは世界共通の人類の文化である。」という文章にふれる。また、国際的なスポーツ大会についての知識を深める。
2	**うまく動くためにはどうすればよいか？** ◆ブラインド状態でウォーク＆ランを体験し、どうすればうまく動くことができるか考える。視覚が遮断された場合は聴覚を使って動くことが必要であることを体験する。しかしブラインドサッカーをしている人のようには動けず、ブラインドサッカーで最も大切なものは何かという疑問をもつ。
3 （本時）	**ブラインドサッカーで最も大切なものは何？**（体育理論） ◆聴覚が必要と分かっているが、ブラインドサッカーを実際にしている人はイメージがメインとなって動いていることを知る。周りからの指示をなくし、イメージのみでプレーしてみるが全く動けず、指示の大切さを改めて認識する。
4	**具体的な指示とはどんな指示か？** ◆指示の大切さを認識したが、上手くプレーするためには具体的な指示を出さなければならないこと、それには数値や方向などを情報として与えると効果的であることに気づく。ゲームの中ではどんな指示が有効か、予想を立てる。
5・6	**どんな指示がチームを勝利に導くのか？** ◆ハーフコートゲームを通して、自分の指示や動きでチームに貢献できることを見つけ、実践する。支える側の指示が勝利に大きく関係していることを実感し、支えることに喜びを感じる。支える側でもこれからのスポーツに関わっていけるのかと仮説を立てる。
7	**支える側でもこれからのスポーツに関われるか？**（体育理論） ◆ブラインドサッカーを通じて学んだ関わり方は、これからの自分がスポーツに書かれるかどうか、多面的な視点から考える。その際にマインドマップを使い、これからの自分とスポーツの関係を書き出す。グループで共有し、支える立場であってもこれからのスポーツに関われることに気付く。 ◆単元初めと本時のマインドマップを比べ、自分とスポーツの関係を、「スポーツへの関わり方」をキーワードにもう一度自己を捉え直し、レポートにまとめる。

6　本時の学習指導

（1）目標
- 指示の重要さに気づき、状況に応じた指示をチームメイトに送ることができる。
- どんな指示が有効か、グループで話し合って自分の意見を語ることができる。

（2）学習指導過程

学習内容及び学習活動	予想される生徒の反応	○教師のかかわり
ブラインドサッカーで最も大切なものは何？		
1　学習課題について話し合いをする。	・それは指示に決まっている。	○　ブラインドサッカーで最も大切なものは何かを問い、答えさせる。 ○　無知の姿勢で関わる。
2　ブラインドサッカーを実際にしている人のインタビュー映像を観る。（全体）	・イメージが７割を占めることを知り、本当かどうか試してみようと思う。	
3　指示なしイメージのみでプレーする。（グループ） （1）コーンスラロームを行う。 （2）ボールありでコーンスラロームを行う。 （3）簡易ハーフコートゲームを行う。	・コーンスラロームは頑張ればできる。 ・ボールがあればできなくなる。	○　実際に試させてみる。 ○　動きについての指示は禁止だが、ケガの恐れがある場合は声をかけることを伝える。 ○　動きをホワイトボードに図示することですぐに取りかかれるようにする。簡易ハーフコートゲームでは、両手を広げて触覚も使い、ケガが起こらないように配慮させる。
4　指示なしイメージのみでプレーをしてみての振り返りをする。（全体）		

> T　：実際にブラインドサッカーをしている人はイメージが７割と言っていましたが、みなさんはどうでしたか？Ｓ１さん、どうぞ。
> Ｓ１：最初のコーンスラロームはイメージのみでできました。でも、ボールを使ったり、ハーフコートゲームで相手がいたりしたらできませんでした。
> T　：じゃあどうやったらできるの？Ｓ２さん、どうですか？
> Ｓ２：指示があればできるかもしれません。指示が欲しいです。
> T　：でも実際にやっている人は「音はあくまで情報の１つ」と言っていたじゃないですか。
> Ｓ２：私たちにとっては指示は絶対的なもので非常に重要です。指示がなければケガにもつながります。
> Ｓ３：でも、指示があっても本当にできるのかな？具体的な指示が必要ではないかな？＜新たな気付き＞
> T　：じゃあ指示ありで同じ運動をやってみよう！Let' try again!

5　指示ありでプレーする。（グループ） （1）コーンスラロームを行う。	・指示を出して、１回目よりも上手くできている。	○　上手く指示を出せていない生徒に助言をする。または、グループ間でアドバイスをあげるように促す。

総論
国語
社会
数学
理科
音楽
美術
保健体育
技術・家庭
外国語
学校保健
共創型探究

（２）ボールありでコーンスラロームを行う。 （３）簡易ハーフコートゲームを行う。	・　指示の重要さを改めて認識している。	
６　本時を振り返る。（グループ→全体→グループ）	・　指示の重要さは分かったが、上手くいかなかった場面があったことを語っている。 ・　指示に焦点を当て、どんな指示が有効か、予想を立てている。	○　指示ありでも上手く動けなかったグループにかかわり、上手くいかなかった原因を語らせる。 ○　どんな指示が有効か、グループで予想を立てさせる。

（３）見取り

・　指示の重要さに気づき、状況に応じた指示をチームメイトに送ることができたか、授業後の振り返りから見取る。

・　どんな指示が有効か、グループで話し合って自分の意見を語ることができたか、授業後の振り返りから見取る。

技術・家庭科

渡　邊　広　規　　・　　大　西　昌　代

「生活に始まり、生活に返る」実践力を育む技術・家庭科教育
－　生活を語り合い、実践することで生まれる「ものがたり」を通して　－

　技術・家庭科では「振り返り—意味化—生活化」の授業に取り組んできた。前回大会では、「ものがたり」を踏まえた「毎時間の振り返りと個の文脈の変容の丁寧な見取り」「自分を主人公にした題材終末のレポートの視点」が、生活実践力を育むために有効であることが分かった。

　今期の研究では、生活に始まり、生活に返る学びを視点とし、①生徒の「当たり前」を捉え、生活実践力へとつながる題材構成と問いの研究　②生活者として、語り合い、探究するための場の設定と教師のかかわり方　③「自己に引きつけた新たな語り」を生むための工夫　の三つを柱に、生活実践力を育むための研究を実践する。

研究主題について

中学校技術・家庭科の教科目標に「生活を工夫し創造しようとする実践的な態度を養う」[1] とある。佐藤・川上は「実践的とは、単に体や頭をつかって行動したり、実際に何かをつくったりすることのみでなく、それを教室でない各児童生徒の実生活の中で行うことを意味する」[2] と述べている。これらのように実践的な態度とは、学んだことを自分の生活の中で行動に移すこと・やってみることとだけに、捉えられがちだが、武藤は「実践的な態度を育てるとは、行動することだけでなく、行動できるような能力をつくることもめざす」[3] と捉えている。また、安東は、「技術科で習得した知識・技能は、生活の充実向上や自己実現に役立つ」[4] と述べる。西も、「実践力とは、実行して終わりではなく行動の結果からさらに課題を見いだし、発展的に、継続的に課題を解決する力・生きていく力を含んでいる」[5] と述べている。これらのことから、本校技術・家庭科では、授業での学びは生活へそして、生き方へとつながるものであると考え、人間の生活を対象とした実践力を、「生活実践力」と定義した。

> 生活実践力とは
> ①学んだことを活かし、未来につながる生活をよりよくしたり、自己の生き方を考えたりする力
> ②社会の一員として、自分の生活が持続可能な社会の構築につながっていることを自覚しながら、生活をよりよくしたり、自己の生き方を考えたりする力

―――― 技術・家庭科における「ものがたりの授業」とは ――――

> 生活をとりまく『ひと・もの・こと』や自己との対話から多様な考えや価値観がすり合わされることを通して、よりよい生活と自己の生き方を考える授業のこと　　（『研究紀要』2018 から一部改変）

―――― 技術・家庭科における「自己に引きつけた語り」とは ――――

> 自分の生活を起点とし、語り合いや生活での実践を通して、
> よりよい生活の仕方と自己の生き方を捉え直した語りのこと

毎日の生活で当たり前に行っていること（学習前の文脈）から、題材構成を行い、自分の生活の当たり前にずれを生じさせる。そして、教科の特性として、語りだけではなく、学びを生かして自分の生活にアクションを起こすこと（生活実践力）に変容しているか、そして自分の生活と社会や環境にまで視野を広げられているかを見取りたい。

研究の目的

技術・家庭科の授業において、他者との生活の当たり前のズレに気づいたり知識・技能を身につけたりして、学びを生活実践力へとつなぐ。今期は、学習後だけでなく、学習前に家庭で実践（調査等含む）をさせることを通して、地域や社会との関わりを含めて生活の仕方を捉え直させたい。

1）『中学校学習指導要領解説―技術・家庭編―』p16、文部科学省、2018
2）佐藤文子・川上雅子共著『家庭科教育法』p68、高陵社書店、2010
3）武藤八恵子著『家庭科教育再考』p100、家政教育社、2000
4）安東茂樹編著『アクティブ・ラーニングで深める技術科教育～自己肯定感が備わる実践～』p12-13、開隆堂、2015
5）西敦子著『生活実践力を育成する家庭科授業の創造』p22-24、明治図書、2005

研究の内容（技術・家庭科における教科構想図）

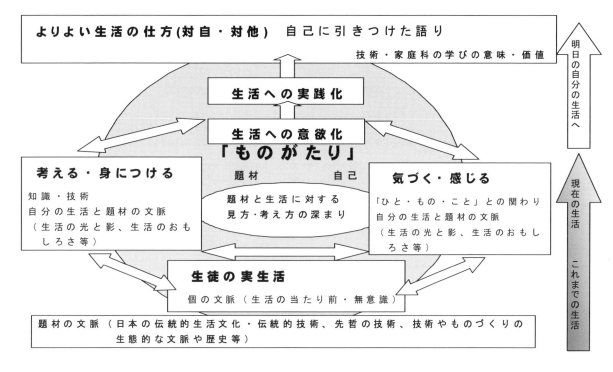

（1）多様な個の文脈から生活の「当たり前」を捉え、生活実践力へとつながる題材構成と問い

（2）生活者として、語り合い、探究するための場の設定と教師のかかわり方

（3）生活を見つめ直し、実践することで、自己に引きつけた新たな語りを生むための工夫

（1）多様な個の文脈から生活の「当たり前」を捉え、生活実践力へとつながる題材構成と問い

①自分の生活と自己を見つめることから始める題材構成と問い（題材に対する「ものがたり」の変容へ）

　　学習前に、生活を見つめる視点として常に「自分は・・・」「自分の家庭では・・・」と自分の生活をイメージし、実践（調査等含む）させる。題材の中で生徒の「当たり前」を把握し、それと相違する事実（ズレ）を出会わせて、他者や実体験と比較することで、気づきや疑問が生まれやすくなったり、学習の意づけにつながったりするのではないかと考える。

②学んだことを生活実践力へと変容させるための題材構成と問い（「自己に引きつけた語り」へ）

　　授業で学んだことを活用し、生活で実践できるように授業内で着実に知識・技術を習得させる。また、授業ごとの振り返りから、生徒の「知りたいこと」「疑問に思ったこと」を分析し、題材を構成したり、生活実践力につながる問いを設定したりする。そうすることは、生活への意欲化、実践化につながると考える。

③生活を見つめ直し、自己の生活の仕方を考えるための問い

　　継続研究として「全員が対話に参加できる問い」「学びをさらに深めるための問い」を以下のように設定し、授業ごとにスモールステップで生活実践力へとつなげていく。

　　ア）「生徒の身近な生活の場とつながる問い」　　　　（生活の営み・技能を引き出す問い）

　　イ）「その解決法が自己の生活を見直し、生活の仕方を考える問い」（生活実践力へ変容させる問い）

総論
国語
社会
数学
理科
音楽
美術
保健体育
技術・家庭
外国語
学校保健
共創型探究

（2）生活者として、語り合い、探究するための場の設定と教師のかかわり方

> 生活者とは、自分が「ひと・もの・こと」と関わって生活していることに気づき、生活を営む者

①生活者として語り合い、探究するための学習前の実践（調査等含む）（個からグループへ）

　　語ることができる生徒を育てるために、まず自分の生活（個人性）を重視する。「自分は・・・」「自分の家庭では・・・」という視点から実践（調査等含む）させる。そうすることは、「自分の生活の仕方を語りたい」「他者の生活の仕方を知りたい」と考えるきっかけになり、それぞれの生活での「当たり前」のズレを生じさせることにつながるのではないかと考え検証する。

②授業内で、全員が語り合い、探究することができる場の設定（グループから全体へ）

　　語り合う場をすべての生徒に保障しなければならない。そのため、授業に取り入れる場面として、「意見を述べる場」「応じて発言する場」を設定する。また、生徒の思考の流れに沿うように、事前の文脈から「自分は・・・」「自分の家庭では・・・」の視点を題材内で継続させる。

③授業内で、全員が語り合い、探究することができるための教師のかかわり方（全体から個へ）

　　全体での語り合いの中で、他者の語りから自分の考えを深め、その集団における最適解を導き出す過程を大切にする。発表の根拠となるもの（実物）やデータから発言できるように導くなど、教師のファシリテート力を高めるための、発問の準備・工夫を考える。グルーピング方法、もの（実物）に触れ、実感し、語れる学習空間など、新たな見方・考え方が生まれるようにする。

（3）生活を見つめ直し、実践することで、自己に引きつけた新たな語りを生むための工夫

①事後の「自己に引きつけた新たな語り」までの振り返りの積み上げ

　　教師が毎時間生徒の文脈から変容を見取り、さらに生徒自身も自分の考えの変容に気づけるようにする。毎時間の振り返りの記録において、題材を貫く振り返りの視点を与えることで、「自己に引きつけた語り」の質の向上になるのか検証する。

②「自己に引きつけた語り」につながる生活実践レポートの視点

　　実践を踏まえて語ることが本校技術・家庭科のめざす「自己に引きつけた語り」である。以下の2つの視点を与えることで、生活実践と「自己に引きつけた語り」の深まりを検証する。

　　ア）学びを必要な場面で適切に実践したり、相互に活かしたりする。（対自）

　　　　学んだことをどの生活課題に、いつ・どこで・どう使うかを判断させる。また、分野ごと・領域ごとの学びを相互に作用させ、生活をよりよくする方法を考えさせる。

　　イ）家庭・地域・社会とのつながりを視野に入れ、自分の参画を自覚する。（対他）

　　　　鈴木は「衣食住生活などの社会的環境、エネルギーなどの自然的環境が相互に作用し合って生活は成り立っている」[6]と述べる。尾﨑は、「地域の人々の生活や環境あるいは地球規模での視点から、自分の生活の有り方を見極めること」[7]の大切さを指摘する。「自己に引きつけた語り」を生む一つの視点として、生活観の広がりに気づかせる。

6）鈴木明子『コンピテンシー・ベイスの家庭科カリキュラム』p 15、東洋館出版社、2019
7）尾﨑誠『新学習指導要領　丸ごと早わかり　技術分野移行のポイント10』教育図書、2017

実践事例

実践事例　1「ものを消費する　～衣生活を考える～」　実施学年1学年：共通学習Ⅱ】

1　本題材で生まれる「ものがたり」

（学習前の題材に対する「ものがたり」）
「自分の今の生活の語り」
　ものを消費することは、自分のためである。衣服を選ぶ時は、価格や見た目が大切である。タグがついているのは知っているが、書かれている内容には興味がない。ファストファッションについてはまったく分からない。

（学習後の題材に対する「ものがたり」）
「衣生活の語り」
　自分の衣生活は、社会や世界とつながっている。ファストファッションは、安くそして、早く流行が手に入るという消費者にとって光の部分もあるが、影の部分もある。今の日本では、低価格の衣服のシェアも広がっていて難しいが、やはり賛成してはいけない。衣服の品質表示を見て、自分にとって本当に必要で、長く大切にできる衣服を選ぶことが大切である。

（自己に引きつけた語り）
「消費者としての語り」
　ものを選択し、それを消費することは、投票行為である。自分が選択した商品には、自分の責任があり、その行為が、社会や世界とつながっている。食品を選択するときには、品質表示で原産国などを気にするのに、この題材を学ぶ前は、衣服の品質表示を見たこともなかった。それは、消費者の責任を果たしていないことになるのではないか。価格や見た目、流行など自分のためだけで、買い物をしているのは、ファストファッションが正しいという世の中に自分が加担していることになるのではないか。ものが生産され、消費され、廃棄され、そして作り替えられるには、私のような消費者だけではなく様々な人の手や技術、環境が使われている。
　消費生活は自分のためでもあるが、それだけであってはいけないと思う。自分の商品への一票で、社会そして世界を変えられる。そして、自分が変える人になりたい。今まで、買い物で見ていなかった視点を入れて、次は、違った一票で買い物をしたい。

2　題材構成（全5時間）

時間	学習課題（中心の問い）と◆学習内容
家庭学習	生活実践レポート「私の衣服・購入調べ」 ・　何気なく毎日使っている衣服について、所持枚数や購入価格などを調べ、自分の衣生活に興味をもつ。
1	同じような衣服でも、なぜ値段が違うのか？ ◆消費生活の仕組みと衣生活のサイクルを知る。 ◆　レポートや自分が持参したお気に入りのTシャツ一枚を見て、価格の違いの原因を考え、学級全体で考えられる原因を絞り、共有する。
2	衣服は、自分にどんな情報を知らせているか？ ◆前時の原因を調査するには、品質表示が手がかりになることに気づく。 ◆自分のTシャツの品質表示は、消費者に何が知らされているのかを調べる。
3	衣服はどこから、どうやって自分の所まで来るのか？ ◆　前時の「原産国はどこの国が多いか？」という疑問から学級全体の衣服の原産国を調査する。 ◆原産国のクロスマイレージを調べる。

4	◆　環境によい日本製を買いたくても難しいことに疑問をもち、自分の衣服と世界のつながりを考える。 【衣服の値段は、原産国と関係しているのか？】 ◆自分の衣生活にもファストファッションが浸透していることに気づく。 ◆　１枚のＴシャツの価格の割合（内訳）を知り、安価で大量に作られている現状を知る。
5 （本時）	【衣服を購入する時、何が大切か？】 ◆　「ファストファッションに賛成か、反対か？」の２つの立場の意見から新たな気づきを得る。 ◆　衣服の消費について考えることを通して「ものを消費する」ことは自分にとってどのようなことか深く考える。
家庭学習	生活実践レポート「私の消費生活」 ・　夏季休業中に社会や世界とつながりをもつ消費生活を実行する。一つの商品の選択・購入・消費までの自分の生活をレポートにまとめ、学びが自分の未来の消費生活への実践力につながったかを検証する。

3　本題材で育成する資質・能力

【知識・技能】	
・衣服の適切な選択については、既製服を中心に取り扱い、組成表示、取扱い表示、サイズ表示等の意味を理解する。 ・衣服の購入に当たっては、資源や環境への配慮の視点から、購入から廃棄までを見通し、目的に応じて衣服を選択する必要性を理解する。 ・物資・サービスの購入から廃棄に至る自分や家族の消費行動が、購入への負荷を軽減させたり、企業への働きかけとなって商品の改善につながったりすることを理解する。	・消費生活の仕組みや衣生活のサイクルを理解する。 ・衣服の価格と原産国の違いを調べる手がかりとして、品質表示の読み方を理解する。 ・消費者の権利として情報を的確に読み取り、商品購入に活かすことの大切さを知る。
【思考力・判断力・表現力等】	
・衣生活に関わる多くのものが限りある資源であり、それらを有効に活用するためには、自分や家族の消費行動が環境に及ぼす影響を自覚し、自分の生活を振り返る。 ・商品の品質や価格などの情報に疑問や関心をもったり、消費者の行動が社会に影響を及ぼしていることを自覚し、自分の購入方法を見直す。	・食生活で学んだマイレージの考え方を基に、クロスマイレージという視点から、自分の衣服について調査し、環境との関係について分析する。 ・ファストファッションの衣服の価格の内訳を知り、大量生産の裏側の現状と自分の衣生活とのつながりを考え、消費行動を見直す。 ・ファストファッションの現状を知り、ファストファッションに賛成または反対の立場から、自分の考えを述べる。
【学びに向かう力・人間性等】	
・身につけた知識や技術を活用し、持続可能な社会の構築等の視点から、自立した消費者としての責任ある行動を考え、行動する。 ・身近な生活の中から、衣生活に関する購入の問題を見い出し、自分の消費生活の課題を設定し、実践する。 ・自分や家族の消費生活について多様な観点で振り返り、消費生活の在り方やライフスタイルの改善に向けて検討する。	・衣服の消費について考えることを通して、ひとりの消費者として「ものを消費する」ことは自分にとってどのようなことか深く考える。 ・社会や世界とつながりをもつ消費生活を実行し、レポートとしてまとめ、自分の学びを消費生活の実践力へとつなぐ。

4　本題材で表出した生徒の「ものがたり」
（1）　題材に対する「ものがたり」の変容について

　学習指導要領改訂に伴い、評価の観点も変わった。この題材の評価を３つの観点ではどう見取っているかの提案の一つとして以下のように視点を設定した。

問１「衣服購入ものがたり」 　衣服を購入する時、あなたは消費者としてどんなことに気をつけて購入することが大切だと思いますか。	n＝９１
（以下の視点は生徒に公表済み） 視点１：学んだ家庭科の言葉が入っているか（**知識**）	９５％
視点２：　この題材を学習する前と後の自分を比較して、考えが語られているか（**思考力・判断力・表現力**）	８０％
視点３：　これからどう衣服を購入したいかについての自分の行動が語られているか（**学びに向かう人間性**）	６７％

> 　衣服を実際に選ぶ活動や衣服の補修・手入れ（実技）、中間テストで品質表示の読み取り等（筆記）などからも、技能や知識、思考力・判断力・表現力を評価している。

Mさんの題材に対する「ものがたり」の変容

学習前の題材に対するMさんの「当たり前」

> 好きな衣服を買って自分の気分やその日の予定、天候に合わせて着ることが「衣服を消費する」ということだと思います。なるみの衣服を好きなように組み合わせて着ることで楽しい気分になったり、ふだんの生き生きが明るくなったりすると思います。自分の好きな服を買って自分のために着ることだと思います。

> 衣服に対する消費は自分のために買い、自分のために着るという視点で、他への広がりはない。

学習後の題材に対するMさんの「ものがたり」の変容

> いました。年々暑さがきびしくなっているのは衣服のクロスマイレージの影響もあるんだと知り、衣服の購入の仕方、ファストファッションに賛成してはいけないです。また、ファストファッションは大量生産をしているので川など汚染が心配です。すでに衣服の大量生産が原因の人命に関わる事故が起きています。衣服の大量生産が地球を少しずつこわしていっているのではないか、と怖くなります。そして、ファストファッションは低価格で商品を売り利益を出すために生産者への給料をものすごく少なくしています。発展途上国で自分や家族が生きていくために必死に働いて、衣服を大量に生産している人たちは労働量に見あわない収入で苦しんでいるのではないでしょうか。世界中の人たちが幸せにくらせる世の中、私たち消費者も生産者も販売者も…全ての人が満足できる消費のしかた、生産のしかたとはどのようなものなのでしょうか。地球や世界中の人たちの未来をつないでいく衣服の消費のしかたとは…私が考える未来につながる衣服の消費のしかたは衣服をできるだけ長く大切に使う、ということです。流行が終わっても長く着ることやほつれなおしボタンつけをすることで、衣服は長期間、着用できると思います。またサイズが小さくなって着られなくなった服は年下の親せき（私には現４才のはとこ）や妹・弟にあげて使ってもらうことで少しでもクロスマイレージや人件問題を解決し、未来につなげることができるのではないかなと思います。

> ファストファッションに賛成しないこと、そしてすべての人のためという視点をもって消費を捉えている。

（右側タブ）総論　国語　社会　数学　理科　音楽　美術　保健体育　技術・家庭　外国語　学校保健　共創型探究

（2）　　「自己に引きつけた語り」について

問2「消費ものがたり」 私を主人公にして、「ものを消費する」ことについて書こう。	n＝91
（以下の視点は生徒に公表済み） 視点1：　自分をとりまく消費に関する感じ方や考え方の変容が時間軸で語られているか	71％
視点2：　自分にとって教科で学んだことの意味や価値が語られているか（既習事項と自分の経験を結びつけられるとよい）	43％

学習後のMさんの「自己に引きつけた語り」

題材と自己とをつなぐ概念：私の消費生活

私は学習前は衣服を購入する時に値段やサイズ、デザインくらいしか気にしていなかったけど、ファストファッションの賛否についてみんなで話し合ったり、消費生活のしくみについて学んだりして、私は衣服を購入するときにもっと様々な観点から衣服を見て購入、消費するべきだと思うようになりました。同じような衣服でもブランドやせんいなどによって値段がちがうことも多くあります。また、衣服の表示には原産国表示や表示者名の表示やせんい表示、手入れの方法の表示などがあってそれを見てから衣服を購入すれば自分の家できちんと手入れができるなとかが分かると思います。また、衣服は様々な国から輸入されてきているものも多いです。国産のものもありますが、私が着ているのは外国産のものが多いです。海外からの輸入はクロスマイレージで環境に影響があると思います。衣服の値段と原産国は関係しているのかは私にもあまり分かりません。国産の衣服が高いと感じたことはそこまで無いけれどもしかすると関係があるのかな？と思います。衣服を購入する時に大切なことは、同じような服をすでに持っていないか、その服は本当に自分に必要かどうかを考えて購入することだと思います。また、私はファストファッションに反対です。環境問題や人件問題などファストファッションには多くの問題があると思いますし。しかし、普及率の高いファストファッションを止めるのは消費者です。ファストファッションを「やめろ」と言うだけではなくて、その1人1人が衣服の必要性を考え、安いからと言って買っては捨て買っては捨て、というふうにするのではなくその衣服をできるだけ長く使う努力をする。兄、姉のお土がりを使ったり、また着れなくなった服を妹弟にあげたりして、なるべく長く、長く衣服を着用すれば良いと思います。消費者は衣生活だけでなく、他の買い物にも考えを広げないといけない。私もそうしていきたい。

【題材構成】
①同じような衣服でもなぜ値段が違うのか

　　自分にとってのファストファッションが語られている。衣生活以外の消費生活へと考えが広がっている。
　　（Mさんの事後の生活実践レポート「食に関する消費生活」の一部を研究の分析に掲載する。）

【自分のお気入りの衣服の品質表示を見直す様子】

研究の分析（家庭分野）

1　研究内容の有効性の考察

（1）「多様な個の文脈から生活の当たり前を捉え、生活実践力へとつながる題材構成と問い」
について

・題材構成について

　学習前の語りや実践レポート、授業後の記述から生徒の個の文脈を把握した。

質問	n＝35
商品を購入、消費することは誰のためになるのか	自分(33人)、販売店（1人）、自分と周りの人（1人）
衣服を購入するとき重視すること（複数回答）	デザイン(色や柄を含む)（35人）、価格（29人） サイズ（7人）手持ちの衣服との組み合わせ（6人）等
購入したが未着用の服がある（理由）	17人(家で着てみると着心地が悪かった3人) (購入したが、どこに保管したか分からなくなった1人)(手持ちの服と合わせられなかった4人) (よく考えると好みではなかった、似合わなかった6人)(サイズが合わなかった3人)
自分の衣服で最も多い価格帯 （レポートで調査できた者のみ）	1000円まで(10人)、2000円まで(10人) 3000円まで（5人）、4000円以上（4人）
ファストファッションとは何ですか	全く知らない(28人) 言葉は聞いたことがある（7人）

　ものを消費することは自分のためであり、それが社会とつながっているという生徒はほとんどいない。加えて、無計画な購入で、無駄な消費生活を送っている実態もある。現在、市場の約半数を占める低価格分野のファストファッションという概念さえという実態から授業を構成した。

　授業後に振り返りとは別に知りたいことを記述させた。生徒の思考の流れをつかむことには役立つと考える。

　他者との生活の当たり前を生むためには、学習前に生活実践させることは有効であると考える。

【学習前の衣服所持調べ】

	学習前 ものを購入、消費するのは誰のためになるか	①値段が違う原因は？ （対話からの気づき）	②衣服は、自分にどんな情報を知らせているか？（さらに知りたいこと）	③衣服はどこから来るのか？ ④衣服の値段と原産国の関係は？（さらに知りたいこと）
1	自分	デザインだけではない	他国の人件費はなぜこんなに安い？	他国の人件費はなぜこんなに安い？
2	自分	原産国	どこの国の製品が多いか？	日本以外の原産国がなぜ多い？
3	自分	原産国	衣服の繊維	ファストファッションの良いこと悪いこと
4	自分	素材	衣服の繊維	服の値段の内訳と労働力
5	自分	原産国	衣服の繊維	大量生産し、いくら捨てられるのか
6	販売店	原産国	取り扱い絵表示の種類	洋服はなぜこんなにすぐ捨てられるのか
7	自分	素材	服を長く着る方法	日本製を増やすことはできないのか
8	自分	原産国	原産国による違い	日本製が少ないのは値段以外の理由か？
9	自分	デザイン	原産国で値段が安い？	大量生産、大量消費がなくなる方法は？
10	自分	素材（機能）	どの素材が生活に適すか？	一番エコな日本製が少ない理由？
11	自分	素材（機能）	正しい手入れの仕方	原産国が違うと何が違うのか
12	自分	品質表示を見る利点	品質表示を見る利点	大量生産は何が問題か
13	自分	原産国	品質表示はなぜ詳しい？	環境によい購入方法は？
14	自分、周りの人	素材	服の廃棄とリサイクル	Tシャツの値段の内訳を詳しく
15	自分	デザイン	服の原産国はなぜ気にしない？	バングラデシュ等遠いところでなぜ生産するの？
16	自分	原産国	？	？
17	自分	服の特徴	デザインと値段の関係	？
18	自分	素材（機能）	衣服の繊維	環境に優しい衣服の購入の仕方
19	自分	使われている布の量	家の衣服の原産国はどこ？	環境に悪い衣服が増えてきた理由
20	自分	原産国	取り扱い絵表示の種類	どこの国の製品が増えてきているか
21	自分	原産国	組成表示の意味	ファストファッションは海外でないとできないの？
22	自分	原産国	自分の服の原産国の実態	？

【毎時間の授業後の生徒の「さらに知りたいこと」の語り】

　生徒は、衣服の値段の違いは原産国の違いと関係していると考えている。そのため、前述の題材構成3時間目の学習課題を「衣服はどこから、どうやって自分の所まで来るのか？」に設定した。同様に毎時間、生徒の授業後の文脈を分析し、題材構成に生かした。

・問いについて
　二項対立の問いを設定し、語り合い、クリティカルに聴く・問うことを重視し、最後に互いの意見から、自分にとってのよりよい消費生活の語り直しにつなげるようにした。「全員が対話に参加できる問い」と「学びを深める（自己に引きつける）問い」で授業を行ったが、第一の問いに授業時間が多く割かれてしまったことは、教師のファシリテート力に要因がある。

（2）「生活者として、語り合い、探究するための場の設定と教師のかかわり方」について
・授業内で語り合い、探究できる場の設定について

【同質の立場で意見を語り合う様子】

　本校技術・家庭科では、「意見を述べる場」「応じて発言する場」を前回大会より継続研究している。「応じて発言する場」については発表者とフロアーを分けたり、パネラーを立てたり工夫した。また教師もよい聴き手になることを意識したが、そこで生徒のつぶやきをどう生かし、前述②の問いをどれだけ想定できているかが授業の鍵である。また、授業前の生活実践から「当たり前」のズレを生むことについては、探究的な学びのきっかけになったと考える。

・教師のかかわり方について

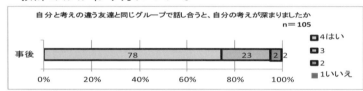

自分と考えの違う友達と同じグループで話し合うと、自分の考えが深まりましたか　　　n＝105
事後　　78　　23　2 2
0%　20%　40%　60%　80%　100%
■4はい ■3 ■2 ■1いいえ

【題材に合う文献や実物のある学習空間】

　生徒は、異質な考えから自分の考えを深められると考えている。グルーピング方法については、新たな見方・考え方を生む手立てとしてこれからも工夫していきたい。また、生徒の語り合いの中で、教師が論点をどう整理するかについては、日々授業で意識して訓練していかなければならないものである。また、語るためのデータやものを得られたりするための学習空間づくりについては「本物」に触れられる機会が増えるようにしたい。

（3）「生活を見つめ直し、実践することで、自己に引きつけた新たな語りを生むための工夫」について
・自己に引きつけた語りの質の向上と振り返りの積み上げの効果について
　毎時間の振り返りには題材を貫く視点を与えている。また、それをOPP等生徒がすぐに見返すことができるようにしていることは、題材終末に授業全体を振り返ることができるので効果があると考える。しかし、「私を主人公にして、「○○○（題材名）」のことについて書こう。」という「ものがたり」の分析結果（前述の各分野の実践事例参考）では、「自分にとって教科で学んだことの意味や価値が語られているか」の項目が半数を満たない結果となっている。すなわち毎時間の振り返りの積み上げが、生徒の中で「自己に引きつけた語り」と別のものになっている可能性もある。そのため自己に引きつけた語りの質の向上と振り返りの積み上げの効果についてはまだはっきりと検証できていない。

・実践して得られた新たな生活の仕方から生まれる自己に引きつけた語りについて

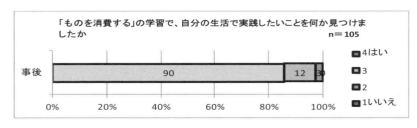

「ものを消費する」の学習で、自分の生活で実践したいことを何か見つけましたか　　　　　　　　　　　　　　n＝105

事後　　90　　　12　3

　　■4はい
　　■3
　　■2
　　■1いいえ

0%　20%　40%　60%　80%　100%

家庭分野では、授業後に生活に役立つと感じたり、役立てたいことを見つけたりできている。授業で学んだことを家庭でやってみたいという意欲の向上は生活実践力には不可欠である。まずは、この意欲を大切にしたい。

・事後レポートとその分析について

　どの題材においても事後レポートとして生活実践力を見取ってきた。対自（適切に学びを生活に生かせる）の観点においてはできているレポートが多い。また、今期より取り組んできた事前と事後でのレポートで生活実践力の主体性を見取ることについては、回を重ねるごとに対他（家庭・地域・社会とのつながり）の観点で実践できているものが多くなっていると感じる。しかし、継続性のある生活実践力になっているかについてはどのように実践したものを分析するか、またどう継続性を図るのかについては検討しなければならない

　衣生活の消費行動が、自分の食生活への消費行動へと広がりを見せ、自分の生活の仕方を改善しようとしている。

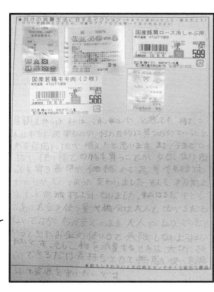

【Mさんの衣生活の題材後のレポート】

●参考文献（家庭分野の本題材の授業）

・日本家庭科教育学会編『未来の生活をつくる　家庭科で育む生活リテラシー』明治図書、2019　pp59-77
・あんびるえつこ著『消費者教育ワークショップ実践集』大修館書店、2018　pp84-108
・つくり手の会編『家庭科実践事例集〜新しい社会づくりへのメッセージ〜』教育図書、2014
・岐阜大学家政教育講座編著『家庭科教育入門』開隆堂、2016　pp53-93
・高木幸子編著『未来に向かう家庭科　リスクに向き合う授業の創造』開隆堂、2018　pp41-63
・NPO法人家庭科教育研究社連盟編『家庭科研究　2018　No.342』芽ばえ社、2018　pp20-23
・長田華子著『990円のジーンズがつくられるのはなぜ？』合同出版、2016　pp84-104
・中間美砂子編著『中学校・高等学校家庭科指導法』建帛社、2013　pp151-166
・大熊隆晴『楽しもう家政学　あなたの生活に寄り添う身近な学問』2017　pp79-88
・保体正芳共著『自分ごとからはじめよう　SDGs　探究ワークブック　〜旅して学ぶ、サステイナブルな考え方〜』ワークアカデミー、2019　pp86-100

実践事例

実践事例2 「接合」実施学年1学年：共通Ⅱ

1 本単元で生まれる「ものがたり」

（学習前の題材に対する「ものがたり」）
「事前の接合のイメージ」

　接合時のボンドはそれほど強く接着しないので、あれば使えば良い程度のものだろう。2つのものを接合するには、くぎかねじを使い、たいていの材質のものは接合できる。

（学習後の題材に対する「ものがたり」）
「接合についての語り」

　くぎによる接合は弱くてすぐにはずれるものである。だからこそボンドを間に塗布して得られる強い接着力が必要になってくる。接合は単にくぎやねじだけで行うものではなく、ダボ埋めやアンカーをつかってより強く、美しく仕上げることが重要な技術である。

（自己に引きつけた語り）※授業者が考えるこの単元を学ぶ意味や価値が入る

　自分はもともと、接合というとくぎやねじを使用し、ボンド(接着剤)はたいして必要ないと思っていた。しかし授業を通して、ボンドの強さやクギだけの弱さ知り、その両方を使うことで、より強力な接合ができることがわかった。しかし、ボンドを使わない方が材料のリサイクルがしやすいという利点もあることもわかった。また、コンクリートなどの、くぎやネジが効かない材質に対しては、アンカーなどの補助の部品を使って摩擦でねじをとめることも実践して学んだ。このことから、条件にあった接合が大切であることがわかった。
　このようなさまざまな接合に関する技術や、授業で実践した隠し釘のような、より美しく仕上げる文化が、長い歴史の中で利用されていることが分かった。そしてその伝統の技術の上に自分たちの生活が成り立っていることが実感できた。

2 題材構成（全12時間）

時間	学習課題（中心の問い）と◆学習内容
家庭学習	課題レポート「自分の家に必要な収納箱とは」 ・自分の家庭において、どのような木工作品があれば何が片づいて、誰の問題が解決するかを調べて、考え、レポートに候補を書いてくる。
1	自分の家庭に求められる収納箱とは？ ◆レポートに書いてきた収納箱について班の中でお互いに発表しあい、本当に必要なものか考える。
2〜3	どのような図をかけば相手に作ろうとしている作品が伝わるのか？ ◆キャビネット図、等角図、第三角法のうち、自分の作品はどれで書けばよいか考える。
4〜11	接合とはどこにあるものか、何のためにするのか？ ◆特に接合について、自分たちの生活のどこにあるか気づかせたり、どのように伝わってきたのか考えさせたりする。目的に合った接合ができるように問題解決の事例を与え、解決することで何のために接合するのか、という考え方の変容を促す。 ◆けがき、切断、接合、仕上げなどの作業手順について学び、完成に向けて製作していく。

家庭学習 12	◆自分の製作品を自宅に持ち帰り、使ってみることで新たに発見した利点や問題点について、まとめてくる。
	自分の作品はいつまで使えるのか？
	◆仲間とともにふり返り、自分の作品がいつまで使い続けられるのか評価する。
	◆使ってみての問題点を修正できれば、授業の中で修正していく。

3 本単元で育成する資質・能力

【知識・技能】 ・生活や社会で利用されている材料と加工の技術についての基礎的な理解とそれらに係る技能・材料と加工の技術と生活や社会，環境との関わりについての理解を養う。	・材料と加工の技術の製作の過程で ○ 切断や接合を行うためにのこぎりやげんのうの使用する方法が理解できる。 ○ 正しい方法でのこぎりやげんのうを使用し、切断や接合を行うことができる。 ○ 製作品の構想図をかいて表現することができる。
【思考力・判断力・表現力等】 ・生活や社会の中から材料と加工の技術に関わる問題を見いだして課題を設定し解決する力を養う。	・材料と加工の技術の設計、構想の中で、 ○ 収納家具の特徴を複数の視点から挙げることができる。 ○ 模型などを用いて複数の側面から設計を検討し、製作品の機能と構造を決定できる。
【学びに向かう力・人間性等】 ・よりよい生活や持続可能な社会の構築に向けて，適切かつ誠実に材料と加工の技術を工夫し創造しようとする実践的な態度を養う。	・材料と加工の技術の設計、構想する中で、 ○ 自分の身のまわりの問題を見いだし、それを解決しようとする。 ○ 使用目的や使用条件に即した機能を選択・工夫しようする。

4 本単元で表出した生徒の「ものがたり」
（1） 題材に対する「ものがたり」の変容について

設問 「接合」について学んだことや、考え方が変わったことを教えてください。	n＝35
視点1：接合に対する感じ方や考え方の変容が、時間軸（学習前と学習後）で書かれてあるか。	66％
視点2：教科の内容が入っているか。	49％
視点3：意味や価値が語られているか。	17％

学習後の題材に対するSさんの「ものがたり」の変容

事後アンケートより　下線は接合についての「ものがたり」、見方・考え方について語っている部分

　　始めは接合と聞けば、くぎでものをくっつけるだけとか、頑丈にすることだけが接合だと思っていました。
　　しかしこの題材を通して、いろいろな種類の接合があり、それぞれの目的に応じて使われているのはすごいと思いました。接合は強度と見栄えと使いやすさが大事だなと思いました。強度だけ考えていると、家や学校の場合、見た目が悪く作品にならないと思います。
　　また、接合とは「人類の進化の歴史」だと思います。清水寺の釘を使わない接合から始まりアロンアルファなどの化学接着剤などの比較的近代にできた技術などがあり、そこを見ると人類の知恵の結晶であると思います。日本伝統の接合として、ただ物をくっつけるだけではなく、接合部分を隠して美しく見せることができると聞いて、日本伝統の接合方法はすごいなと思いました。

総論
国語
社会
数学
理科
音楽
美術
保健体育
技術・家庭
外国語
学校保健
共創型探究

（２）「自己に引きつけた語り」について

設問　あなたが木材加工の授業を終えて、学んだことや考え方が変わったことを教えてください。	n＝３５
視点１：自分や自分をとりまく世界に対する感じ方や考え方の変容が、時間軸で書かれてあるか。既習事項と経験とを結びつけ、対自（適切に学びを生活に生かす）視点が見つけられたか。	71%
視点２：自分にとっての学んだことの意味や価値が対他（家庭・地域・社会とのつながり）の視点で語られているか。	20%

学習後の題材に対するNさんの「ものがたり」の変容

・事後アンケートより　下線は日常生活との結びつきや教科の「ものがたり」についての部分（抜粋）

> この授業の中で、自分の計画どおりに行かないことが多くあったが、出来具合に合わせて使い方を変えたり修正したりする方法を学びました。また、自分の作ったものを誰が使うかや、どう活用するかなどが大切であると思いました。
> 学んだことの中でも接合については、身近にあるものだと感じました。何かを立て掛けるには必ず接合の技術を使わなければ無理だと思います。いつも何も考えないで使っている机やイス、そして建物自体も接合の技術を使っていることがわかりました。いろんな接合の種類がありましたが、身近な場所に使われている接合がたくさんあったのでこれからはいろいろなものの接合を観察したいと思いました。

研究の分析（技術分野）

（１）「多様な個の文脈から生活の当たり前を捉え、生活実践力へとつながる題材構成と問い」について

・　自分の生活と自己を見つめることから始める題材構成

　　学習前の調査アンケート、授業後の記述から生徒の木材加工に対してのズレや疑問が生まれているか、学習意欲が向上しているかを分析した。

時間	学習課題（中心の問い）と◆学習内容
家庭学習	課題レポート　「自分の家に必要な収納箱とは」 ・　自分の家庭において、どのような木工作品があれば何が片づいて、誰の問題が解決するかを調べて、考え、レポートに候補を書いてくる。
1	自分の家庭に求められる収納箱とは？ ◆レポートに書いてきた収納箱について班の中でお互いに発表しあい、本当に必要なものか考える。

　課題レポートの内容（どこを片づけるか、何を片づけるか）

・自分の部屋の片づけ　　２５人（７２％）

・兄弟の部屋の片づけ　　　５人（１４％）

・親の部屋の片づけ　　　　５人（１４％）

　生徒の振り返りシートから、自分の部屋やものを片づけるよりも、家族のものを片づける作品をつくるほうが、最後まで製作意欲が落ちない表現が多く見られた。今後は、「誰のために作るか」、「何を収納するか」、など目的がある場合と作品の完成度との関係を調査していきたい。

・　生徒の「当たり前」からのズレからの題材設定

　　学習前の調査アンケート、授業後の記述から生徒の個の文脈を把握した。

質問　くぎ、ねじ、接着剤の３つの接合のうち、強い接合の順番はどの順番ですか。

実験前回答　・接着剤がいちばん強いと答えた生徒が０％

接着剤での接合は弱いという考え方の変容を生むために、下のような実験器具を用意して強度（ひっぱり）実験を体験させた。

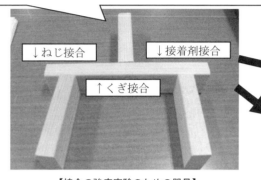

↓ねじ接合　　↓接着剤接合　　↑くぎ接合

【接合の強度実験のための器具】

どの接合が強いか

| 実験前 | 25 | 10 | 0 |

0%　　　　　50%　　　　　100%
■ねじ　■くぎ　☒接着剤

どの接合が強いか

| 実験後 | 0 | 35 | |

0%　　　　　50%　　　　　100%
■ねじ　■くぎ　☒接着剤

（この実験によって生まれた生徒の振り返り）
接着剤の接合がこんなに強いものだと思わなかった。
こんなに強い接合ならば、社会生活における接合はすべて接着剤でも良さそうなのに、そうなっていないのはなぜだろう？
くぎやねじの接合のほうが接着剤より優れているところもあるのか知りたくなった。

実験後回答　・接着剤がいちばん強いと答えた生徒が１００％

接着剤に対する考え方の変容が生まれることで、新たな疑問や探究心が生まれている。

【題材一部の大きな流れの図】

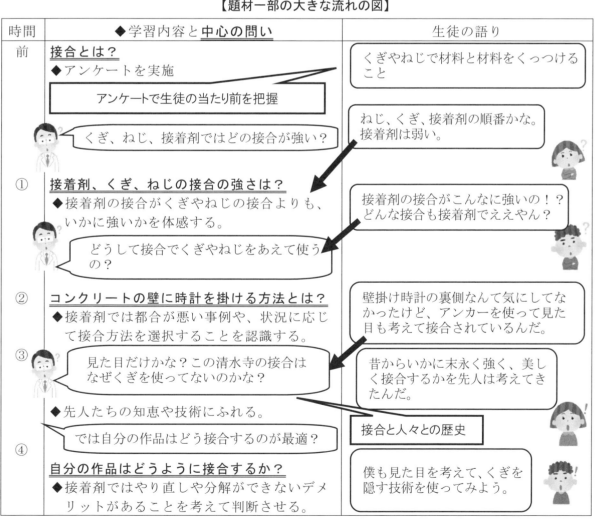

時間	◆学習内容と<u>中心の問い</u>	生徒の語り
前	**接合とは？** ◆アンケートを実施 アンケートで生徒の当たり前を把握 くぎ、ねじ、接着剤ではどの接合が強い？	くぎやねじで材料と材料をくっつけること ねじ、くぎ、接着剤の順番かな。接着剤は弱い。
①	**接着剤、くぎ、ねじの接合の強さは？** ◆接着剤の接合がくぎやねじの接合よりも、いかに強いかを体感する。 どうして接合でくぎやねじをあえて使うの？	接着剤の接合がこんなに強いの！？どんな接合も接着剤でええやん？
②	**コンクリートの壁に時計を掛ける方法とは？** ◆接着剤では都合が悪い事例や、状況に応じて接合方法を選択することを認識する。	壁掛け時計の裏側なんて気にしてなかったけど、アンカーを使って見た目も考えて接合されているんだ。
③	見た目だけかな？この清水寺の接合はなぜくぎを使ってないのかな？ ◆先人たちの知恵や技術にふれる。 では自分の作品はどう接合するのが最適？	昔からいかに末永く強く、美しく接合するかを先人は考えてきたんだ。 接合と人々との歴史
④	**自分の作品はどのように接合するか？** ◆接着剤ではやり直しや分解ができないデメリットがあることを考えて判断させる。	僕も見た目を考えて、くぎを隠す技術を使ってみよう。

（２）「生活者として、語り合い、探究するための場の設定と教師のかかわり方」について

①生活者として語り合う場の設定

　本題材の中では生徒が生活者として主体的に語り合う場面を数多くもった。その中で以下の３点を紹介する。

時間	学習課題（中心の問い）と◆学習内容
家庭学習	課題レポート「自分の家に必要な収納箱とは」
1	自分の家庭に求められる収納箱とは？
2～3	どのような図をかけば相手に作ろうとしている作品が伝わるのか？
4～11	接合とはどこにあるもの、何のためにするのか？ 【よりよい接合の意見を語り合う】
家庭学習	課題レポート「家庭における作品の改良点は」
12	自分の作品はいつまで使えるのか？

①自分の家庭において、必要と思われる収納箱について調べてきたものを班の中でお互いに発表しあい、本当に必要か考える時間をもつ。

（生徒の振り返りより）
・片づけのための作品をつくる前に家の状況を調べ、班の仲間とお互いに語り合うのは、片づけるためのよりよいアドバイスをもらったり、完成作品のイメージが沸いたりして、より作りたい気持ちが大きくなった。

②接合の授業の中で、コンクリートへの接合という未知の課題に出会わせたうえで、自分たちならばどのように接合するか、班で語り合い、学級全体で、お互いにすり合わせる時間をもつ。

③自分が完成させた作品を家に持ち帰り、実際に使ってみての改善点や良かった点を授業の中で共有する時間をもつ。

（生徒の振り返りより）
・実際に完成した後、使ってみた感想を仲間同士で発表すると、カドをもっと丸くした方がよいとか、自分にも当てはまる改善点がわかり、よりよい作品に改良したいという気持ちになった。

②探究する場の設定

・試作する材料道具の工夫

　生徒がやってみたいアイデアをすべて試すことができる材料や道具を準備することで、全員が実物に触れたり、実際にやってみたりすることができ、課題解決の試行錯誤に参加できた。

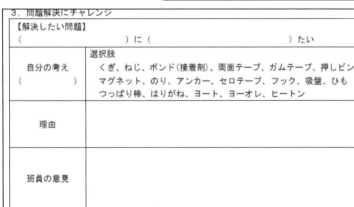

【探究しながら選ぶ材料の準備】

3，問題解決にチャレンジ

【解決したい問題】
（　　　　　　　　）に（　　　　　　　　）たい

自分の考え （　　　　）	選択肢 くぎ、ねじ、ボンド（接着剤）、両面テープ、ガムテープ、押しピン マグネット、のり、アンカー、セロテープ、フック、吸盤、ひも つっぱり棒、はりがね、ヨート、ヨーオレ、ヒートン
理由	
班員の意見	

【自分の意見を書くワークシート】

・ワークシートの工夫

　周りの生徒の個人的なイメージや決めつけによって個々のアイデアや意見が無くなることがあった。そこで、全員が語り合えるようにするため、まず自分の意見をワークシートに書いてから共有できるように工夫した。

（3）「生活を見つめ直し、実践することで、自己に引きつけた新たな語りを生むための工夫」
　について

①事後の自己に引きつけた新たな語りまでの振り返りの積み上げについて

　　毎時間の振り返りについて、製作中心の題材である場合、どうしても製作の感想に振り返りが偏りがちである。そこで、「完成作品における今日の製作作業の意味」という題材を貫く振り返りの視点を与えた。すると、生徒は以下のように完成作品を意識した振り返りの記述をするようになった。

【自己の振り返りを書く生徒】

題材を貫く振り返りの視点を与える

（視点を与える前の生徒の振り返り）
・何を作ろうかなかなか決まらなかった。
・設計図をうまく書くことができた。
・のこぎりでの切断はまっすぐにいかず、難しかった。

完成作品における今日の製作作業の意味は？

（視点を与えた後の生徒の振り返り）
・今日のような切断では長さがずれて、置いたときガタガタのものになってしまうと思った。
・この程度の磨きでは、使っているときに割れが当たってけがをしてしまうかも、と心配になった。

　　また、自分や家族が使ってみた感想を事後レポートとして記録することにより、「もう一度作ることがあれば、完璧な接合ができるように注意して作ってみたい」や「次の夏休みには家族が満足する収納箱を自分の力で作ってみたい」という今後の製作に主体的に取り組もうとする振り返りが見られた。

②「自己に引きつけた語り」につながる生活実践レポートとその分析について

　　事後レポートでは、自己にひきつけた語りを生むために、以下の問いついて答えを記入する前に
　　・対自（適切に学びを生活に生かせる）　・対他（家庭・地域・社会とのつながり）
　の視点があることを生徒に与えた上で記入させた。視点を与えることで、自己にひきつけた語りがあった生徒は71%と多く見られたが、対自に視点で終わってしまい、対他の視点まで記入のあった生徒は20%と少数であった。この原因としては、設問が「木材加工」の作業全体の視点であったため、「接合」の視点で社会全体とのつながりを捉え直す問いを組み込むべきであったと分析している。

| 設問　あなたが木材加工の授業を終えて、学んだことや考え方が変わったことを教えてください ||
生徒の割合	生徒の振り返りの例
▲教科の感想にとどまっている 10人（29%）	○のこぎりやげんのうを使って、自分の作品を製作することは大変だったけど、完成するとすごくうれしかった。 ○設計図から考えて作品を完成させることはやりがいのあることだと思いました。
○（適切に学びを生活に生かせる） 対自の視点がある 25人（71%）	○家具や入れ物などを買うよりも自分で作ったりするほうがお金もかからないだろうし、そのものじたいに愛着がわきます。 ○自分の子供とかの、おもちゃなどを、木などを使って作ったりできるとおもった。 ○職人の方が作ってくれた机やイスを大事にしたい。この木材加工の授業で習った事を、夏休みの宿題や、家、これからの人生に生かしていきたいと思いました。 ○これからも、何かほしいなあ…などと感じたときは、自分で作ってみたりあるものをリメイクしたりして、生活に、習った木材加工を、生かしていきたいです。 ○実際に制作してみて家庭に要らなくなったものは解体することでまた別のものとして利用できる。 ○自分の手で作ったほうが使いたくなる。自分で作れそうなものは自分で作ってみたい。学んだことを生かして積極的に自分で作ってみようと思いました。
◎（家庭・地域・社会とのつながり） 対他の視点がある 7人（20%）	○身の回りの物を改めてみると、木目を考えて作られているものもあり、丈夫でいいなとおもった。 ○家の中のタンスや机なども木材を加工してできているんだなぁと思ったのと同時に木材は私たちの身近なところにもあるんだということを考えるようになりました。 ○この大変な作業を時間内で終わらし、素晴らしい作品を作る職人さんたちはすごいと思った。 ○身の回りにあふれている木材はどうやって加工されてつくられているのか学んだ。

総論
国語
社会
数学
理科
音楽
美術
保健体育
技術・家庭
外国語
学校保健
共創型探究

●参考文献（技術分野の本題材の授業）
・竹野英敏編著『授業例で読み解く新学習指導要領』開隆堂、2018　　pp6-21
・西岡常一『宮大工棟梁・西岡常一「口伝」の重み』日本経済新聞社、2005
・松浦昭次『宮大工千年の「手と技」』祥伝社、2008
・松浦昭次『宮大工千年の知恵』祥伝社、2008

成果と課題

・研究内容（１）について

○　授業前に生活実践させることは、生徒の生活の実態（「当たり前」）の把握につながった。また、毎時間、次の授業で生徒がどんなことを知りたいと感じているかを分析して題材を構成したことは、生徒の思考の流れをつかむために有効であった。他の題材でも、生活実践を足場に、授業をこれからも構成していきたい。

●　「学びをさらに深めるための問い」についてもっと授業内で時間をかけるべきであった。そのためには、全体で、生徒から生徒へと繋がっていく場面で、どこで深めていくのか、またどこで語り合う土俵を整理するのか、何で語らせるのかという教師のファシリテート力の不足は否めない。

・研究内容（２）について

○　生徒が自由に使うことができる材料や実物を準備し、まず「やってみる・感じてみる」という学びの時間は、生徒が試行錯誤しながら探究的に学ぶきっかけになる。また、本物に触れることから新たな気づきを得る手立てにもなった。

●　全体での語りで、生徒のそれぞれの生活を大切にしながら、さらによりよい生活を考え直していくための場をどう設定していくかについては課題が残る。

・研究内容（３）について

○　題材を貫く振り返りを積み上げたことは、毎時間の授業後の振り返りの質の向上につながり、授業者が考える（求める）振り返りとずれないという点では効果があった。

●　現在は、題材をすべて学習した後すぐに、「ものがたり」を記入させているが、長期休業中の実践を踏まえてから「ものがたり」を書かせた方が、さらに実感がわき、「自己に引きつけた語り」になるのではないかとも考えられるので、再考したい。

●　今回は題材に対する「ものがたり」と「自己に引きつけた語り」を分けて書かせたり、分析したりした。その方法が有効か、見取りの指標が正しいのかについては課題が多くあると考える。

参考文献

・渡邉広規・池下　香　『研究紀要』香川大学教育学部附属坂出中学校、2018　pp. 181－200

・渡邉広規・池下　香　『研究紀要』香川大学教育学部附属坂出中学校、2016　pp. 149－167

・近藤てるみ・渡邉広規『研究紀要』香川大学教育学部附属坂出中学校、2014　pp. 135-142

・近藤てるみ・氏家徹也『研究紀要』香川大学教育学部附属坂出中学校、2012　pp. 113-124

・近藤てるみ・氏家徹也『研究紀要』香川大学教育学部附属坂出中学校、2010　pp. 67-74

・文部科学省『中学校学習指導要領解説　技術・家庭編』2017. 7

・安東茂樹『中学校新学習指導要領の展開　技術・家庭科 技術分野編』明治図書、2008　pp. 46-52

・古川　稔編著『中学校　新学習指導要領の展開　技術・家庭　技術分野編』明治図書、2017

・坂口謙一『技術科教育』一藝社、2014　pp. 169-182

・安東茂樹『アクティブ・ラーニングで深める技術科教育』開隆堂、2015　pp. 1-13

・尾﨑誠『新学習指導要領　丸ごと早わかり　技術分野移行のポイント10』教育図書、2017

・安東茂樹『アクティブ・ラーニングで深める技術科教育～自己肯定感が備わる実践～』開隆堂、
　2015　pp. 1-13

・佐藤文子『中学校新学習指導要領の展開　技術・家庭科 家庭分野編』明治図書、2009 pp. 31-45

・鈴木明子『コンピテンシー・ベイスの家庭科カリキュラム』東洋館出版社、2019 pp. 10-21

・堀内かおる『家庭科教育を学ぶ人のために』世界思想社、2013　pp. 36-47

・荒井紀子・鈴木真由子・綿引伴子『新しい問題解決学習Plan Do Seeから批判的リテラシーの学
　びへ』教育図書、2009　pp. 12-48

・日本家庭科教育学会『シリーズ　生活をつくる家庭科　第1巻　個人・家族・社会をつなぐ生活
　スキル』ドメス出版、2007　pp. 10-27

・荒井紀子『生活主体を育む　探求する力をつける家庭科』ドメス出版、2013　pp. 44-137

・吉原崇恵『生活を科学し実践する力を育てる授業づくり　子どもがいきる家庭科』開隆堂、2010
　pp. 8-14

・佐藤文子・川上雅子『家庭科教育法　改訂版』高陵社書店、2012　pp. 163-165

・望月一枝・佐々木信子・長沼誠子『秋田発未来型学力を育む家庭科』開隆堂、2011 pp. 2-9

・望月一枝・倉持清美・妹尾理子・阿部睦子・金子京子『生きる力をつける学習－未来をひらく家
　庭科－』教育実務センター、2013　pp. 24-37、pp. 106-144、pp. 174-193

・福田公子・山下智恵子・林未和子『生活実践と結ぶ家庭科教育の発展』大学教育出版、2004　pp. 82-91

・奈須正裕『しっかり教える授業・本気で任せる授業　多様な筋道で豊かな学力を保障する』ぎょうせい、2
　015　pp. 66－79、192－200

・古川稔・杉山久仁子『中学校教育課程実践講座　技術・家庭』ぎょうせい、2017　pp. 4－85、138－195

・荒井紀子『パワーアップ！家庭科　学び、つながり、発信する』大修館書店、2012　pp. 8－17

・杉山久仁子『中学校新学習指導要領の展開　技術・家庭　家庭分野編』明治図書、2017　pp. 10－27

・長澤由喜子他編『早わかり＆実践　新学習指導要領解説　中学校技術・家庭　家庭分野理解への近道』開
　隆堂、2017　pp. 8－20、100－113

・伊波富久美『わかったつもりを問い直す家庭科での学び　"自らにとっての意味"の確立をめざして』あいり出版、2014　pp. 14－29、107－118
・横谷　礎『考えるっておもしろい－家庭科でつなぐ子供の思考－』教育図書、2016　pp. 6－15
・西野祥子共著『改訂　生活と教育をつなぐ人間学－思想と実践－』開隆堂、2008　pp. 153－180
・日本家庭科教育学会編『生きる力をそなえた子どもたち－それは家庭科教育から』学文社、2013 pp. 2－17
・西岡加名恵『資質・能力を育てるパフォーマンス評価』明治図書、2016　pp. 76-83
・石川勝江共著『評価が変わると授業が変わる』開隆堂、2015　pp. 94-104
・多々納道子編著『実践的指導力をつける家庭科教育法』大学教育出版、2018　pp2-92
・野中美津枝『生活課題解決能力を育成する授業デザインの実証的研究―授業評価・改善に関するモデル』福村出版株式会社、2019　pp11-50
・高木幸子『家庭科授業がわかる・できる・みえる』教育図書、2016　pp49-93
・日本家庭科教育学会中国地区会編『アクティブラーニングを活かした家庭科の授業開発「深い学び」に向けて』教育図書、2017　pp106-125
・伊藤葉子編著『新版　授業力UP　家庭科の授業』日本標準、2018　pp94-108
・佐藤文子編著『教育における意思決定能力』家政教育社、2009　pp53-74

第１学年２組 技術・家庭科学習指導案

指導者　　大西　昌代

1　日　　　　時　　令和２年６月12日（金）11：20〜12：10
2　単　元　名　　ものを消費する　〜衣生活を考える〜
3　学　習　空　間　　家庭科室
4　題材について

（１）何をどう選び、買うのか。普段何気なく行っている買い物、すなわち商品やサービスを選択するということは、それを提供する事業者を選ぶ投票行為であり、実は社会、そして世界と深くつながっている。しかし、消費者にとっての買い物は自分のためであり、他とつながっているという意識はほとんどない。本題材では、ファストファッションを取りあげる。ファストファッションの裏側では、消費者が知らない社会問題が起きており、その事実を知ることで当たり前に行っている消費生活に課題意識をもたせることができると考える。そのためには、消費者としての本音を引き出したり、課題がすぐには解決されにくい背景にじっくりと目をむけさせたりすることが重要である。また、語り合いを通して、多様な考えを聴き合い、問い合ったり、多面的な視点から「ものを消費[1]する」ことを考えさせたりすることで学びを深めたい。

　　本題材の「自己に引きつけた語り」として、①「自分自身の生活に引きつける」②「自分と社会とのつながりを考える」という２つを語りの視点とする。視点①については、「生活に始まり、生活に返る学び」という技術・家庭科の本質を踏まえ、家庭でどのくらいの衣服を持ち、いくらで購入したかを調べたり、自宅からお気に入りの衣服を１枚持参したりして、本題材を通して自分の衣服を見つめ直す。視点②については、「同じような衣服でも、なぜ値段が違うのか？」という疑問を解決する中で、品質表示や原産国のクロスマイレージ調べ等をきっかけとして、衣服の購入だけでなく、消費そして、生産にまで視点を広げたい。

　　2018年３月の中央教育審議会では、技術・家庭科の学びの課題として「学習した知識や技術などが実生活で十分生かされていないこと」「自己と家庭、家庭と社会のつながりに目を向け、生涯の見通しをもってよりよい生活を追求できる実践力を身に付けること」が指摘されている。

　　１枚の衣服を通して、ものの消費に対する見方・考え方が変容することは、自立した一人の消費者を育て、「進んで生活を工夫し創造する能力と実践的な態度を育てる」という教科の目標の実現にも近づくと考える。自分も一人の消費者として世の中は常に変わりゆくものであり、それを変えていくことができるのは自分の力であることに気づき、現在だけでなく、将来そして次世代に渡って住みよい社会を構築していくことの大切さを実感させるために本題材を取り上げる。消費生活を衣食住の生活の学習とリンクし、生徒の過去・現在・未来の生活へとつながるストーリー性を考え、「学ぶこと」と「生きること」をつなげたい。

---

[1] 消費とは、商品（物資やサービス）を購入して、それを利用することをいう。

（『技術・家庭　家庭分野　学習指導書実践編』開隆堂 2016）

（2）本学級の生徒は、男子16名　女子19名の合計35名である。小学校の学習では、家庭生活に目を向け、自分や家族という視点から、衣生活では「快適な着方」、消費生活では「物や金銭の使い方」等を学習している。昨年度の実施では、本題材の始まりである「私の衣服購入・所持調べ」も意欲的に調査してきており、さらに学習を通して、自分と家庭、社会へと視点を広げられると考える。昨年度実施した学習前の生徒アンケート（n＝35）の結果は以下の通りである。

質問	生徒の記述内容例
商品を購入、消費することは誰のためになるのか	自分(33人)、販売店（１人）、自分と周りの人（１人）
衣服を購入するとき重視すること（複数回答）	デザイン(色や柄を含む)（35人）、価格（29人）、サイズ（７人）手持ちの衣服との組み合わせ（６人）等
購入したが未着用の服がある（理由）	17人 よく考えると好みではなかった、似合わなかった（６人）、手持ちの服と合わせられなかった（４人）、家で着てみると着心地が悪かった（３人）、サイズが合わなかった（３人）、購入したが、どこに保管したか分からなくなった（１人）
自分の衣服で最も多い価格帯（家庭で「私の衣服購入・所持調べ」レポートで調査できた者のみ）	1000円まで(10人)、2000円まで(10人) 3000円まで（５人）、4000円以上（４人）
ファストファッションとは何ですか	全く知らない(28人)、言葉は聞いたことがある（７人）

　　以上の結果から、ものを消費することは自分のためであり、それが社会とつながっているという生徒はほとんどいない。加えて、無計画な購入で、無駄な消費生活を送っている実態も見える。また現在、市場の約半数を占める低価格分野のファストファッションという概念さえもないことが分かる。

（3）本題材を指導する（個の「ものがたり」を深める）にあたって、次の点に留意したい。

- 　毎時間の授業後の振り返りとは別に「もっと知りたいこと」をワークシートに書かせることにより生徒の思考の流れに沿った題材構成の手立てとする。
- 　技術・家庭科の授業から学んだ言葉を正しく使って語り合えるように、毎時間「語りの語句」[2]を学習のまとめとし、基礎的・基本的な学習の積み上げを行う。
- 　自分自身の生活に引きつけるため、家庭で「私の衣服・購入所持調べ」を学習の始まりとし、何気なく毎日送っていた衣生活に疑問を抱くきっかけとする。
- 　自分の消費生活が社会や世界とつながっていないという生徒の意識を踏まえ、新たな気づきが「ものを消費する」という題材のキーワードに結びつくような授業を展開する。
- 　二項対立の問いを設定し、語り合い、クリティカルに聴く・問うことを重視し、最後に互いの意見から、自分にとってのよりよい消費生活の語り直しにつなげる。
- 　「自己に引きつけた語り」の視点として、①「自分自身の生活に引きつける」②「自分と社会とのつながりを考える」という２つを語りの視点とすることで、消費生活に対する概念を広く捉え直させたい。
- 　授業後の生徒の消費生活の変化を見取るため、よりよい衣生活への実践計画を立

---

[2]　「語りの語句」とは、これまでに学んだ教科の重要語句のことで、他者との語り合いの中で使われる。

てさせたり、その後の衣生活レポートを書かせたりすることにより、生活に活きる学びにつなげる。生活実践力が自分の未来の生活へのアクションになったかまで見取る。

5　本題材の目標

（１）本題材で生まれる「ものがたり」

┌─ 題材に対する「ものがたり」の変容 ─

（学習前）
「自分の今の生活の語り」
　ものを消費することは、自分のためである。衣服を選ぶ時は、価格や見た目が大切である。タグがついているのは知っているが、書かれている内容には興味がない。ファストファッションについてはまったく分からない。

（学習後）
「衣生活の語り」
　自分の衣生活は、社会や世界とつながっている。ファストファッションは、安くそして、早く流行が手に入るという消費者にとって光の部分もあるが、影の部分もある。今の日本では、低価格の衣服のシェアも広がっていて難しいが、やはり賛成してはいけない。衣服の品質表示を見て、自分にとって本当に必要で、長く大切にできる衣服を選ぶことが大切である。

│題材と自己をつなぐ概念│　私の消費生活

（自己に引きつけた語り）
「消費者としての語り」
　ものを選択し、それを消費することは、投票行為である。自分が選択した商品には、自分の責任があり、その行為が、社会や世界とつながっている。食品を選択するときには、品質表示で原産国などを気にするのに、この題材を学ぶ前は、衣服の品質表示を見たこともなかった。それは、消費者の責任を果たしていないことになるのではないか。価格や見た目、流行など自分のためだけで、買い物をしているのは、ファストファッションが正しいという世の中に自分が加担していることになるのではないか。ものが生産され、消費され、廃棄され、そして作り替えられるには、私のような消費者だけではなく様々な人の手や技術、環境が使われている。
　消費生活は自分のためでもあるが、それだけであってはいけないと思う。自分の商品への一票で、社会そして世界を変えられる。そして、自分が変える人になりたい。今まで、買い物で見ていなかった視点を入れて、次は、違った一票で買い物をしたい。

（２）本題材で育成する資質・能力

【知識・技能】	
・衣服の適切な選択については、既製服を中心に取り扱い、組成表示、取扱い表示、サイズ表示等の意味を理解する。 ・衣服の購入に当たっては、資源や環境への配慮の視点から、購入から廃棄までを見通し、目的に応じて衣服を選択する必要性を理解する。 ・物資・サービスの購入から廃棄に至る自分や家族の消費行動が、購入への負荷を軽減させたり、企業への働きかけとなって商品の改善につながったりすることを理解する。	・消費生活の仕組みや衣生活のサイクルを理解することができる。 ・衣服の価格と原産国の違いを調べる手がかりとして、品質表示の読み方を理解することができる。 ・消費者の権利として情報を的確に読み取り、商品購入に活かすことの大切さを知ることができる。
【思考力・判断力・表現力等】	
・衣生活に関わる多くのものが限りある資源であり、それらを有効に活用するためには、自分や家族の消費行動が環境に及ぼす影響を自覚し、自分の生活を振り返る。 ・商品の品質や価格などの情報に疑問や関心をもったり、消費者の行動が社会に影響を及ぼし	・クロスマイレージという視点から、自分の衣服について調査し、環境との関係について分析することができる。 ・ファストファッションの衣服の価格の内訳を知り、大量生産の裏側の現状と自分の衣生活とのつながりを考え、消費行動を見直すことができる。

たりしていることを自覚し、自分の購入方法を見直す。	・ファストファッションの現状を知り、ファストファッションに賛成または反対の立場から、自分の考えを述べることができる。
【学びに向かう力・人間性等】 ・身につけた知識や技術を活用し、持続可能な社会の構築等の視点から、自立した消費者としての責任ある行動を考え、行動する。 ・身近な生活の中から、衣生活に関する購入の問題を見い出し、自分の消費生活の課題を設定し、実践する。 ・自分や家族の消費生活について多様な観点で振り返り、消費生活の在り方やライフスタイルの改善に向けて検討する。	・衣服の消費について考えることを通して、一人の消費者として「ものを消費する」ことは自分にとってどのようなことかを深く考えようとする。 ・社会や世界とつながりをもつ消費生活を実行し、レポートとしてまとめ、自分の学びを消費生活の実践力へとつなぐことができる。

（3）題材構成（全5時間）と問い

時間	学習課題（中心の問い）と◆学習内容
家庭学習	**生活実践レポート「私の衣服・購入調べ」** ・ 何気なく毎日使っている衣服について、所持枚数や購入価格などを調べ、自分の衣生活に興味をもつ。
1	同じような衣服でも、なぜ値段が違うのか？ ◆消費生活の仕組みと衣生活のサイクルを知る。 ◆ レポートや自分が持参したお気に入りのTシャツ1枚を見て、値段の違いの原因を考え、学級全体で考えられる原因を絞り、共有する。
2	衣服は、自分にどんな情報を知らせているか？ ◆前時の原因を調査するには、品質表示が手がかりになることに気づく。 ◆ 自分のTシャツの品質表示は、消費者に何が知らされているのかを調べる。
3	衣服はどこから、どうやって自分の所まで来るのか？ ◆ 前時の「原産国はどこの国が多いか？」という疑問から学級全体の衣服の原産国を調査する。 ◆原産国のクロスマイレージを調べる。 ◆ 環境によい日本製を買いたくても難しいことに疑問をもち、自分の衣服と世界のつながりを考える。
4	衣服の値段は、原産国と関係しているのか？ ◆自分の衣生活にもファストファッションが浸透していることに気づく。 ◆ 1枚のTシャツの値段の内訳を知り、安価で大量に作られている現状を知る。
5 （本時）	衣服を購入する時、何が大切か？ ◆ 「ファストファッションに賛成か、反対か？」の2つの立場の意見から新たな気づきを得る。 ◆ 衣服の消費について考えることを通して「ものを消費する」ことは自分にとってどのようなことか深く考える。
家庭学習	**生活実践レポート「私の消費生活」** ・ 夏季休業中に社会や世界とつながりをもつ消費生活を実行する。1つの商品の選択・購入・消費までの自分の生活をレポートにまとめ、学びが自分の未来の消費生活への実践力につながったかを検証する。

6 本時の学習指導

（1）目標

- ファストファッションに賛成か、反対かの自分の立場を明らかにし、既習事項やレポートを活かし、教科の言葉を使って、自分で語り直すことができる。
- 互いの意見を聴き、自分にとっての消費生活の最適解を見つけ、「ものを消費する」とはどのようなことかを自分に引きつけて語ることができる。

（2）学習指導過程

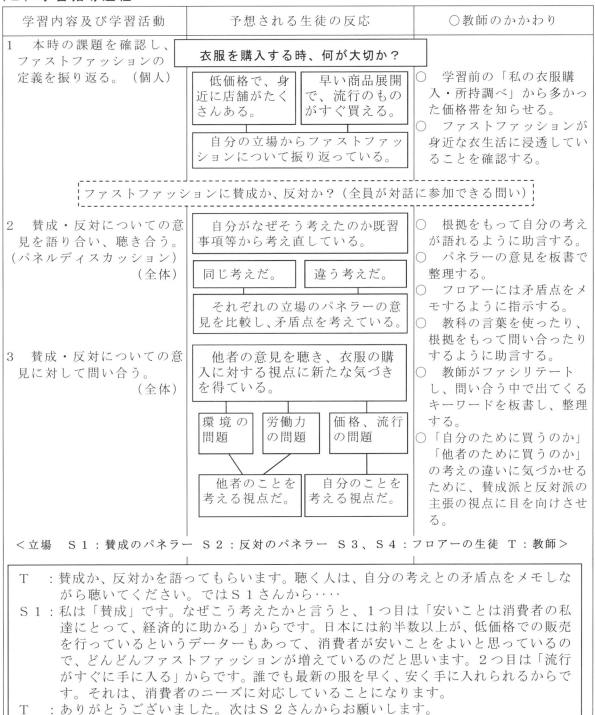

学習内容及び学習活動	予想される生徒の反応	○教師のかかわり
1 本時の課題を確認し、ファストファッションの定義を振り返る。（個人）	**衣服を購入する時、何が大切か？** 低価格で、身近に店舗がたくさんある。／早い商品展開で、流行のものがすぐ買える。 自分の立場からファストファッションについて振り返っている。 ファストファッションに賛成か、反対か？（全員が対話に参加できる問い）	○ 学習前の「私の衣服購入・所持調べ」から多かった価格帯を知らせる。 ○ ファストファッションが身近な衣生活に浸透していることを確認する。
2 賛成・反対についての意見を語り合い、聴き合う。（パネルディスカッション）（全体）	自分がなぜそう考えたのか既習事項等から考え直している。 同じ考えだ。／違う考えだ。 それぞれの立場のパネラーの意見を比較し、矛盾点を考えている。	○ 根拠をもって自分の考えが語れるように助言する。 ○ パネラーの意見を板書で整理する。 ○ フロアーには矛盾点をメモするように指示する。 ○ 教科の言葉を使ったり、根拠をもって問い合ったりするように助言する。
3 賛成・反対についての意見に対して問い合う。（全体）	他者の意見を聴き、衣服の購入に対する視点に新たな気づきを得ている。 環境の問題／労働力の問題／価格、流行の問題 他者のことを考える視点だ。／自分のことを考える視点だ。	○ 教師がファシリテートし、問い合う中で出てくるキーワードを板書し、整理する。 ○「自分のために買うのか」「他者のために買うのか」の考えの違いに気づかせるために、賛成派と反対派の主張の視点に目を向けさせる。

＜立場　S1：賛成のパネラー　S2：反対のパネラー　S3、S4：フロアーの生徒　T：教師＞

T ：賛成か、反対かを語ってもらいます。聴く人は、自分の考えとの矛盾点をメモしながら聴いてください。ではS1さんから‥‥

S1：私は「賛成」です。なぜこう考えたかと言うと、1つ目は「安いことは消費者の私達にとって、経済的に助かる」からです。日本には約半数以上が、低価格での販売を行っているというデーターもあって、消費者が安いことをよいと思っているので、どんどんファストファッションが増えているのだと思います。2つ目は「流行がすぐに手に入る」からです。誰でも最新の服を早く、安く手に入れられるからです。それは、消費者のニーズに対応していることになります。

T ：ありがとうございました。次はS2さんからお願いします。

S2：私は「反対」です。なぜこう考えたかと言うと、1つ目は「環境問題」です。授業でも習いましたが、アジアなど外国からの輸入は環境破壊につながります。クロスマイレージの計算した二酸化炭素排気量以外にも、水など生産の過程で多くの水が無駄になっています。また、「大量のごみ」の問題です。衣服の廃棄量は、購入の約9割です。リサイクルは進んでいないのが現状です。2つ目は「安い労働力を使っている」問題です。たくさん衣服を安い賃金で作らせるために、工場を建て増ししたり、汚水が出たりと死者も出ているからです。

T：ありがとうございました。両者の発表を聴いてどんなことに気づきましたか。4人で話してみて‥‥新たな気づきや質問をお願いします。

S3：賛成の人に質問です。安さを求めると、たくさん購入することになり、それがたくさんごみになってしまうのではないですか？

S1：販売店にはリサイクルボックスがあって、その中に衣服が入れられています。

S4：<u>衣服のリサイクル率はアルミ缶やペットボトルに比べてとても低く、多くの物が焼却や埋め立てになっていて環境に悪いというデーターがあります。</u>〈新たな気づき①〉

S3：反対の人に質問です。こんなにファストファッションが世の中にあふれているのに、反対していたら衣服を購入できなくなるのではないですか。

S2：<u>確かにそうだと思います。しかし、ファストファッションを広める原因をつくっているのは消費者で、私たちが原因です。その自分たちのニーズの裏で大量に衣服を作らされているという現状を知らないといけません。</u>〈新たな気づき②〉

T：みんな、2つの意見の考えの違いは、なぜなのでしょうか‥‥

S4：<u>賛成の人は自分のことを考えているけれど、反対の人は自分とそれ以外の人のことを考えているのだと思います。</u>〈新たな気づき③〉

T：なかなか今の社会ではファストファッションを利用しないというのも難しく、でも環境や生産者のことを考えなければならない。それが現状です。じゃあ、みんなができる衣服の購入の仕方はどんなものですか？

> 今の自分ができる衣服の購入の仕方はどんなものか？（自己に引きつける問い）

4　現状を踏まえて、自分ができる衣服の購入の仕方を考える。（四人組）	全体の対話から、衣服の購入に対する視点が、自分のためだけではないという視点に広がっている。 品質表示を見て購入すると原産国が分かる。　欲しい物をたくさん買うのではなく、本当に必要な物を購入する。	○　自分の消費生活を見直してもう一度考えさせるために、各自が持参したお気に入りの1枚の衣服を見るよう助言する。 ○　明日から自分が、実行出来る購入の仕方を考えるように助言する。
5　「買い物は誰のためか」という視点をもって語り直す。（個人）	自分のため、他者のため、社会のため、環境のためという視点を得る。 自分の消費生活から、買い物で大切にしたいこと、それは誰のためになるのかをもう一度語り直している。	○　学習前のアンケートでは、ものを消費するのは「自分のため」と考えていたことを思い出させる。 ○　「ものを消費する」ことについて既習事項を踏まえてまとめさせる。

（3）見取り

・　自分の考えを根拠に基づいて語り、ものを消費することは社会への投票行為となり、自分そして他者や環境へとつながっていることに気づくことができているか。（単元後の生活実践レポート）

・　自分の生活における商品の選択・購入・消費について語り合い、学びが生活実践力へと変容しているか。（単元後の生活実践レポート）

第１学年３組 技術・家庭科学習指導案

指導者　　渡邉　広規

1　日　　　　時　　令和２年６月12日（金）13：10〜14：00
2　単　元　　名　　接合（材料と加工に関する技術）
3　学　習　空　間　　技術室
4　題材について

（１）自分で構想図をかき、その通りに材料を加工し、作品を製作し完成させる。そんな一連の製作をする機会が、大人だけでなく子どもたちにおいても近年著しく失われてきている。本題材では、自分たちの家庭に必要な収納箱はどのようなものか考えて、実際にその構想図をかき、さまざまな技能を習得しながら、製作の過程を学んでいく。生徒はその過程の中で、材料の不足や、思い通りの切断や接合ができない場面に出会い、ものづくりに対する難しさを実感するとともに、あらかじめ木取り図をかいて材料が足りているか確認したり、正しい寸法に切断できなかった部分をやすりで修正したりする、といった問題解決の方法を体得していく。そうして完成した作品には、購入した市販品には決して感じられない愛着が沸いてくる。さらには、実際に完成品を家庭で使ってみることで、使い勝手の良い点、悪い点を見つけ、それを改善しようとしたり、次の製作でそれを生かそうとしたりする生活実践力が身に付く。

　また、この題材を通して、どのような材料や技術が使われているか、という見方・考え方で既製品を見直すことができるようになることは、「進んで生活を工夫し創造する能力と実践的な態度を育てる」という教科の目標にもつながり、本題材はそのような資質・能力を育成するために適したものである。また、知識・技能だけでなく学びに向かう人間性等の資質・能力の育成には、学びを自己に引きつけて語り直すことが重要であると考える。そこで本題材の「自己に引きつけた語り」を、①「自分自身の生活に引きつける」②「自分と社会とのつながりを考える」という２つの視点を踏まえた語りとした。視点①については、「生活に始まり、生活に返る学び」という技術・家庭科の本質を踏まえ、家庭の中での問題解決のための収納箱を考えるところから始める。そして実際に完成品を使ってみての改善点を考えることで生活に返る学びとなる。視点②については、普段目にする多くの場所に、その材料にあった接合が使われていることや、接合の強度や美しさにこだわってきた先人たちの知恵と技術を実感することで、自分と社会とのつながりを考える。その過程を通して、技術無くして自分の生活や社会は成り立たない、という見方や考え方で世の中を新たに捉え直すことで、学ぶ意味や価値の実感につなげたい。

（2）本学級の生徒は35名で、夏休みの課題として製作の経験はあるものの、材料や製作方法が準備されたキットを製作する経験しかなく、自分で接合方法まで考えて材料を準備したことのある生徒はごくわずかである。昨年度実施したアンケートでは、木材加工の作業は「好き」28名（80％）、「苦手」7名（20％）であった。木材加工の技術について、身近さや役立つかを聞いたところ「身近」26名（74％）、「遠い」9名（26％）であったり、役に立つ27名（77％）、役立たない8名（23％）であったりして、中には「木を切って、ものを作る必要性を感じない」という生徒もいた。また、接合についての知識は乏しく、知っている部品は「くぎ、ねじ、ボンド」程度であり、ボンドの接合は、弱くてすぐ取れると考えている生徒が25名（71％）いた。

このことから木材加工や接合について、楽しくて好きなイメージを持っている生徒が大半であるが、接合など、技術についての知識はなく、学習する必要性を感じていない生徒も2割程度存在すると考えられる。

（3）本題材を指導する（個の「ものがたり」を深める）にあたって、次の点に留意したい。

- 感情や体感をともなった経験として残り、実生活での実践につながるように、ボンドでの接合が全くはがせないなど、実物や実体験から当たり前だと思っていたこととは違う、ハッとする瞬間をつくったり、失敗や達成感を味わったりすることができる題材構成を行う。
- 自分で考えようとする意欲をもたせたり、自分の考えを客観的に捉えさせたりすることができるように、一度自分のアイデアを発案したり、班員や他の班と意見をすり合わせたりする場面を設定する。
- 問題解決を図る場面において、語り合いの必要性をもたせたり、探究的な学びにしたりするために、生徒が班ごとに試そうとする部品や方法を、全て試せるように本物の材料や道具、部品を各班に準備しておく。
- 切断や接合というその授業に限られた内容の振り返りをさせるのではなく、作業過程全体を意識して振り返らせるために、「完成作品における今日の製作作業の意味は？」という題材を貫く振り返りの視点を与える。

5　本題材の目標

（1）本題材で生まれる「ものがたり」

―― 題材に対する「ものがたり」の変容 ――

（学習前）
　２つのものを接合するには、とりあえずくぎかねじを使えば、たいていの材質のものは接合できる。接合時のボンドはそれほど強く接着しないので、あれば使えば良い程度のものだろう。

（学習後）
　くぎによる接合は弱くてすぐにはずれるものである。だからこそボンドを間に塗布して得られる強い接着力が必要になってくる。接合とはくぎやねじだけで行う単純な作業ではなく、ダボ埋めやアンカーなどより強く、美しく仕上げる技術が求められる重要な作業である。

題材と自己をつなぐ概念　先人の接合への思い

（自己に引きつけた語り）
　自分はもともと、接合というとくぎやねじを使用し、ボンド（接着剤）はたいして必要ないと思っていた。しかし授業を通して、ボンドの強さやくぎだけの弱さ知り、その両方を使うことで、より強力な接合ができることがわかった。しかし、ボンドを使わない方が材料のリサイクルがしやすいという利点もあることもわかった。また、コンクリートなどの、くぎやねじが効かない材質に対しては、アンカーなどの補助の部品を使って摩擦でねじをとめることも実践して学んだ。このことから、接合とは単に２つのものをくっつければよいというものではなく、条件を踏まえてその方法を選択することが大切であることがわかった。
　また、日本の伝統的な建築物における接合の技を知ることで、このような接合の技術や、より美しく仕上げる文化が、長い歴史の中で発展し、利用されていることがわかった。技術を受け継ぎ、継承していく、まさにその進化の過程に自分たちの生活があるんだ、と実感した。そして今後の未来も、より頑丈で安全な接合の技術が開発されていくに違いない、と確信した。

（2）本題材で育成する資質・能力

【知識・技能】 ・生活や社会で利用されている材料と加工の技術についての基礎的な理解とそれらに係る技能・材料と加工の技術と生活や社会、環境との関わりについての理解を養う。	・材料と加工の技術の製作の過程で ○切断や接合を行うためにのこぎりやげんのうの使用する方法が理解できる。 ○正しい方法でのこぎりやげんのうを使用し、切断や接合を行うことができる。 ○製作品の構想図をかいて表現することができる。
【思考力・判断力・表現力等】 ・生活や社会の中から材料と加工の技術に関わる問題を見いだして課題を設定し解決する力を養う。	・材料と加工の技術の設計、構想の中で、 ○収納家具の特徴を複数の視点から挙げることができる。 ○模型などを用いて複数の側面から設計を検討し、製作品の機能と構造を決定できる。
【学びに向かう力・人間性等】 ・よりよい生活や持続可能な社会の構築に向けて、適切かつ誠実に材料と加工の技術を工夫し創造しようとする実践的な態度を養う。	・材料と加工の技術の設計、構想する中で、 ○自分の身のまわりの問題を見いだし、それを解決しようとする。 ○使用目的や使用条件に即した機能を選択・工夫しようする。

総論

国語

社会

数学

理科

音楽

美術

保健体育

技術・家庭

外国語

学校保健

共創型探究

（3）題材構成（全12時間）と問い

時間	学習課題（中心の問い）と◆学習内容
家庭学習①	課題レポート「自分の家に必要な収納箱とは」 ・自分の家庭において、どのような木工作品があれば何が片づいて、誰の問題が解決するかを調べて、考え、レポートに候補を書いてくる。
1	くぎは隠した方が美しい？ ◆隠しくぎの実習を通して、接合ではくぎを見せない技術があることを知る。
2	くぎ、ねじ、接着剤ではどの接合が強い？ ◆くぎ、ねじの接合がどれほど強いのか、接着剤の接合が本当に弱いのかを考える。
3 （本時）	コンクリートの壁に時計を掛ける最適な方法とは？ ◆接着剤では都合が悪い事例や、状況に応じて接合方法を選択することを認識する。
4	接合とはどこにあるものか、何のためにするのか？ ◆接合について、自分たちの生活のどこにあるか気づかせたり、どのように伝わってきたのか考えさせたりする。
5	接合とは何であるのか？ ◆「接合とは○○である」というタイトルで自分の中での接合の見方、考え方をものがたりレポートに書く。
6	どのような図をかけば相手に作ろうとしている作品が伝わるのか？ ◆キャビネット図、等角図、第三角法のうち、自分の作品はどれで書けばよいか考える。
7	材料のどこからどの部材をとればエコか？ ◆木取り図への記入、けがきの作業を通してエコな材料取りを考える。
8	美しい切断を実現させるためののこぎりの使用方法とは？ ◆木材の切断においてのこぎりをどのように使えば美しく切断できるかを考える。
9	接合する前にどれだけ長さを調節しておく必要があるのか？ ◆長めに切断した部材をどこまで削って合わせておくべきなのか考える。
10	何のために面取りをしなくてはいけないのか、どこまでするべきなのか？ ◆面取りの目的について考える。
11	ニスは塗る必要はあるのか？ ◆ニス塗りの必要性について考える。塗らないことでのデメリットを考える。
家庭学習②	◆自分の製作品を自宅に持ち帰り、使ってみることで新たに発見した利点や問題点について、まとめてくる。
12	自分の作品はいつまで使えるのか？ ◆仲間とともにふり返り、自分の作品がいつまで使い続けられるのか評価する。 ◆使ってみての問題点を修正できれば、授業の中で修正していく。

6　本時の学習指導

（1）目標

- 身の回りの生活の中から、あらゆる場面や状況に応じた接合の技術が利用されていることに気づくことができる。
- 接合する部品やその方法の特徴を踏まえ、材料や環境に応じた最適の接合の方法を考えたり、実践したりすることができる。

（2）学習指導過程

学習内容及び学習活動	予想される生徒の反応	○教師のかかわり
1　前時の振り返りと学習課題を確認する。（個人）	・自分や班のなかまで話し合った方法を思い出している。	

学習課題　　コンクリートの壁に２kgの時計を掛ける最適な方法とは？

学習内容及び学習活動	予想される生徒の反応	○教師のかかわり
2　考えた接合を実践してみる。（4人班）	・こうすればより強い接合になるのではないか。	
3　自分たちの班の改善点を全体の場で発表し、それぞれの班の接合を分析、評価させる。（全体）	・接着剤だけで接合したあの班は、何日かしたらはがれ落ちるんじゃないかな。 ・くぎやねじを打ち込むには穴を開けなくてはいけないので嫌だな。	○参考にした他の班の接合があれば、それも説明させる。

　　　立場　　　Ｓ１：接着剤、両面テープによる接合がよい
　　　　　　　　Ｓ２：穴をあけてねじを埋めてとめる接合がよい

〈全体での対話例〉

Ｓ１：私たちは、接着剤でくっつけたフックに掛ける実践をしました。コンクリート用接着剤とあるので、十分な接着ができると思ったからです。

Ｓ２：僕は、接着剤では、他の場所に変えたいときに、フックがもう壁から離れないのはよくないと思います。それに接着剤が劣化して、はがれて落ちることもあると思います。

Ｔ　：では、Ｓ２さんはどのように接合しましたか。

Ｓ２：僕は、壁に差し込んだねじに掛ける方法を実践しました。これだと、ねじやコンクリートが破損しない限り、はがれて落ちてしまうことはないと思ったからです。

Ｓ１：でもその接合は大きな穴をコンクリートに開けてしまうし、ねじがコンクリートとうまくかみ合わないとしっかり固定されないと思います。

Ｔ　：接着剤でとめるのと、ねじを打ち込んでとめるのと、それぞれに都合が良い点、悪い点がありそうですね。身の回りではねじや接着剤はどういうものに対して使われているのか、各班で話してみましょう。

（各班で接着剤の接合やねじを埋め込む接合が使われている場面や、今回はどちらが最適なのかについて考える）

T	：各班で話し合ってみてどうでしたか。
S3	：ねじが教室や廊下の壁で見ることはあるけど、すべて木材や掲示ボードにささっているから、コンクリートにねじはとまらないんじゃないかな。
S4	：でも、廊下のコンクリートに大きなホワイトボードが掛けられている場所をよく見かけるけど、あれは取り外しもしていたから接着剤ではないと思う。
S3	：ああいうものって実際にどんな接合をしているんだろう。
T	：では、この学校の廊下のコンクリート壁にホワイトボードがどのように掛けられているか、そして教室の時計がどう掛けられているか、みんなで見てみましょうか。 （アンカーに差し込まれたねじを何枚か画面に映す）
S3	：学校の教室や、廊下などのコンクリートに掛けられたものはすべて穴を開けてアンカーが使われているのか…。

4　すべての班で全員がアンカーによる接合を実践してみる	・　こんなチューブみたいなものを埋めるだけで本当に強く接合できるのか。	○　実際に引っ張るなど試しても、なかなか取れず、強い接合であることを実感させる。

T	：アンカーが便利なものであることが分かりましたね。でも、家庭で見たことはほとんどないと思います。なんで家では使われないのでしょう。 （アンカーが使われている場所、使われていない場所について各班で考える）
	〈4人班での対話例〉
S3	：壁の中は木材だから、ねじや押しピンがそのまま使えるからね。接着剤だと取り外せないし。
S4	：家の壁にアンカーのための穴開けをするなんて絶対いやだよ。学校と家では状況が違うもん。
S5	：つまり、<u>同じ時計の接合でも、場所や材料によって適した接合があるのか。</u>

＜新たな気づき＞

5　振り返りをおこなう。		○　自分たちの接合を見直すとともに、適切な接合とはどういうものかや、アンカーを使う技術について振り返る。

（3）見取り
- ワークシートや班での対話、活動の様子から、材料や環境に応じた最適の接合を見つけるために、接合する部品や方法の特徴を考えたり、実践したりすることができているか。

英 語 科

眞 鍋 容 子 ・ 黒 田 健 太

コミュニケーションへの意欲を高める英語授業の創造
－ 主体的な言語活動から生まれる「ものがたり」を通して －

　これまで本校では、積極的にコミュニケーションを図ろうとする態度の育成に重点をおいて研究を行ってきた。ことばの奥深さや多様性を実感させ、言語や文化に対する理解を深めさせたり、生徒が主体となって自分の考えなどを積極的に伝え合う言語活動を単元に組み込んだりすることで、コミュニケーションへの意欲につなげる実践を行ってきた。

　今期は、コミュニケーションへの意欲をさらに高めるために、言語活動の効果的な場面設定の仕方や、即興で話す力を育む教師の支援の在り方、英語でのコミュニケーションに対する新たな「ものがたり」が生まれる語り直しの工夫について研究を行った。

研究主題について

　グローバル化や情報化が進む中、異なる言語・文化・価値観を乗り越えて関係を構築するためのコミュニケーション能力が必要不可欠となっている。これまで本校では、積極的にコミュニケーションを図ろうとする態度の育成に重点をおいて研究を行ってきた。また、ことばの奥深さや多様性を実感するなど、言語や文化に対する理解を深めることで、コミュニケーションへの意欲につなげる実践も行ってきた。今期も、引き続きコミュニケーションへの意欲に重点をおいて研究を行う。

　また、小学校英語の教科化を受けて、中学校では、日常的な話題から、時事問題や社会問題まで幅広い話題について、情報や自分の考えなどを英語で適切に伝え合う能力の育成が求められている。さらに、他者を尊重し、聞き手・読み手・書き手・話し手に配慮しながら、外国語で積極的にコミュニケーションを図ろうとする態度の育成も必要とされている。

　コミュニケーションへの意欲を高めるために、生徒が主体となって自分の意見や考えなどを積極的に伝え合う言語活動を単元に組み込む。生徒は、その言語活動を通じての学びを、既有知識や経験と結びつけ、「今まで英語で伝えることが難しかった内容も、この英語表現を使えば伝えられるんだ」などといった、コミュニケーションに対する新たな見方・考え方を獲得する。生徒が過去・現在・未来に沿ってその学びを筋立て、英語を学ぶことを意味づけたり、価値を実感したりする「ものがたり」はコミュニケーションへの意欲を高めるために有効であると考える。

英語科における「ものがたりの授業」とは

　言語活動の中で、他者とのコミュニケーションを通して新たな見方・考え方を獲得し、英語を学ぶ意味や価値、英語でのコミュニケーションに対する自己の変容と成長を実感する授業のこと

英語科における「自己に引きつけた語り」とは

　言語活動を通して得た新たな見方・考え方を自己の中に根付いていた文脈と比較し、結びつけることで、言語と文化の多様性や面白さに気づき、意欲的にコミュニケーションを図ろうとする新たな自己を捉えた語りのこと

　コミュニケーションに対する新たな気づきを生むためには、生徒が主体となって言語活動を行い、自分の考えを伝えたり相手の考えを聴いたりする場面が必要である。そのために今期は、言語活動の効果的な場面設定の工夫、即興で話す力を育む教師の支援の在り方、英語でのコミュニケーションに対する新たな「ものがたり」が生まれる語り直しの工夫について研究を進める。

研究の内容

> （１）　言語活動の効果的な場面設定の工夫
> （２）　即興で話す力を育む教師の支援の在り方
> （３）　英語でのコミュニケーションに対する新たな「ものがたり」が生まれる語り直しの工夫

（１）　言語活動の効果的な場面設定の工夫

　生徒が主体的に学びに向かうにはどのような手立てが有効か。学習する中で、「疑問」「困難」や「驚き」「不思議」といったような感情が生徒の中に生まれたとき、主体的な学びが始まるのではないだろうか。そのような感情を引き出すために、まずは、生徒が学習内容に対してもっている事前の考えを把握することが必要だと考える。例えば、What's your name?という英語表現は、実は相手や状況によっては失礼な英語として伝わることがあるのに対して、受付などの公的な場では May I have your name, please?が用いられることが多いというような内容を扱うことが「驚き」へとつながり、「他にも使う場面によっては相手に失礼になってしまう英語表現があるのだろうか」といった「疑問」へと結びつくことで、主体的な学びが始まると考える。そして、生徒が学習前にもっている考えを踏まえて、コミュニケーションの場面設定を行う。またコミュニケーションの必然性をもたせるために、生徒にとって「伝えたい内容」「伝える目的」「伝える相手意識」のある場面を設定する。

　これらを通して、学習後には「この英語を使って実際に自分の気持ちを伝えたい」といったような、コミュニケーションへの意欲へとつなげていきたい。

（２）　即興で話す力を育む教師の支援の在り方

　実際のコミュニケーションの場面では、情報や考えなどを送り手と受け手が即座にやり取りすることが多く、英文を頭の中で組み立てる時間を長く取ることができない。そこで、英語を話すために事前に原稿を用意して、その内容を覚えたり話せるように練習したりするなどの準備時間を取ることなく、英語で即興によるやり取りができる力を育んでいきたい。しかし、即興で話す力については、一度の授業や言語活動で身につくものではない。そこで、授業の帯活動として、発達段階に応じたトピックで 1-minute talk に継続的に取り組ませることで、英語が苦手な生徒も言語活動に参加できるよう工夫したい。

　また、即興性を育むために、段階的に活動を進めていく。これらのことを、３年間にわたり継続して取り組ませることで、即興性のある言語活動が行える生徒を育てていきたい。

（３）　英語でのコミュニケーションに対する新たな「ものがたり」が生まれる語り直しの工夫

　生徒がタブレット端末でお互いの言語活動を録画し、良かった点や改善点について振り返る場面を設ける。お互いの英語表現を比較し合ったり、英語を話している自分の姿を客

観的に見たりすることが、コミュニケーションに対する新たな気づきを生み出す。また、言語活動や単元を通しての学びを振り返るツールとして、3年間継続して同じノート"English Log"を使用する。

【English Log】

この Log を用いて、教師がいくつかの視点を与えながら振り返りを行っている。例えば、単元前後での自己の変容や学び合いの中で生まれた気づきなどの視点を示している。振り返りを通して、生徒は自分の思考を把握したり、成長を実感したりすることができる。また、教師は生徒一人一人の変容を詳しく見取ることができるので、それらを踏まえて言語活動の在り方や単元構成を工夫することができる。

さらに、これまで学習したことを用いて ALT との Speaking Test を行ったり、過去に扱ったトピックで再度言語活動を行ったりすることでも自己の成長を実感させ、題材と自己を関係づけられるよう工夫していきたい。

実践事例

実践事例1 「贈り物を通して異文化理解」実施学年3学年：共通Ⅰ

1　本単元で生まれる「ものがたり」

（学習前の題材に対する「ものがたり」）	（学習後の題材に対する「ものがたり」）
日本はアメリカに比べて、贈り物をする回数が多い気がする。誕生日プレゼントを贈る場面で使う英語表現は Happy birthday! This is a present for you. Here you are. / Thank you.が使えそうだな。「つまらないものですが」や「気に入らないかもしれないけど…」って英語で何て言うのだろう。	アメリカ人に贈り物をするとき、「つまらないものですが」のような自分を謙遜することばを言うとそのままの意味で伝わってしまうので I hope you like it.や I thought you might like it.などの表現を使う。Can I open it?などと言って、もらったものをすぐに開けて、お礼や嬉しい気持ちをその場で表現する文化があるんだな。

（自己に引きつけた語り）

　家族や友だちにお土産や誕生日プレゼントを渡したときを思い出してみると、自然と「たいしたものではないけど」「気に入らないかもしれないけど」と言っていた。でも英語では、そのような表現は使わず I hope you like it. のような表現を使うことを知った。将来、英語を話せるようになりたいけど、単語や文法を覚えるだけでなく、相手の国の文化や考え方を知ることも大切なんだなと思った。それが良いコミュニケーションにつながると思った。でも、日本語でのやりとりにおいては、「たいしたものではないけど」と言ったり、贈り物を渡したりする機会が多い日本人らしい文化も大切にしていきたいと思った。

2　単元構成（全5時間）

時間	学習課題（中心の問い）と◆学習内容
1	日本の贈り物文化とは？ ◆日本にはどのような贈り物文化があるか、また、贈り物を渡したときやもらったときの経験を振り返る。
2	「贈り物」presentとgiftの違いは何だろう？ ◆日本語では同義語であるが、それぞれのことばに対するイメージや使い分けについて考える。
3	贈り物をする場面のスキットを作ろう。 ◆日本人同士で贈り物をする場面（日本語）と、アメリカ人に贈り物をする場面（英語）のスキットを作る。
4	贈り物文化に日米でどのような違いがあるか？ ◆アメリカ人同士が贈り物をする場面のVTRを通して、日米の贈り物文化の違いについて考え、新たな気づきを活かしながら自分たちのスキットを修正する。
5	留学生に日米の贈り物文化の違いを伝えよう。 ◆留学生の前でスキットを演じ、コメントをもらうとともに、日本の贈り物文化について英語で伝える。

3　本単元で育成する資質・能力

【知識・技能】 ・外国語の音声、語彙・表現、文法の知識を「聞くこと」「読むこと」「話すこと」「書くこと」を活用した実際のコミュニケーションにおいて運用する技能など	・既習の語彙や文法を活用して贈り物をする場面のスキットを作成することができる。 ・映画を通して、会話の内容や日米の贈り物文化の違いについて理解することができる。
【思考力・判断力・表現力等】 ・コミュニケーションを行う目的・場面・状況等に応じて、幅広い話題について、外国語を話したり書いたりして情報や考えなどを適切に表現するコミュニケーション力など	・会話の場面に応じた英語表現としてよりふさわしいものを判断しながら言語運用をすることができる。 ・他者との対話を通して得た学びをもとに、自分の紹介文を推敲することができる。
【学びに向かう力・人間性等】 ・外国語を通じて、言語やその背景にある文化を尊重しようとする態度など	・自国の文化について改めて考え、自国の文化を尊重することができる。 ・相手の立場に立ったコミュニケーションの取り方を学び、普段の生活に活用することができる。

4 本単元で表出した生徒の「ものがたり」

（単元後の振り返りシートより）　　※「ものがたり」の変容・「自己に引きつけた語り」

> 　私は最初、「つまらないものですが」を英語になおそうとしていたけど、そういうことを言わないのだと気づいた。英語を話すときは、日本語をそのまま英語にするのではなく、相手の国の文化を考えながら言葉を考えるんだなと思った。
>
> 　この学習をとおして、英語を話せるようになるためには、単語を暗記したり、教科書を読んだりすることも必要だけど、それだけではダメだと思った。相手の国の文化とか、考え方とか、宗教とか、いろいろ学ばないと良いコミュニケーションはとれないと思った。

研究の分析（実践事例１）

（１）　言語活動の効果的な場面設定の工夫

　日本人同士で贈り物をするとき、「つまらないものですが」「気に入らないかもしれないけど」と言いながら贈り物をすることがある。事前に、生徒にたずねると、友達にものをあげるとき、半数近くの生徒が、自分を謙遜することばを使ったことがあると答えた。また、そのようなことばを用いる大人を見たことがあるか、との問いにほぼ全員の生徒が手を挙げた。このことを、生徒にとっての「当たり前」と設定し、コミュニケーションの場面設定をした。

> **Q1　この単元の学習を通して、興味深いと感じたことは何ですか。**
> ・　それぞれの国で、違う贈り物の文化があるんだなと思った。
> ・　「つまらないものですが」という意味の英語を使うと、日本人とは違う意味で伝わってしまうこと。
> ・　（映画のなかで）プレゼントをもらったときの（外国人の）リアクション。あのくらい喜んでくれたらうれしいと思った。日本人とは違うなと思ったけど、うれしい気持ちを伝えることは大切だと思った。
> ・　日本語は消極的な表現が多く、英語は積極的だなと感じた。
> ・　贈り物をする場面だけでも、たくさんの英語があること。
>
> **Q2　Q1で感じたことが、英語を学ぶ意欲につながったと思いますか。**
> 　　　　（はい）35%（いいえ）22.5%（よくわからない）42.5%
> （理由）
> ○　文化の違いを知るのはおもしろいから。小学生のときに海外へ行ったときも日本との違いに驚いた。将来、外国の人のために働きたいので、英語をもっと勉強したいと思ったから。
> ○　相手が外国人だったら、その人に合わせて話さないといけないので、いろいろな英語を話せるようになっていきたいから。
> ●　自分の感覚で話すと相手をいやな気持ちにさせてしまうこともあるから。
> ●　いろんな表現がありすぎて難しいと思ったから。

生徒の「当たり前」を把握し、それを覆すような学習内容にすることで、生徒に驚きの気持ちをもたせることができたと感じている。しかし、その気持ちを英語でのコミュニケーションへの意欲につなげるためには、さらに工夫が必要であるため、今後も継続的に取り組んでいかなければならないと感じた。

（2）　即興で話す力を育む教師の支援の在り方

新出表現を学習したときに、その表現を用いてコミュニケーション活動を行っている。ペアで与えられたテーマで1分間対話し対話の往復回数を記録させた。一つの新出表現に対してテーマやペアを変えながら、繰り返し対話の練習を行わせることで、新出表現の定着を図るとともに、即興で話す力を伸ばせるように取り組んでいる。

以下は、生徒が記録した対話の往復回数をもとに、4往復以上対話した生徒の割合を表にした。　　　　　　　　　　　　　　　　　　　　　　　　　　　　（n=40）

Program	新出表現	
2	<u>Have you ever visited</u> Sapporo?	77.5%
3	Do you know <u>how to</u> play *shogi*?	57.5%
5	Reading books always <u>makes me happy</u>.	67.5%
6	I like this cake <u>sold</u> at Tokyo Station.	72.5%
7	I want books <u>which</u> have a lot of adventure.	65%
8	Have you ever read a book <u>that</u> Natsume Soseki wrote?	70%

テーマやペアによって、対話が続く回数に差が見られた。また、生徒の様子を観察していると、Do you〜?のように、簡単な英文のみでやり取りしているペアも見られた。今年度は3年生のみでの実践だったので、今後は疑問詞や新出表現などを積極的に用いながらやり取りできるよう、3年間を見通して段階的に取り組んでいきたい。

（生徒の振り返りシートよりコミュニケーション活動に関する記述を抜粋）

・　今日は前回より言えた文の数が増えたのでうれしかった。あいづちの仕方がいつも同じなので、いろんな英語で言えるようになりたい。

・　ペアの人と共通の話題で話せたので、文の数がいつもより多かった。たくさん話せると、英語ができる気分になってうれしいし、楽しかった。

・　ペアでの対話は、前に比べると話せる英語が増えている気がする。今までに習った英語をいろいろ使って話していきたい。

（3）　英語でのコミュニケーションに対する新たな「ものがたり」が生まれる語り直しの工夫

授業の最後の振り返りの時間や、単元後に単元を通しての振り返りを書く時間に、タブレット端末を使用した。本実践では、贈り物を渡す場面のスキットを演じる際に、ペアでお互いの様子を録画させた。録画した映像を見ながら、自分が英語を話す姿を客観的に見たり、お互いのスキットを比較しながらグループで意見を交わしたりした。

以下は、タブレット端末を用いたことについてのアンケート結果である。

Q 振り返りの時間にタブレット端末を用いることは役立ったか。 （はい）95%
（理由） ・自分の英語を聞いて、発音をもっと良くしたいと思ったから。 ・自分の英語を聞くのは恥ずかしいけど、もっとペラペラになりたいと思った。 ・相手の目を見ていないことに気づいたから。 ・繰り返し見ることができるので、便利だから。

英語を話す自分の姿を客観的に見ることで、コミュニケーションに対する新たな気づきが生まれた生徒が 77.5% いた。また、もっと英語を上手に話せるようになりたいという気持ちにつながった生徒は 45% であった。

【タブレット端末でスキットを録画する様子】

実践事例

実践事例 2 「My Project⑤スピーチをしよう―こんな人になりたい」実施学年 2 学年：共通 I

1　本単元で生まれる「ものがたり」

（学習前の題材に対する「ものがたり」）
　スピーチをする時には、構成や表現を工夫したり、アイコンタクトやジェスチャーを意識したりするようにしたい。序論（Opening）→本論（Body）→結論（Ending）の順序を意識して原稿を書くことが大切だ。

（学習後の題材に対する「ものがたり」）
　スピーチをする時には、自分が一番伝えたいことは何かを整理することが大切だと思った。自分にしか語れないことを習った英語で表現したり、聞き手の反応を見ながら話を展開したりして、コミュニケーションを図ることを楽しみながら話したい。

（自己に引きつけた語り）
　素晴らしいスピーチや心に響くスピーチには、「伝えたい」という強い思いや伝えるためのたくさんの工夫が見られる。アイコンタクトやジェスチャーも形式的に取り入れるのではなく、「伝えたい」という気持ちが高まれば、自然と自分の中から生まれてくるのではないかと思った。今までは、準備してきた原稿を覚えて間違わずに話せたらいいと思っていたけれど、英語でのスピーチ活動は、いつもとはちょっと違う自分を見せられる場なのかもしれない。普段、日本語では話すことを躊躇してしまうような内容でも、英語という一つのツールを使うことで、人前で話すことができるような気がする。国や言葉の壁を越えて、たくさんの人々と気持ちを伝え合ったり、絆を深めたりするために、英語で伝え合う力をさらに高めたいと思う。

2　単元構成（全5時間）

時間	学習課題（中心の問い）と ◆学習内容
1	**相手に「伝わる」スピーチとは？** ◆相手に「伝わる」スピーチとはどのようなものなのか、今までのスピーチ活動の経験を振り返り、内容面や表現面のポイントについて話し合う。
2	**スピーチを通して、何を伝えたい？** ◆「将来の夢」についてマインドマップを用いて発想を引き出し、自分の考えを整理しながら原稿を書く。
3	**インタビュー原稿を書こう。** ◆与えられた情報をもとにペアでインタビュー原稿を考える。いかに聞き手をひきつけるかを意識して、発表練習をする。
4	**なりきりインタビュー！聞き手をひきつけるには？** ◆なりきりインタビュー活動を通して、聞き手をひきつける工夫点は何か、をグループで話し合う。気づきを活かしながら自分の原稿を修正する。
5	**相手に「伝わる」スピーチとは？** ◆「将来の夢」についてスピーチを行い、相互評価をする。相手に「伝わる」スピーチについて、単元学習前と比較して、自己の変容を捉える。

3　本単元で育成する資質・能力

【知識・技能】 ・外国語の音声や語彙、表現、文法、言語の働きなどを理解するとともに、これらの知識を、聞くこと、話すこと、書くことによる実際のコミュニケーションにおいて活用できる技能を身に付けるようにする。	・与えられたテーマについて、「導入－本論－結論」や「主題－根拠や具体－主題の言い換えや要約」など、文章構成の特徴を意識しながら、まとまりのある文章を書くことができる。 ・to不定詞や動名詞の用法を理解し、将来の夢や憧れの人物についてそれらを含む表現を用いて話したり、話された内容の要点を理解したりすることができる。
【思考力・判断力・表現力等】 ・コミュニケーションを行う目的や場面、状況などに応じて、日常的な話題や自分自身の事柄について、外国語で簡単な情報や考えなどを理解したり，これらを活用して表現したり伝え合ったりすることができる力を養う。	・将来の夢や憧れの人物について、伝える内容を整理して英語で互いの考えや気持ちなどを伝え合うことができる。 ・スピーチ活動において、アイコンタクトや姿勢、表情などに加えて、聞き手に問いかけたり、問いかけた後に考える間を取ったりして、聞き手とのコミュニケーションを意識して話すことができる。 ・スピーチ活動において、メモ書きなどの補助を利用しながら話し、内容に対する質問に簡単な英語で即興で答えることができる。
【学びに向かう力・人間性等】 ・外国語の背景にある文化に対する理解を深め、聞き手、話し手に配慮しながら、主体的に外国語を用いてコミュニケーションを図ろうとする態度を養う。	・英語でのコミュニケーションを通して、自分とは異なる価値観や考えに対する理解を深め、異文化に対する寛容な態度を育成することができる。

総論　国語　社会　数学　理科　音楽　美術　保健体育　技術・家庭　外国語　学校保健　共創型探究

4　本単元で表出した生徒の「ものがたり」※分析対象：単元を終えた後の生徒の表出物
（１）題材に対する「ものがたり」の変容について
Ｙさんの題材に対する「ものがたり」の変容

学習前のスピーチに対するＹさんの捉え

> 　話すときの声の大きさを意識したり、聞いているみんなが分かる英語を使ったりすると、「伝わる」スピーチになるのかなと思います。おもしろい内容やジェスチャーを取り入れるともっと伝わりやすくなると思います。

学習後のスピーチに対するＹさんの捉え	実線部：「ものがたり」の変容

> 　同じような内容でも、伝え方によって聞き手が「この話聞きたいなぁ」とか「分かりにくいなぁ」とかがあるので、すごく考えさせられました。同じような言い回しをあえて何回も使うことで強調したり、質問を最初に入れてみたりして、<u>英語ならではの工夫をすることができるようになった</u>のが大きな変化だと思います。
> 　外国の人のスピーチには笑いをとって、その場を和ませるようなスピーチが多いことも分かりました。これから、人前で話したり、英語でスピーチをしたりする時には、みんながおもしろくて心に残るような工夫をしたいです。<u>「相手に分かりやすく想いを届ける」ためには、英語のスピーチだけでなく日ごろから意識しておくことでよりよい方法が見つかる</u>ような気がしました。

（２）「自己に引きつけた語り」について
Ｙさんの「自己に引きつけた語り」　　　　　　　　　実線部：自己に引きつけた語り

> 　１年生の時に海外に行った時には、緊張して全然英語を話すことができませんでした。しかし、この夏、海外に行った時には、意外に自分から英語を話すことができ、英語で話すのが楽しいと感じました。それは、スピーチ活動を通して、０の状態から英語で文を作り、人前で話すことができるようになったからです。このことから僕はもっともっと英語を上達したいなと思うようになりました。<u>これまでは主要教科だからという理由で勉強していましたが、スピーチをきっかけに、今は楽しんで英語を勉強していくという考えを持つようになりました。</u>John 先生も言っていたように "Don't be shy." で<u>恥ずかしからずに、下手な英語でも相手に伝えようとする姿勢が大切だ</u>と思いました。

　本生徒の「ものがたり」は、スピーチ活動を通した自己の変容を捉えた上で、英語学習への意欲の高まりを語っているという点で、「自己に引きつけた語り」に近いものであると言える。しかし、「自分の英語が通じてうれしい」という意味合いが強く、異なる言語を学ぶ意味や価値を実感しているとは言い切れない。そのような気づきを促すために、単元構成や言語活動の在り方をより一層工夫する必要があると考える。

研究の分析

題材：My Project⑤「スピーチをしよう―こんな人になりたい」（実施学年２学年：共通Ⅰ）
（１）言語活動の効果的な場面設定の工夫

各単元末に自己表現活動を取り入れ、自分の考えや気持ちなどを英語で他者と伝え合う活動を設定してきた。単に既習の文法や表現を用いて英作文を書く活動に留まらず、他者とのやりとりを前提とし、よりよいコミュニ

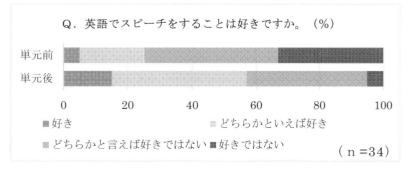

ケーションをとる手段として、伝えたいことを整理して原稿を書き、発表時には原稿を読むのではなく、キーワードを書いたメモを参考にしながら話すという学習過程を重視した。2年次には、自分自身について話すことをテーマとし、これまでに「連休の思い出」、「将来の夢」、「私の好きなもの」など生徒にとって身近な話題についてスピーチをする場面を設定した。今回の単元前と単元後のアンケートと比較すると、スピーチへの苦手意識をもつ生徒の割合は低くなっているが、未だ約4割の生徒は否定的な回答をしている。

本単元では、クラスメイトと英語で伝え合う活動が中心であったので、聞き手に伝わるスピーチにするために、未習の語をなるべく使わないことを前提とした。生徒の振り返りからは、既習の単語や表現だけで、充分に英語で自己表現ができることを実感したという記述も多く見られた。しかし同時に、聞き手がクラスメイトである限り、ことばの壁を越えてコミュニーションをとることの喜びを実感したり、英語と日本語の違いに気づいたりする機会は少なくなり、気づきや学びが限定的なものになると考えられる。今後は、ＡＬＴや留学生など、外国の人と直接やりとりができる場面を設定していきたい。

（2）即興で話す力を育む教師の支援の在り方

生徒の即興性を高めるためには、即興で話す場面を設定し、継続的に取り組む必要があると考え、毎時間の帯活動として、ペアによる 1-minute talk を行っている。指導目標に沿って、教師の提示するトピックに対して1分間対話を続ける活動で、対話をつなぐ方法（くり返す、相づちをうつなど）を段階的に示したり、相手の話した内容に関して必ず一つ質問をするなどの条件を設けたりして取り組んでいる。

【即興で話す力を育むための指導目標】

No.	学年	内　　容	やり取り
1	1	日常生活の身近な場面について質問されたとき、少なくとも Yes / No では答えることができる。（好きな食べ物、しているスポーツなど）	ＡＢ
2	1	日常的な話題について質問されたとき、Yes / No に簡単な文を加えて答えることができる。（例：Do you play soccer? ― No. I play baseball. など）	ＡＢ
3	1	日常的な話題について、What, Who, Where, When, How などを用いて質問されたとき、短く簡単に答えることができる。 （例：What do you have for breakfast? ― Rice and *natto*. など）	ＡＢ
4	1	日常的な話題について、相手の言ったことに対して簡単な質問をすることができる。	ＡＢＡ
5	1	アイコンタクトを意識しながら、友人とペアで簡単な対話をすることができる。 （1年教科書 pp.126〜129 Basic Dialog 程度）	ＡＢＡＢ

6	2	日常的な話題について、What, Who, Where, When, How などを用いて質問されたとき、文で答えることができる。	ＡＢ
7	2	日常的な話題について、相手の言ったことに対して相づちをうったり、感想を言ったりすることができる。（例：I went to Kyoto last Sunday. ― You did?など）	ＡＢＡ
8	2	相手の言うことが分からないときに、聞き返すことができる。 （例：Excuse me? / Could you say that again?など）	ＡＢＡＢ
9	2	日常的な話題について、自分の意見や考えとその理由を伝えることができる。	ＡＢＡＢ
10	2	社会的な話題について、自分の意見や考えを伝えることができる。	ＡＢＡＢ
11	2	アイコンタクトやジェスチャーを意識して、友人とペアで簡単な対話をすることができる。（2年教科書 pp.126〜129 Basic Dialog 程度）	ＡＢＡＢ
12	3	日常的な話題について、What, Who, Where, When, How などを用いて質問されたとき、返答するだけでなく、同様の質問を返すことができる。	ＡＢＡＢ
13	3	日常的な話題について、内容に関連する質問をして話題を広げることができる。 （例：I don't know how to play *shogi*. ― It's not so difficult. Do you want to learn?）	ＡＢＡＢ
14	3	日常的な話題について、質問を交えながら自分の意見や考えを伝えることができる。	ＡＢＡＢ
15	3	社会的な話題について、自分の意見や考えとその理由を伝えることができる。	ＡＢＡＢ
16	3	自然なアイコンタクトやジェスチャーをしながら、友人とペアで簡単な対話をすることができる。（3年教科書 pp.111〜113 Basic Dialog 程度）	ＡＢＡＢ

学習内容	Question
過去形	・Did you watch TV last night? ・What did you do last Sunday? ・What time did you go to bed last night?
未来形	・Do you have any plans for next Sunday? ・What are you going to do this weekend? ・Where are you going to go this summer?
接続詞	・What do you think of "twitter"? ・What was your hobby when you were a child? ・If you are free this weekend, what will you do?

【1-minute talk に取り組む様子】　　【1-minute talk のトピック例】

　自然な流れで対話を続けているペアを紹介したり、タブレット端末で対話を録画し、自分たちの話している英語を確認し合ったりして、継続的に活動を続けている。この活動に関するアンケートでは、1年間で大きく変容が見られたが、対話が続くようになったことの一つに、コミュニケーションへの意欲の高まりがあると考えられる。また、スピーチ活動の際に、話した内容について教師からの質問に答える場面を設定しているが、質問の内容を即座に理解することができても、大半の生徒が単語や短い語句で返答するのが現状である。1-minute talk を他の言語活動に生

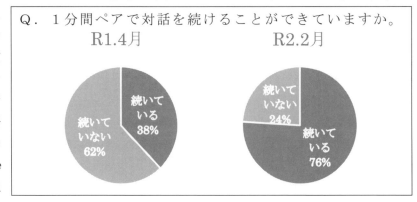

かす手立てを講じたい。

（３）英語でのコミュニケーションに対する新たな「ものがたり」が生まれる語り直しの工夫

　英語によるコミュニケーションへの新たな「ものがたり」を表出させるために、本単元の終末に、以下のような視点を示して振り返りを書かせた。

> **スピーチ活動を通して、あなたが学んだことは何ですか。以下の視点を参考に書きましょう。**
> 　① 学習前後で自分自身が変容したことを語る。
> 　② 友だちとのやりとりや学び合いの中で気づいたことや学んだことを語る。
> 　③ 今後の英語学習や自分の生活にどう生かしていきたいか、を語る。

（見取りの指標）

段　階		内　　容
A		本単元を通して、英語によるコミュニケーションの価値を実感するとともに、見方・考え方に対する自己の変容が具体的に語られている。
B	1	英語によるコミュニケーションの価値は認識しているが、自己の変容が語られていない。
	2	自己の変容は語られているが、英語によるコミュニケーションの価値については語られていない。
C		英語によるコミュニケーションの価値も自己の変容も語られていない。

A：英語によるコミュニケーションの価値を実感するとともに、見方・考え方に対する自己の内容が具体的に語られている。（14名（41.2％）n＝34）

> 　私はこれまで「スピーチ」と言われるとビシッとした空気ですから緊張するし、しっかりした丁寧な表現で話さなければいけないイメージであまり好きではありませんでした。しかし、今は好きです。（中略）私はスピーチをする側の時、辞書で調べて難しい全然習っていない言葉で書こうとしていました。だから、とても難しくてなかなか進みませんでした。しかし、先生が「なるべく習った言葉で」と言ったので、知っている簡単な言葉で文章をシンプルに訳し、単刀直入な文章にすると、分かりやすくて良かったです。また、日本語は相手を思って遠回しにしたりして分かりにくくややこしいので、英語の方が良いなと思いました。しかし、英語は分かりやすくて良いけれど、言葉がストレートな感じなので、相手や場面で表現を選ばないといけません。言葉って難しいなと思いました。だから、人と話すときにはお互いを理解することが大切だと思います。
> 　今回のようにクラスでスピーチをする時は、簡単な文法で話してくれると自分も内容がよく分かり、ありがたいなと思いました。また、聞き手としては相手の話のさまたげにならない程度に"Oh!"など反応をすることが大切だと思いました。特に笑顔で聞いてくれると話している側もとってもうれしくて話しやすいです。今後は、表情豊かに感情を込めてスピーチをしたいです。普通に原稿を読むだけではおもしろくないので、強調するところは大きな声にしたり、相手に届くようにアイコンタクトをしたりして、聞いている人も楽しめるスピーチにしたいです。

Ｂ１：英語によるコミュニケーションの価値は認識しているが、自己の変容が語られていない。（８名（14.7％）、Ｂ２：７名（20.6％）ｎ＝34）

> 　僕はスピーチを通して、大きく分けて２つのことを学びました。１つ目は英語の基本的な文法がしっかり身に付いたことです。（中略）２つ目は、スピーチに必要なスキルです。アイコンタクトやジェスチャーなど、スピーチをするときに大切なスキルが前より上がったと思います。実際にネイティブの先生に話すという体験もすることができました。僕たちが今習っている英語は、国を越えた共通語なので、これから社会に出てとても重要になってきます。文法だけ覚えるのではなく、実際に英語で話し、相手に自分の伝えたいことを伝えるようにするという意味でも、このスピーチの学習は大いに意味のあるものだと改めて思いました。

Ｃ：英語によるコミュニケーションの価値も自己の変容も語られていない。

（５名（14.7％）ｎ＝34）

> 　スピーチでは、最初はまだ習っていない単語を使って相手に伝わらないことがあった。なので、もう習った単語を組み合わせることで少し伝わるようになった。構成の部分では、ただ思いついたことをそのまま書くのではなく、Opening, Body, Ending の順で相手に伝わりやすく書くことが分かった。（略）

　英語によるコミュニケーションの見方・考え方に対する自己の変容が語られている割合は全体の 41％で、視点①を示したことで、自己の変容を捉えることにつながっていると言える。ＢやＣに分類された生徒の振り返りには、「構成」「ジェスチャー」「アイコンタクト」などのスピーチに必要なスキルに関する記述が多く見られた。これは、スピーチ活動を通して、それらの大切さを実感したり再確認したりすることに留まっているとも考えられる。英語でのスピーチやコミュニケーションの捉え直しをするためには、ＡＬＴや著名人のスピーチを聞いたり、英語のスピーチと日本語のスピーチを比較する場面を設定したりして、日本語のスピーチとどう違うのか、という問いを投げかけるなどの工夫が必要である。

　また、自己の変容について語られている記述を分析すると、学習前後の自分を比較する視点が弱いものが多く見られる。「苦手だったが、好きになった」という記述では、友だちとの教え合いや学び合いで苦手意識が緩和されたと思われる語りが多い。単元の学びを通して、英語でのコミュニケーションの意味や価値を見いだすことができるよう、生徒への問いの工夫や単元構成の改善を図りたい。

成果（〇）と課題（●）

研究内容（１）

● 　今回、言語活動の場面設定を工夫して実践したが、今後、同じような内容を伝え合う活動でも、相手や関係性を変えていくことで生徒が表現の多様性に気づくことができるよう工夫していきたい。

研究内容（２）

〇 　即興で話す力を育むための指導目標に沿って慣用表現を紹介したり、生徒にとって身

近で関心のある話題を設定したりすることで、同一時間内で生徒が話す英語の量は増えていることが分かった。アンケート結果からも、4月当初は、1分間英語で対話を続けられている生徒が38%であったが、2月には、76%の生徒が続けられていると回答している。このことから、話すことや聞くことへの意欲が高まっているのでないか、と考えられる。

● 言語活動において、会話のトピックによっては、生徒の会話が続かないこともあるので、生徒の実態に合わせたトピックの設定の工夫が必要である。

　また、生徒を観察していると、メモをもとに話すのではなく、あらかじめ用意した発表原稿を見ながら話している生徒が見られた。即興性を身につけさせるためには、スモールステップで段階的に繰り返し練習させることで、英語でのやりとりに慣れさせていく必要があると感じる。

研究内容（３）

○ タブレット端末を用いて振り返りを行うことで、過去の映像と比較したり、自分が話す英語をくり返し聞いたりすることができている。「振り返りの時間にタブレット端末を用いることは役立ったか。」の問いに「はい」と答えた生徒は95%であった。発表の様子を相互評価したり、同じ話題について相手をかえて繰り返し対話したりすることが、新たな気づきを生み出す手立てとなり、自己の変容を実感し、より良いコミュニケーションを目ざす自己につなげることができることができた。生徒にとってよりよいタブレット端末の活用法を模索しながら、今後も振り返りの時間に継続的に使用したい。

● 授業後の振り返りに English Log を使用しているが、未知から既知への変化や「苦手」から「好き」への変化についての記述に留まっている生徒が多いのが現状である。コミュニケーションに対する見方や考え方を捉え直す語りが生まれるように、単元前の生徒の題材への捉えを書かせたり、振り返りの視点を示したりしたい。

参考文献

・　胡子美由紀『即興スピーキング活動』学陽書房、2018
・　上山晋平『中学・高校英語スピーキング指導』学陽書房、2018
・　上智大学ＣＬＴプロジェクト・編『コミュニカティブな英語教育を考える　日本の教育現場に役立つ理論と実践』アルク、2014
・　竹森元彦、伊藤裕康、若林教裕、河田祥司、川田英之『ナラティヴ・エデュケーション入門』美巧社、2017
・　田中武夫、田中知聡『「自己表現活動」を取り入れた英語授業』大修館書店、2003
・　田中博之『アクティブ・ラーニング「深い学び」実践の手引き』教育開発研究所、2017
・　野口裕二『ナラティヴ・アプローチ』勁草書房、2009
・　畠山雄二『徹底比較　日本語文法と英文法』くろしお出版、2016

- 　藤田晃之、松岡敬明『授業が変わる！新学習指導要領ハンドブック中学校英語編』時事通信社、2017
- 　森住衛『単語の文化的意味』三省堂、2004
- 　明田典浩、伊賀梨恵『研究紀要』香川大学教育学部附属坂出中学校、2018、pp.201-220
- 　明田典浩、伊賀梨恵『研究紀要』香川大学教育学部附属坂出中学校、2016、pp.169-186
- 　明田典浩、伊賀梨恵『研究紀要』香川大学教育学部附属坂出中学校、2014、pp.149-164
- 　山下さゆり、明田典浩『研究紀要』香川大学教育学部附属坂出中学校、2012、pp.125-136

第３学年１組　英語科学習指導案

指導者　　眞鍋　容子

1　日　　　　時　　令和２年６月12日（金）11:20〜12:10

2　単　元　名　　Special Project　日本のことわざを紹介しよう

3　学　習　空　間　　３年１組教室

4　単元（題材）について

（１）言語は文化である。言語を学ぶ上で、私たちはその言語の構造や文法、単語など全てに、その国や地域の文化が反映されていることに気づかされる。

　　　生徒は英語学習において、コミュニケーションの手段として英語を用いながら、相手の国の文化や考え方について知ることができる。異文化や多様な価値観に出会うことは、他者理解だけでなく、自国の文化や自分自身を理解する助けにもなる。日本と他国、自分と他者の違いを知ることで、自分自身について客観的に捉えたり、新たな気づきが生まれたりすると考えられる。そのような気づきや学びが、英語によるコミュニケーションへの意欲を高めるのではないだろうか。

　　　本題材では、ことわざや慣用句について扱っている。自分たちが慣れ親しんでいることわざや慣用句を外国の人に紹介するという活動を通して、生徒は日本語と英語の表現の違いだけでなく、文化の違いやことばの奥深さに気づくことができる。例えば、日本語のことわざには「口は災いの元」や「言わぬが花」などのように多弁を戒めるようなことわざがあるが、これに対して英語には"Beware of a silent dog and still water.（吠えぬ犬と静かな流れには気をつけろ）"のように、遠慮したり遠回しに言ったりすることを否定する意味合いのことわざがある。これは、英語圏の国々がことばによるコミュニケーションに重きをおく低文脈文化（low-context culture）の民族から成っていることを示している。ことわざや慣用句にはこのような文化価値観が色濃く反映されており、それらの背景や由来を知っていく過程で、生徒は、対照的に、自分自身や自分の価値観が日本文化の中で育まれてきたものであると認識するのではないだろうか。ことわざや慣用句の中で、文化的な差異が分かりやすく反映されているもの、国や地域によって解釈の異なるものなどを取り上げ、日本語、日本文化という同じ文化圏の者同士のコミュニケーションでは得られない気づきや学びを生み出す機会を設定する。ＡＬＴとのやり取りを通して、コミュニケーションを楽しみながら文化に対する関心や理解を高めることのできる題材である。

（２）本学級の生徒35名（男子18名、女子17名）は、ペアやグループでの活動に積極的に取り組む生徒が多く、意欲的に学習に臨む姿がうかがえる。しかし、全体の場で自分の意見や考えを発表したり、ＡＬＴとやり取りをしたりする場面では、積極的に英語で話そうとする生徒はごくわずかである。昨年度に実施したスピーチ活動では、身近なテーマについて辞書などを使わずに原稿を書かせると、与えられた時間の中で全体の80％の生徒が40語以上の英文を書くことができた。自分の考えをまとめたり、英語で書いたりすることには主体的に取り組む反面、他者と英語で伝え合

うことには消極的な態度を示す生徒が多いと考えられる。英語で伝え合うことの楽しさや異なる文化に触れる面白さを感じられるような場面を設けて、生徒のコミュニケーションへの意欲を高めたい。

（３）本題材を指導する（個の「ものがたり」を深める）にあたって、次の点に留意したい。
- 　原稿を書く前段階として、マインドマップなどを活用して発想を引き出し、伝えたい内容を整理する時間を設定する。
- 　原稿の作成や発表をグループごとに行うことで、学び合いの中で、伝えたい情報に対する柔軟な思考を引き出したり、英語表現の広がりに気づかせたりする。
- 　日本由来のことわざや国や地域で解釈の違うことわざを取り上げて、ＡＬＴとのやり取りの中で文化や価値観の違いに直面する場面を設定する。
- 　単語や文法の誤りをあらかじめＪＴＥが添削をしておくことで、文化価値観の差異がＡＬＴとの円滑なコミュニケーションを阻んでいるのではないか、という気づきを促す。
- 　言語活動の前後で同じ学習課題を提示し、話し合いを通して生徒が互いの気づきや学びを共有したり、自分自身の変容を把握したりできるようにする。

5　本単元の目標
（１）本単元で生まれる「ものがたり」

─ 題材に対する「ものがたり」の変容 ─

（学習前）
　英語を用いて外国の人とコミュニケーションを図る際には、単語や文法が正しければ意思疎通はできるはずだ。辞書などを使って正確な英語で表現し、発信することが大切だ。

（学習後）
　英語でのコミュニケーションにおいて、日本語を英語に直訳するだけでは伝わらない場合がある。特にことわざなどの場合には、そのことわざが使われる場面・状況を考えて、それがどのような意味や含みを持って使われるかを考えないと全く伝わらない。日英それぞれの表現の背景にある文化や発想法の違いを理解していることが大切だと分かった。

題材と自己をつなぐ概念 異文化理解

（自己に引きつけた語り）
　これまでは、外国の人に日本文化を発信するような場面が自分にはどこか他人事のようで、その必要性をあまり感じていなかった。しかし、今回日本のことわざについてＡＬＴの先生にプレゼンテーションをすることで、ことばの奥深さや異文化を理解することの面白さを感じた。ＡＬＴの先生に質問された内容は、自分たちの想定していなかったものが多く、それらは文化の違いによって生じるものだと気づいた。ことわざ一つを取り上げても、その国の歴史や慣習、先人の知恵に触れることができる。異文化理解とは、まず自分自身や自国の文化を理解することから始まるのかもしれない。そして、英語を学ぶことで、より広い世界や多様な価値観の中で自己を捉え直すことができるのではないだろうか。自分の人生をもっと豊かなものにするために、英語を学び、積極的にコミュニケーションを図りたい。

（2）本単元で育成する資質・能力

【知識・技能】 　外国語の音声や語彙、表現、文法、言語の働きなどを理解するとともに、これらの知識を、聞くこと、話すこと、書くことによる実際のコミュニケーションにおいて活用できる技能を身に付けるようにする。	・既習の語彙、表現、文法などの知識を正しく用いて、説明したいことわざや慣用句の内容を英語で表すことができる。 ・プレゼンテーションの要点を理解し、実際のコミュニケーションの中で活用することができる。
【思考力・判断力・表現力等】 　コミュニケーションを行う目的や場面、状況などに応じて、日常的な話題や社会的な話題について、外国語で簡単な情報や考えなどを理解したり、これらを活用して表現したり伝え合ったりすることができる力を養う。	・自分の興味のあることわざや慣用句について、簡単な語句や文を用いて、意味を説明するまとまりのある文章を書くことができる。 ・ことわざや慣用句について、伝える内容を整理し、英語で書いたり話したりして、互いに事実や自分の考えなどを伝え合うことができる。
【学びに向かう力・人間性等】 　外国語の背景にある文化に対する理解を深め、聞き手、読み手、話し手、書き手に配慮しながら、主体的に外国語を用いてコミュニケーションを図ろうとする態度を養う。	・ことわざや慣用句の説明を通して、そのことばや表現の背景にある文化に対する理解を深める。 ・異文化を理解したり受容したりすることの重要性を実感し、主体的に英語を用いてコミュニケーションを図ろうとする態度を養う。

（3）単元構成（全4時間）と問い

時間	学習課題（中心の問い）と◆学習内容
1	**日本のことわざを英語で伝えるには？** ◆ＡＬＴからたずねられたことわざ・慣用句の中から、興味のあるものをグループごとに選ぶ。そのことわざの意味内容を分かりやすい日本語で再述した上でマインドマップを用いて、意味や具体例を整理しながらグループで原稿を書く。
2	**日本のことわざを英語で伝えるには？** ◆作成した原稿に対して、ＡＬＴがコメントや質問を書いたメール文を読む。文法は正しいのに意味が伝わっていない、生徒間ではスムーズに理解できる内容がＡＬＴには伝わらないという体験から、その理由や改善の方法について話し合う。
3	**伝わる英語には、どのような工夫があるのか？** ◆前時に話し合った内容を全体で共有する。さらに、教師の示すモデル文について分析する。要点を整理した上で、それらを踏まえて他のグループと原稿を添削し合い、評価やアドバイスをもとに原稿を推敲する。
4 （本時）	**「ことばの壁」を越えるには？** ◆ことわざ・慣用句について、ＡＬＴにプレゼンテーションを行う。ＡＬＴとのやり取りやクラスメイトのプレゼンを通して、学んだことや気づいたことを共有する。

6　本時の学習指導

（1）目標

- 　自分たちで書いた原稿をもとに、ことわざ・慣用句について相手の立場に立って具体的に説明することができる。
- 　ＡＬＴとのやり取りを通して、言語や表現の背景にある文化に対する理解を深めることができる。

（２）学習指導過程

学習内容及び学習活動	予想される生徒の反応	○ 教師のかかわり
1　前時までの学習を振り返る。（全体）	・　前回話し合った内容を再確認して、自分の原稿を見直している。	○　プレゼンテーションの要点を再確認する。

「ことばの壁」を越えるには？

学習内容及び学習活動	予想される生徒の反応	○ 教師のかかわり
2　再構成した原稿を参考にしながら口頭練習をする。（グループ）	・　グループ間でプレゼンを比較しながら聴いたり、できるだけ原稿を見ないようにして話したりしている。	○　他のグループがどのような英語表現を用いてどのように説明しているかを意識して聴かせ、相互にアドバイスし合う場面を設ける。
3　ALTにプレゼンテーションを行う。（グループ→全体）	・　ALTから質問されていた部分を工夫して説明しようとしている。	○　改善を加えたグループを称賛したり、工夫点を全体で共有したりする。
4　プレゼンテーションを通して、気づいたことを話し合う。（グループ→全体）	・　文法や単語が正しくても、ALTの先生にうまく伝わらなかったのはなぜかという視点で対話をしている。	○　うまく伝わったこと、伝わらなかったことについて、その理由を考えて語らせる。 ○　気づきを全体で共有させ、異文化間コミュニケーションに必要な要素について考えさせる。

T　：では、各班で出た意見を聞いてみましょう。S1さん、どうですか。
S1：最初、言葉通りに英語にしても伝わらなかったので、くわしい説明を加えました。例を挙げて話すと、理解してもらえたのでよかったです。
T　：具体的に言うと？
S1：私たちの班では、「覆水盆に返らず」ということわざを説明したんですが、It is used とか接続詞 that や when を使って自分たちの実際のエピソードなどを交えて話すと、すぐに理解してくれて共感もしてくれたので嬉しかったです。
T　：活動を通して新たな発見はありましたか。同じグループのS2さん、どうでしょうか。
S2：ALTの先生がこのことわざに相当する英語を教えてくれて、英語では「水」ではなく「ミルク」を用いているのがおもしろいなと思いました。プレゼンを通して、私たちが当たり前と思っていることも、外国の人と話すときには例を挙げたり、具体的に説明したりしないと伝わらないんだなと思いました。
T　：なるほど。S3さんのグループはいかがですか。
S3：私たちの班では、「言わぬが花」を説明するときに、「黙っていることがなぜ美しいの」という質問にすぐに答えられませんでした。Many people think などを使って説明するとうなずいて聞いてくれました。そのあとで「確かにそうだけど、自分が思っていることは言わないと伝わらないよ」という先生の言葉を聞いて、<u>文法や単語が正しくても、お互いの文化や価値観の違いを理解して話さなければ、スムーズに伝わらないこともあるんだなと思いました。</u>＜新たな気づき＞
T　：なるほど。それでは、この学習を振り返って、気づいたことや学んだこと、新たに生まれた疑問などを自分のことばで書いてみましょう。

学習内容及び学習活動	予想される生徒の反応	○ 教師のかかわり
5　単元を振り返って、気づいたことや学んだことを書く。（個人）	・　自分の考えを本単元の学びを通して振り返っている。	○　視点を与えて振り返りをさせ、単元を通した自己の変容を捉えさせる。

（３）見取り

・　単元後の振り返りの中に、異文化間コミュニケーションに対する「ものがたり」の変容（異文化を知ることが自分の国の文化や自分自身を知ることにつながるという記述）があるか。

・　単元後の振り返りの中で、英語を学ぶ意味や価値を捉え直した語りが生まれているか。

第2学年1組 英語科学習指導案

指導者　　黒田　健太

1　日　　　　時　　令和2年6月12日（金）13：10～14：00
2　単　元　　名　　Special Project 「相づち」を通して異文化理解
3　学　習　空　間　　2年1組教室
4　単元（題材）について

（1）日本人にとって当たり前の習慣。しかし、日本人にとっての当たり前は、外国の人から見ると当たり前ではないことも数多く存在する。私たちが普段、会話のなかでうっている「相づち」もその一つである。「うん、うん」「そうなんですね」「なるほど」など、私たちは話をしている相手に対してよく相づちをうっている。これらの相づちは、相手の話に調子を合わせて同感の気持ちをもって受け答えするときの言葉や態度であり、日本語でコミュニケーションをとるうえで欠かすことができないものである。

　しかし、外国の人から見ると、日本人はよく相づちをうっており、かなり多く感じている。相手への共感を示す相づちが、外国の人にとっては別の意味に解釈されることがあり、文化の違いを感じることができる。日本人にとって相づちは、「相手の話を聞いている合図」であるが、一方で英語圏では、あまり相づちはうたず、黙って相手の話を聞くことが多い。また、相づちをうつ場合、「話題を広げる」ためにタイミングを見計らい使用している。このように、日本語と英語では相づちの目的が違うことが分かる。

　本単元では、英語だけではなく、様々な諸外国における「相づち」の目的や意味について語り直させ、「相づち」を通して異文化理解へとつなげたい。さらに、英語科の目標としている「即興の会話力」を相づちを通して意識させ、よりよいコミュニケーション活動の実践につなげていきたいと考えている。

（2）本学級の生徒は、男子18名　女子17の合計35名である。1年生の英語のコミュニケーション活動の授業において、聞き手は話し手に対してI see. / Oh, really? など、「（私はあなたの話を聞いています。という）反応」を相づちをうつことで推奨する中で、聞き手が話し手に対して誠実な態度をとるように伝えてきた。生徒にとって「相づち」は、コミュニケーションをとる際、相手意識を持つうえで、大切にすべきであると認識している。

　以上より、生徒にとって言語に関係なく、相づちをうつことがよりよいコミュニケーションをとるためには必要であり、会話の際、相づちをうつことが生徒にとっての「当たり前」になっていると設定した。

（3）本単元（題材）を指導する（個の「ものがたり」を深める）にあたって、次の点に留意したい。

- 　当たり前とのずれに出会わせるために、相づちに対する日本語と英語での捉え方の違いに気づかせる。
- 　会話の広がり、深まりを作るために、効果的な相づちの表現や相づちをうつタイミングなどを話し合いを通して考えさせる。
- 　個の「ものがたり」が深まるように、相手の国の文化や考え方を理解することが、よりよいコミュニケーションへとつながることを再認識させる。

5　本単元の目標
（1）本単元で生まれる「ものがたり」

___題材に対する「ものがたり」の変容___

（学習前）

　I see. / Oh, really?など、英語にも相づちの表現がある。相づちは「あなたの話を聞いていますよ。」というメッセージなので、英語でコミュニケーションを行うときも必要なもの。

（学習後）

　英語を話すときに日本語と同じ感覚で相づちをうつと、外国の人は不自然に思ってしまうことがある。また、自分のうった効果的な相づちによって、相手の話を広げることができる。

題材と自己をつなぐ概念
「相づち」による異文化理解

（自己に引きつけた語り）

　普段、日本語を話すときにうっている相づち。今まで相づちの意味を考えたことはなかった。日本人は外国の人と比べて相づちをよくうっているということを知って驚いた。さらに、英語の相づちは、話者の話題を広げ、会話を深める効果があると分かった。この学習を通して、英語の授業では、単語や文法を学ぶだけではなく、外国の人の文化や習慣などを学び理解することも大切だと思った。これからは、外国の人の文化も理解したうえで、お互いに気持ち良くコミュニケーションができるようにしたい。

（2）本単元で育成する資質・能力

【知識・技能】	
・外国語の音声、語彙、表現、文法の知識を「聞くこと」「読むこと」「話すこと」「書くこと」を活用した実際のコミュニケーションにおいて運用する技能など	○　既習の語彙や文法を活用して自分の連休を英語でまとめることができる。 ○　ALTの反応やVTRを通して、日本人と外国の人の「相づち」に対する捉え方の違いについて理解することができる。

【思考力・判断力・表現力等】 ・コミュニケーションを行う目的・場面・状況等に応じて、幅広い話題について、外国語を話したり書いたりして情報や考えなどを適切に表現する力など	○　会話の場面に応じた英語表現としてよりふさわしいものを判断しながら言語運用することができる。 ○　他者との対話を通して得た学びをもとに、自分たちの思い出について再考することができる。
【学びに向かう力・人間性等】 ・外国語を通じて、言語やその背景にある文化を尊重しようとする態度など	○　日本語や日本文化について改めて考え、自国の言語や文化を尊重できる。 ○　ただ単に単語や文法を学ぶだけではなく、コミュニケーションをとる相手の考え方や文化を知ることも英語を学ぶうえで、大切だと気づくことができる。

（3）単元構成（全4時間）と問い

時間	学習課題（中心の問い）と◆学習内容
1	相づちとは何か？ ◆普段使用する日本語の相づちを確認したり、意義を考えたりする。 ◆1年生の教科書から既習の英語の相づち表現を確認し、使用する意味などを考える。 ◆海外のインタビュー番組を観て、英語の相づちを確認する。
2	英語で相づちを効果的にうつには？ ◆連休の思い出について英語で考える。 ◆相づちをうってコミュニケーション活動を行う。 ◆iPadを用いて、1番効果的に相づちが使えている場面を録画する。
3 （本時）	◆ALTが相づちの上手い班のランキングを発表する。 ◆聞き手は、意識的に効果的な相づちをうつ練習をする。 ◆iPadを用いて、1番効果的に相づちが使えている場面を録画する。
4	なぜ、国によって相づちの仕方が違うのか？ ◆日米の相づちのうち方を比較する。 ◆世界各国の相づちをVTRで再度確認する。 ◆単元の振り返りを行う。

6　本時の学習指導
（1）目標
　・　日本語と英語の相づちに対する目的の違いに気づき、その気づきをもとに、効果的な相づちを意識的にうつことができる。

（２）学習指導過程

学習内容及び学習活動	予想される生徒の反応	○教師のかかわり（T１○、T２●）
1　前回録画したものを ALT がよい相づち順にランキングする。	○　英語における「相づち」の目的について、疑問を抱いている。	

学習課題（中心の問い）英語で相づちを効果的にうつには？

| 2　学習課題についてグループで対話する。（4人班） | ○　自分の考えと友達の考えを比較しながら聞いたり、質問したりしている。 | ○　異なる意見をもった生徒同士をグルーピングし、新たな気づきが生まれるようにする。
○　対話が深まらないグループがあれば対話に加わり、支援する。 |

T 　　：では、意見を発表してください。S１さん、どうぞ。

S１　：ランキングを見てみると、たくさん相づちをうっているいるけど Oh, really? など簡単な表現を繰り返している班は、順位が低かったので、簡単な表現ばかりを繰り返し使用するのは、効果的ではないと思いました。

S２　：S１さんの意見に賛成です。たくさん相づちをうつのは良いかもしれないけど、簡単な相づちだけでは、話が広がらないので、コミュニケーションとは言えないと思います。

T 　　：そうですね。先日、「相づち」は「コミュニケーションを円滑にする」とみんなで話し合って定義しました。それを踏まえると効果的な相づちとは何でしょう。

S３　：S１、２さん、先生の発言から、私は、効果的な相づちとは、話し手の会話を広げるものだと思いました。英語は、日本語とは違う目的で相づちを打っていると思いました。＜新たな気づき＞

T 　　：なるほど。では、効果的な相づちを意識して、もう一度コミュニケーション活動を前回と同じペアでやってみましょう。

3　新たな気づきをもとにコミュニケーション活動を行う。（2人組）	○　聞き手は会話が広がるような効果的な相づちを意識して使用している。 ○　話し手は即興での会話を意識し始める。	○　英語が苦手な生徒を中心に机間指導する。 ○　各班で出たよい相づちの例を全体でシェアし、考えを深める。 ●　机間指導しながらアドバイスや称賛を送る。
4　再度 iPad に録画する。（4人組）	○　前回よりよいコミュニケーション活動を目指している。	
5　振り返りをする。（個人）	○　日本語と英語の「相づち」に対する捉え直しをしている。	○　コミュニケーションに対する新たな考え方をもたせる。

（３）見取り

・　コミュニケーション活動の中で、相づちを効果的に活用し、会話を続けようとする姿が見られるか。

学 校 保 健

日本　亜矢

人間性豊かで心身ともにたくましい子供の育成をめざして
－「他者と関わる力」を育む養護教諭の関わり　－

　前回大会での課題の１つに思春期を迎え大人との話すことを拒否する生徒や、自分の気持ちや言いたいことを言葉として伝えられない生徒への対応が課題となった。また、自分の気持ちや、言いたいことを伝えられる生徒と伝えられない生徒の差の大きさを感じ、心の健康の予防的な取り組みの必要性を感じた。

　また、文部科学省（2017）現代的健康課題を抱える子供たちへの支援〜養護教諭の役割を中心として〜の中で、健康な生活を送るために、児童生徒に必要な力の一つとして「他者と関わる力」をあげている。そこで、今年度はスクールソーシャルワーカー（以下ＳＳＷという）と連携しソーシャルスキルトレーニング（以下ＳＳＴという）を実施し「他者と関わる力」を育むナラティヴ・アプローチの手法を取り入れた、養護教諭の関わりについて研究を進めていく。

研究主題について

　中学校の保健室には、小学校の保健室と違い思春期特有の課題が持ち込まれ、心と身体の健康課題が顕在化しやすい。特に思春期は、自己の確立の過程において、他者と比較する中で自己の優劣を感じやすく、自己への信頼心が揺らぎ、自身をこれで良いと捉えることができにくい状態と言える。本校生徒の現状を見ると、学業に対する心理的なプレッシャーを抱えており、そのプレッシャーが身体症状として現れている生徒もいる。現実の自分と理想の自分（なりたい自分）との間を埋められず、極端に低い自己有用感・自己肯定感をもつ生徒も見られる。また、前回大会での課題の１つに思春期を迎え大人との話すことを拒否する生徒や、自分の気持ちを他者へ伝えることや関わることが得意ではない生徒の対応が挙げられ、適切な人間関係（保護者、友だち）を構築しづらい現状があり、更なる、心の健康の予防的な取り組みの必要性を感じた。また、文部科学省（2017）現代的健康課題を抱える子供たちへの支援〜養護教諭の役割を中心として〜の中で、健康な生活を送るために、児童生徒に必要な力の一つとして「他者と関わる力」をあげている。今年度は、ＳＳＷと連携しＳＳＴを実施し「他者と関わる力」を育むナラティヴ・アプローチの手法を取り入れた養護教諭の関わりについて、研究を進めていく。

学校保健における「ものがたり」とは

　自己や他者と語り合う中で、自分の心身の健康状態や自分を取り巻く人的・物的環境などの外的状態を、自分自身で自覚することで、課題について向き合う力を自分自身の中から引き出し、生涯にわたって心身の健康を実践できるようになること

学校保健における「自己に引きつけた語り」とは

　自己や他者と語り合う中で、健康な生活を実践するために新たな考えや方法を捉え直した語りのこと

研究の目的

　自己や他者（養護教諭）と語り合いの中で、対話が整理されることで、自分自身の状況や心身の状態を理解し、振り返ることより、課題について向き合う力を自分自身の中から引き出し、生涯にわたって心身の健康を実現できるようになると考える。また、自身の気持ちを言葉で伝えられる生徒もいれば、言葉ではなく態度で表す生徒もいる。また、話すことを拒否する生徒や、話すことが苦手な生徒へもいる。今年度は、他者に自分の気持ちや考えを伝えることが苦手とする生徒に着目し「他者との関わる力」を育成するために、ＳＳＴを行い、ソーシャルスキルの向上と、ナラティヴ・アプローチの手法を取り入れた養護教諭の関わりの工夫について検証する。

研究の内容

（１）「他者と関わる力」を育むソーシャルスキルトレーニング（ＳＳＴ）の工夫

（２）ナラティヴ・アプローチの手法を取り入れた養護教諭の関わりの工夫

（1）「他者と関わる力」を育むソーシャルスキルトレーニング（ＳＳＴ）の工夫

　　ＳＣ、ＳＳＷによる授業参観や保健室来室時の生徒観察、教育相談委員会で支援を必要とする生徒について、協議する中で「他者と関わる力」の個人差が大きいことが課題として挙げられた。今年度は「他者と関わる力」を育成するために、養護教諭とＳＳＷが連携し、それぞれの専門性を活かし、２年生を対象に「他者と関わる力」を育む、ＳＳＴを全５回行い、中学生用社会的スキル尺度（嶋田洋徳「小中学生の心理テストと学校不適応に関する研究」風間書房より転載）を実施し、授業効果を検証していく。

「他者と関わる力」
・自分の体の状況を伝えられる力
・他者とのコミュニケーションを図る能力
（現代的健康課題を抱える子供たちへの支援〜養護教諭の役割を中心として〜
　２０１７年３月文部科学省より転載）

「ソーシャルスキル」
　対人関係や集団行動を上手に営んでいくための技能（スキル）のこと。対人場面において、相手に適切に反応するために用いられる言語的・非言語的な対人行動のことで、その対人行動を習得する練習のこと。
（嶋田洋徳「小中学生の心理テストと学校不適応に関する研究」風間書房より転載）

＜工夫＞
①　「他者と関わる力」を育むため、全５回のＳＳＴの内容を構成する。自分の感情に気づき、他者との感情の違いを自覚し、話すスキル、聞くスキルを習得し、他者と関わるために必要なスキルを実感できるように構成する。

②　対話（コミュニケーション）が活性化されるように、中学生用社会的スキル尺度結果より、座席編成を行い平均点がほぼ同じになるように座席決定する。

③　全５回のＳＳＴの内容を保護者に伝え「他者と関わる力」を学校と家庭の両面より生徒のソーシャルスキルの定着化を促す。

④　カードゲームや話す内容が記入してあるカードを使用し、話す内容を精選することで、対話（コミュニケーション）することが苦手な生徒も安心して話せる空間作りに努める。限られた時間内での授業になるため、侵襲性の高い内容にならないように、机間巡視を行いながら授業を進めていく。

⑤　ＳＳＴの流れの一部である「リハーサル・ロールプレイ」に、ソーシャルワークのグループワークの手法を取り入れ、意図的なグループ経験を通じて、生徒の成長と発達を促す場面設定を行う。その際、グループ活動において、各生徒が適当な「グループ経験」やプラスの方向に進むことができるように、養護教諭やＳＳＷは側面的な支援を行う。あくまで、活動の主体は生徒自身であり、生徒一人ひとりの価値観や性格等を理解し、生徒の気づきや思いを引き出しながら進めていく。

⑥　「他者と関わる力」を育みたいと生徒自身が感じる機会になるように「自己肯定・他者肯定」できる言葉かけや伝え方を意識しながら、対話を育めるグループ活動を導入することで、対話を楽しめる雰囲気づくりを行う。

	中学生用社会的スキル尺度	全然あてはまらない	あまりあてはならない	少しあてはまる	よくあてはまる
1	困っている友だちを助けてあげる。	1	2	3	4
2	友だちの話をおもしろそうに聞く。	1	2	3	4
3	自分に親切にしてくれる友達には親切にしてあげる。	1	2	3	4
4	友だちに話しかけられない。	1	2	3	4
5	友だちをおどかしたり、友だちにいばったりする。	1	2	3	4
6	友だちが失敗したらはげましてあげる。	1	2	3	4
7	友だちのたのみを聞く。	1	2	3	4
8	自分から友だちの仲間に入れない。	1	2	3	4
9	何でも友だちのせいにする。	1	2	3	4
10	友だちのけんかをうまくやめさせる。	1	2	3	4
11	友だちの遊びをじっと見ている。	1	2	3	4
12	でしゃばりである。	1	2	3	4
13	友だちがよくしてくれた時は、お礼を言う。	1	2	3	4
14	休み時間に友だちとおしゃべりはしない。	1	2	3	4
15	まちがいを、すなおにあやまらない。	1	2	3	4
16	引き受けたことは、最後までやり通す。	1	2	3	4
17	遊んでいる仲間には入れない。	1	2	3	4
18	友だちの意見に反対するときは、きちんとその理由を言う。	1	2	3	4
19	なやみごとを友だちに相談できない。	1	2	3	4
20	友だちにらんぼうな話し方をする。	1	2	3	4
21	相手の気持ちを考えて話す。	1	2	3	4
22	友だちと離れて、一人で遊ぶ。	1	2	3	4
23	友だちのじゃまをする。	1	2	3	4
24	友だちに気軽に話かける。※	1	2	3	4
25	自分のしてほしいことを、むりやり友だちにさせる。	1	2	3	4

嶋田洋徳「小中学生の心理的ストレスと学校不適応に関する研究」風間書房
１９９８年１３９頁より転載
※集計方法：得点が高いほどソーシャルスキルが身についているといえる。得点を算出するには、４０点から「引っ込み思案行動」得点を引いた値と３５点から「攻撃行動」得点を引いた値を「向社会的スキル」得点に加算する。
※次の項目の得点を加算すれば、各下位尺度得点を算出できる。①向社会的スキル（１．２．３．６．７．１０．１３．１６．１８．２１）②引っ込み思案行動（４．８．１１．１４．１７．１９．２２．２４）※は、逆転項目である。数値を逆にしてから他の項目に加算する。③攻撃行動（５．９．１２．１５．２０．２３．２５）

（２）ナラティヴ・アプローチの手法を取り入れた養護教諭の関わりの工夫

　　前回大会で、ナラティヴ・アプローチの手法を取り入れた健康相談を実施し、自尊感情を高め、対話（コミュニケーション）が増えることが検証できた。今年度は、個から全体のへと広げ、対話（コミュニケーション）することが苦手な生徒や中学生用社会的スキル尺度が同性生徒の中で、一番低くいＡさんを中心に、ナラティヴ・アプローチの手法を取り入れた関わりを実施し、Ａさんの中学生用社会的スキル尺度の変化について検証する。

【ナラティヴ・アプローチの手法を取り入れた相談援助の姿勢・技法】

「**無知の姿勢**」先入観なくクライエントの話を聴きクライエントを知ろうとすること。専門家として既知の理論をそのままクライエントに適応することに対して、慎重であろうとする態度。

「**例外の発見**」問題であると考えていることに対して、その理由を繰り返し探るのではなく、それらの中にある問題でない部分を発見し、着目していくこと。

「**外在化**」クライエントの中に内在化している病理や問題などを、その人と切り離して「あなたが問題なのではなく、問題が問題である」という立場をとること。それにより、クライエントと問題に一旦距離を置くことができ、精神的刺激を軽減させながらアプローチしていくこと。これらに加え「**頷き**」「**相槌**」「**反復**」「**要約**」「**追加**」「**余白の設定**」「**評価しない**」などの要素を意識的に取り入れ、クライエントが話しやすい空間を作り、主体的に考え、語れるようにしていく。

　　　　　　　　　　　　　　　　　『研究紀要』香川大学教育学部附属坂出中学校Ｐ２２４より転載

＜Ａさんについて＞

　　Ａさんは、日常生活で家族や友だちとのコミュニケーションに課題を抱えており、自分自身でも、話すことが苦手で自分の気持ちを上手く伝えられないと感じている。また、授業前のＡさんのアンケートより「自分の気持ちを友だちや家族に話すことは、苦手。困っていることを誰かに話しても状況は変わらないし、問題は解決しないから、困っていても誰かに話すことはしない。」と答えている。

　　中学生用社会的スキル尺度結果は、授業前６８点と同性の中で一番低い得点であった。また「自分から、友だちの仲間に入れない」「友だちと離れて一人で遊ぶ」の項目は「よくあてはまる」と答えている。「友だちに気軽に話かける」という項目も「全然あてはまらない」と答えている。

　　（本事例は、生徒のプライバシー保護のため、一部加工を加えている。）

＜工夫＞

① 　中学生用社会的スキル尺度結果より、対話（コミュニケーション）することが苦手な生徒を中心にナラティヴ・アプローチの手法を取り入れた関わりを行う。

② 　「○○さんは、何でそう思ったの？（考えたの？）」「○○さんが、言いたいことはこういうこと？」「○○さんの話を聞いてどう思った？」「同じグループの人にも伝えてみよう」など、毎時間、できるだけ同じ問いをする。

③　Aさんの保護者に、普段のコミュニケーション時に、ナラティヴ・アプローチの手法を取り入れたコミュニケーショをできるだけ意識してもらう。前回大会で使用した、ナラティヴ・アプローチアセスメントカードを保護者用に改良し、コミュニケーションを取るときに、意識する項目を視覚化する。

ナラティヴ・アプローチアセスメントカード【保護者用】
1　安心して話せる空間ができていたか：座る位置や目線
2　無知の姿勢はできていたか
3　「あいずち」や「うなずき」はできていたか
4　反復や繰り返しができていたか
5　要約や話を整理し伝えられたか

＜ナラティヴ・アプローチアセスメントカード保護者用＞

1　ＳＳＴで生まれる「ものがたり」

（学習前）
　話すことも苦手だし、悩みを他の人に話しても、解決しないし、話しても現状は変わらない。

（学習後）
　話すことは苦手だけれど、話す内容が決まっていれば話しやすい。誰かに話すことも選択肢にいれたい。

（「自己に引きつけた語り」）
　悩みや困っていることを誰かに話しても解決しないし、現状は変わらないと思っていた。しかし、自分の悩みや困っていることを友だち（人）に話すこと、伝えることで、解決はしないこともあるけど、気持ちが楽になることを実感した。これからは、一人で悩まず、誰か相談したい。

＜ピアカウンセリング～嫌いな物とのとの付き合い方～授業の様子＞

実践事例「ソーシャルスキルトレーニング」実施学年 2 学年

2 構成（全5時間）

時間	学習内容
1	<u>アンガーマネージメント〜怒りをコントロールするには？〜</u> ◆ 「怒り」は悪いと思われがちだが、悪いものではなく大切な気持ちの一つであることを知り、同じ出来事でも人によっても「怒り」の度合いには、個人差があることを視覚的に認識し「怒り」と上手く付き合っていくための考え方や方法を知る。
2	<u>ノンバーバルコミュニケーション〜話すとき一番大切なのは、内容（言語情報）？表情（視覚情報）？声の大きさ（聴覚情報）？</u> ◆ ノンバーバルコミュニケーションを正しく理解し、人と話す時や話を聞くときに大切なことを理解し、今までの話し方、聞き方はどうだったかについて振り返る。
3	<u>ノンバーバルコミュニケーションを使って〜すごろくトーク〜</u> ◆ 相手に合わせた「聞き方」や「話し方」を「すごろくトーク」で、実践する。話を途中で遮らない、焦らさない、否定しないなど、話し方や聞き方を意識する。
4	<u>ピアカウンセリング〜嫌いなものとのつきあい方〜</u> ◆ 感情を出す練習として、嫌いな物や苦手なことを視覚化し、嫌いなことや苦手なことを解決するために、どうすればよいか、自分だったらどうするかを友達と一緒に考える。
5	<u>新生活に活かせるリフレーミングは？〜附属小6年生と合同授業〜</u> ◆ リフレーミングをすることで、短所を長所に捉え直す。異学年で対話することで、様々な意見や考えに触れ、より多様性を意識したソーシャルスキルを身に付ける。6年生は、新生活への不安を軽減につなげ、中学校2年生は、最高学年になることを自覚する機会とする。

＜新生活に活かせるリフレーミングは？附属小6年生との合同授業の様子＞

総論
国語
社会
数学
理科
音楽
美術
保健体育
技術・家庭
外国語
学校保健
共創型探究

－297－

3　ＳＳＴで表出した生徒の「ものがたり」

＜Ａさんの振り返りより＞

　友だちや人と話すことはどちらかでいうと苦手で、最近は、親（父）と話すと喧嘩になることが多く話すことをさけていた。5回のＳＳＴの授業を通して、自分の「聞き方」や「話し方」について振り返ることができた。今までの自分の「話し方」や「聞き方」を振り返ると、相手に合わせた話し方や聞き方ができていなかったと思う。今回の授業は、友だちと話すことが多く、不安だったけれど、話す内容も決まっていたので話しやすかった。また、友だちの話し方や聞き方で、真似してみようと思うところがたくさんあった。自分が話している時に「あいづち」や「同じ」「わかる」と言ってくれると「聞いてくれているな」と安心して話すことができた。今までは、友だちと話をするときは「うん、うん」という「あいづち」だけだったが、これからは「同じ」や「わかる」など、共感したところは、しっかり、声に出して伝えていきたい。また、今までは、話す内容が一番大切だと思っていたけれど、視覚情報や聴覚情報の方が大切だということを初めて知った。内容がまとまらなくても話してみようと思うそして、今までは、悩み事や困っていることを誰かに話しても、問題は解決しないし、同じだと思っていたけど、悩み事や困っていることを誰かに伝えることは必要だと思った。今までは、一人で悩んで時間だけが過ぎていっていた。今回、友だちに困っていることを相談したら、一人では思いつかないことやたくさんあり、短時間でよいアイデアがたくさんでてきた。相談しても、悩んでいることや困っていることは解決しないこともあるけれど、悩んでいることや困っていることを伝えることで、気持ちが少し軽くなった。また、一緒に悩んでくれたり、解決方法を考えてくれたりしたことがとても嬉しかった。これからは一人で悩まず、友だちや誰かに相談してみようと思う。また、笑顔で話したり、聞いたりすることでこんなに話しやすくなるし、聞きやすくなることも実感したので、親と話すときも、できるだけ笑顔で、話したり、聞いたりしたい。

＜アンガーマネージメント～怒りをコントロールするには～授業の様子＞

実践結果

（１）「他者と関わる力」を育むソーシャルスキルトレーニング（ＳＳＴ）の工夫

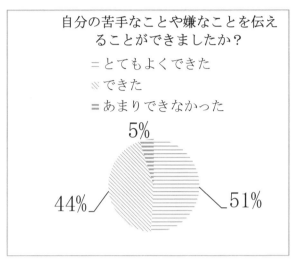

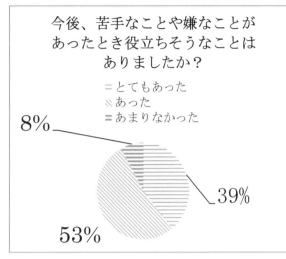

○　「ピアカウンセリング〜嫌いな物とのつきあい方〜」授業後のアンケート結果より「友だち
　と話すことは楽しかったですか？」という質問に、全員が「はい」と答えた。また、９５％の生
　徒が「苦手なことや嫌なことを伝えることができた」と答えた。「今後、苦手なことや嫌なこと
　があったときに役立ちそうなことはありましたか？」という質問に対しても９２％の生徒が「あ
　った」と答えたが「あまりなかった」と答えた生徒が８％いた。

○　授業後に行った「中学生用社会的スキル尺度」は、授業前に比べ、０．３点上がった。

	ソーシャルスキル尺度
授業前	82.3
授業後	82.6

○　授業後のアンケート結果より、本校生徒の特徴として、他者の語りに関心を寄せて聞くことや、
　他者と異なる意見になると発言しにくい状況が伺える。それに対して、ソーシャルスキルの学習
　内容を４段階で構成することで、「嫌いなもの」「苦手なもの」を伝えあい、お互いにアドバイス
　等をしあう環境醸成にまで繋げることができた。その体験を通じて、対話する楽しさや、誰かに
　相談することの大切さを獲得した生徒も多かった。

○　授業中に説明したソーシャルスキルを日常生活場面での悩みや気づきに繋げることの
　できる生徒もあり、生徒が自分自身のニーズとして捉え取り組むことができていた。ＳＳ
　Ｔは本人の課題意識や自己実現に向けて学んでいくものであることから、そのような動機
　づけを促したり、生徒自身の学びに展開したりすることができたといえる。

○　グループ活動における対話の中で、生徒が互いの価値観や考えを受け入れたり、各グループに
　合った流れで進めていたりという場面もみられた。生徒間の相互作用が効果的に展開されており、
　生徒一人ひとりが集団の持つ力を活用しながら、自身の成長・発達に繋がる気づきを抱くことが
　できた。

（2）ナラティヴ・アプローチの手法を取り入れた養護教諭の関わりの工夫

○　Aさんの「中学生用社会的スキル尺度」は、授業前に比べ、7点上がった。また「自分から、友だちの仲間に入れない」「友だちと離れて一人で遊ぶ」の項目は「よくあてはまる」「友だちに気軽に話かける」という項目も「全然あてはまらない」と答えていたが、授業後は、4つの項目とも、点数が上がっていた。

	ソーシャルスキル尺度
授業前	68
授業後	75

○　対話（コミュニケーション）することが苦手な生徒を中心に関わることで個の課題を発見することができた。Aさんは、「何て言えばいいのかわからない」と度々、言っていた。伝えたい気持ちはあるが、自分の気持ちを言語化できていないことがわかった。

<本研究を経て、現在のAさんの現状>
　AさんはSST実施前のアンケートで「悩みを誰かに相談しても現状は、変わらない」と答えていたが、5回のSST後のインタビューでは「相談しても、悩んでいることや困っていることは解決しないこともあるけれど、悩んでいることや困っていることを伝えることで、気持ちが少し軽くなった」と答えた。現在は、休み時間や授業中などの学校生活では、自ら友達に話しかけていく姿も見られるようになった。笑顔で友達と話す姿もみられるようになり、休み時間に一人で過ごす姿はほとんどなくなり、表情も穏やかになったと感じる。保護者からも、今までは、自分から学校のことを話すことはなかったが、少しずつ、自分から学校での話をしてくれるようになり、家族での会話も多くなったと感じると連絡があった。

成果（○）と課題（●）

研究内容（1）「他者と関わる力」を育むソーシャルスキルトレーニング（SST）の工夫

○　授業後のアンケート結果より、全5回とも全員が「授業は楽しかった」と回答した。中学生用社会的スキル尺度結果より、対話が活性化されるように座席を工夫したことで、生徒全員が対話に参加することができたと考える。また、話す内容を決めて、教師が例を示すことで、話すことが苦手な生徒も安心して話すことができた。

○　SSTで行った内容を保護者に伝え、家庭で実践してもらえるように依頼したことで、家庭での会話が増え、学校での様子や友達について話してくれるようになったと保護者より連絡があった。日常生活や家庭でも実施できる内容を取り入れたSSTを実施し、保健だよりや担任を通じ保護者に発信したことは効果的であった。

○　「中学生用社会的スキル尺度」が、同姓で一番低いAさんは、授業後の振り返りで、新たな考えを生み出すことができた。また、Aさんの状況を分析すると、ソーシャルスキルの学習や再獲得、その体験の場の設定が効果的であったといえ、Aさんのアセスメントが効果的な実践に繋がったといえる。そして、評価をしない養護教諭とSSWが中心に授業を行ったことで、生徒の意外な一面や良さ、課題を発見することができた。今後は、授業で発見した課題を個への教育相談につなげていきたい。

● ＳＳＴで行った実践を各教科やより生活に活かせるようにしていきたい。その活用をどのように読み取るのかが課題である。また、今年度は「中学生用社会的スキル尺度」を２年生のみ実施したが、１年生、３年生でも実施し、結果を分析して、他の教科でのクループ編成や座席決定に活用できるようにしていきたい。

● 「今後、苦手なことや嫌なことがあったときに役立ちそうなことはありましたか？」という質問に対して「あまりなかった」と答えた生徒が８％いた。今後の生活で活用できるＳＳＴの内容に改善を行っていく。

研究内容（２）ナラティヴ・アプローチの手法を取り入れた養護教諭の関わりの工夫

○ Ａさんは「悩みを相談しても現状は、変わらない」と答えていたが、ＳＳＴ後のインタビューでは「友だちと話すことは楽しかった」「先生がこういうこと？」「○○さんは、言いたいことはこういうこと？」と聞き直してくれたので、何を伝えたいのか自分の中で、話の内容を整理し、かすることができた。「友だちの意見を聞くことができ良かったと」答えた。今後も、個の支援として、ナラティヴ・アプローチ手法を取り入れた関わりを実施し、養護教諭が状況を整理し「要約」「承認」することで、何が課題となっているのか自ら気づかせたい。

○ ＳＳＴの中で、養護教諭が生徒にナラティヴ・アプローチを意識しながら、グループ活動やペア活動をサポートすることで、生徒のモデルとなり、生徒の対話に活かすことができていた。ＳＳＴの授業の雰囲気づくりも含めて、不可欠な要素の一つだったといえる。

● Ａさんの保護者にも、普段のコミュニケーション時に、ナラティヴ・アプローチの手法を取り入れたコミュニケーショを実践してもらったが「この対応でよかったのか？」「こう答えたが、この答え方でよかったのか？」など、対応が難しかったという意見があった。ＳＣやＳＳＷと連携し保護者が安心して対応できるような体制作りに努める。

＜ＳＳＴを行ったＳＳＷより＞

　　生徒たち主体で取り組めるＳＳＴの実践を意識し、対話やグループ活動の持つ楽しみを体感してもらい、今後の対人関係への効果的な気づきとなる機会になったように感じます。
　　段階的なＳＳＴの授業の中で、グループ活動を通して自己理解・他者理解を深めていくと共に、他者の考えや思いを知り、自分ひとりではないことや、異なる意見や状況があることを理解したりする中で、生徒が自分のマイナス部分を伝えやすい安全・安心な場づくりになったといえます。これは、「人に頼る力」「支え合いながら生きる力」を体得する機会にもなり、自立し合って互いを尊重し合う interdependence を目指すこと、さらには「生きる力」の体得にも繋がるものだと言えます。なお、生徒の中には友達の意見が参考にならなかったというのもありましたが、自分の考えの整理に繋がり、自分の求めている内容ではないことが分かることで、自分の選択肢や方向性がみえてきたことに繋がっているようにも感じ、生徒の感想からより発展させて、気づきを促す授業を進めることに関して私自身の課題もみえました。各グループで対話の違いの良さを言語化して伝えることも、一人ひとりを大事にした学級経営にも繋がるように感じました。それを担任以外である養護教諭やＳＣ、ＳＳＷが伝えることで別の立場から学級を支援する、生徒一人ひとりの状況に応じた支援に繋がる展開にもなり、それを担任とより連携することで、益々充実した教育相談体制になるように感じました。そのため、授業前後等に、担任等との情報交換を設定するなどの工夫を行い、校内の教育相談体制がうまく連動できる活動にしたいと思います。

参考文献

・髙岡　加苗「健全な自尊感情を育むことを目ざした予防教育の取り組み」
『研究紀要』香川大学教育学部附属坂出中学校、2016、187〜199 頁
・日本　亜矢「中学生における自尊感情を高める健康相談のあり方」
『研究紀要』香川大学教育学部附属坂出中学校、2018、221〜232 頁
・榎本　博明『「ほんとうの自分のつくり方」〜自己物語の心理学〜』講談社、2002
・野口　裕二『物語としてのケア—ナラティヴ・アプローチの世界へ—』医学書院、2002
・野口　裕二『ナラティヴ・アプローチ』勁草書房、2009
・丹治　光浩『中学生・高校生・大学生のための自己理解ワーク』ナカニシヤ出版、2011
・井手本　美奈子他『新版養護教諭の行う健康相談』東山書房　2016
・荒井　浩道『Narrtive Social Work ＜支援＞しない支援の方法』新泉社、2014
・荒井　浩道『ソーシャルワーカーのソダチ』生活書院、2017　73〜102 頁
・荒井　浩道『ソーシャルワーカーのジリツ』生活書院、2015　129〜156 頁
・　八木　亜紀子『相談援助職の記録の書き方　短時間で的確な内容を表現するテクニック』
　　　　　　　　　　　　　　　　　中央法規出版、2012
・国分　康孝『カウンセリングの技法』誠信書房、1979
・文部科学省『現代的健康課題を抱える子供たちへの支援』　2017
　　　　　　　　〜養護教諭の役割を中心として〜
・文部科学省『教職員のための子どもの健康相談及び保健指導の手引』2011
・文部科学省『「生きる力」を育み中学校保健教育の手引き』2014
・相川　充　佐藤　正二『実践！ソーシャルスキル教育』図書文化社　2008
・木暮　太一　『自分の気持ちを言葉にする練習帳』永岡書店　2019
・小林　朋子　渡辺　弥生　『ソーシャルスキル・トレオニングが中学生のレジデンスに与える影響について』2017

共創型探究学習　ＣＡＮ

共創型探究学習ＣＡＮ

　本校では、平成30年より文部科学省の研究開発学校指定を受け、これまでの総合学習ＣＡＮの実践をベースに「共創型探究学習ＣＡＮ[1]」を創設した場合の教育課程や系統的な支援の研究開発に取り組んでいる。ここでは、平成30年（ＣＡＮ2018）と令和元年（ＣＡＮ2019）に行われた実践について主に紹介する。

1　研究の目的とその特徴

（1）研究の目的

　「Society5.0」[2]とされるこれからの社会において、柔軟に対応し能動的に学び続ける生徒を育成するには、生徒自らが主体的に課題を設定し、自らの力で解決し、自己の成長や可能性を実感していくような活動が必要である。そこで、異学年合同の「共創型探究学習ＣＡＮ」を創設し、予測できない未来に対応して生き抜く能力の育成と教育課程や系統的な支援の研究開発を行うことを目的とする。

（2）ＣＡＮの特徴

　異学年合同の「共創型探究学習ＣＡＮ」の大きな特徴は以下の2点である。

①生徒主体の探究活動を保証する教育環境デザイン

　これまで実施されてきた総合学習は主に教師がカリキュラムや学習の流れをデザインし、生徒は教師が用意した選択肢のなかで、自分にとってもっとも興味があるものを選択していくという形式のものが多く見られる。しかし、ＣＡＮでは、生徒同士が互いに足場架けをしていきながら学んでいくことのできる教育環境をデザインし、探究課題の設定や追究方法の考案や実施、結果のまとめや分析など、そのほとんどを生徒に任せ、教師の適切な支援のもと生徒主体の探究活動が行えるようにしている。

②異学年合同での探究活動（正統的周辺参加論[3]に基づいた探究活動）

　1年生は見習いとして集団に参加し、経験を積みながら2年生(弟子)となり力をつけていく。そして3年生(師匠)では探究の中心として活動する。つまり、経験が違う異学年集団に属して活動することで、経験豊富な者から様々なことを自ら学び取り、「見習い→弟子→師匠」のように成長していくことをねらっている。

1　ＣＡＮのＣ・Ａ・Ｎは、Cluster（クラスター）、Action Learning（アクション・ラーニング）[1]、Narrative Approach（ナラティブ・アプローチ）の頭文字をとったもの。Cluster とは異学年の小集団、Action Learning とは、小グループで現実の問題に取り組む中で、行動を起こし、内省することで学習していくプロセス、Narrative Approach とは、ナラティブ（語り、物語）という概念を手がかりにしてなんらかの現象に迫る方法のこと。

2　「Society5.0」とは、内閣府の第5期科学技術基本計画において、我が国が目指すべき未来社会の姿として提唱されたものである。これまでの狩猟社会（Society 1.0）、農耕社会（Society 2.0）、工業社会（Society 3.0）、情報社会（Society 4.0）に続く、「サイバー空間（仮想空間）とフィジカル空間（現実空間）を高度に融合させたシステムにより、経済発展と社会的課題の解決を両立する、人間中心の社会とされる。（総務省、内閣府HPより）また、このような社会に求められる学びの在り方などについては、Society 5.0 に向けた人材育成に係る大臣懇談会/新たな時代を豊かに生きる力の育成に関する省内タスクフォースによる「Society 5.0に向けた人材育成～社会が変わる、学びが変わる～」などにまとめられている。

3　正統的周辺参加論とは、学習というものを「実践の共同体への周辺参加から十全的参加（full participation）へ向けて、成因としてアイデンティティを形成する過程」としてとらえる。学習者が獲得するのは環境についての認知的構造ではなく、環境の中での振る舞い方（状況的学習）であり、実践コミュニティに新参者として周辺的に参加し、次第にコミュニティ内で重要な役割や仕事を担っていくプロセスそのものが学習であるとする学習論である。

（3）ＣＡＮで育成したい資質・能力とその分析方法

3年間のＣＡＮを通して、下の表に示したような新領域特有の資質・能力（○印）も含めた力を育成[4]したいと考えている。

知識・技能	・探究活動に必要な基本的な知識・技能（全体） ○探究活動を通して獲得するより広がりや深まりのある知識・技能（全体）
思考力・判断力・表現力等	・自らの手で課題を解決していく力（全体） ○社会の変化に柔軟に対応する力（全体） ○広い視野を持って物事を分析する力（全体）
学びに向かう力、人間性等	・協力し合うコミュニケーション力（全体） ○主体的に課題を発見する力（全体） ○自己の活動を内省し、未来に活かす力（全体） ○自己をよりよく変革しようとする力（全体） ○新たな価値を見い出す力（全体） ○責任ある行動をとる力（師匠） ○人の力を効果的に引き出す力（師匠） ○役割を果たす力（見習い・弟子） ○自己形成の先見力（見習い・弟子）

また、資質・能力が身につけられているかどうかを生徒の記録（探究日記）、成果物（レポート、制作物等）、活動中のビデオ・音声記録、生徒・保護者へのアンケート調査結果などの資料から分析を試みる。

2　前回大会までの課題と今期の重点項目

（1）前回大会までの課題

・　発表会において、生徒は発表を聞こうとしているが、自分から質問し、さらに詳しく知ろうという姿はあまり見られない。

・　平成29年（ＣＡＮ2017）から探究に見通しをもち、より深い探究活動となるよう、探究仮説を設定させてきたが、その有効性について思ったような効果が表れていない。

・　自分たちの探究の成果を外部に発信し、外部からの評価を受けようという意識が薄れてきている。

・　探究の見通しや方法が定着しておらず、上級生としてリードする立場になったもののどうしてよいかわからず行き詰っている生徒（自ら探究できない）に対し、助けとなる何らかの手立てが必要である。

（2）今期の重点項目

前回大会までの課題を受け、生徒のさらなる探究活動の充実に向け、次の2点を重点項目とし、新たな取り組みや計画の変更を行った。

重点項目1：幅広い探究課題の設定を促す工夫

重点項目2：生徒の探究活動を深めるための工夫

4　研究仮説は以下の通りである。

・　学習する単位を異学年による探究小集団とし、「正統的周辺参加論」に基づいて探究活動を進めるなかで、3年間を通して自ら能動的に学びながら成長していく姿勢や力が育成される。

・　探究課題の設定を、教師の適切なかかわりのもと、生徒に任せ、深化、決定させていくことで、失敗も含めた経験を積むことができ、自ら課題を発見して解決に向かおうとする態度や力が育成される。

・　探究活動中の課題解決には、「アクション・ラーニング会議」を導入する。生徒間で質問し合うことで自ら解決方法に気づく活動を積み重ね、広い視野から物事を考え、解決策を見い出していく態度や力が育成される。

・　探究スキルを身につけさせる学習「シャトル」では、十数種類の講座を設定し、自分の探究に応じて適切な講座を選択し、履修することで、基本的な知識・技能が身につき、その後の探究に活かされる。

・　ＬＯＧに探究の活動内容や考え、記録を記述して振り返ったり、1年間の探究活動終了後に自分の探究の過程や学びを自分に引きつけながら記述して振り返ったりすることで、自己の活動を内省したり、学びをメタ認知化したりして、自己形成や未来につなげていこうとする態度や力が育成される。

【異学年合同での探究活動】

3　結果及びその分析

以下のような計画で令和元年（平成31年）のＣＡＮ2019を実施した。

CAN2019　年間計画表

		時期	主な内容	
探究テーマ設定		冬休み中	探究テーマ案の設定(個人)	新たな分類表と３つの視点
探究仮説設定	2月	CAN1	CAN2019ガイダンス、探究テーマの確認	探究アドバイスの掲示1
		CAN2	2人クラスターの完成、探究仮説の設定	
		CAN3、4	3年生からのアドバイス	探究深化シートを使って探究の見通しを立てる
	3月	CAN5、6	探究仮説の設定、参考文献・先行研究の確認	
		春休み中	先行研究及び参考文献での探究テーマ深化	先行研究や専門家について各自で調査
※小学校 探究活動	4月	CAN7～9	1年生へプレゼンの準備、1年生へのプレゼン	
			3人クラスターの完成	
	5月	CAN10～15	「CANの日Ⅰ」の計画、探究活動	ＣＡＮの日Ⅰ（専門家を訪問）
※専門家		CAN16～19	CANの日Ⅰ（専門家のところに訪問）	
※保護者	6月	CAN20	中間発表(報告会)の準備	保護者も参加して質問や助言
		CAN21、22	CAN中間発表	
		CAN23、24	「CANの日Ⅱ」の計画、探究活動	探究アドバイスの掲示2
※高校生	7月	CAN25～29	CANの日Ⅱ（校内でじっくり探究）	ＣＡＮの日Ⅱ（探究を深める）高校生も参加して探究
		シャトル特設Ⅰ、Ⅱ	シャトル特設（探究スキルの習得）	
		CAN30～32	夏休み&「CANの日Ⅲ」の計画、探究活動	
※専門家		夏休み中	専門家のところに訪問（一部のクラスター）	夏休みにも専門家を訪問
	8月	CAN33	CANの日Ⅲの最終確認	
※専門家、大学生	9月	CAN34～37	CANの日Ⅲ（専門家のところを再度訪問）	ＣＡＮの日Ⅲ（専門家を再度訪問）大学生も参加して探究
※大学生		CAN38、39	探究活動	
まとめ・発信	10月	CAN40～45	探究活動、プレ発表会の準備	
※小、高校生		CAN46～48	CAN2019プレ発表会	小学生・高校生からも評価
	11月	CAN49～50	プレ発表を受けての修正、発表会の準備	保護者も参加して評価
※保護者		CAN51～53	CAN2019発表会&審査会	
振り返り		CAN54	アンケート、CAN物語、最終論文の作成	12月～1月にかけて、3年生が最終論文集を作成し、礼状と一緒に発送（2月に最終論文集の完成）

　アンケート調査や生徒の振り返りの記述、教師の見取りなどから、実施による生徒への効果を分析する。

（１）課題設定における分類表と視点の効果について

①生徒が設定した探究課題からの分析

　図1は、生徒が分類コードでどのような探究課題を設定したのかについてまとめたものである。分類表を用いても、生徒が設定したテーマの傾向にはそれほど大きな変化はなく、Ｒ1年もＨ30年と同様の偏りがあることが分かる。詳しく見ると、生活習慣・衣食住系（202）やス

【卒業する3年生に自分の考えてきた探究課題を説明し、助言をもらう（2月）】

ポーツ体育（504）といった、食や運動などが目立つ。また、昨年あった言語や文学系（600）のテーマがなくなったものの、歴史（100）や心理（703）、脳科学（704）が増えている[5]ことがわかる。

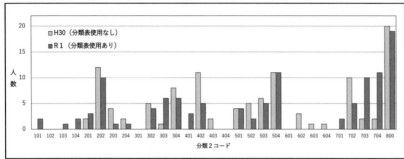

図1　分類表使用の有無による設定した探究課題の分布の違い

図2は、3つの視点による探究課題[6]の分布を表したものである。ここから、多くの生徒は身近な問題（視点2）や好きなことや特技（視点3）から課題を設定しており、素朴な疑問や発想（視点1）からの探究課題が少ないことがわかった。

H30 年、R 1年ともに、好きなことや特技を視点にして課題を設定する生徒が多いが、これらの視点から設定した探究課題を見ると、お菓子作りや部活動、漫画やゲーム、釣りなどをテーマにしたものが多く、探究内容も作っただけ、食べただけ、活動しただけになっている傾向がみられた。ただ、今年の生徒の実践を見ていると、同じ視点3から設定した課題であっても、本当に自分が困っていることをテーマにして探究しているクラスターは、単に作っただけ、運動しただけになっておらず、数値化できるように工夫し、データをとって、仮説を検証していこうとする姿が見られた。このことから、生徒が課題を設定する際に、自分や周りの困っていること（困り感）に着目させるような教師のかかわりが有効なのではないかと考える。ＣＡＮ2020 では、課題設定をする際の教師がかかわる視点としてその有効性を検証していきたい。

残念ながら今回の取り組みによって、生徒のテーマ設定の幅を大きく広げたり、傾向を変えたりすることにはつながっていなかった。しかし、生徒のテーマの傾向をこのような形でまとめたことによって、どのようなテーマが少なく、どこにターゲットを当てていけばいいのかを考えるきっかけになるなど、課題設定に対する今後の指標にすることができた。

5　歴史や心理、脳科学をテーマにした課題として、以下のようなものがあった。
「なぜ枢軸国は第二次世界大戦に負けたのか？」（歴史系）
「夢を自由に操ることはできるのか！？〜見たい夢を見たいだけ見る方法とは？〜」（脳科学系）
「応援によって人にどのような影響が及ぶのか？」（心理系）

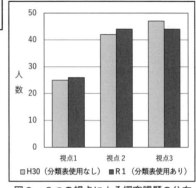

図2　3つの視点による探究課題の分布

6　今年度新たに見られた視点1〜3の探究課題の例としては以下のようなものがあった。
◆素朴な疑問から設定（視点1）
「「おむすびころりん」は本当に実現するのか？」
「本当に成功しやすいボトルフリップとは？」
◆身近な問題から設定（視点2）
「例の信号を何とかできないの課」
「香川の特産物を使ったお菓子で地域振興ができないか？」
「服についたチョークを落とすには？」
◆好きなこと、特技から設定（視点3）
「書の魅力をストーリーで伝えるためには？」
「エジソンの電球をこえるためには？」
◆それ以外にも継続研究として以下のような探究課題などが見られた
「黄身（君）を助け隊」（2年目）
「clean 発電所〜複合型発電は効率よく発電できるか〜」（5年目）
「石けんの研究4」（4年目）

②教師の見取りからの分析

　下の記述は、分類表を用いて生徒が探究課題を設定している際に、かかわった教師からの生徒の見取りである。先程の分布からは、生徒のテーマに大きな変化は見られなかったが、生徒とかかわっている教師の実感としては、これまでにないテーマを生徒が考えたり見つけたりするきっかけとして一定の効果があったと考えていることが分かる。

【探究深化シートの記述を見ながら、生徒にかかわる】

> 分類表の活用（その中で教師が感じたこと）
>
> 　例１）分類があったおかげで、今までなかったテーマが出てくるようになったと感じた。「サザエさん一家、坂出に引っ越す」のように、地理に関するテーマはなかったように思う。分類があるおかげで、幅広いテーマ設定が期待できると思う。
>
> 　例２）それまで自分の興味に偏った設定になっていたところがあったが、分類法を使ったり、①素朴な疑問、②身近な問題、③特技や好きなこと、などの発想の視点を与えたりすることで生徒が「こんな探究もしていいんだ」とテーマの設定や発想の幅が広がったことは見ていて感じ取れた。
>
> 　例３）継続研究でない限り、生徒はどのようなテーマにするか、見つけるのが困難だった。今年度はテーマ別分類表とその探究課題例を設定することにより、テーマの幅が広がったように感じる。特に、歴史的なことや日本の物語についてなど、今まではあまりなかったテーマを設定することができた。

　また、生徒が課題設定をしている際の教師のかかわりとしては以下のようなものが見られた。

> 　テーマが広く、漠然としていることを指摘し、より具体的で数値化できるものにするよう助言した。
>
> 　例１）「体力テストの種目を１種類に絞って、深く探究すること」、「どれだけ向上させたいのかを数値で設定すること」を助言　→　「50m走のタイムが 0.3〜0.5 秒早くなるには、どうすればよいのか？」
>
> 　例２）「バドミントンのコントロール力を上げよう」　→　「バドミントンのスマッシュのコントロール力を上げよう」

　生徒がはじめ考えてくるテーマは漠然としており、何となくこんなことがやりたいといったものが多く見られる。このように教師がかかわることで探究課題がより具体化され、探究できるものになる。このような教師のかかわりは非常に重要であるが、これまではなかなかそのようなかかわりができていなかった。しかし、今年度は各教室に課題設定の視点[7]を掲示し、生徒も教師もどういう視点を大切にして課題を設

7　課題設定において、教師がかかわる際の視点として、下のような掲示物を作成し、教室に掲示した。これにより、教師と生徒の双方が同じ視点で課題を見直すことができると考えた。

（スタート編）
より深い探究を行うために
〜５つのアドバイス〜

①定義をはっきりさせる
　✓何をもって〇〇とみなすのか
　✓どうなれば〇〇だといえるのか
②先行研究を調べる
　✓同じような内容の探究はないか
　✓どんな方法で実験や調査を行ったのか
　✓その探究で分からなかったことは何か
③専門家と連携する
　✓独りよがりの研究になっていないか
　✓お店の店員は本当に専門家なのか
　✓本当に行く必要はあるのか
④小さいことに徹底的にこだわる
　✓研究期間は実質４〜５カ月程度
　✓１つでいいから誰にも負けないぐらい徹底的にこだわれ
⑤感覚ではなく、数値化する
　✓感覚はあくまで個人の感想
　✓数値化することで説得力が生まれる

定すればよいのか共通理解できていた。そのため、ＣＡＮの経験があまりない教員もこのようなかかわりができていた。このことから、課題を設定したり、探究活動を深めたりするうえで、大事なポイントをまとめ掲示しておくことは、生徒と教師の双方にとって有効であると考える。

（２）探究深化シートの効果について

　今年度、生徒の探究活動を深める工夫として探究深化シートの改良を行った。その効果について生徒の記述、教師の見取り、アンケートからその効果を分析する。

①生徒の記述したシートからの分析

　　図３は、今年度最優秀研究（青雲賞）として表彰された生徒の探究深化シートである。問いの部分に不十分さは見られるが、この生徒は何をゴールにして探究していたのか、そのゴールを達成するためにどのような仮説を立て、どうやってそれを明らかにしようとしていたのかがシートの記述からわかる。また、この探究を進める上で、どのような専門家と繋がって研究を進めていけばよいのかも考えられている。このような探究深化シートを作成することができた生徒は、何を明らかにするために、どうやって探究していけばよいかについて自分なりに見通しがもてており、自ら探究活動を進めていくことのできる生徒である。実際に、この生徒がリーダーとなったクラスターは、ＣＡＮの日や夏休みを利用して、専門家を訪ねたり、実験を行ったりして、自分たちの仮説を検証するための探究活動を行うことができていた。

　　図４は、優秀研究（ＣＡＮ賞）として表彰された生徒の探究深化シートである。この生徒の研究は４年間の継続研究で、これまでオリジナルの固形石けんを作り、それを市販の石けんと比較してきた。今年度は、研究対象を液体石けんに変更して探究活動を行った。探究深化シートを見ると、いくつか記述に曖昧な点やズレが見られる[8]。また、設定した仮説は問いに対応したものであるが、その仮説を受けての検証方法にズレや曖昧な点が見られる[9]。さらに、先行研究や助言をもらう専門家が設定できておらず、探究活動が深いものになりにくいことが、シートの記述からわかる。このような記述をしている生徒には、<u>ゴールと問いや仮説のズレを教師が指摘したり</u>、<u>仮説を検証するための方法はそ</u>

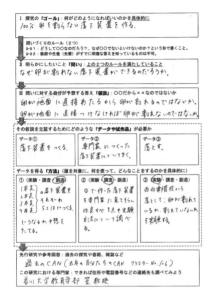

図３　最優秀研究の生徒のシート

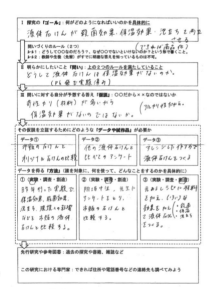

図４　優秀研究の生徒のシート

8　例えば、「ゴール」と「問い」とズレである。ゴールが「殺菌、保湿、泡立ちを両立させること」であるのに対して、問いは「液体石けんは保湿効果がないのか」になっている。もし、このような問いを設定するのであれば、ゴールは「保湿効果のある液体石けんを新たに作ること」などになる。

れで良いのか検証方法を教師が一緒に確認したり、独りよがりの浅い研究にならないために先行研究を調べさせたり、専門家と繋がるように教師がアドバイスするなどのかかわりがあれば、さらに深い探究を行うことができたのではないかと考える。

　図5は、対象に対して興味や関心をもち、まじめに探究していたにもかかわらず、もう一歩深く探究できなかった生徒の探究深化シートである。シートの記述を見ると、この生徒は「市販されているボールペンの中で、最も使いやすいボールペンは何か」ということに疑問をもち、探究を行ったことが分かる。しかし、この「ゴール」ではWhyの形での問いができない。このようなゴールから設定された「仮説」では浅い探究[10]になってしまう。このことから、探究を深くするためには「問い」が最も重要であったことが分かる。「問い」がWhyにならないことから、探究が試し書きして終わりの浅い探究になっていることを指摘し、もう一度ゴールを見直すように教師がかかわることができれば探究内容はさらに深くなったのではないか[11]と考えられる。また、先ほどの例にもあったが、先行研究や専門家についても調べさせ、記述させることで専門家とつながるように教師が促すことも重要だと考える。

　探究深化シートは課題を追究していく上で、自分の探究の道筋を立て、見通しをもつことに有効であるとともに、教師が生徒の実態を把握し、どこにどのように関わればよいのかという視点をもつことに有効であることが分かる。そして、探究深化シートの記述内容を教師がきちんと分析し、適切に関わることで、生徒の探究をより深いものにできるのではないかと考えられる。特に、「ゴール」と「問い」、「先行研究・専門家」に注目することが重要である。今年度明らかになったことを、次年度の実践に生かしていきたい。

②教師の見取りからの分析

　下の記述は探究深化シートを利用して生徒に関わった際の、教師の見取りの記述である。

探究テーマを「なぜ〜」の形に指定していたので、「それにあてはまらない」＝「探究ではない」ということに気づくクラスターが多かった。一方で無理やりその形に落とし込もうとするクラスターもあり、「どのねむけざましが効果的か」「なすきらいでもなすが食べることができる方法」などネットで調べたらすぐに結論が出てしまいそうなテーマをより深い探究につなが

9　仮説は保湿効果に着目しているが、検証方法は保湿効果から再び殺菌や泡立ちになっていたり、比較対象が固形石けんなのか液体石けんなのか曖昧になっていたりする。

図5　浅い探究になった生徒のシート

10　ここでいう浅い探究とは、使いやすいボールペンを見つけることを目的にして色々ボールペンを試してみて、書きやすいボールペンを見つけて終わりといった探究である。仮説や検証方法の記述からも、このようなゴールや仮説を設定したことで、色々試し書きして、使いやすいボールペンを見つけるだけのものになっていることがわかる。

11　例えば、使いやすいボールペンを見つけることがゴールではなく、「なぜそのボールペンが使いやすいのか」という問いを設定し「インクの種類」「重心の位置」「グリップの太さ」などボールペンの書きやすさに関係しそうな要因を比較分類し、使いやすいボールペンの秘密を解き明かし、より使いやすいボールペンへと改良するため自分なりの工夫などを他者へ提案するような探究である。

るような探究テーマにするにはどうすればよいか困っていた。

→そんなクラスターにはAL会議が効果的である。教師がアドバイスを送るよりも他のクラスターから「ねむいとねむくないはどうやってはかるの」、「どうなったら効果的だとするの」、「個人差はどうするの」、「ネットで調べたらでるんじゃないの」、「すりつぶしたら終わりじゃないの」といった素朴な疑問やたくさんの質問を受けることで、現在の探究テーマでは厳しいことを実感していた。また、別のクラスターでは実際に探究深化シートを使って、自分たちの探究の指針を再考するクラスターもあった。

→それを受けて、ねむけを数値化するにはどうしたらいいかなど具体的にCANの日に専門家に聞く内容を考えたり、なすを題材にするが、他のものでも応用できるように、比率などに視点をおいたりして探究していくようになった。

　教師の見取りから、探究深化シートの「問い」の形をWhyにするという壁を設けることで、必然的に生徒が自分の「ゴール」を見直すきっかけになっていることが分かる。また、AL会議によって生徒同士で曖昧な点を質問しあったり、「インターネットで調べたら答えが出るのではないか」「数値化できるのか」「専門家とつながれないか」という問いかけしたりすることで生徒の探究がより深くなっていることが分かる。このことから、シートの問いの仕掛けや課題設定の際のAL会議、教師の関わりが生徒の探究を深めることに有効であったと考えられる。このような成果を次の実践にも活かしていきたい。

③生徒アンケート（3月）からの分析

　図6は、R1の3月にこの探究深化シートを使った2年生と1年生（4月の新2、3年生）による評価と記述の一部[13]である。

　これまで課題設定の際に使っていたシートを改良することで、生徒の評価を大幅に改善することができた。生徒の記述には、探究の見通しを立てられることや頭の中を整理できる、ゴールをはっきりさせられることなどを探究深化シートのメリットとして書いているものが多かった。ゴールから検証方法までの一連の探究の流れを一枚のシートにまとめるような形にしたことで、自分の探究に対して見通しがもてるようになったことが、このシートの有効性を実感した理由であることがうかがえる。

　さらに、今回は探究深化シートを記述させる際に、仮説を設定するこ

12　課題追究において、教師がかかわる際の視点として、下のような掲示物を作成し、教室に掲示した。これにより、教師と生徒の双方が同じ視点で探究方法を見直すことができると考えた。

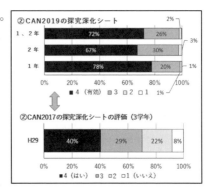

（探究編）
より深い探究を行うために
〜5つのアドバイス〜

①ゴールを明確に設定する
✓その実験・調査の目的は何か？
✓明らかにしたい仮説は何か？

②変数をはっきりさせる
✓その実験の変数が明確になっているか？
✓変える条件は1つになっているか？
✓それ以外の条件がきちんと固定できているか？

③結果を分類し、共通点をさぐる
✓性別・場所・時間・年齢など様々な視点で分類してみると？
✓すべてに共通していえることは何か？
✓その共通点さえあれば、いつでも、何でもそうなるのか？
　（共通点を変数に実験で検証してみては？）

④データを数値化する
✓感覚はあくまで個人の感想でしかない
✓数値化することで説得力が生まれる

⑤グラフや図にまとめてみる
✓グラフや図、地図などにデータをまとめると新たな発見が！

図6　探究深化シートに対する生徒評価

13　生徒の記述の一部
○一通りのCANの予定がついた。
○見通しがたちやすかった。
○頭を整理できた、何をしたいのか明確にできた。
○順番通りに書き進めると、自分たちの考えを固められる。
○後で見返して話が逸れていないかわかる。
○相談して同じ課題を解決するのであった方がよい。他の人にすぐ理解してもらえて便利だ。
●去年の方が書きやすかった。
●他に何か新たに見つかることの方が多いから、仮説を立てなくてもいい。

とや問いの形を「なぜ」、「どうして」という Why の形で設定することにこだわった。しかし、①で分析したように、生徒の記述した探究深化シートを見ていると「どうやって」というような How の形になっているものやゴールと問いがズレているもの、仮説とその検証方法がズレているものなども多く見られた。このような点を教師が指摘し、かかわることで、生徒により深い探究活動を促すことができると考えている。

（3）ＣＡＮ2019実施による生徒への効果について

今年度重点的に行った課題設定・課題追究する力の育成とＣＡＮ全体を通しての生徒の実態を次の２つから分析する。

　・10月と11月に実施した生徒アンケート

　・ＣＡＮ2019を振り返って生徒が記述したＣＡＮ物語

①課題設定・課題追究する力 [14] の育成について

本年度の取り組みの効果について調査するために、探究のまとめに入る時期（10月）にＣＡＮによって課題を設定する力や課題を追究する力がついたかどうかの調査を行った。**図7**は、ＣＡＮの活動を通して課題を設定する力がついたと思うかを調べた結果をまとめたものである。どの学年も肯定的な意見が８割を超えており、１年生に比べて、２、３年生では９割以上の生徒が力がついたと答えている。また、アンケートの記述 [15] から、ＣＡＮだけでなく授業や日常のなかで課題を見つけたり仮説を設定したりするようになった生徒の様子がうかがえる。

図8は、ＣＡＮの活動を通して、課題追究する力がついたと思うかを生徒が自己評価した結果をまとめたものである。先ほど同様、どの学年も肯定的な意見が８割を超えており、学年が上がるにつれて力がついたことを実感している生徒の割合が増えている。これは、上級生になると探究をリードしていく立場に立つため、探究方法について自ら考える機会が増えていくためと考えている。また、アンケートに書かれた生徒の記述 [16] から、先輩に頼っていた１年生から探究をリードし、結果からさらに疑問を見つけ、それをどのような方法で明らかにすればいいのかを考えるようになった３年生への成長の様子がうかがえた。しかし、生徒の中には、課題をどのように追究していけばよいか、見通しをもつことのできない生徒も見られる。そのような生徒に対する教師

14　課題を設定する力とは、「素朴な疑問や身近なところにある問題、特技や好きなことから課題を設定し、自分なりの仮説を立てること」、課題を追究する力とは、「自分が立てた仮説に対して、どのような実験や調査、創造を行えば良いのかを考え、実施し、得られた結果から、仮説に対して考察を行うこと」と定義して生徒に４段階で自己評価させた。

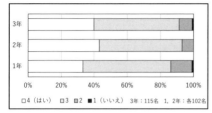

図7　課題を設定する力はついたか

15　アンケートの記述の一部
・以前よりもいろんな場面で仮説を立てられるようになったから（３年）
・身近な当たり前のように過ごしていることにも「なんで」という気持ちをもって過ごすことが多くなった（３年）
・問題点や疑問点を解決するために課題を立てたから、考える力はついた（２年）
・授業中の発表で自分の仮説を発表することが多くなったから（１年）

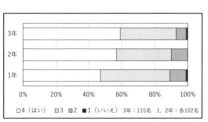

図8　課題を追究する力はついたか

16　アンケートの記述の一部
・自分が設定した課題への実験方法を自分で考えることができたから（３年）
・探究して出た答えにさらに疑問をもって探究することができたから（３年）
・対照実験のように材料を少し変えたりして、どちらが良いかなどを考えて課題を追究できたから。（１年）
・適切な実験だったのかという視点が欠けていたから（２年）
・少しはついたと思うけど、まだ先輩に頼ることが多いから（１年）

側の支援や何らかの手立てが必要であると考える。

②課題設定について

　図9は、探究課題を設定する際にクラスター内で十分に話し合って探究課題を設定することができたかどうかを、図10は、設定した探究テーマ（課題）に満足しているかどうかを、それぞれH30年とR1年で比較したものである。H30年に比べてR1年はどちらも上昇していることが分かる。また、設定したテーマの満足度と十分に話し合えたかどうかの評価も割合がよく似ていることも分かる。このことから、十分に話し合った上で探究課題を設定できたクラスターは、自分たちが設定した探究課題に満足感をもち、探究活動に取り組んでいるのではないかと考えられる。そして、話し合う際に、今回の探究の視点や分類、探究深化シートなどの手立てを活用することが有効だったと考えている。

③仮説の設定について

　図11は、探究仮説を設定したことが探究に役立ったかどうかをH30年とR1年で比較したものである。これを見ると、R1年では、およそ9割の生徒が探究仮説を設定したことが有効であると考えている。これは、新しくした探究深化シートで仮説を立て、その仮説を検証するための方法を考えさせることで、自分たちの探究に見通しをもって取り組むことができたと感じる生徒が多くいたためだと考えている。

④異学年でのクラスター活動について

　図12は、異学年でのクラスター活動に満足しているかどうかをH30年とR1年で比較したものである。今年度（2019）は、異学年でクラスターを編成する際、個々の生徒が考えてきた探究課題やテーマ、分類番号を使って、やりたいことや興味・関心が似ている生徒同士を組み合わせるようにした。このような方法を取ることで、昨年よりも興味関心が近い生徒同士を組み合わせることができた。しかし、最後まで残った生徒の中には、やむを得ず違うテーマのクラスターに入る生徒もいた。次年度は、やりたいことが似ている生徒同士が組めるような編成のあり方についてさらに工夫したいと考えている。

⑤ＣＡＮの日を3回に増やしたことについて

　図13、14は、ＣＡＮの日の探究活動や設定した回数に対する生徒の

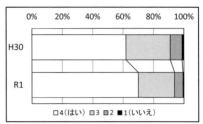

図9　クラスター内で十分話し合って探究テーマ（課題）を設定できたか

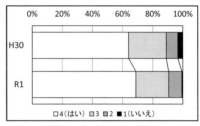

図10　設定した探究テーマ（課題）に満足しているか

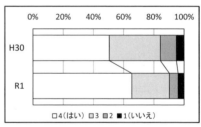

図11　探究仮説を設定したことが、探究に役立ったか

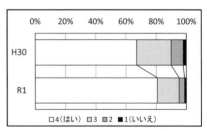

図12　異学年クラスター活動に満足しているか

評価をまとめたものである。ＣＡＮの日が２回であったＨ30年も９割近い生徒がＣＡＮの日は有効であったと考えていたが、今期は専門家との連携をさらに進められるように、ＣＡＮの日を３回に増やした。回数を増やしたことで、探究が停滞することなどが危惧されたが、生徒は３回のＣＡＮの日を探究活動に活かすことができたようである。探究をはじめる際に、探究深化シートなどで自分たちのゴールに向けた探究の見通しを立てていることが、有効であったと考えている。しかし、ＣＡＮの日が１日増えたことで、計画や訪問先との連絡に教員や生徒が多くの時間を取られてしまったという反省もある。また、高校の文化祭や大学の学会などの関係で訪問できなかったクラスターも見られた。外部の専門家と連携を深め、ＣＡＮの日の活動をより良いものにするために、３回のＣＡＮの日に向けた計画立案のあり方についてさらに工夫が必要だと考える。

⑥探究活動に対する達成感について

　図15は、自分の探究活動に達成感を感じているかどうかをまとめたものである。Ｈ30年に比べて、達成感を感じている生徒の割合が増加している。生徒の記述を見ると、「びっしり探究できたから」「仮説に対して結果をきちんと出せたから」「たくさん試作を作り、意見を聞きに行ったりしたから」「夏休みに香川短期大学に行ったり、ＣＡＮの日で満足できる活動ができたから」といったものが多かった。探究深化シートを活用して教師が関わったり、ＣＡＮの日を１日増やして、外部の専門家を訪問したり、実験や調査、試作を行う時間を増やしたりしたことで、生徒の達成感が高まった様子が生徒の記述からうかがえる。

（4）自己理解、学びに向かう力の育成について

　ＣＡＮの探究活動を通して、自己理解や学びに向かう力（新たな探究や興味・関心の芽生え）は育成されたのかについて、生徒アンケート（ＣＡＮ終了後の11月実施）やＣＡＮの活動を振り返って記述した生徒のＣＡＮ物語から分析する。

①自己理解について

　図16は、「ＣＡＮでの学びよって自分をよりよく知ることができたか」という質問に対する結果をまとめたものである。事前の予想として

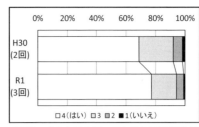
図13　「ＣＡＮの日」で十分な探究活動ができたか

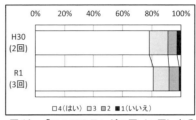
図14　「ＣＡＮの日」が３回（２回）あることは、探究に有効だったか

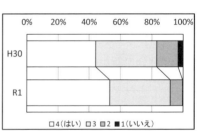
図15　自分の探究活動に達成感を感じているか

【活動を振り返って、LOGに気づきや次への見通しなどを記述し残していく】

は、学年が上がるにつれて、肯定的な回答の割合が多くなると考えていたが、実際は１年がもっとも多くなっていた。また、ＣＡＮの探究活動に対する「達成感を感じたか」と「自分をよりよく知ることができたか」の質問に対してどのように回答したかの関係を調べたところ、達成感と自己理解には相関はあまりないことが分かった[17]。

　　肯定的な回答をした生徒の記述[18]を分析すると、探究活動を通して自分自身に対する新たな気づきが生まれた生徒が多かった。反対に否定的な意見の記述[19]を分析すると、ＣＡＮを通して自分自身に対する気づきがなかったり、そもそもＣＡＮとはそういうものではないという認識をもっていたりすることやどうなれば自分をよく知ったということなのかが分からないことなどが原因であることが分かった。

　　このことから、ＣＡＮの探究活動を自己理解へとつなげるためには、ＣＡＮの活動は探究することを通して自己理解へとつなげるものであるという教師と生徒、双方への新たな意識づけと、どうなれば自分をよりよく知ったことになるのかといった具体的なイメージを示すことが必要である。さらに、単に探究活動を充実させ、達成感を高めるだけでなく、自分の新たな一面への気づきを促す教師の声掛けや振り返りの視点の工夫などを通して自分自身への新たな気づきを促すような取り組みが必要であると考える。

②さらなる探究への芽生えについて

　　図17は、「ＣＡＮを終えてさらに探究したいことや興味・関心があることが自分の中に芽生えましたか」という質問に対する回答を学年ごとにまとめたものである。学年に関係なく８割以上の生徒が肯定的な回答をしている。しかし、２割の生徒は否定的で、探究の中心となった３年生の１割は芽生えなかったと回答している。

　　生徒の記述[20]の分析から、その原因は探究の深さの違いではないかと考えられる。学び続ける生徒、探究し続ける生徒を育成するためには、本当にその生徒が明らかにしたいことをテーマとし、安易に結論が見えるような浅い探究にならないような課題をいかに設定させるか、探究をする中で新たな「なぜ」をいかに見つけさせる（見つけようとさせる）か、そのような教師のかかわりが必要なのではないかと考える。

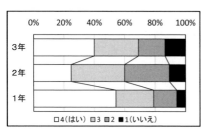

図16　ＣＡＮでの学びよって自分をよりよく知ることができたか

17　３年生の自己評価のデータを元に分析したところ、探究活動に達成感が高い生徒が自分をよく知ることができたと感じているわけではない（達成感が低くても自己をよく知れたと感じている生徒もいる）ことがわかった。

18　「自分はこんなところを不思議に思っているんだなということがわかった」「自分の個性がわかった」「自分は何が好きで何が得意か新たにわかった」といったものが多くみられた。

19　「あまり変わらなかったから」「ＣＡＮは自分自身を知るためのものではない」「自分自身をよく知るということがよくわからない」「よくわからない」といったものが多くみられた。

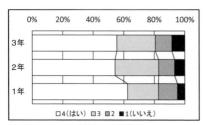

図17　ＣＡＮを終えて、さらに探究したいことや興味・関心のあることが自分の中に芽生えたか

20　否定的な生徒の記述には「レシピが完成したから」「終了したから」「もうやりきってしまったから」といったものが多く見られた。反面、３年間同じ題材について研究してきた生徒の記述には「まだまだ、探究を続けたかった。ゴールはいつまでも増えていくなぁと思っています。」とあり、探究すればするほど、知りたいこと、やりたいことが増えていく様子がうかがえた。

③ＣＡＮ物語からの分析

生徒は１年間のＣＡＮが終了後、ＣＡＮ物語を書いて自分の探究の過程を振り返り、やってきたことを自分なりに意味づけたりや価値づけたりする。下の枠線の中の文章はその一部である。

21　自己の学びを振り返り、意味づけたり価値づけたりするなかで、他に適応できるものにすること。

3年生　F女　（※下線は生徒が学びを意味づけ・価値づけをした部分、波線はその学びを概念化[21]させたもの）

　１年生のＣＡＮでは、２、３年生の先輩に頼りっぱなしの１年間でした。自分の意見を言うこともほぼなかったし、ＣＡＮボードを作成することもありませんでした。奨励賞を取ることができましたが、それはほとんどが先輩方のおかげでした。そして私は先輩方からたくさんのことを学びました。ＣＡＮボードのまとめ方やグラフの活かし方、対応の仕方…。私はこころから先輩を尊敬しました。

　２年生のＣＡＮでは、私のクラスターは２人ＣＡＮでした。とても先輩は優しく接してくださいました。頼ってばっかりいた１年生のころから変わろうと、先輩と協力し、探究ができました。また、校長先生やたくさんの先生からアドバイスをいただき「ストーリーライン」というものを作ってみようと試みました。ストーリーラインをつくることで、私たちの探究をより分かりやすく伝えることができました。

　ついに、自分がメインの探究となる３年生、２年生が入ってくれるかドキドキしました。なかなか自分がしたいことが見つかりませんでした。先輩たちも同じくらい悩んでＣＡＮのテーマを決めていたんだなぁと、その時はじめて知りました。（中略）

　3年間を通して、改めて異学年でグループを組む良さを実感しました。知識や技術面だけでなく、心の面でも楽しむことができたからです。先輩への尊敬の気持ちや支えてくれる後輩がいることの安心感。ＣＡＮを通して、私は学校の授業では学ばないようなことを数え切れないほど、学びました。礼儀やあらゆる技法、達成感…。私はこのＣＡＮで学んだことをこれからもずっと忘れず生かして頑張っていきたいです。後輩たちには、どんな壁にぶつかってもくじけず、様々な方法を考えて、協力して解決していくということを忘れずにいてほしいです。

3年　T女　（※下線は生徒が学びを意味づけ・価値づけをした部分、波線はその学びを概念化させたもの）

　3年間ＣＡＮをしてきて本当によかったと思う。最後には校長賞も取れたので、さらに嬉しい。私にとってＣＡＮは「困難への挑戦」だと思う。困難（実験の失敗や野菜が枯れるなど）は解決してもまた違う困難が降ってくる。それといかにして挑戦するか。そのことを学べた。また、ただ調べた、ただアンケートをした、ただ実験をした、にならないようにすることが難しかった。今回の実験も、数値化はできず、ただ実験をした感が否めない。

　最後にこれからのＣＡＮで探究する後輩へ。（中略）今回のクラスターがこれで解散となると少しさみしい気もするが、これから困難に直面したとき、方法そのものを変えるやもう一度やるなど様々な方法が私たちの前には拓けていることを知ってほしい。案外、残された道が多かったりする。私は特に何か言える立場でないが、それぞれの場で活躍してほしい。

3年　N男　（※下線は生徒が学びを意味づけ・価値づけをした部分、波線はその学びを概念化させたもの）

　1年の時はマスク、2年、3年の時は卵救出をCANでしてきた。3年間のCANを振り返って、私にとってCANとは探究のおもしろさを教えてくれるものであったと思う。1年の時はCANというものがどんなものか知る段階で、こんなに自分たちは好きなことをやっていいんだと知ることができた。そして2年では真ん中という立場で1年CANをしてきた立場でCANを楽しんでやるというのは作って実験してっていうことなんだと分かった。そして、最上級生として今年、専門家に聞く、香川大学で実験、数多くの実験、後輩を動かす…。3年間で一番働き、一番探究という難しさを知るとともにおもしろさを知り、青雲賞をいただき、一番達成感を感じた。CANで探究と向き合うことができ、真のおもしろさを知ることができた。これからの人生で必要となる能力を全て発揮する練習ができた気がする。一生忘れないと思う。

　後輩たちは探究の楽しさ、難しさ両方見たと思う。楽しむ時は一緒になって楽しみ、働く時は懸命に働き、実験で悩んでいる時は一緒になって考えてくれた。一番のチームワークだったと思う。ありがとう。そして最後に伝えたいことが一つ。それはCANを他の誰よりも楽しむことだ。（中略）私は誰にも負けず楽しんで探究をした。探究できた。それは君たち後輩のおかげだ。

3年　K女　（※下線は生徒が学びを意味づけ・価値づけをした部分、波線はその学びを概念化させたもの）

　初めはこれといってやってみたいこともない、なんとな～くの状態で始まった私の探究。まだ知られていない未知の世界、世の中に出ていない面白い一面を探り続けることで、探究の価値を見つけることができた。Eテレのパクリのようになってしまうかもしれないが「知るって面白い」。素直にそう思った。この経験はいつか将来に生きてくると思う。そのときまで感じたことを心の奥に残しておきたいと思う。（中略）

　今年も何も入れなかった…。1年生の時も、2年生の時も基本的に私の意見が探究の中心だった。だからその成果が認められない。それに価値がないとばかり思っていた。でもそれは違った。その努力の過程こそに本来の価値があるのだと気付かされた。私はCANログに普段の中でどんなことに困って、どんなふうに解決しようとしているのか、こまめにつづった。すべてが結果につながったかと言われるとそうではない。それでも「自分のやりたことを徹底的に調べてみる」ことによって、自分の中の見方も変わってくる。それこそがCANの本質であり、本来の目的なんじゃないかとそう思うのだ。

　後輩たちへ。（中略）このメンバーでこのチームでCAN賞に輝けたこと、そして何より、3人でこのテーマに向かって根気よく調べ続け、やり切ったこと、それは誇っていいことだと思っている。たぶん、私一人の力じゃできないことばかりだった。それでも君たちがそばにいてくれたから叶えることができた。表彰台から3人で見た景色は今も覚えている。みんな誇らしそうだった。そして私も誇らしくなった。こんな優秀な二人の先輩であれることが本当に幸せだった。二人にはまだCANのチャンスがある。まだまだ知りたいこともたくさんあるはず。自分の本当にやりたい事をつきつめろ。私が言いたいのはそれだけだ。この1年の経験がきっと生きてくるはず。（中略）君たちがCANのリーダーとして手本になってくれることを期待している。ありがとう。

　３年生の生徒の書いたＣＡＮ物語を読むと、探究活動を通してＣＡＮでの経験を自分の学びとして意味づけ、価値づけている[22]ことがわかる。これらは生徒たちが探究する中で困難や葛藤などに出会い、それらを乗り越える過程を通して獲得したものである。このような学びこそ、深い学びであり、学びに向かう力を育成するものだと考える。

　このような語りを生むためには、ただ単に振り返らせるのでなく、今回の振り返りの視点にあるような自分にとってＣＡＮとはどのような意味や価値があったのかを問いかけ、語らせることが重要である。また、視点を与えても全員がこのようにＣＡＮを意味づけたり、価値づけたりできるわけではない。自分の本当にやりたこと、知りたいことを考え、探究する価値のある問いを設定し、多様な他者と関わり、困難や葛藤に出会うからこそ生まれるものである。そのような場面が生まれるような教師のかかわりをさらに追究していきたい。

【仮説を自分たちで考えた方法で検証】

（5）ＣＡＮと教科とのつながりについて

　図18は、ＣＡＮと教科のつながりを調べた結果である。これを見ると、教科の学習はＣＡＮの中で活かされていると感じているのに対し、ＣＡＮの探究は教科に活かされていないと感じている生徒の割合が多いことがわかる。また、図19のＣＡＮに活かされた教科の割合を見ると、数学や理科、国語、技術・家庭科の割合が高くなっている[23]。生徒のやっている探究の中で学んだ知識や技能が活かされにくい教科もある。しかし、教科で働かす見方や考え方は十分探究に活用されているはずである。教科の学習が知識、技能の習得に終わるのではなく、探究的な学びを行い、見方・考え方を意識させ、それらをしっかりと働かせるようなものにすること、そして探究のなかで生徒が教科で働かせた見方や考え方を使っていることに気づけば、ＣＡＮの探究が教科に活かされると感じる生徒の割合にも変化が見られるのではないかと考える。来年度以降の課題にしていきたい。

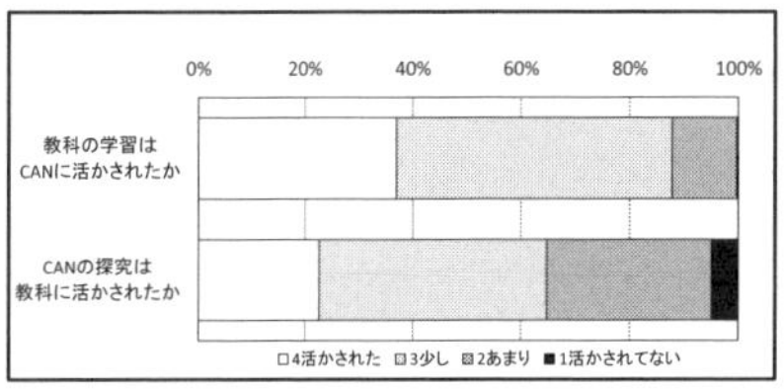

5　次期への新たな課題

　H30年のＣＡＮ2018、R１年のＣＡＮ2019の実施から見えてきた次期への新たな課題は以下のとおりである。

22　例えばF女の記述からは「多様な他者と協力することの大切さ」、T女の記述からは「困難に直面しても挑戦し続けることの大切さ」、N男の記述からは「探究する（学ぶ）ことの真の楽しさ」、K女の記述からは「自分のやりたいことにとことん向き合い、努力することの大切さ」など

図18　ＣＡＮと教科の学習のつながり

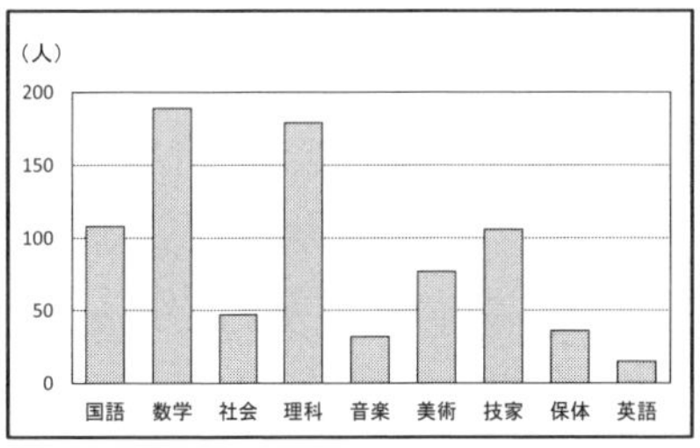

図19　ＣＡＮに活かされたと感じる教科

23　生徒は探究する過程で、文章やグラフでまとめたり、発表したり、実験したり、計算したり、ものづくりをしたりすることを多く経験する。そのため、国語や数学、理科、技・家などの教科がＣＡＮに活かされたと感じているのではないかと考えられる。

【発表・表現】

　年間数回設定している発表会[24]では、実物を持参したり、動画を見せたり、実演してみせたりと自分たちの探究成果を伝えるために様々な工夫を凝らして発表するクラスターがいた反面、発表の声が小さかったり、誰にでも通じる平易な言葉で語れなかったり、聞き手を意識した表現が不十分なクラスターの発表も見られた。

【質問する】

　発表会では、教員だけでなく生徒同士が互いに聴き合い相互に評価し合う方法で行っている。質問する場面で他のクラスターの発表に対し、有効な質問ができる生徒は現状として多くない。互いに問い合うことで探究の質を高め合えるように、質問する力を育成することも課題である。

【探究課題の公共性】

　生徒個々の素朴な問いを大切にしつつ、課題設定の場面で公共性の視点[25]も意識させていく。そうすることで、探究が独りよがりにならず、探究の幅がさらに広がるとともに、ＣＡＮの学びを内省化する上でも有効であると考える。

【クラスター間の格差】

　自分たちで主体的に探究活動を進め、一定の探究の質に達しているクラスターがある反面、自分たちのやりたい探究課題が見つからず、その結果、意欲的に探究に取り組めなくなるクラスターも見られた。特に、師匠である３年生の取り組みにクラスターの探究が大きく左右される。クラスター編成のあり方クラスター間における探究の質や取り組みの格差をどのようにして少なくしていくかも課題である。

【教科の学習とのつながり】

　ＣＡＮでの探究活動を通して培われる課題設定力や課題追究力は、教科の探究的な学習に活かされるものである。また逆に、教科で学習したことや教科学習における探究的な学習過程の経験は、ＣＡＮでの探究活動に応用されていくものでもある。しかし、現段階においては、生徒、および教員の間で、その関連を実感する場面は多くない。カリキュラム編成や教科やＣＡＮでの指導のあり方を通して、共創型探究学習ＣＡＮと教科の学習との関連性を高めていくことが重要である。

24　６月の「中間発表会」や10月～11月の「プレプレ発表会」「プレ発表会」「探究成果発表会」など年間計画の随所で自分たちの成果を互いに伝え合う発表会を設定した。

【１年間の探究成果をポスターにまとめて発表】

25　公共性の視点とは、課題の解決が人や社会にどう役に立つのかという視点のこと。

【先輩の考えてきた探究課題や探究仮説を聞き、質問をする１年生】

【教師も生徒と一緒になって探究する】

共創型探究学習　シャトル

共創型探究学習シャトル

　共創型探究学習シャトル（以下シャトル）のねらいは、探究サイク

ル[1]を経験する中で探究スキルを習得し、各教科の学習やCANにおい

てその探究スキルを活用することにある。CANでの探究活動におい

て必要となる基礎的な力を「課題設定力」、「課題追究力」、「表現力」、

「自己評価力」に分類し、課題を設定して、追究し、表現し、自己評価

する一連の探究の流れの中で必要となる具体的な力と内容を**表1**のよ

うに構想した。これらの基礎的な力の習得をめざして、シャトル全般

の構想を行った。

1　以下のような「課題設定」→「課題追究」→「表現」→「自己評価」という一連の流れのこと

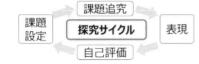

基礎的な力	構成する力	具体的な内容
課題設定力	・着眼する ・発想する ・比較する ・関連づける ・批判的にみる	・「もの・ひと・こと」などの対象に関心をもち、自己の内面や個性と関連づけて、問題を見いだすことができる。 ・多くの文献を収集し、過去の成果を把握することができる。 ・集めた先行研究などを批判的に読んで、自分なりの問いをもつことができる。 ・変数などに着目し、仮説を立てることができる。 ・問題解決のための見通しを既有の学習経験と関連づけ、帰納的、演繹的に考えることができる。
課題追究力	・比較する ・関連づける ・分類する ・関係を見いだす ・批判的に考える ・評価する	・情報やデータを的確に収集・整理することができる。 ・情報やデータの質について、それらの根拠などに注目し、批判的に考えることができる。 ・条件を制御し、実行することができる。 ・集めた情報やデータを分析し、解釈することができる。 ・追究した方法や内容について批判的に考えることができる。
表現力	・発信する ・創造する ・伝達する ・説得する	・収集した情報やデータを的確に説明することができる。 ・情報やデータから生み出した自分の考えを表現することができる。 ・分かりやすく、相手を納得させる伝え方の工夫を行うことができる。 ・相互コミュニケーションしながら表現することができる。
自己評価力	・学びの意味に気づく ・自己を理解する	・探究の過程や結果から、他との共通点や相違点に気がついたり、自己を客観的に見つめたりすることができる。 ・自分にとっての学びの意味や価値を見いだすことができる。 ・自分の個性を再確認し、他の学びや将来に生かすことができる。

表1　シャトルで身につけたい教科の学習やCANで必要となる基礎的な力

1　実践の内容

（1）講座の設定について

　次のページの**図1**のように、CANでの探究テーマを設定する前に

一般講座を9時間、探究活動の途中に特設講座を4時間（2時間×2

回）の計 13 時間でシャトルを実施した。どちらの講座内容も、ＣＡＮ

や教科の学習での探究活動の質を高めることを考え、ＣＡＮで生徒が

取り組んだ探究課題を分析しながら、毎回実施内容の改善を図った。

一般講座では、**表2**のように「実験」、「創造」、「調査」の３つの分野に

分け、教師が設定した課題を解決しながら「課題設定」、「課題追究」、

「表現」、「自己評価」という探究サイクルを展開することで、探究す

る学びを経験できるような授業を実践した。

分野	講座名	講座内容
実験	変数の扉 plus	探究活動において必要とされる変数への着目の仕方や変数制御の方法を習得し、自ら実験を計画できる力を育成する。ＣＡＮの探究活動を進める中で、重要な視点が変数である。「キャップゴマ（ペットボトルキャップをつかったコマ）の回転時間は何に関係するのか」という課題を解決する過程で、変数を見いだしたり、データを批判的に見たり、データを複数回とることの重要性についてふれたりすることで、ＣＡＮで活用できる探究スキルの向上をはかる。
創造	われら企画・開発部！	問題解決に向けた企画を考え、コンセプトをもとに１つの試作品をつくりながら、その企画についてプレゼンを行い、評価を受けるという一連のサイクルを体験する。１つのものをつくるために、どのようなことを考える必要があるのかというコンセプトの決め方やその大切さについて学び、ＣＡＮでも活用できるような着眼力や発想力、企画力などのスキルを身につける。他の企画やプレゼンを分析し、コンセプトに立ち戻って自分のものを見直すことで、比較する力、分析する力、批判的に考える力も養う。
調査	徹底調査！附坂中生の実態とは？	本校生徒の傾向について調査活動を行い、その調査データを根拠にして本校生徒の傾向を結論づけることを通して、調査の基本的なスキルを身につける。生徒の傾向を調査によって明らかにするためには、何のために調査するのかという目的、そして調査データの数量だけでなく、その質（質問内容）に着目する必要がある。互いに行った調査データの質を批判的に検証する活動を通して、その重要性に気づき、ＣＡＮで活用できる調査の探究スキルの向上をはかる。

表2　令和元年度実施の一般講座の内容

　特設講座では、**表3**のように 16 講座を設定し、生徒が自身のＣＡＮ

の探究活動に必要になる、より具体的な探究スキルを選択できるよう

にした。

基礎的な力	講座名	講座内容
Ⅰ　課題設定力	① 発想法	ブレーンストーミング、ＫＪ法など発想方法スキルを習得する。
Ⅱ　課題追究力	② インタビュー、取材	インタビューを行うまでの手順と、必要なスキルを習得する
	③ アンケート	探究に必要なデータを収集するために、実際にアンケート調査（質問紙作成など）を実施する
	④ 思考ツール	ただ考えるのではなく思考ツールを実際に使いながら、考える「方法」を身につける
	⑤ 資料収集	観察、フィールドワークなど未知の中から自分で情報を集め、資料を作成する

	⑥ 情報の分析	実験や調査から得られたデータの間に、関係があるのかないのか、相関関係を探る技能を習得する
	⑦ データの見方・とらえ方	データの信頼性や妥当性についての概念を習得する
	⑧ 情報の伝え方	「ミニ新聞」を作成することで、伝えたい情報を正確かつ端的に伝える技術を習得する
Ⅲ 表現力	⑨ 文章表現法	要約や項立て、文章の構成など、集めた情報を整理して、分かりやすく表現する技術を習得する
	⑩ プレゼンテーション1	プレゼンテーションを行うのに必要な表現スキルを習得する
	⑪ プレゼンテーション2	プレゼンテーションソフトの効果的な使い方や技術を習得する
	⑫ 視覚化	情報を分かりやすく伝えるために、絵やグラフなどで視覚化する技術を習得する
	⑬ グラフの見せ方	目的に応じてグラフを効果的に表すスキルを習得する
Ⅳ 自己評価力	⑭ リフレクティング	グループワークトレーニングを通して、振り返りのあり方を追究する
Ⅴ チームマネジメント力	⑮ コミュニケーション	クラスター内で探究が円滑に行われるコミュニケーションスキルを習得する
	⑯ リーダー養成研修講座	リーダーとしての資質、チームビルディング、チームマネジメントについて学ぶ

表3　令和元年度実施の特設講座の内容

（2）今期の重点

①シャトル一般講座の実施時期の変更

　前回大会までは5月にシャトル一般講座を行っていたが、その時期はCANでの3人クラスターが決まり、本格的に探究が始まる時期であった。そのため、この時期に実施することで、学校内での探究活動が一時中断してしまっていた。また、今期はCANの日の実施回数を2回から3回に増やす計画もあり、CANの日の計画をじっくりと考える時間を確保したいと考え、一般講座の時期を5月から前年度の1月に変更し1年生と2年生を対象として**表4**のように実施した。その結果、生徒がCANの日の計画をじっくりと考える時間を確保することができた。また、探究テーマを深化させていく際に、「実験」、「調査」、「創造」の各講座で学んだ探究スキルの視点から探究活動の内容を考えることで、より具体的に計画を立てることができていた。3年生は通常授業を行っていたため、シャトルの授業担当者はリレー形式で行った。そのため、授業担当者の割り振り方や事前の打ち合わせの時間などを確保する必要があった。

時期	CANでの活動内容	
12～2月	探究テーマの設定	**一般講座の実施**
3～4月	探究テーマの深化、クラスターの決定	
5～6月	探究活動、CANの日Ⅰ	
7月	探究活動、CANの日Ⅱ	**特設講座の実施**
8～9月	探究活動、CANの日Ⅲ	
10～11月	発表・外部発信、振り返り	

表4　シャトルの実施時期とCANとの関係

②表現力の向上を意識した取り組み

　前回大会の実践では、シャトルやＣＡＮの探究において、収集した情報やデータを分かりやすく説明したり、結果を分析することで得られた自分なりの結論を聞き手が納得するように伝えたりする力が十分に身についていないことが課題として挙げられた。そこで今期は、身につけたい表現力を「聴いてくれる人が興味をもち、探究内容を分かりやすく伝えるために話を組み立てる力」とし、生徒の表現力の向上を図った。具体的には、一般講座の中で、「PREP法²」という「結論先行で伝える話の組み立て方」を生徒に説明し実践した。どの講座においても、探究の成果を「結論」、「理由」、「事例」とフリップにまとめ、班ごとに発表する場面を設定した。

2　PREP 法とは、以下の順序で
　話を組み立て、伝える方法
　①Point（結論）
　②Reason（結論の理由）
　③Example
　　（理由を裏づける事例・根拠）
　④Point（結論）

【PREP 法で探究の成果を発表】

2　実践の結果の分析と考察

（1）生徒アンケートの分析

①探究スキルの定着について

　今期のシャトルにおいて、探究スキルの定着に関する生徒アンケート結果は図２、３のとおりである。一般講座、特設講座ともに、身につけた探究スキルがＣＡＮでの探究につながると肯定的に回答した生徒が９割を超えており、特に一般講座では、「４」（そう思う）と回答した生徒の割合も増えている。生徒の探究の様子に合わせて講座内容の改善を図ったこと、また、生徒が自分に必要だと思う講座内容を選択できるよう、それぞれの講座の実施時期を設定したことの成果であると考える。

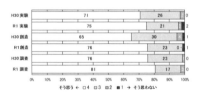

図２　ＣＡＮにつながる探究スキルが
　　　身についたか（一般講座）

図３　ＣＡＮにつながる探究スキルが
　　　身についたか（特設講座）

②PREP 法について

　PREP 法に関する生徒アンケートの結果は図４のとおりである。「先に結論を言うことによって、相手に興味をもたせることができる。」、

「発表でまとめるとき、順番に書くので一緒に頭の中も整理された。聞いているときも聞きやすかった。」という生徒の記述もあり、多くの生徒が自分の主張を伝える場面において PREP 法は有効であると感じている。ＣＡＮ2019 では、実際に PREP 法で自分たちの探究について発表する場を設定したということもあり、PREP 法の良さを感じている生徒が増えている傾向にある。また、全員が PREP 法について学んでいるため、聴き手もどのような流れで主張してくるかが分かっていることで、伝わりやすいと感じていたと考えられる。**図5**の生徒アンケートのように、生徒たちは PREP 法を用いることで、自分たちの探究の成果をうまく表現することができたと感じている。しかし、教師を対象にした実施後のアンケートの記述では、「フリップ形式の PREP 法による発表はできていたが、聴き手に分かりやすくは話せていなかった」とか「生徒の発表を聴くと、PREP 法の R（結論の理由）と E（理由を裏づける事例・根拠）に当たる部分の理解が不十分な発表があった」などの意見が挙がった。PREP 法という型を知り、「探究内容を分かりやすく伝えるために話を組み立てる」という点について表現力は向上したと考えられるが、「聴いている人が興味をもつためにはどのようにすればよいのか」など、更なる表現力の向上に向けた更なる指導が必要である。

③生徒の振り返りについて

　生徒がシャトルでの学習を自己に引きつけて振り返られるようにするための手立てとして、平成 30 年度は思考ツールの1つでもある「ストーリーマップ[3]」を用いた振り返りを実践した。**図6**は、そのときの生徒の振り返りである。この「ストーリーマップ」を使って振り返りを行った後の生徒のアンケートには、「以前の自分の考えと今の自分の考え、意思を対比することができる」とか「自分の成長の流れを知る

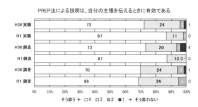

図4　PREP 法による説明は、自分の主張を伝えるときに有効であるか

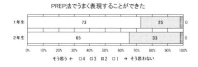

図5　活動中に PREP 法でうまく表現することができたか

3　山本茂喜『魔法のストーリーマップで国語の授業づくり』東洋館出版社、2014
　ストーリーマップとは、物語論に基づき、物語の基本的な構造を「欠如－難題－解決－補充」というフレームで視覚化したもの。

ことができる」といった肯定的な意見が多かったが、「項目があると時間の流れがつかみにくい」という意見もあった。この意見をふまえ、令和元年度は、表と裏の1枚で8時間の学習が全て記述できるような振り返りシートに変更した。**図7**は、そのシートによる授業後の生徒の振り返りである。振り返りシートに関する生徒のアンケートには、「毎時間の気づきを見返しながら振り返ることができてよかった」とか「自分の考えが変わったことがよく分かった」という記述があり、今回の振り返りシートのよさを感じていた。しかし、**図7**のような自身のCANでの探究と結びつけた振り返りを記述している生徒は少なく、シャトルを終えてできるようになったことに関して記述する生徒が多くなってしまった。これをふまえ、今後はシャトルの学習における生徒の変容のイメージを教師がしっかりともち、それに向けて、生徒がシャトルの学習を自分なりに意味づけたり価値づけたりできるような振り返りの視点を挙げることが「自己に引きつけた語り」を促すために必要であると考える。

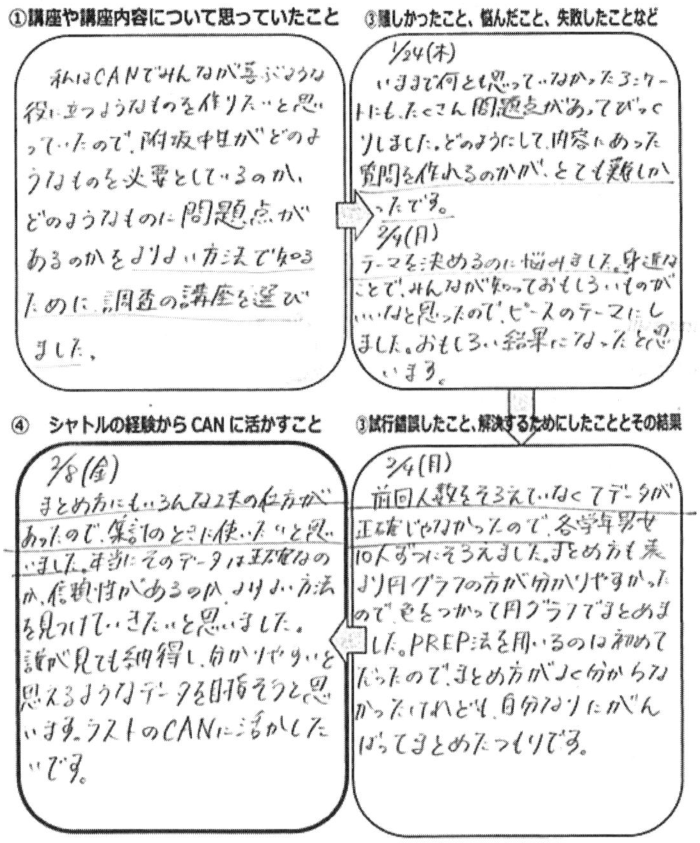

①講座や講座内容について思っていたこと　②難しかったこと、悩んだこと、失敗したことなど

④　シャトルの経験からCANに活かすこと　③試行錯誤したこと、解決するためにしたこととその結果

図6　「ストーリーマップ」を用いた生徒の振り返り

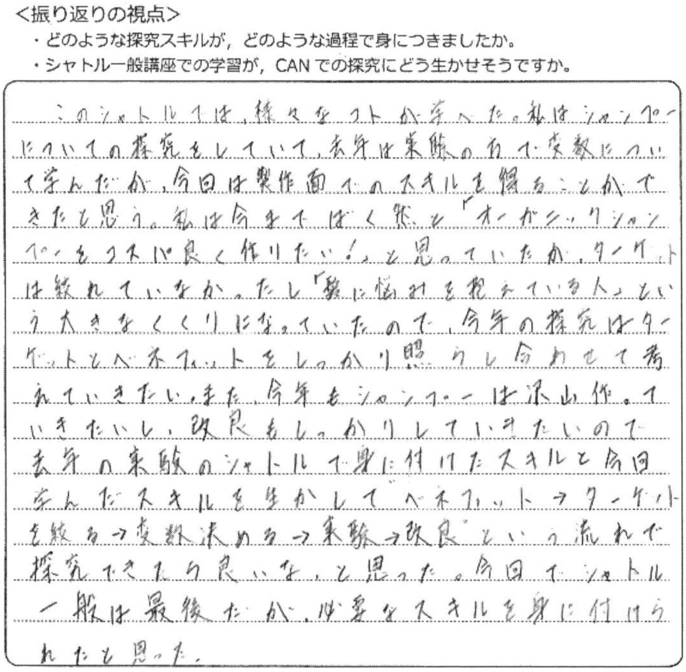

＜振り返りの視点＞
・どのような探究スキルが、どのような過程で身につきましたか。
・シャトル一般講座での学習が、CANでの探究にどう生かせそうですか。

図7　CANでの探究と結びつけている生徒の振り返り

（2）今後の方向性

　一般講座の実施時期を変更して２年が経った今期の課題として、次のようなことが挙がった。

> ・一般講座の内容と特設講座の内容が重なりつつある。
>
> ・生徒のＣＡＮでの探究を考え、探究スキルの精選が必要である。
>
> ・シャトルでの学びが、ＣＡＮでの困りの解決になっているのか。
>
> ・発表を聞く際に、質問する力が身についていない。

　ＣＡＮにおける生徒の探究内容が多種多様になってきているため、「生徒が必要とする探究スキル」という視点で探究スキルを見直していく必要がある。「探究を始める前に身につけておきたい探究スキル」と「課題追究の場面で必要な探究スキル」とに分けてシャトルを実施するなど、「ＣＡＮで生徒が本当はどこに困っているのか」や「何を必要としているのか」ということを分析することで、シャトルの目的をもう一度確認していく必要があり、生徒がより選択しやすいように、実施の時期や選択できる講座数や講座内容などについても改善していく。

「実験」分野　　講座名「変数の扉Plus」

1　ねらい

　本講座は、探究活動において必要とされる変数への着目の仕方や変数制御の方法を習得し、自ら実験を計画できる力を育成することがねらいである。ＣＡＮの探究活動を進める中で、重要な視点が変数である。今年度は、「キャップゴマ（ペットボトルキャップをつかったコマ）の回転時間は何に関係するのか」を課題とした。その課題を解決する過程で、変数を見いだしたり、データを批判的に見たり、複数回とることの重要性についてふれたりすることで、ＣＡＮで活用できる探究スキルの向上を計りたい。

2　単元構成

探究サイクル	時数	主な学習内容・活動
課題設定	1	○スキル定着テストとストーリーマップ（事前部分）を記入する。 「変数とは何か」 ○スライドを使って変数や変数に着目することの意義、変数同士の関係を見極めることの重要性などについて学ぶ。 ○入力変数と結果の変数、条件制御の方法を学ぶ。
	2	「実験回数は何回すればよいのか」 ○データのばらつきを知り、データをくり返しとることの重要性を学ぶ。 ○正しい値を得るために実験回数は何回行えば良いのかを学ぶ。 ○キャップゴマをつくって回転させてみる。 ※とりあえずキャップゴマを作ってみる。できたコマで遊びながら、回転時間に関係しそうな変数を考えてみる。 ○1・2時間目の振り返り
課題追究	3	「この実験における誤差はどのぐらいなのか」 ○キャップゴマの回転時間に関係しない変数を見いだし、それを変えたときに何秒ぐらいの誤差が出るのかを実験で確かめる。
	4	「キャップゴマの回転時間は何に関係するのか」 ○キャップゴマの回転時間に関係しそうな変数を見いだし、全体で共有する。 ○その変数を参考に各グループで課題と検証方法を考え、実験を行う。 ○3・4時間目の振り返り
	5 ・ 6	「中間報告＆変数を変えて追加実験」 ○ホワイトボードを使って簡単な中間発表を部屋ごとに行う。 ○情報交換をして得られた発見や気づきをもとに、追実験を行う。 ○1つの変数について調べ終えたら、別の変数と回転時間の関係性を明らかにする実験方法を考え、調べる。

表現	7	「PREP 法での発表の方法とその利点とは」 ○スライドを用いて PREP 法について説明をする。 ○自分たちの探究を 1 枚のプリントに簡単にまとめてみる。 ○PREP 法の視点で、フリップ形式で探究の結果をまとめる。 ○5・6・7時間目の振り返り ※1 枚に 1 つの情報を書く。図や表、グラフなどを用いたり、色使いを工夫したりするなどして、わかりやすくまとめる。
	8	○探究の結果を発表（プレゼン）する。 ※伝え手は、PREP 法を用いて表現する。 ※語り手は、質問の視点を参考に、質問する。 ○他の班の探究の成果も生かして、長時間回るコマを作成してみる。
自己評価	9	○スキル定着テスト、アンケートを記入する。 ○ストーリーマップを用いて、学んだことを振り返る。

3　指導の実際

【1時間目】

「事前調査、変数とは何かを理解する」

　はじめのシャトル物語とスキルテストを行ったあと、スライドを用いて、「変数」とは「事象に関係すると考えられる要因」である事や、変数には「入力変数」「結果の変数」「固定する変数」がある事を学んだ。また、変数を見いだす練習として、携帯電話の充電時間に関係する要因を考える活動を行った。授業の最後には変数とは何かをいつでも振り返ることができるように、説明で用いたスライドをプリントにして配布し、ノートに貼らせた。

【2時間目】

「実験回数は何回すればよいかを理解する＆キャップゴマを実際につくって回してみる」

　さいころの 1 の目が出る確率が 1／6 になることを証明するには何回実験すれば良いのかと問いかけ、試行回数が多ければ多いほど真の値に近づくことを学んだ（CANでは少なくとも 10 回以上、できれば 100 回以上のデータが取れるようにしようと伝えた）。その後、実際にキャップゴマを作って、どのぐらい回るのか、お互いに競争させたり、何が関係しているのかを考えさせたりした。

【まずはキャップゴマを作ってどのぐらい回るのかを調べる（遊んでみる）】

【3時間目】

「誤差の幅はどのぐらいなのか調べる」

　実験を始める前に、回し方などによって、同じコマを使っても回る時間にはばらつきがある事から、設定した要因が結果に関係するかどうかを調べるためには、誤差の範囲がどのぐらいなのかを知る必要があることに気づかせた。その後、コマの回転時間に関係しないと思われる要因（巻き付けるテープの色）を変えて、回転時間にどのぐらいの違いがあるのかを調べた。そして、その値以上の変化が見られるとき、その要因が回転時間に関係していたことになることを確認した。このような経験を通して、誤差を調べることの意味やその調べ方などを生徒は学んだ。

－331－

【4時間目】

「班ごとに変数を設定し、その変数が関係しているかどうかを実験で検証する」

　　班ごとに、コマの回転時間に関係すると考えられる変数を設定し、本当にそれが関係するのかを検証した。実験回数は1つの変数に対して少なくとも10回以上は計測し、その平均値を求めて、誤差の範囲以上の違いが見られたら関係すると見なすことや変数の値を大きく変える方が違いがわかりやすいこと、グラフ化し傾向をみるためには値は3つ以上設定した方が良いことを伝え、自分たちの実験に反映させた。

【変数を自分たちで設定し実験を行う】

【5、6時間目】

「中間報告&変数を変えて追加実験を行う」

　　ホワイトボードに自分の班が設定した変数をその値を書き、今までの実験からどのようなことがわかったのかを発表した（2分程度）。その後、他の班の結果を参考にしながら、追加実験をしてデータ数を増やしたり、新たな入力変数を設定して実験を行ったりした。

【ボードに設定した変数と値をまとめる】

【7時間目】

「PREP法について学ぶ&発表の準備」

　　スライドを使って、PREP法とは何か、どういう内容をどのような順番で発表すれば良いかを学んだ。説明の後、プリントに自分たちの探究をまとめ、それを参考にしながら画用紙にPRFEP法の形式でまとめた。その際、自分たちの主張が伝わりやすいように、1枚の画用紙に1つの事だけを書いたり、データは必ずグラフ化したり、強調したいところは文字の大きさや色を変えたりするなど、班ごとに工夫をさせた。（まとめる時間が足りずに放課後や昼休みを使ってまとめた班も半数以上あった。）

【8時間目】

「探究の成果を発表する」

　　前時にまとめた画用紙を用いて、PREP法（結論→理由→事実→結論）で自分たちの探究の成果を発表した。各班の発表時間を2分、質問の時間を1分とした。また、聴いている生徒は、発表された探究の内容と自分たちの実験と比較しながら質問させた。（質問できている生徒は少なかった。）その後、発表で聞いた内容を参考に、自分たちのコマを改良し、もっとも回転時間の長い、最強のコマに挑戦させた。

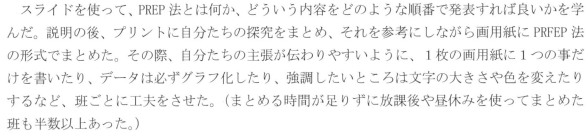
【自分たちの実験データをグラフにまとめ、発表する様子】

【9時間目】

「スキルテスト、アンケート、シャトルの学びを振り返る」

　　シャトルを始める前に行ったスキルテストを再び実施し、その結果を比較させ、自己の変容に気づかせた。また、アンケートを実施後、物語としてシャトルの学びを振り返らせた。

4　スキル定着テスト

　次のような問題を用いて、学習の前後でどのような変容があるのかを調べた。下のグラフは、学習前後での問題に対する見いだした課題の数や実験の修正数の変化をまとめたものである。

> **あるクラスターが、下のような探究活動を行った。この研究について、以下の問いに答えなさい。**
>
> 　◆**探究課題**　　「よく飛ぶ紙ブーメランをつくろう」
> 　◆**探究方法**　　羽根の長さを変えて、滞空時間をはかる。
> 　◆**結果**
>
> | | 1回目 | 2回目 | 3回目 | 平均 |
> |---|---|---|---|---|
> | 羽根の長さ　6 cm | 1.3 秒 | 0.5 秒 | 1.5 秒 | 1.1 秒 |
> | 羽根の長さ　12 cm | 1.8 秒 | 2.7 秒 | 2.4 秒 | 2.3 秒 |
>
> 　◆**結論**　　羽根の長さが長い方が、滞空時間が長かったので、羽根の長さが長いほど、紙ブーメランはよく飛ぶといえる。
>
> 問１．紙ブーメランがよく飛ぶ条件として、羽根の長さ以外の変数は何が考えられますか？思いつく限り書いてください。
> 問２．この探究活動について、あなたはどんな質問をしますか？思いつく限り書いてください。

　問１の正答記述率の事前の平均は4.4個、事後の平均は7.4個である。**図１**のグラフは、増加数と人数の関係を示したものである。増加数が０の生徒が４名いるが、記述数は変化していないが、事前の解答とは異なる解答を記述していたことから、事前の解答以外のもので変数を見つけ出したと考えられる。（紙の重さ、紙の種類、紙を接着する道具の３個→環境、羽の太さ、羽根の枚数の３個）。

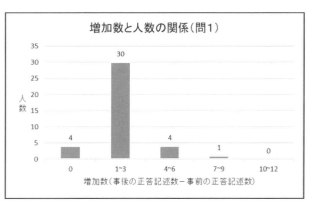

図１　問１に対する正答の増加数

　問２の正答記述率の事前の平均は2.8個、事後の平均は3.8個である。**図２**のグラフは増加数と人数の関係を示したものである。増加数が－２～０の生徒が 22 名と半数近くいるが、ほとんどの生徒が０個増加（増減なし）であった。記述を分析すると、問１の増加数が０の生徒と同じように、事前の解答とは異なる解答がほとんどであったため、事前の解答以外に考え付いたものを記述したと考えられる。

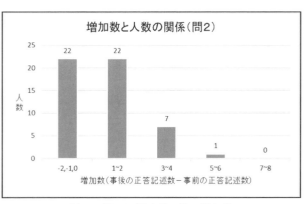

図２　問２に対する正答の増加数

　これらの結果より、ほとんどの生徒において、与えられた題材から変数を抽出するための視点や、より正確な実験を行ったり、信頼性のあるデータをとったりするための視点が増えたことがわかる。このことからも、より正確な探究を行っていく力や、他の探究の信頼性や正確性をはかる力の向上に効果があったことがわかる。

5 成果（○）と次期への課題（●）

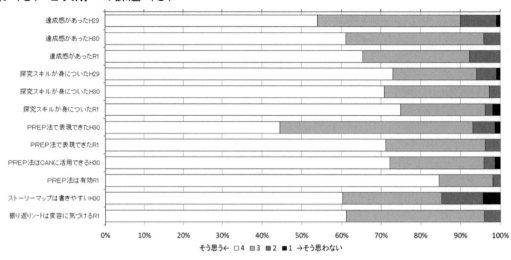

図2 H29〜R1年度の生徒アンケート結果

○アンケート結果などから、探究させる内容は毎年変えているが、実験する内容だけでなく、<u>変数の説明の仕方や実験の行わせ方など、少しずつ変更を加えており、それらの変更点が良い方向に反映</u>（工夫・改善）されていることがうかがえる。また、<u>スライドなどを使って説明を短くし、生徒の活動時間を確保するように努力した</u>（工夫・改善）ことも良かった。

○PREP法については、昨年に比べて、PREP法で表現できたと回答した生徒の割合が大幅に増加した。これは、<u>新たにプレゼンを作成し、それを使ってPREP法とはどういうものか、自分たちで探究した結果をどのようにまとめれば良いかなどを説明した</u>（工夫・改善）ことやいきなりPREP法でまとめるのではなく、<u>一度自分たちの探究についての発表内容をプリントにまとめてから、画用紙にまとめさせた</u>（工夫・改善）ことなどが有効であったのではないかと考えている。

●<u>発表の際にあまり質問も出ずに重苦しい雰囲気のクラスが多かった</u>（課題）。発表形式が原因の一つであると考える。また、それに向けた<u>発表準備の時間も授業の中で十分に取れず、生徒を時間外に集めて準備をさせるなど、負担をかけてしまった</u>（課題）。今回の反省から、次回は<u>発表準備をもっと簡略化するとともに、もっと気軽に質問ができるような形に変更</u>（改善）していきたい。

●振り返りシートを用いての振り返りについては、多くの生徒が変容に気づくことができる肯定的な評価をしているが、<u>記述した内容に深まりがなく、物語的でないものも多く見られた</u>（課題）。時間軸による自己の変容の気づきや、困難や葛藤、達成感を感じた瞬間などを記述させたり、シャトルを学んだ意味をまとめさせたりするなど<u>記述の際の視点に工夫が必要</u>（改善）だと考える。

○スキルテストの結果から、ほとんどの生徒がCANに必要なスキルである「関係する要因を洗い出す」「条件制御をする」「データを複数とる」「誤差を考慮する」ことの重要性が理解できたのではないかと考える。

●<u>テストの問いが授業でねらったスキルとずれていたことや分析方法が記述の増加数だけになっていることである。</u>教えたことが身に付いているかどうかをより正確に見取ることができるように、<u>事前の記述が見えない状態でテストを実施し、「あなたなら、この探究活動をよりよくするために、どう改善していきますか？」といった問い方にしたり、条件制御やデータ数、誤差などの項目ごとに記述があった生徒の人数を分析</u>したりするなど、改善策を検討する必要がある。

生徒の振り返り

総合学習シャトル一般講座での学びを振り返ろう

講座名（　実験　）

今，シャトル一般講座での学習について思っていること

去年は、創造だったので、実験の講座では何をするのか、どんなことがCANに役に立つのかが気になる。シャトルでは、するべきことをきちんとこなしていきたい。今年も石けんのことをしたいので自分のためになるようなことをしたいです。

学習前後の自分を振り返ってみよう

＜振り返りの視点＞
・どのような探究スキルが，どのような過程で身につきましたか。
・シャトル一般講座での学習が，CAN での探究にどう生かせそうですか。

シャトル「実験」講座で、私は、データ数をたくさんとることと、PREP法での発表の仕方、着がん点等の探究スキルを身に付けることができました。それは、キャップゴマの回転時間を長くするために、どこに注目するのか、どれくらいのデータをとるのか考えたうえで、実験を行い、その結果をPREP法で発表する、という一連の流れを経験することができたからです。この一般講座の学習は、CANで実験をするときや、中間発表等で、とても生かせられると思います。自分が調べたいことの実験も、回数を重ねると、ここまで正確に分かるので、実験回数は大切にしたいです。また、対照実験のように、入力変数だけを変える、というのも気を付けたいです。

今回のシャトル一般講座は、私にとって、とても難しく、しかし同じくらいおもしろかったです。去年の「創造」に比べ、確かに楽しかった気がします。同じ7班のかきぶちさん、大杉くん、凌くんとの、この四人でいれたからこそ、もっとおもしろかったです。自分から積極的に何かをすることは、あまりなかったけれど、サポート役として頑張れたと思いました。

シャトルも、一般講座は最後となってしまいました。これからあと1年くらいのCANで、これらの知識を工夫して利用して、悔いのないCANにしていきたいです。

短い間でしたが、本当に自分にとって有意義な時間となりました。CANだけでなく、これからの人生にも、どんどん生かせられればいいなと思いました。

「創造」分野　講座名「われら企画・開発部！」

1　ねらい

- 　実験・調査によるデータと考察からコンセプトを設定し、コンセプトにもとづいた試作品を制作、プレゼンを行い、評価を受け、修正、再度評価を受けるという創造のサイクルを体験する。
- 　他の班の企画やプレゼン、他者の評価を分析し、コンセプトや企画書、試作品を見直すことで比較力、分析力、批判的に考える力も養う。

2　単元構成

探究サイクル	時数	主な学習内容・活動
課題設定	1～2	**「新しいことを企画するときには、何を考えることが大事なのだろうか」** ○創造における探究のサイクルについて学ぶ。 ○具体的な商品を例に挙げながら、創造の探究サイクルやコンセプトの構成要素ＴＯＢ（対象、場面、便益）について学ぶ。 ○今回の課題からデータを分析し、班ごとにどのようなコンセプトにするかを考える。 **「調査結果から、どのようなコンセプトが考えられるだろうか」** 　【課題】「香川県に訪れた外国人旅行者に向けたガチャガチャのアイデアを企画しなさい」
課題追究	3	**「コンセプトをもとにどのような企画が考えられるだろうか」** ○自分たちのコンセプトをもとに、商品のアイデアスケッチをして企画書をつくり、プレゼンの準備をする。
表現	4	**「自分たちの企画の修正点はどこだろうか」** ○班ごとに考えたコンセプトや企画を発表し、お互いに質問を行う。 ○自分たちの企画書やプレゼンについて振り返りと修正を加える。 ○外部の方から評価を受け、講評をもらう。
課題追究	5～7	**「修正した企画書をもとに、試作品を開発しなさい」** ○PREP法での発表のしかたと、そのよさについて学ぶ。 ○粘土を使って、自分たちが企画した商品の試作品をつくる。 ○より説得力のあるプレゼンになるように、スケッチブックで発表ボードをつくり、PREP法による発表の準備と練習をする。
表現	8	**「自分たちの企画が伝わるようにプレゼンし、評価を受けなさい」** ○２つの教室で交代しながら、屋台形式でプレゼンを行う。 ○お互いのプレゼンに対して質問、評価を行う。 ○外部の方（香川大学短期留学生８名）から評価を受け、講評をもらう。
振り返り	9	**「自分たちの企画やプレゼンを振り返り、ＣＡＮへの活かし方を考えよう」** ○「どのように考えたから企画やプレゼンが上手くできたのか、または、上手くできなかったのか」、「他の班の企画やプレゼンと比べてどうだったか」という点について、総合学習ＣＡＮでの探究ともつなげながら振り返る。

3 指導の実際

【1～2時間目】

「新しいことを企画するときには、何を考えることが大事なのだろうか」

　ものづくりだけに限らず、何か新しいことを考える際には、基本となる方向性コンセプトが重要であるということについて考える。コンセプトの構成要素には、「ターゲット（誰に）」「オケージョン（どのような購入・使用シーンで）」「ベネフィット（どのような便益・役立ち感を）」という要素があることを知り、具体的な商品を例に挙げながら、その三要素について学ぶ。また、「ターゲット」を具体的に設定することが重要であり、「香川県に訪れた外国人旅行者に対して、どのようなガチャガチャが好まれるだろうか」という課題について、「ターゲット」をしぼって各班がコンセプトを企画した。

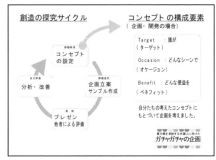

【創造における探究サイクル】

【3時間目】

「コンセプトをもとにどのような企画が考えられるだろうか」

　自分たちが狙ったターゲットの特徴をさらに細かく設定し、ベネフィットなど自分たちのコンセプトを4人で練り上げた。また、商品のアイデアスケッチをすることで、実際の企画会議で提案するような1枚の企画書を作成した。

　　例　・ターゲット：B

　　　　　（3回以上の訪日経験があり、情報発信力のある若者）

　　　　「SNS映えするようなカラフルな大福。

　　　　　　大福の中には"日本らしいもの"が入っている」

　　　　・ターゲット：B

　　　　　（情報発信力があり、綺麗なものを好む。日本や

　　　　　　四国について知り尽くしているわけではない）

　　　　「四国4県をそれぞれ集めることで、つなげて四国を

　　　　　　作ることができる模型」

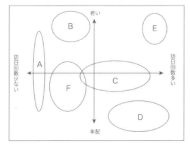

【訪日客の分析】

【企画説明のためのアイデアスケッチ】

　　※ 同じターゲットBでもより絞られたターゲットの特性を設定している。

【4時間目】

「自分たちの企画の修正点はどこだろうか」

　自分たちが作成した企画書をもとに、各班5分間のプレゼンを行った。また、「問い方の視点と例」を参考に、お互いの企画書に対して質問を行った。

　すべての班のプレゼンが終わった後に、企画書の内容、コンセプトの設定の仕方についてのアドバイスを行った。

【5～7時間目】

「自分たちが企画した商品を形にしてみよう」

【企画書を使ってプレゼンテーション】

　PREP法での発表のしかたと、その特長について学んだ。また、企画の発表会に向けて、粘土を使った試作品とPREP法に使うフリップの作成に協力しながら取り組んだ。

【商品をつくる】

【PREP法のフリップをつくる】

【完成した商品サンプル】

【8時間目】

「聴き手を引きつけるように、自分たちの企画をプレゼンしよう」

　4人のうち、2人が残って自分たちの企画をプレゼンし、もう2人は他の班のプレゼンを聴きに行くという方法で、15分間を2回、屋台形式でプレゼンを行った。外国人代表として台湾からの短期留学生8名も一緒に参加し、評価と留学生賞の選定をしていただいた。

【PREP法でのプレゼン】

【留学生による評価】

【9時間目】

「自分たちの企画やプレゼンを振り返ろう。CANへの活かし方を考えよう」

　スキル定着テストや振り返りシートによる振り返りを行い、「創造」講座で学んだこと、コンセプトの大切さやCANで生かせそうなことについて考えた。

【事後】

　講座の成果物の企画書、商品サンプル、プレゼンボードを1Fあじさいホールに展示した。講座の基本的な概要もパネルとして掲示し、今年度の受講生徒の振り返りとして、また次年度受講生徒の参考として活用した。

【あじさいホールの展示】

4　スキル定着テスト

（1）問題

　「Aさんは『新しい椅子』の企画書を書きました。企画書として不十分な点を挙げ、アドバイスをしなさい。」

（2）分析の視点

　コンセプトの構成要素の3点が書かれているか

　　①「ターゲット（誰に）」

　　②「オケージョン（どのような場面で）」

　　③「ベネフィット（どのような便益が）」

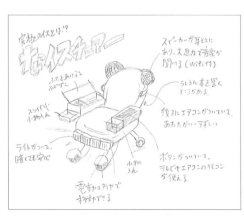
Aさんの企画書

（3）分析結果

コンセプトの構成要素	1年（n＝38）	2年（n＝40）	合計（n＝78）
① 事前ターゲットあり	5.3%（2名）	10.0%（4名）	7.7%（6名）
② 事前オケージョンあり	5.3%（2名）	5.0%（2名）	5.1%（4名）
③ 事前ベネフィットあり	5.3%（2名）	5.0%（2名）	5.1%（4名）
④ 事前ＴＯＢあり	0%（0名）	0%（0名）	0%（0名）
⑤ 事後ターゲットあり	57.9%（22名）	70.0%（28名）	64.1%（50名）
⑥ 事後オケージョンあり	42.1%（16名）	52.5%（21名）	47.4%（37名）
⑦ 事後ベネフィットあり	36.8%（14名）	42.5%（17名）	39.7%（31名）
⑧ 事後ＴＯＢあり	18.4%（7名）	27.5%（11名）	23.1%（18名）

　事前のスキルテストでは、「値段や素材が分からない」とか「欠点が書かれていない」、椅子の機能についてたくさん記述しているものの、コンセプトの構成要素の視点で記述している生徒は少なかった。事後においては、どの要素においても記述が増え、特に「誰を対象にしているのか分からない」といったターゲットに視点を当てた記述が大きく増えた。また、椅子の機能について指摘しているものであっても、「この椅子は、どのような机に合うように考えられているのか」とか「Wi-Fiは、どこのものとつながるのか」など、オケージョンを意識したような内容であった。ＣＡＮでものづくりに関する探究を行う際には、このような視点を生かして探究を行うと期待できる。また、ベネフィットについては、各機能のメリットが企画書に書かれているため、それをベネフィットと考え、改めて指摘する必要がないと判断したのかもしれないと考える。

5　成果（〇）と次期への課題（●）

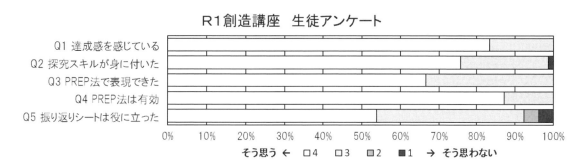

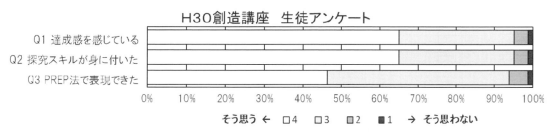

　Ｑ１、２、３において、４、３と回答した生徒数は増加が見られたが、４と回答した生徒数は減少が見られた。

○探究サイクル、コンセプト、ＴＯＢの説明にスライドを用いることで、２教室が伝える内容、順番を揃えることができた。

○創造における探究サイクルを図で表示したことで、どのような段階を踏んで創造の探究がなされるのかを生徒は実感しながら取り組むことができた。

○ＣＡＮに引き付けて考えられた生徒がいた。オーガニックシャンプーの開発をＣＡＮで取り組んでいた生徒Ａは、今年度の自分たちの探究に、「ターゲット」と「ベネフィット」を設定していなかったことを、振り返りシートで気づいた。また、生徒Ｂは、ＣＡＮ2020での探究テーマの設定時に、「100均の商品の入数と内容量がなぜ商品によって違うのか」という問いを立てたが、仮説の設定において「ターゲット」の視点から違いがあるのではないかという考えをもった。

○留学生からの評価を初めから生徒に話したことで、具体的に目標を持って取り組めた。また、本物のターゲット（に近い存在）に評価してもらうことは企画考案にリアリティを持たせることにつながった。留学生賞を選定することもまた、生徒の励みとして効果的であった。

○成果物をあじさいホールに展示したことで、今後受講する生徒への参考としてだけでなく、他者の目に触れる場に展示されていることで、受講した生徒が講座を振り返ったり、学びの成果を実感したりすることができた。

●中間発表では、プレゼンでも生徒は多く語れず、質問も活発ではなかった。企画を考えて２時間目という少ない時間であったので、生徒の中にまだ企画に対する考えや、完成のイメージが沸いていないことが原因ではないかと考えられる。この段階での評価は、プレゼン形式ではなく、作品を見て回っての付箋貼り付けや、ワールドカフェ方式など、他者からのアドバイスをもらっていく活動の方が効果的であると思われる。

●「問う」ことに関しては全く指導をしていない。もし「問う」活動の指導も取り入れるならば、もう１時間必要である。

生徒の振り返り

総合学習シャトル一般講座での学びを振り返ろう

講座名（ 創造 ）

今，シャトル一般講座での学習について思っていること

> 私は朝を来際に返う系のCANをしたいと思っていたが、今日のシャトル"創造"でだんだん良い所を吸収していきたいなね。と思う。

↓

学習前後の自分を振り返ってみよう

＜振り返りの視点＞
・どのような探究スキルが，どのような過程で身につきましたか。
・シャトル一般講座での学習が，CANでの探究にどう生かせそうですか。

> このシャトルでは、様々なコトが学べた。私はシャンプーについての探究をしていて、去年は来際の方で変数について学んだが、今日は製作面でのスキルを慢うことができたと思う。私は今までばく然と「オーガニックシャンプーをうまく良く作りたい！」と思っていたが、ターゲットは散れていたか。だし「散に悩れを覚えている人」という大きなくくりになっていたので、今年の探究はターゲットとベネフィットをしっかり照らし合わせて考えていきたい。また、今年もシャンプーは沢山作っていきたいし、改良もしっかりしていきたいので去年の来験のシャトルで身に付けたスキルと今日学んだスキルを生かして「ベネフィット→ターゲットを散める→変数沢める→来験→改良」という流れで探究できたら良いな、と思った。今日でシャトル一般は最後だが、必要なスキルを身に付けられたと思った。

総論
国語
社会
数学
理科
音楽
美術
保健
体育
技術・家庭
外国語
学校保健
共創型探究

「調査」分野　　講座名「徹底調査！附坂中生の実態とは？」

1　ねらい

　本講座は、本校生徒の傾向（実態）について実際に調査活動を行い、その調査データを根拠にして本校生徒の傾向（実態）を結論づけることを通して、調査の基本的なスキルを身につけることを目的とする。生徒の傾向（実態）を調査によって明らかにするためには、何のために調査するのかという目的、そして調査データの数量だけでなく、その質（質問内容）に着目する必要がある。互いに行った調査データの質を批判的に検証する活動を通して、その重要性に気づき、ＣＡＮで活用できる調査の探究スキル向上をはかりたい。

2　単元構成

探究サイクル	時数	主な学習内容・活動
課題設定	1	「じゃんけんが一番強いのは誰？」 〇各クラスでじゃんけんゲームを数種類行い、誰が一番強いのかを検証することで、何の根拠もない調査は、意味を持たないことを知る。 　　　　（※「統計の落とし穴？」総務省統計局HP　参照） 〇調査方法の違いによって、結果への影響が変わることを知る。 〇調査で使う言葉（調査項目・質問）の定義の重要性について知る。 〇標本調査の意味や無作為抽出や標本の個数の妥当性について知る。
課題追究	2	「附坂中生の実態をどうやって調査する？」 〇与えられた調査テーマについてどのように調査するか、クラスターでワークシートを使って計画を立てる。 〇調査する内容とそれを分析する観点に着目することで、ＣＡＮの探究の深まりを生む調査になることを知る。
	3	「実際に調査してみよう！」 〇自分たちで立てた計画をもとに、インタビュー形式で調査を行う。
表現	4	「その傾向（実態）は、本当に附坂生の傾向（実態）といえるか？」 〇PREP法を用いての調査のまとめ方を知る。 〇お互いがクリティカルに聴き、問いながら、お互いの調査の仕方について検討し、説得力のある調査の仕方について分かったことをまとめる。
課題追究	5 6	「徹底調査！附坂中生の実態とは？」 〇各グループで、調査テーマを考え、前時までに学んだ調査の仕方をふまえて、調査計画を立て、調査を行う。 〇調査したい内容と分析する観点についても着目する。 【例】・好きなテレビ番組は？　　　・好きなスポーツは？ 　　　・学校で居心地が良い場所は？
表現	7 8	「どのような調査にすれば、結論に説得力を持たせられるか？」 〇分析の仕方について、過去の例を参考に検討・吟味する。 〇自分たちの結論を、調査データを根拠にしてPREP法を用いてまとめ、発表する。その際、お互いがクリティカルに聴き、問いながら、お互いの調査の仕方について検討する。 〇1時間目に学んだ3つのポイントと調査講座での表現力、分析の観点との関係の視点に基づいて、発表を聴き合い、問い合いながら、相互評価する。

自己評価	9	「シャトル一般講座『調査』について振り返ろう」 ○ワークシートを用いて、シャトル一般講座での学習と自分のCANの探究活動を合わせて振り返る。 ○アンケートで自分のスキルの定着や本単元の学習ついて振り返る。

3　指導の実際

【1時間目】

「じゃんけんが一番強いのは誰？」

　何の根拠もない調査に意味がないことを確認する。また、調査の基本的な言葉の定義や調査方法や意味、標本の個数の妥当性など調査の基本を学ぶ。

【2・3時間目】

「附坂中生の実態をどうやって調査する？」

　与えられた調査テーマで、クラスターごとに計画を立て、実際に調査する。

　（1）テーマについてどのように調査するか、クラスターで

　　　計画を立てる。

　　　A：附属生の勉強の時間は？

　　　B：附属生の睡眠の時間は？

　　　C：附属生の趣味の時間は？

　（2）計画に従い、一般講座「調査」の受講生を対象に、インタビュー形式で調査する。

【インタビューしデータを集める様子】

【4時間目】

「その傾向（実態）は、本当に附坂中生の傾向（実態）といえるか？」

　調査内容をクラスターごとにまとめ、発表する。その発表を互いに聴いたり、問うたりする中で、説得力のある調査方法についての理解を深める。

　（1）調査した内容をクラスターごとにまとめる。（今回のまとめはPREP法ではない）

　（2）それぞれのテーマごとに発表し、質問しあう。

　　　（調査内容ではなく、調査の方法についての視点で）

　（3）調査方法の大切なポイントをまとめ、調査対象の明確化、言葉の定義、比較データの大切さについて学ぶ。

【5・6時間目】

「徹底調査！附坂中生の実態とは？」

　各グループで、調査テーマを考え、前時までに学んだ調査の仕方をふまえて、調査計画を立て、調査を行う。仮説を立て、調査したい内容と分析する観点についても着目させる。

> 【調査テーマ例】
> ○生まれた月が早い人の方が走るのが速いのか
> ○睡眠時間が短い人の方が成績がよいのか
> ○東京オリンピックを楽しみにしている人は男子の方が
> 　多いのか

【調査計画を立てる様子】

総論
国語
社会
数学
理科
音楽
美術
保健体育
技術・家庭
外国語
学校保健
共創型探究

【7・8時間目】

「どのような調査にすれば、結論に説得力を持たせられるか？」

　自分たちの結論を、調査データを根拠にしてPREP法を用いてまとめ、発表する。

（1）発表（表現力アップのための）の視点を示し、発表を促す。

> 1．聴き手の方を見て発表していたか
> 2．聴き手に対する語りかけはあったか
> 3．具体的データがあったか
> 4．主張したい結論がはっきりわかった
> 5．具体的な調査方法が、発表できていたか

（2）1時間目に学んだ3つのポイントと調査講座での表現力、分析の観点との関係について聴き合い、問い合いながら相互評価する。

【9時間目】

「シャトル一般講座『調査』について振り返ろう」

　シャトル一般講座での学習と自分のCANの探究活動を合わせて振り返る。

4　スキル定着テスト

【問題】　下のグラフは、ある中学校で、全校生徒を対象に行ったアンケート結果をまとめたグラフです。このグラフを見て、あなたが考えるこの調査方法の問題点を下の口の中に記述しなさい。

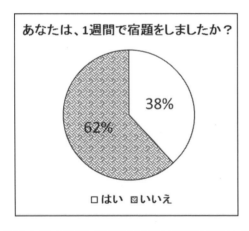

あなたは、1週間で宿題をしましたか？

38%　62%

□ はい　◪ いいえ

【結果と分析】

　前述のような問題を用いて、学習前後でどのような変化があるか分析した。分析するための視点は以下の通りである。

> □　質問文の「宿題」の定義が曖昧である問題点が指摘できているか。
> □　質問文の「宿題をしましたか？」の定義が曖昧である問題点を指摘できているか。
> □　調査対象の人数が不明確な点が指摘できているか。

評価の視点（3項目：3点満点で集計）調査人数2年38名、1年38名　計76名

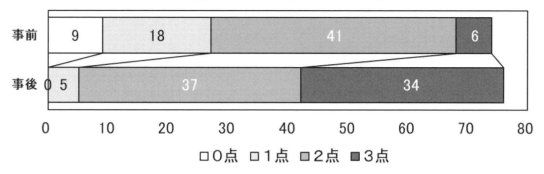

スキル定着テスト　事前事後の比較（人）

	0点	1点	2点	3点
事前	9	18	41	6
事後	0	5	37	34

　スキル定着テストの事前・事後の比較を行うと、説得力のある調査を実施するためのスキルは向上したと思われる。定義の不十分さや不確かな部分に気付いたり、質問文のあいまいな部分を多く指摘できたりと、調査を実施する上で必要な視点がある程度身についたと考えられる。プレゼンを用いて、調査についての内容をしっかりと押さえたことや、1回目の調査の失敗から2回目を行うといった活動を多く用いたり、他者から多くの質問を受けたりしたこと、また前年度のシャトルで実際に行った発表の問題点やあいまいな点を講座のなかで指摘させたこともスキルの定着につながったと考えられる。

5　成果（〇）と次期への課題（●）

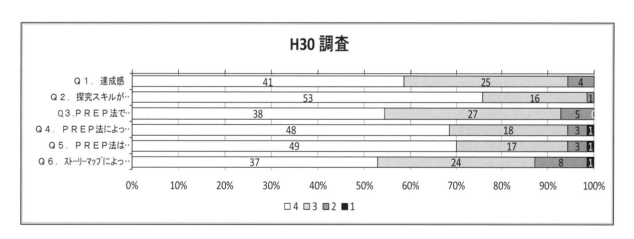

H30 調査

	4	3	2	1
Q1．達成感	41	25	4	
Q2．探究スキルが…	53	16	1	
Q3.PREP法で…	38	27	5	0
Q4．PREP法によっ…	48	18	3	1
Q5．PREP法は…	49	17	3	1
Q6．ストーリーマップによっ…	37	24	8	1

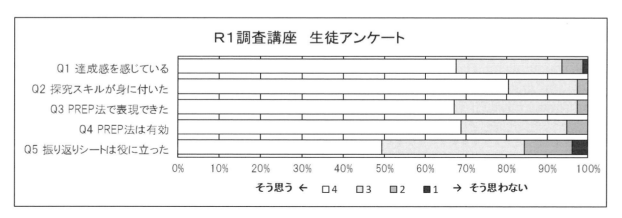

R1調査講座　生徒アンケート

Q1 達成感を感じている
Q2 探究スキルが身に付いた
Q3 PREP法で表現できた
Q4 PREP法は有効
Q5 振り返りシートは役に立った

そう思う ← □4　□3　■2　■1　→ そう思わない

○　2年前、調査の学習内容を大きく変更したことを引き継ぎ、指導を行った。1回目の調査をクラスターごとに振り返り、2回目の調査に取り組んだ。どのクラスターも1回目の調査の方法や結果の反省点を踏まえ、改善しながら2回目の調査に取り組むことができた。2回の調査活動をさせることは、より説得力のある調査方法を身につけるために有効であると考えられる。

●　2回の調査活動をさせることは、生徒にとって有効であると考えられると同時に「もっと時間が欲しい」、「調査やまとめに十分な時間を確保できなかった」という生徒からの意見も多くあった。今後、時間配分については検討が必要である。

●　「もう少し大規模な調査もしてみたい」との声があった。今回調査対象としたのは、調査を選択した1、2年生のみで、男女比もばらつきがあった。時間数や実施時間を考慮しつつ、もう少し規模を大きくした調査ができるようにしたい。

●　調査自体がうまくできていないクラスターがあった。例えば、自分たちの主張したいことと、調査がリンクしていない、調査したことを羅列して述べているだけで、結局何が言いたいのか伝わらない、というもので、こういったクラスターを中心に、教師が積極的に関わっていくことが必要である。

○　PREP法について、シャトル事後アンケートでは生徒から「聴き手にとって分かりやすい」、「結論を2回言うことで強調できる」などの肯定的な意見が多くみられた。また、「CANの発表に使ってみたい」という意見も多くあり、次のCANをよりよいものにしようという意欲につながっていると思われる。

●　PREP法のよさ（聴き手は分かりやすい、話し手は伝えやすいなど）は感じているものの、PREP法で自分たちの調査内容について説明するというのは難しかったように感じられた。調査内容の集計や分析にほとんど時間を使ってしまい、まとめの作業にあまり時間がかけられなかったことが原因の一つであると考えられる。

●　発表の際に、右図の視点を示し、聴き手にも視点をもって発表をみるように促した。しかし、発表後の質疑応答で質問をする生徒は限られており、発表者にあてたコメントも、右図の1、2の視点にとどまるものが多かった。視点をもって聴き、また質問やコメントしやすい発表の場を設定することが必要である。

| 1．聴き手の方を見て発表していたか |
| 2．聴き手に対する語りかけはあったか |
| 3．具体的データがあったか |
| 4．主張したい結論がはっきりわかった |
| 5．具体的な調査方法が、発表できていたか |

生徒の振り返り

総合学習シャトルー般講座での学びを振り返ろう

講座名（ 調査 ）

今，シャトルー般講座での学習について思っていること

調査の講座ということなので、探偵とか、警察とかのように調べる、一つのことについて深掘りするというイメージがあります。その講座なので、調べるスキルを学ぶと思います。

学習前後の自分を振り返ってみよう

＜振り返りの視点＞
・どのような探究スキルが，どのような過程で身につきましたか。
・シャトルー般講座での学習が，CAN での探究にどう生かせそうですか。

調査の講座に入ってみて、少しの時間しかないとき簡潔な質問で知りたいことをズバッときくことを身につけました。今までのCANは経験上の考えで質問してきました。しかし、それでは言葉のねじれや問題点が多くあることに気付きました。その質問に疑問を持つことで、その質問のダメなところが分かり、その質問の本当の答えを導き出せられると思いました。調査するだけでなく、発表もしました。それによって発表するときに気をつけるポイントやきき手にわかりやすくするためのポイントも分かってきました。一番難しかったと思ったところはグラフのまとめ方でした。データをグラフに書き込むことや凡例として複数個のグラフを書くなどのたくさんの方法がありました。この調査で大切だと気付いたことや使えそうなことをCANで活かしていきたいです。

講　演

講 演
15:25 〜 16:35

演 題

新学習指導要領が実現したもの、積み残したもの

講 師

上智大学総合人間科学部
教授 奈須 正裕

プロフィール

上智大学総合人間科学部教授。徳島県生まれ。徳島大学教育学部卒、東京大学大学院修了、博士（教育学）。国立教育研究所室長、立教大学教授等を経て現職。専門は教育心理学、教育方法学。中央教育審議会教育課程部会委員。主な著書に『「資質・能力」と学びのメカニズム』（東洋館出版社）、『次代の学びを創る知恵とワザ』（ぎょうせい）など

本校の研究に寄せて

教科はとことん教科らしく、総合も総合でしか到達できない境地へ。振り切った二つの学びが子どもの中で「ものがたり」として統合され意味として析出する時、すべての経験はその子の人生を支える確かな礎となる。学校の在り方を根源的に問う挑戦的な研究である。

MEMO

あ　と　が　き

　子どもたちが「学ぶ意味や価値」を実感するには、授業をどのように変えていけばよいのか。

　その答えは、決して簡単なものではありません。

　本校では、その答えを見いだすために、長年にわたり「ものがたり」の授業づくりの研究を進めてまいりました。この「ものがたり」の授業づくりは、子どもたちが変わりゆく社会を生きつつ、うまく自己更新しながら学び続けようとする「人の学びづくり」の本質に迫ろうとするものです。特に授業においては、自分をとりまく世界とのつながりを感じさせるとともに、その見方や考え方が変わっていくことを実感させていこうとしています。この学びを通して自分自身が変わっていく経験の積み重ねこそが、学ぶことの意味や価値を実感し、生涯にわたって学び続ける自立した学習者につながっていくものと考えています。そして、現在、私たちがたどり着こうとしているところが、「自己に引きつけた語り」を生み出す授業を構築させていくことです。ここに迫るために、単元構成や問い、振り返り、教師の関わり方など、各教科の特色に応じた工夫を試みてまいりました。

　また、共創型探究学習ＣＡＮにおいては、文部科学省研究開発学校の指定を受けて３年目となります。各学年１〜２名の小集団を編成し、自ら設定した課題の解決に向けて探究プロセスを模索しながら活動を進めていく。子どもたちは、経験が異なる異学年集団に属して活動することで、経験豊富な者から様々なことを自ら学び取り、「見習い→弟子→師匠」のように成長していく。まさに、自己の生き方につながる内省化をねらっています。

　ご参会の先生方には、

・授業をどう変えようとしているのか。その意図が明確になっているのか。（意図）
・子どもたちの実際の様子はどうなのか。教師の仕掛けは、効果的に働いているのか。（実際）
・何のために、何をどのようにすると、どうなったのか。変容分析はできているのか。（分析）

など、様々な視点で本研究発表会での授業を拝見していただければ幸いです。そして、まだまだ研究半ばであるため、今後の研究の発展に向けた忌憚のないご意見をいただければ幸いです。

　研究の過程では、上智大学総合人間科学部教育学科の奈須正裕先生には、多くのご示唆をいただきました。本研究発表会においても「新学習指導要領が実現したもの、積み残したもの」と題してご講演をいただきます。今後の授業づくりに向けて多くの気づきが得られると期待しております。

　最後になりましたが、本研究を進めるにあたり、ご指導・ご助言をいただきました関係各位、機関の先生方に心より感謝の意を表したいと存じます。

令和２年６月　　　副校長　　石川　恭広

編　集　委　員

大和田　俊	山　田　真　也	鷲　辺　章　宏	渡　辺　宏　司
渡　邊　洋　往	眞　鍋　容　子	木　村　香　織	堀　田　真　央
大　西　正　芳	吉　田　真　人	島　根　雅　史	黒　田　健　太
大　西　昌　代			

令和 2 年 5 月 14 日　　　　印刷
令和 2 年 6 月 12 日　　　　発行

編集　　香川大学教育学部附属坂出中学校

　　　　〒　762-0037　　坂出市青葉町 1 番 7 号

　　　　TEL　　0877 － 46 － 2695

　　　　FAX　　0877 － 46 － 4428

印刷
発行　　株式会社　美　巧　社